JPA
프로그래밍 입문

Java Persistence API

최범균 지음

JPA를 시작하려는 개발자를 위한 입문서

+ 엔티티, 밸류에 대한 기본 매핑부터 콜렉션 매핑까지 핵심 설정 설명
+ 쿼리 방식 조회(JPQL), 코드 방식 쿼리(크리테리아), 네이티브 쿼리
+ 스프링과 스프링 DATA JPA 연동 소개

- 좋은 책 · 알찬 내용 -
가메출판사

사랑하는 아내 은선, 딸 지설에게

머리말

처음 하이버네이트를 접하고 감동한 지 벌써 10년도 더 지났다. 하이버네이트를 접한 뒤 ORM에 빠졌고 10년 전에 하이버네이트에 대한 책을 쓰기도 했다. 처음 ORM을 접할 당시에는 하이버네이트 이외에도 다양한 ORM 프레임워크가 존재했다. 이들 프레임워크는 각각 사용법이 달랐고 제공하는 기능도 차이가 있었다. 하이버네이트가 주도적인 프레임워크이긴 했지만 다른 프레임워크도 나름대로 자리를 차지하고 있었다. 여러 프레임워크가 공존하던 시기가 몇 년간 지속했는데 이런 흐름에 종지부를 찍은 것이 바로 JPA이다.

JPA는 Java Persistence API의 약자로 자바 ORM 스펙(specification)이다. JPA는 하이버네이트를 개발한 가빈 킹(Gavin King)이 주도적으로 참여하여 만든 표준으로 1.0과 2.0을 거쳐 현재 2.1 버전까지 나온 상태이다. 초기 1.0 버전은 기능이 부족해 다른 프레임워크를 대체하기에는 부족했지만, 2.1 버전까지 발전하면서 쓸만한 수준이 되었다. 현재는 자바에서 ORM을 사용한다고 하면 JPA를 사용하는 것을 의미할 정도로 JPA는 표준으로 확실히 자리를 잡았다.

JPA는 ORM이 동작해야 하는 규칙만 정의한 스펙으로 구현을 제공하지는 않는다. 각 구현은 프로바이더라 불리는 각 구현체에서 제공한다. 하이버네이트 역시 JPA API를 구현한 프로바이더로서 JPA를 사용할 때 가장 많이 사용되는 구현체가 하이버네이트이다.

그동안 ORM을 도입해서 얻은 이점이 하나 있는데 그것은 바로 개발 비용이 줄어든다는 것이다. 개발을 진행하다 보면 요구사항을 더 잘 이해하면서 초기에 설계한 모델이 바뀌고, 유지 보수하는 과정에서 기능을 추가하면서 모델에 새로운 데이터가 추가되기도 한다. 이렇게 모델이 바뀌면 많은 코드를 수정해야 하는데 그중 하나가 SQL이다. 수정 대상 SQL이 많아질수록 결과적으로 개발 비용은 증가하게 되는데 ORM을 사용하면 작성해야 할 SQL이 대폭 줄어든다. 이는 기능 변경에 따라 모델을 변경해야 할 때 수정할 코드의 양을 줄여주어 개발 시간을 단축해주는 효과가 있다.

또한, 도메인을 중심으로 모델을 설계할 때 ORM을 사용하면 편리한 점이 있다. JPA는 밸류 타입이나 상속에 대한 매핑을 지원하고 있다. 이런 지원 덕분에 JPA를 사용하면 도메인 모델을 비교적 원하는 수준까지 구현할 수 있다.

내용 구성

이 책은 JPA 입문자를 위한 책으로서 ORM을 처음 접하는 개발자가 JPA의 기본 기능을 익히는데 필요한 내용을 담고 있다. 이 책은 크게 4개의 부분으로 구성되어 있다.

첫 번째 파트인 1장에서 6장은 JPA의 기본적인 매핑 설정에 대해 살펴본다. 1장과 2장은 JPA가 무엇인지 소개하고 JPA를 이용한 간단한 예제를 통해 ORM이 무엇인지 알아본다. 3장은 JPA의 가장 기본인 엔티티와 매핑 설정을 설명하고 4장은 밸류를 매핑하는 방법에 대해 알아본다. 5장은 영속 컨텍스트와 트랜잭션에 대해 살펴보고 6장은 영속 객체의 라이프사이클을 설명한다.

두 번째 파트인 7장에서 12장은 연관에 대해서 살펴본다. 7장과 8장은 1-1과 N-1 매핑에 대해 설명한다. 9장과 10장은 밸류와 엔티티에 대한 Map, List, Set 콜렉션 매핑에 대해 알아본다. 11장은 연관된 엔티티 간의 영속성 전이에 대해 살펴보고 12장은 연관을 올바르게 사용하기 위한 가이드를 제시한다.

세 번째 파트인 13장에서 15장은 쿼리에 대해 살펴본다. 13장은 SQL과 유사한 JPQL을 이용해서 자바 모델을 기반으로 쿼리를 작성하고 조회하는 방법을 설명하고, 14장은 크리테리아 API를 이용해서 자바 코드로 쿼리를 작성하는 방법을 살펴본다. 15장은 벌크 연산, 네이티브 쿼리, @Subselect 등 추가적인 쿼리 작성법을 살펴본다.

마지막 네 번째 파트인 16장에서 19장은 스프링 연동과 기타 활용에 대해 알아본다. 16장은 스프링 프레임워크와 JPA의 기본적인 연동 방법을 살펴보고, 17장에서는 스프링 데이터 JPA를 이용해서 최소한의 코드 작성으로 DB 연동 코드를 작성하는 방법을 배운다. 18장은 상속 매핑과 AttributeConverter 등 추가적인 매핑 설정 방법을 알아보고, 19장에서는 선점 잠금과 비선점 잠금을 이용한 동시성 제어 방법을 살펴본다.

JPA를 배운다는 것은 JPA 매핑 설정과 동작 방식을 익힌다는 것이다. 이를 익히는 가장 좋은 방법은 실제 매핑 설정을 작성하고 실행해보는 것이다. 책에서 설명한 내용을 코드로 따라해가면서 학습하다보면 JPA로 프로젝트를 할 수 있는 기반을 만들 수 있을 것이다.

감사의 글

가메출판사와 인연이 어느덧 19년이 되었습니다. 긴 시간 동안 책을 쓸 기회를 주신 성만경 대표님 고맙습니다. 개발자로 사는 데 힘이 되는 김선회 선배님, 백명석 선배님 고맙습니다. 신림에서 많은 얘기를 나누면 영감을 주는 심익찬님 고맙습니다. 마지막으로 언제나 내 편인 아내 은선과 딸 지설, 사랑합니다.

2017년 5월

최범균

질문/답변 : cafe.daum.net/javacan, madvirus@madvirus.net

목차

PART 01 기초

Chpater 01 들어가며

01 모델과 테이블 간 매핑 … 18
02 JPA란 … 20
   2.1 JPA 프로바이더 … 22
   2.2 JPA의 특징 … 23
03 대상 독자 … 24
04 소스 코드 안내 … 25

Chpater 02 JPA 시작하기

01 예제 프로젝트 … 28
02 메이븐 프로젝트 생성 및 이클립스 임포트 … 28
03 데이터베이스 생성 … 33
04 모델 클래스와 매핑 설정 … 34
05 JPA 설정 … 37
   5.1 DB 종류와 Dialect … 39
06 영속 컨텍스트와 영속 객체 개요 … 40
07 간단한 예제 실행 … 41
08 EntityManagerFactory 관련 보조 클래스 … 44
09 콘솔을 사용한 사용자 관리 예제 … 46
   9.1 사용자 가입 기능 구현 … 48
   9.2 사용자 정보 조회 기능 구현 : 단일 사용자 … 51
   9.3 사용자 정보 변경 기능 구현 … 54
   9.4 사용자 정보 조회 기능 구현 : 목록 … 57
   9.5 사용자 정보 삭제 기능 구현 … 60
10 정리 … 62

Chpater 03 엔티티

- 01 엔티티 클래스 — 66
  - 1.1 @Entity 애노테이션과 @Table 애노테이션 — 66
  - 1.2 @Id 애노테이션 — 67
  - 1.3 @Basic 애노테이션과 지원 타입 — 69
  - 1.4 @Column 애노테이션과 이름 지정 — 73
  - 1.5 @Column 애노테이션을 이용한 읽기 전용 매핑 설정 — 74
- 02 접근 타입 : 영속 대상 필드와 프로퍼티 — 75
  - 2.1 영속 대상에서 제외하기 — 79
- 03 엔티티 클래스의 제약 조건 — 80
- 04 엔티티 목록 설정 — 81
- 05 EntityManager의 엔티티 관련 기본 기능 — 82
  - 5.1 find() 메서드 — 82
  - 5.2 getReference() 메서드 — 83
  - 5.3 persist() 메서드 — 85
  - 5.4 remove() 메서드 — 88
  - 5.5 엔티티 수정 — 89
- 06 식별자 생성 방식 — 90
  - 6.1 직접 할당 방식 — 90
  - 6.2 식별 칼럼 방식 — 91
  - 6.3 시퀀스 사용 방식 — 92
  - 6.4 테이블 사용 방식 — 94

Chpater 04 밸류와 @Embeddable

- 01 밸류로 의미를 더 드러내기 — 100
- 02 밸류 클래스의 구현 — 101
- 03 @Embeddable 애노테이션과 @Embedded 애노테이션을 이용한 밸류 매핑 — 104
  - 3.1 null 밸류의 매핑 처리 — 107
  - 3.2 @Embeddable의 접근 타입 — 108
- 04 @Entity와 @Embeddable의 라이프사이클 — 109
- 05 @AttributeOverrides를 이용한 매핑 설정 재정의 — 110
- 06 @Embeddable 중첩 — 112
- 07 다른 테이블에 밸류 저장하기 — 114
  - 7.1 다른 테이블에 저장한 @Embeddable 객체 수정과 쿼리 — 118
- 08 @Embeddable과 복합키 — 120

Chpater 05 EntityManager, 영속 컨텍스트, 트랜잭션

01 EntityManager와 영속 컨텍스트 … 124
   1.1 영속 컨텍스트와 캐시 … 125
02 EntityManager의 종류 … 127
03 트랜잭션 타입 … 129
   3.1 자원 로컬 트랜잭션 타입 … 129
   3.2 JTA 트랜잭션 타입 … 130
04 EntityManager의 영속 컨텍스트 전파 … 132
   4.1 ThreadLocal을 이용한
       애플리케이션 관리 EntityManager의 전파 … 135
   4.2 컨테이너 관리 EntityManager의 전파 … 139

Chpater 06 영속 객체의 라이프사이클

01 영속 객체의 라이프사이클 개요 … 144
02 EntityManager#persist()와 관리 상태 객체 … 145
03 EntityManager#find()와 관리 상태 객체 … 149
04 분리 상태 객체 … 150
05 EntityManager#merge()로 분리 상태를 관리 상태로 바꾸기 … 151
06 삭제 상태 객체 … 152

PART 02 연관 매핑

Chpater 07 엔티티 간 1:1 연관 그리고 즉시 로딩과 지연 로딩

01 키를 참조하는 1:1 연관 매핑 … 158
02 참조키를 이용한 1:1 단방향 연관 … 160
03 1:1 연관의 즉시 로딩과 지연 로딩 … 166
04 참조키를 이용한 1:1 양방향 연관 … 169
05 주요키를 공유하는 1:1 연관 매핑 … 173
06 주요키를 공유하는 1:1 단방향 연관 … 174
07 주요키를 공유하는 1:1 양방향 연관 … 176
08 1:1 연관 끊기 … 178

09 자동 생성키와 1:1 연관 저장   178
10 지연 로딩, 프록시, EntityManager 범위   181

Chpater 08 엔티티 간 N:1 단방향 연관

01 엔티티의 N:1 연관   188
02 참조키를 이용한 N:1 연관 설정   188
03 N:1의 연관 엔티티 로딩   190
04 특정 엔티티와 N:1 연관을 맺은 엔티티 목록 구하기   191
05 호텔과 최신 리뷰 조회하는 기능 만들기   193

Chpater 09 값의 콜렉션 매핑

01 값 콜렉션   202
02 단순 값 List 매핑   202
    2.1 List의 저장과 조회   205
    2.2 List 변경   207
    2.3 List 전체 삭제   209
03 밸류 객체 List 매핑   209
04 List 요소와 null   213
05 단순 값 Set 매핑   214
    5.1 Set의 저장과 조회   216
    5.2 Set의 변경   217
    5.3 Set 전체 삭제   219
06 밸류 객체 Set 매핑   220
    6.1 Set에 저장할 밸류 클래스의 equals() 메서드와 hashCode() 메서드   221
07 단순 값 Map 매핑   223
    7.1 Map의 저장과 조회   225
    7.2 Map의 변경   225
    7.3 Map의 전체 삭제   227
08 밸류 객체 Map 매핑   227
09 콜렉션 타입별 구현 클래스   229
10 조회할 때 정렬 Set과 정렬 Map 사용하기   230

Chpater 10 엔티티 콜렉션 매핑

- 01 엔티티 콜렉션 매핑과 연관 관리   236
- 02 1:N 단방향 엔티티 Set 매핑   239
  - 2.1 1:N 연관의 저장과 변경   242
  - 2.2 1:N 연관의 조회   244
  - 2.3 연관에서 제외하기   245
  - 2.4 콜렉션 지우기   245
- 03 1:N 양방향 Set 매핑   246
- 04 조인 테이블을 이용한 1:N 단방향 엔티티 List 매핑   249
- 05 조인 테이블을 이용한 1:N 단방향 엔티티 Map 매핑   251
- 06 M:N 단방향 연관   252
- 07 M:N 양방향 연관   253

Chpater 11 영속성 전이

- 01 영속성 전이   256
- 02 영속성 전이 주의 사항   258

Chpater 12 연관 잘 쓰기

- 01 연관의 복잡성   260
  - 1.1 로딩 설정의 어려움   260
  - 1.2 편리한 객체 탐색과 높은 결합도   261
- 02 연관 범위 한정과 식별자를 통한 간접 참조   262
- 03 상태 변경 관련 기능과 조회 관련 기능   264
- 04 식별자를 공유하는 1:1 연관이 엔티티와 밸류 관계인지 확인   266
- 05 엔티티 콜렉션 연관과 주의 사항   267
  - 5.1 1:N 연관보다 N:1 연관 우선   267
  - 5.2 엔티티 간 1:N 연관과 밸류 콜렉션   269
  - 5.3 M:N 연관 대체하기 : 연관 엔티티 사용   270

PART 03 쿼리

Chpater 13 JPQL

01 JPQL	278
02 JPQL 기본 코드	279
2.1 order by를 이용한 정렬	280
03 검색 조건 지정	281
3.1 비교 연산자	283
3.2 콜렉션 비교	283
3.3 exists, all, any	285
04 페이징 처리	285
05 지정 속성 조회	286
5.1 배열로 조회하기	286
5.2 특정 객체로 조회하기	287
06 한 개 행 조회	288
07 조인	289
08 집합 함수	290
09 group by와 having	291
10 함수와 연산자	292
10.1 문자열 함수	293
10.2 수학 함수와 연산자	293
10.3 날짜 시간 함수	294
10.4 콜렉션 관련 함수	294
11 네임드 쿼리	295
12 N+1 쿼리와 조회 전략	298
12.1 1:1, N:1 연관에 대한 fetch 조인	299
12.2 콜렉션 연관에 대한 fetch 조인	300

Chpater 14 크리테리아 API를 이용한 쿼리

01 크리테리아 API	304
02 크리테리아 기본 코드	304
03 검색 조건 지정	306
04 속성 경로 구하기	307
4.1 중첩 속성 경로 구하기	309
05 CriteriaQuery와 CriteriaBuilder 구분	310

06 Expression과 하위 타입	310
07 비교 연산자	312
7.1 기본 비교 연산자	312
7.2 in 비교 연산자	314
7.3 컬렉션 비교	315
7.4 exists, all, any	317
7.5 and와 or로 조건 조합	319
08 정렬 순서 지정하기	322
09 지정 칼럼 조회	322
9.1 한 개 속성 조회하기	322
9.2 배열로 조회하기	323
9.3 특정 객체로 조회하기	324
10 조인	325
11 집합 함수	327
12 group by와 having	328
13 함수와 연산자	329
13.1 문자열 함수	329
13.2 수학 함수	330
13.3 날짜 함수	331
13.4 컬렉션 관련 함수	332
14 fetch 조인	332
15 정적 메타모델	333
15.1 정적 메타모델 클래스 구성	336

Chpater 15 추가 쿼리 기능

01 수정 쿼리와 삭제 쿼리	340
1.1 수정 쿼리	340
1.2 삭제 쿼리	341
1.3 수정/삭제 쿼리와 영속 컨텍스트	342
02 네이티브 쿼리	344
2.1 Object 배열로 결과를 조회하는 네이티브 쿼리	344
2.2 엔티티 매핑으로 결과 조회	345
2.3 네임드 네이티브 쿼리 사용	346
03 하이버네이트 @Subselect	348

PART 04 스프링 연동 및 기타 기능

Chpater 16 스프링 연동 기초

01 스프링과 JPA 연동 설정 기초 354
   1.1 프로젝트 설정 354
   1.2 스프링 설정과 persistence.xml 설정 357
   1.3 @PersistenceContext를 이용한 EntityManager 주입 360
   1.4 UserMain 클래스로 스프링 실행하기 362

Chpater 17 스프링 데이터 JPA 소개

01 중복 코드 366
02 스프링 데이터 JPA 소개 367
03 스프링 데이터 JPA 설정 368
04 리포지토리 인터페이스 메서드 작성 규칙 373
   4.1 리포지토리 인터페이스 작성 373
   4.2 기본 메서드 374
   4.3 조회 메서드 기본 규칙 375
   4.4 한 개 결과 조회 377
   4.5 정렬 지원 메서드 378
   4.6 페이징 처리 379
   4.7 결과 개수 제한 381
   4.8 JPQL 사용하기 382
05 Specification을 이용한 검색 조건 조합 383
06 스프링 데이터가 제공하는 인터페이스 상속받기 386

Chpater 18 기타 매핑 설정

01 상속 매핑 392
   1.1 클래스 계층을 한 개 테이블로 매핑 392
   1.2 계층의 클래스마다 테이블로 매핑 397
   1.3 객체 생성 가능한 클래스마다 테이블로 매핑 400
   1.4 상속 계층과 다형 쿼리 405
   1.5 세 방식의 장단점 406
02 AttributeConverter를 이용한 속성 변환 407
03 @MappedSuperclass와 매핑 설정 공유 413

Chpater 19 JPA 잠금 기법

01 동시 접근과 잠금	418
02 선점 잠금(pessimistic lock)	419
03 비선점 잠금(optimistic lock)	421

부록 A 정적 메타모델 생성

01 정적 메타모델 생성기	426
02 메이븐 프로젝트에서 정적 메타모델 생성하기	426
03 그레이들 프로젝트에서 정적 메타모델 생성하기	430
04 이클립스에서 정적 메타모델 생성하기	431

부록 B 커넥션 설정
색인

PART 01
기초

Chpater 01 들어가며
Chpater 02 JPA 시작하기
Chpater 03 엔티티
Chpater 04 밸류와 @Embeddable
Chpater 05 EntityManager, 영속 컨텍스트, 트랜잭션
Chpater 06 영속 객체의 라이프사이클

PART 01 기초

CHAPTER 01 들어가며

[이 장에서 다룰 내용]
- JPA 소개
- 대상 독자와 소스 코드 안내

01 모델과 테이블 간 매핑

JDBC API를 이용한 개발 경험이 있다면 다음과 유사한 코드를 작성해 보았을 것이다.

```java
public Member selectById(String id) throws SQLException {
    Connection conn = getConnection();
    PreparedStatement pstmt = null;
    ResultSet rs = null;
    try {
        pstmt = conn.prepareStatement("select * from member where id = ?");
        pstmt.setString(1, id);
        rs = pstmt.executeQuery();
        if (rs.next()) {
            Member member = new Member(
                rs.getString("id"),
                rs.getString("name"),
                rs.getTimestamp("create_date"));
            return member;
        } else {
            return null;
        }
    } finally {
        if (rs != null) rs.close();
        if (pstmt != null) pstmt.close();
        if (conn != null) conn.close();
    }
}
```

JDBC API를 이용해서 새로운 데이터를 추가하는 코드는 다음과 같은 구조를 갖는다.

```java
public void insert(Member member) throws SQLException {
    Connection conn = getConnection();
    PreparedStatement pstmt = null;
    try {
        pstmt = conn.prepareStatement("insert into member values (?, ?, ?)");
        pstmt.setString(1, member.getId());
        pstmt.setString(2, member.getName());
```

```
        pstmt.setTimestamp(3,
            new Timestamp(member.getCreateDate().getTime()));
        pstmt.executeUpdate();
    } finally {
        if (pstmt != null) pstmt.close();
        if (conn != null) conn.close();
    }
}
```

이 두 코드에서 핵심은 [그림 1.1]에 표시한 부분이다.

테이블 데이터를 Member 객체로 변환
```
Member member = new Member(
        rs.getString("id"),
        rs.getString("name"),
        rs.getTimestamp("create_date"));
```

Member 객체를 테이블 데이터로 변환
```
pstmt.setString(1, member.getId());
pstmt.setString(2, member.getName());
pstmt.setTimestamp(3,
    new Timestamp(member.getCreateDate().getTime()));
```

[그림 1.1] 테이블과 객체 사이의 변환을 처리하는 코드

[그림 1.1]에서 상단 코드는 SELECT 쿼리로 조회한 결과를 Member 객체로 변환하고, 하단 코드는 INSERT 쿼리를 사용해서 Member 객체를 테이블 데이터로 변환한다. 이러한 변환 과정에는 DB 칼럼과 객체의 필드(또는 프로퍼티) 사이에 연결이 발생한다. 앞서 예제는 member 테이블과 Member 클래스 간에 [그림 1.2]와 같은 관계를 가진다.

```
public class Member {
    private String id;
    private String name;
    private Date createDate;

    public Member(String id, String name,
            Date createDate) {
        this.id = id;
        this.name = name;
        this.createDate = createDate;
    }
}
```

```
create table jpastart.member (
    id varchar(100) PRIMARY KEY,
    name varchar(100),
    create_date datetime
)
```

[그림 1.2] 테이블과 객체 모델의 연결

이런 객체와 테이블 사이의 연결을 매핑(mapping)이라고 한다. MyBatis를 사용하고 있다면 다음과 유사한 매핑 설정을 작성한 경험이 있을 것이다.

```xml
<resultMap id="memberMap" resultType="jpastart.Member">
    <result property="id" column="id" />
    <result property="name" column="name" />
    <result property="createDate" column="create_date" />
</resultMap>
```

이 코드는 SELECT 쿼리로 조회한 결과를 자바 객체로 어떻게 매핑할지를 설정하고 있다.

이처럼 우리가 작성하는 DB 관련 코드 중 상당수는 테이블과 자바 객체 사이의 매핑을 처리하는 코드이다. JDBC API만 사용하면 처음 작성한 코드처럼 개발자가 직접 변환 처리를 해야 한다. MyBatis의 경우 자동 매핑을 지원하므로 칼럼과 프로퍼티 사이의 매핑 설정을 직접 하지 않아도 매핑 처리를 위한 코드를 꽤 많이 줄일 수 있다.

02 JPA란

DB 테이블과 자바 객체 사이의 매핑을 처리해주는 기술에는 JPA도 있다. JPA는 Java Persistence API의 약자로 자바 객체와 DB 테이블 간의 매핑을 처리하기 위한 ORM(Object-Relational Mapping) 표준이다. 현재 JPA 버전은 2.1로, 이 책도 2.1을 기준으로 하고 있다.

서블릿과 JSP가 웹 개발을 위한 자바 스펙인 것처럼 JPA는 ORM을 위한 자바 스펙이다. JPA 스펙은 객체와 DB 사이의 매핑을 어떻게 설정하고, 어떻게 동작해야 하는지를 기술하고 있다. 예를 들어, JPA 스펙에 따르면 Member 클래스와 member 테이블 간의 매핑은 다음과 같이 설정할 수 있다.

```java
@Entity
@Table(name = "member")
public class Member {
    @Id
    @Column(name = "id")
    private String id;
    @Column(name = "name")
    private String name;
    @Temporal(TemporalType.TIMESTAMP)
```

```
@Column(name = "create_date")
private Date createDate;
...
```

@Entity, @Id, @Column과 같은 애노테이션은 매핑 규칙을 지정한다. 아직 JPA의 설정 애노테이션에 대해 배우지 않았지만, 이 코드만 보면 대략 다음과 같은 매핑을 설정한 것 같은 느낌이 들 것이다.

- Member 클래스 ↔ member 테이블
- id 필드 ↔ id 칼럼
- name 필드 ↔ name 칼럼
- createDate 필드 ↔ create_date 칼럼

JPA의 핵심은 이러한 매핑 설정을 이용해서 필요한 쿼리를 직접 생성한다는 것이다. 다음은 JPA를 이용해서 객체를 DB에 저장할 때 사용하는 코드이다.

```
EntityManager em = ... ;
em.getTransaction().begin();
Member member = new Member("dangol", "단골", new Date());
em.persist(member);
em.getTransaction().commit();
em.close()
```

EntityManager가 무엇인지는 일단 무시하자. 뒤에서 배울 것이다. 이 코드에서 중요한 점은 EntityManager#persist(member) 코드를 실행하면 Member 클래스에 정의한 매핑 설정을 사용해서 다음과 같은 INSERT 쿼리를 실행한다는 것이다.

```
insert into member (id, name, create_date) values (?, ?, ?)
```

매핑 설정에 따라 자바 객체의 각 필드 값을 쿼리의 위치 기반 파라미터(물음표로 표시한 것)로 지정한다. 예를 들어, Member 클래스의 createDate 필드에 붙인 @Column 애노테이션은 name 속성값으로 "create_date"를 설정했다. 따라서, 이 쿼리에서 세 번째 물음표에 해당하는 create_date 칼럼의 값으로는 member 객체의 createDate 필드 값이 들어간다. 동일하게 id 칼럼의 값으로 member 객체의 id 필드 값이 들어간다.

저장뿐만 아니라 객체를 조회하고 수정하고 삭제할 때에도 매핑 설정을 사용해서 알맞은 쿼리를 생성한다. 이는 개발자가 작성해야 할 쿼리를 줄여준다. 필요한 경우에만 쿼리를 작성하면 된다.

2.1 JPA 프로바이더

JPA는 스펙이라고 했다. 톰캣, 제티, 웹로직이 서블릿/JSP 스펙을 구현한 서버인 것처럼 JPA 스펙도 구현체가 따로 존재한다. JPA 구현체를 JPA 프로바이더(provider)라고 부르며, 하이버네이트(Hibernate), 이클립스링크(EclipseLink), DataNucleus 등이 JPA 프로바이더이다.

각 프로바이더는 JPA 표준이 정의한 기능을 구현하고 있지만, 표준이 정하지 않은 확장 기능은 프로바이더마다 다르다. 예를 들어, JPA 2.1 스펙은 자바 8 이전에 나왔기 때문에 자바 8에 새로 포함된 날짜와 시간 타입에 대한 지원은 스펙에 명시되어 있지 않다. 하지만, 하이버네이트 5 버전은 자바 8의 날짜/시간 타입에 대한 매핑을 지원하고 있다.

프로바이더마다 설정 방법이 일부 다를 수도 있다. 사용하는 프로바이더를 바꾸면 잘 되던 기능이 동작하지 않을 수도 있기 때문에 프로바이더를 변경하는 일은 거의 없다고 보면 된다. 이 책에서는 하이버네이트 5.2 버전을 JPA 프로바이더로 사용한다. 하이버네이트를 사용하는 이유는 JPA 프로바이더 중에서 하이버네이트가 가장 인기 있기 때문이다. [그림 1.3]은 구글 트렌드로 JPA 프로바이더의 관심도를 비교한 결과이다. 가장 위에 있는 추이선이 하이버네이트이고 바닥 근처에 있는 다른 두 추이선이 이클립스링크와 DataNucleus에 대한 관심도이다. 그래프를 보면 다른 두 프로바이보다 하이버네이트에 대한 관심도가 월등히 높은 것을 알 수 있다.

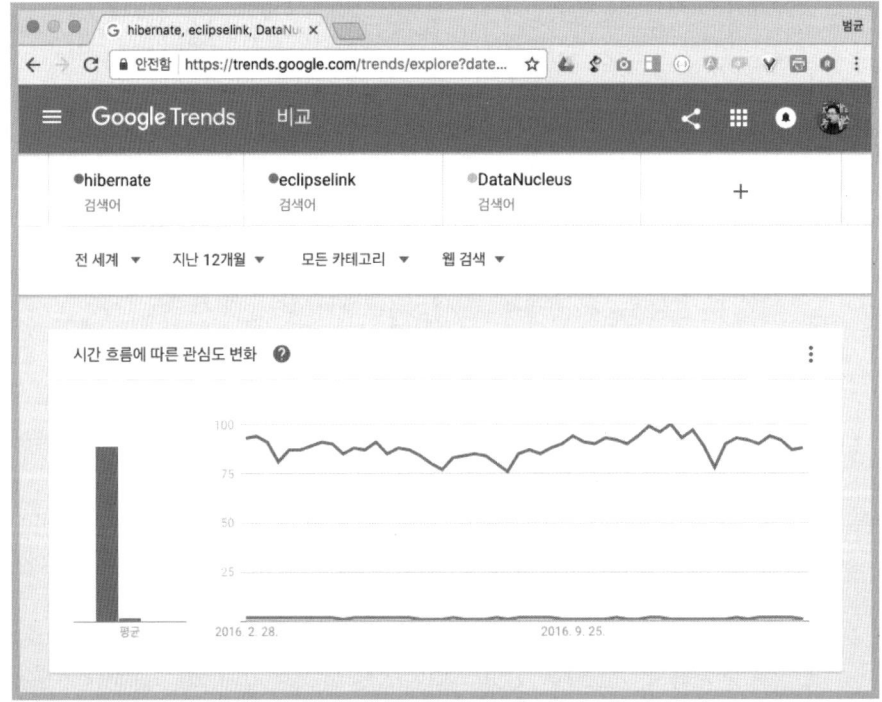

[그림 1.3] 구글 트렌드로 JPA 프로바이더를 비교한 결과로 하이버네이트에 대한 관심이 압도적으로 높다

2.2 JPA의 특징

JPA의 주요 특징을 살펴보자. 가장 큰 특징은 자바 객체와 DB 테이블 사이의 매핑 설정을 사용해서 SQL을 생성한다는 점이다. 개발자가 SQL을 작성하지 않으면서 얻을 수 있는 장점은 다음과 같다.

- DB 칼럼과 객체의 매핑이 변경되면 설정만 변경하면 된다.

예를 들어, member 테이블에 password 칼럼을 추가했다고 하자. 이를 반영하려면 Member 클래스에 다음의 매핑 설정만 추가하면 된다.

```
public class Member {
    ...기존코드
    @Column(name = "password")
    private String password;
```

SQL 쿼리를 사용했다면 member 테이블에 접근하는 INSERT, SELECT, UPDATE 쿼리를 찾아서 칼럼 추가로 인한 변경이 필요한지 확인하고 수정해야 한다. 비슷하게 칼럼 이름을 바꾸거나 다른 칼럼에 매핑해야 할 때에도 관련 쿼리를 일일이 찾아서 수정해야 한다. 반면에 JPA를 사용하면 매핑 설정만 변경하면 된다. SQL을 사용하는 것과 비교하면 테이블과 객체 사이의 매핑 변경이 쉽기 때문에 상대적으로 유지보수에 유리하다.

또 다른 특징은 객체를 위한 기능을 지원한다는 것이다. 테이블 칼럼 간의 참조 관계를 객체 간의 연관으로 매핑하는 기능을 제공하며, 밸류 타입을 위한 매핑을 지원한다. 또한, 클래스 상속에 대한 매핑도 지원한다. 이는 객체 모델을 중심으로 사고하는데 도움을 준다.

매핑뿐만 아니라 객체를 이용해서 쿼리를 작성할 수 있는 JPQL(Java Persistence Query Language)을 지원한다. 다음 코드는 JPQL을 사용한 코드 예를 보여주고 있다.

```
Team team = em.find(Team.class, "T1");
TypedQuery<Player> query = em.createQuery(
    "select p from Player p where p.team = :team and p.salary > :minSalary",
    Player.class);
query.setParameter("team", team);
query.setParameter("minSalary", 1000);
List<Player> players = query.getResultList();
```

JPQL은 SQL과 유사한데 차이점이 있다면, 쿼리가 객체 중심이라는 것이다. SQL과 유사하기 때문에 어렵지 않게 JPQL을 이용해서 데이터를 조회할 수 있다.

JPA는 성능 향상을 위해 지연 로딩이나 즉시 로딩과 같은 몇 가지 기법을 제공한다. 이를 잘 활용하면 SQL을 직접 사용하는 것과 유사한 성능을 얻을 수 있다. 하지만, 항상 JPA가 정답인 것은 아니다. JPA를 잘못 사용하면 실행 속도가 오히려 느려질 수도 있다. 예를 들어, DBMS에 특화된 기능을 필요로 한다면 SQL 쿼리를 직접 사용하는 것이 좋을 때도 있다. 경험상 통계, 데이터 집계, 배치와 같은 작업은 JPA보다는 SQL을 사용하는 것이 유리했다.

03 대상 독자

이 책을 읽으려면 적어도 다음 경험이 있어야 한다.

- 자바를 이용한 DB 연동 프로그램 개발 경험
- 간단한 SQL 작성 경험과 조인에 대한 기본적인 이해

JPA는 DB 연동과 관련된 표준이므로 DB 프로그래밍에 대한 경험이 있어야 한다. 이 책에서는 단순한 쿼리만 사용하므로 기초적인 쿼리 지식이 있다면 책을 읽는데 어려움은 없을 것이다.

이 책의 예제는 메이븐(maven)을 사용해서 작성했다. 그레이들(gradle)을 선호하는 독자를 위해 제공하는 예제 코드에는 그레이들 프로젝트도 일부 포함되어 있다. 메이븐이나 그레이들의 기본적인 설정만 사용하므로 두 가지 도구 중 하나에 대한 경험만 있다면 예제 프로젝트를 참고할 수 있을 것이다.

16장과 17장은 스프링 프레임워크와 JPA 연동에 대해 다룬다. 스프링 프레임워크를 이용한 웹 애플리케이션 개발 경험이 있다면 16장과 17장을 어렵지 않게 이해할 수 있을 것이다.

04 소스 코드 안내

이 책의 소스 코드는 다음 사이트에서 다운로드할 수 있다.

> https://github.com/madvirus/jpa-start

각 장의 폴더 구조는 다음과 같다.

- jpa-chXX : XX장 예제 프로젝트 루트
- jpa-chXX/pom.xml : 메이븐 프로젝트 설정 파일
- jpa-chXX/src/main/java : 자바 소스 코드
- jpa-chXX/src/main/resources : 설정 파일
- jpa-chXX/src/sql/ddl.sql : 예제를 실행할 때 사용한 테이블 생성 쿼리
- jpa-chXX/src/test/java : JUnit 테스트 코드
- jpa-chXX/src/test/resources/test-data.xml : DBUnit을 이용한 테스트 데이터 설정

주로 메이븐 프로젝트로 작성했으며 2장 예제와 16장, 17장 예제는 그레이들 프로젝트도 함께 제공한다. 그레이들 프로젝트는 프로젝트 폴더 이름 뒤에 '-g'를 붙였다. 예를 들어, 17장의 스프링 데이터 예제 프로젝트인 'jpa-ch17-springdata-g'는 그레이들 프로젝트이다.

이 책의 예제는 MySQL을 기준으로 코드를 작성했다. MySQL 데이터베이스와 사용자를 생성할 때 사용한 쿼리는 다음과 같다. MySQL의 root 계정으로 생성하면 된다.

```
create database jpastart CHARACTER SET utf8;

CREATE USER 'jpauser'@'localhost' IDENTIFIED BY 'jpapass';
CREATE USER 'jpauser'@'%' IDENTIFIED BY 'jpapass';

GRANT ALL PRIVILEGES ON jpastart.* TO 'jpauser'@'localhost';
GRANT ALL PRIVILEGES ON jpastart.* TO 'jpauser'@'%';
```

데이터베이스 이름은 jpastart를 사용했다. 사용자 이름은 jpauser를 사용했고 사용자 암호는 jpapass를 사용했다. 이 책의 예제는 이를 기준으로 DB 연결 설정 부분을 작성했다.

각 프로젝트는 src/sql/ddl.sql 파일을 포함한다. 이 파일은 각 장에서 설명할 때 사용한

테이블을 생성하는 쿼리를 포함하고 있으니 이 파일을 참고 해서 필요한 테이블을 생성하면 된다. 예를 들어, 2장의 ddl.sql 파일은 다음의 테이블 생성 쿼리를 포함하고 있다.

```
create table jpastart.user (
    email varchar(50) not null primary key,
    name varchar(50),
    create_date datetime
) engine innodb character set utf8;
```

테이블 생성 쿼리를 보면 jpastart 데이터베이스에 user 테이블을 생성한다. 앞서 생성한 데이터베이스 이름이 jpastart가 아니면 쿼리를 알맞게 수정하면 된다.

각 장에서 설명하는 내용 중 일부를 JUnit 테스트 코드도 담았다. JUnit을 사용한 경험이 있다면 테스트 코드를 실행해서 JPA가 어떻게 동작하는지 이해하는 데 도움이 될 것이다.

PART 01 기초

JPA 시작하기   CHAPTER 02

[이 장에서 다룰 내용]
- 프로젝트 생성
- 매핑 설정
- JPA 설정
- 영속 객체

01 예제 프로젝트

이 장에서는 JPA를 이용해서 사용자 정보를 관리하는 간단한 콘솔 프로그램을 만들어보자. 이를 통해 JPA의 기본적인 사용방법을 익혀볼 것이다. 진행 순서는 다음과 같다.

- 메이븐 프로젝트 생성 및 이클립스 임포트
- 모델 클래스 작성
- 데이터베이스 준비
- JPA 설정
- JPA 초기화 클래스
- JPA를 이용한 서비스 클래스
- main() 메서드를 가진 콘솔 클래스 작성

이 책에서는 메이븐(maven)을 이용해서 프로젝트를 생성한다. 만약 메이븐에 익숙하지 않다면 다음 URL의 글을 읽고 메이븐에 대한 기초를 익히기 바란다.

> Maven 기초 사용법 : http://javacan.tistory.com/entry/MavenBasic

2장의 예제 코드는 제공한 소스 코드의 jpa-ch02 폴더에서 구할 수 있다. XML 설정 파일을 처음부터 입력하지 말고 제공한 예제 코드의 파일을 복사해서 사용하면 오타로 고생하는 일을 줄일 수 있다.

02 메이븐 프로젝트 생성 및 이클립스 임포트

이 책에서 생성할 예제 프로젝트는 C:\jpastart 폴더에 위치한다고 가정한다. C:\jpastart 폴더를 생성했다면 그 폴더 안에 다음과 같이 하위 폴더를 생성한다.

- src\main\java : 자바 소스 코드 위치할 폴더
- src\main\resources : JPA 설정 파일이 위치할 폴더

폴더를 생성한 결과는 [그림 2.1]과 같은 구조를 갖는다.

[그림 2.1] 프로젝트 구조

필요한 폴더를 생성했다면 메이븐 프로젝트 설정 파일인 pom.xml 파일을 만들 차례이다. pom.xml 파일은 프로젝트의 루트 폴더인 C:\jpastart 폴더에 작성한다. pom.xml 파일은 [리스트 2.1]과 같다.

[리스트 2.1] pom.xml

```
01: <?xml version="1.0" encoding="UTF-8"?>
02: <project xmlns="http://maven.apache.org/POM/4.0.0"
03:     xmlns:xsi="http://www.w3.org/2001/XMLSchema-instance"
04:     xsi:schemaLocation="http://maven.apache.org/POM/4.0.0
05:         http://maven.apache.org/xsd/maven-4.0.0.xsd">
06:     <modelVersion>4.0.0</modelVersion>
07:
08:     <groupId>jpastart</groupId>
09:     <artifactId>jpastart</artifactId>
10:     <version>1.0.0</version>
11:
12:     <properties>
13:         <hibernate.version>5.2.6.Final</hibernate.version>
14:     </properties>
15:
16:     <dependencies>
17:         <dependency>
18:             <groupId>org.hibernate</groupId>
19:             <artifactId>hibernate-core</artifactId>
20:             <version>${hibernate.version}</version>
21:         </dependency>
22:         <dependency>
23:             <groupId>org.hibernate</groupId>
24:             <artifactId>hibernate-c3p0</artifactId>
25:             <version>${hibernate.version}</version>
26:         </dependency>
27:         <dependency>
28:             <groupId>mysql</groupId>
29:             <artifactId>mysql-connector-java</artifactId>
30:             <version>5.1.39</version>
31:         </dependency>
32:     </dependencies>
33:
34:     <build>
```

```
35:        <plugins>
36:          <plugin>
37:            <artifactId>maven-compiler-plugin</artifactId>
38:            <version>3.1</version>
39:            <configuration>
40:              <source>1.8</source>
41:              <target>1.8</target>
42:              <encoding>utf-8</encoding>
43:            </configuration>
44:          </plugin>
45:        </plugins>
46:      </build>
47: </project>
```

17-21행 JPA 2.1 구현체인 hibernate-core 5.2.6 버전을 의존 모듈로 추가한다.

22-26행 커넥션 풀 설정을 위한 hibernate-c3p0 5.2.6 버전을 의존 모듈로 추가한다.

27-31행 예제에서 사용할 MySQL DB를 위한 JDBC 드라이버 모듈을 추가한다.

36-44행 메이븐 컴파일러 플러그인을 설정한다. 자바 1.8 버전을 기준으로 작성했는데, 만약 자바 7(JDK 1.7)을 사용한다면 40행과 41행의 1.8을 1.7로 바꾼다.

> **Note**
> 하이버네이트 5.1 버전까지는 JPA 지원을 위해 hibernate-entitymanager 모듈이 따로 존재하므로 하이버네이트 5.1 버전을 사용해서 JPA 프로그래밍을 하는 경우 hibernate-entitymanager 모듈을 의존에 추가해야 한다.

명령행 프롬프트를 열고 C:\jpastart 폴더로 이동한 뒤에 mvn compile 명령어를 입력해 보자. pom.xml 파일에 오타가 없다면 다음 코드처럼 실행 결과로 'BUILD SUCCESS'라는 문구를 확인할 수 있다. 참고로 mvn compile 명령어를 처음 실행하면 메이븐이 필요로 하는 플러그인과 의존 모듈을 다운로드하기 때문에 다소 시간이 걸리므로 네트워크 속도가 느리지 않은 환경에서 실행할 것을 권한다.

```
Microsoft Windows [Version 6.3.9600]
(c) 2013 Microsoft Corporation. All rights reserved.

C:\Windows\System32>cd \jpastart

C:\jpastart>mvn compile
[INFO] Scanning for projects...
[INFO]
[INFO] ------------------------------------------------------------
[INFO] Building jpa-start 1.0.0
[INFO] ------------------------------------------------------------
```

```
…생략
[INFO] ------------------------------------------------------------
[INFO] BUILD SUCCESS
[INFO] ------------------------------------------------------------
[INFO] Total time: 0.938 s
[INFO] Finished at: 2016-06-04T15:40:41+09:00
[INFO] Final Memory: 8M/245M
[INFO] ------------------------------------------------------------
```

pom.xml 파일에 오타가 있다면 mvn compile 명령어를 실행할 때 에러가 발생한다. 예를 들어, 16행의 〈dependencies〉 태그에서 마지막에 s자를 빠뜨렸다면 다음과 같은 에러 메시지가 콘솔에 출력된다.

```
C:\jpastart>mvn compile
[INFO] Scanning for projects...
[ERROR] The build could not read 1 project -> [Help 1]
[ERROR]
[ERROR]   The project  (C:\jpastart\pom.xml) has 1 error
[ERROR]     Non-parseable POM C:\jpastart\pom.xml: Unrecognised tag: 'dependencie'
(position: START_TAG seen ...</properties>\r\n    \r\n    <dependencie>... @16:18) @
line 16, column 18 -> [Help 2]
…생략
```

에러 메시지를 보면 'line 16', 즉 16행에서 에러가 발생했다는 것을 알 수 있다. 에러가 발생했다면 에러 메시지를 보고 pom.xml 파일을 알맞게 수정해서 에러를 없앤다. 에러를 모두 수정했다면 다음 단계로 넘어간다.

다음 단계로 이클립스에 메이븐 프로젝트를 임포트한다. 이클립스는 메이븐이 이미 연동되어 있는 'Eclipse IDE for Java EE Developers'를 사용한다. 이클립스를 실행하고 [File] 메뉴의 [Import…] 메뉴를 실행한다. 그러면 [그림 2.2]와 같은 Import 대화창이 나타난다.

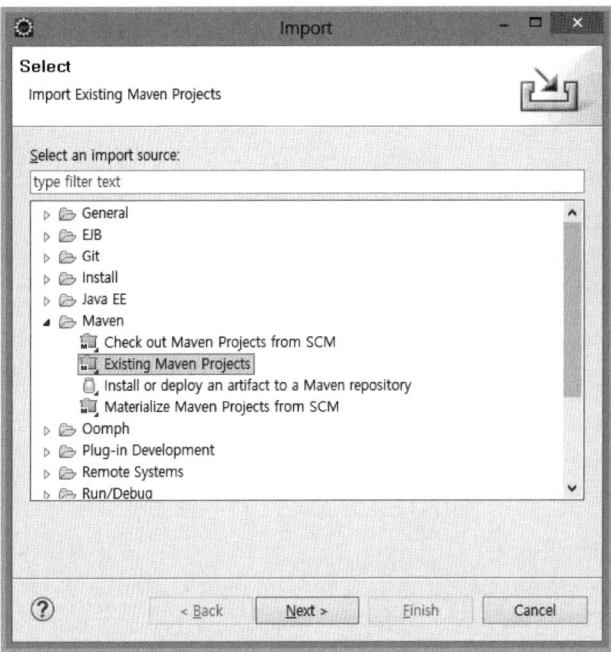

[그림 2.2] Import 대화창

Import 대화창에서 Maven/Existing Maven Projects을 선택하고 [Next] 버튼을 클릭한다. 그러면 [그림 2.3] 화면으로 넘어간다.

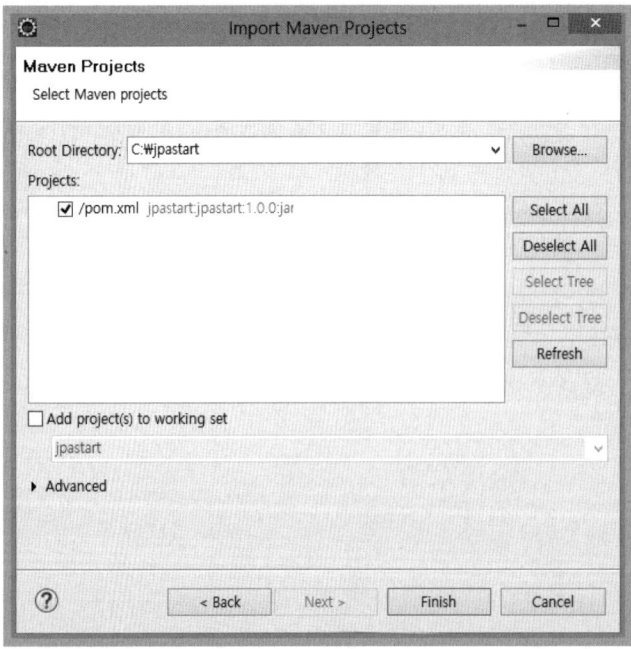

[그림 2.3] 임포트할 메이븐 프로젝트 폴더 선택

[그림 2.3]에서 [Browse] 버튼을 클릭해서 프로젝트 폴더인 C:\jpastart 폴더를 Root Directory로 선택한다. 그러면 Projects 목록에 jpastart:jpastart:1.0.0:jar가 표시된다.

Projects 목록에 생성한 메이븐 프로젝트가 표시되었으면 [Finish] 버튼을 클릭한다. 메이븐 프로젝트 임포트에 성공하면 [그림 2.4]처럼 이클립스 프로젝트 목록에 jpastart가 표시된다.

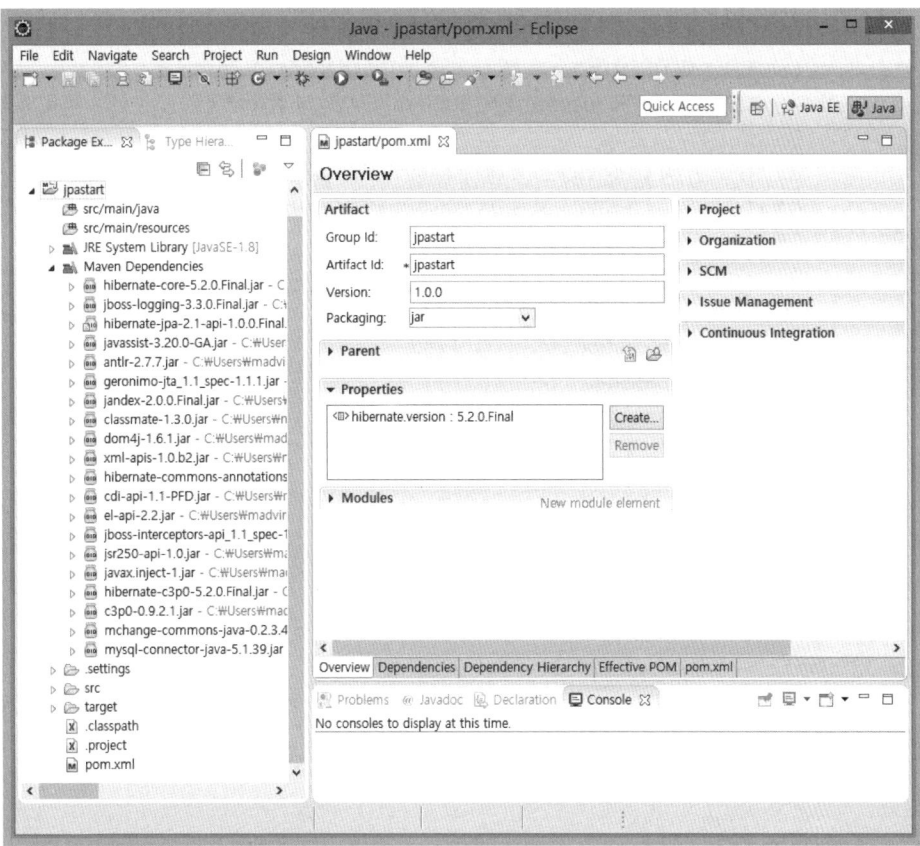

[그림 2.4] 이클립스에 임포트한 메이븐 프로젝트

그레이들(gradle)을 선호한다면 https://github.com/madvirus/jpa-start에서 소스를 다운로드한 뒤 jpa-ch02-g 프로젝트를 참고한다.

03 데이터베이스 생성

메이븐 프로젝트를 임포트했다면 다음으로 데이터베이스를 생성하자. 이 예제에서는 MySQL을 사용한다. 데이터베이스, DB 계정, 예제에서 사용할 테이블을 생성하는 쿼리는 [리스트 2.2]와 같다.

[리스트 2.2] src\sql\dd.sql

```
01:  create database jpastart CHARACTER SET utf8;
02:
03:  CREATE USER 'jpauser'@'localhost' IDENTIFIED BY 'jpapass';
04:  CREATE USER 'jpauser'@'%' IDENTIFIED BY 'jpapass';
05:
06:  GRANT ALL PRIVILEGES ON jpastart.* TO 'jpauser'@'localhost';
07:  GRANT ALL PRIVILEGES ON jpastart.* TO 'jpauser'@'%';
08:
09:  create table jpastart.user (
10:    email varchar(50) not null primary key,
11:    name varchar(50),
12:    create_date datetime
13:  ) engine innodb character set utf8;
```

01행   이름이 jpastart인 데이터베이스를 생성한다.

03-04행   이름이 jpauser인 DB 계정을 생성한다. 암호는 jpapass로 지정한다.

06-07행   jpastart 데이터베이스에 접근할 수 있는 권한을 jpauser에 부여한다.

09-13행   jpastart 데이터베이스에 user 테이블을 생성한다.

user 테이블의 스키마는 간단하다. 이메일, 이름, 생성일 정보를 위한 칼럼을 갖고 있고 이메일을 주요키로 사용한다.

04 모델 클래스와 매핑 설정

user 테이블과 매핑할 모델 클래스를 작성할 차례이다. 모델 클래스는 [리스트 2.3]과 같다.

[리스트 2.3] src\main\java\jpastart\reserve\model\User.java

```
01:  package jpastart.reserve.model;
02:
03:  import java.util.Date;
04:
05:  import javax.persistence.Column;
```

```
06:   import javax.persistence.Entity;
07:   import javax.persistence.Id;
08:   import javax.persistence.Table;
09:   import javax.persistence.Temporal;
10:   import javax.persistence.TemporalType;
11:
12:   @Entity
13:   @Table(name = "user")
14:   public class User {
15:
16:       @Id
17:       private String email;
18:       private String name;
19:
20:       @Temporal(TemporalType.TIMESTAMP)
21:       @Column(name = "create_date")
22:       private Date createDate;
23:
24:       protected User() {
25:       }
26:
27:       public User(String email, String name, Date createDate) {
28:           this.email = email;
29:           this.name = name;
30:           this.createDate = createDate;
31:       }
32:
33:       public String getEmail() {
34:           return email;
35:       }
36:
37:       public String getName() {
38:           return name;
39:       }
40:
41:       public Date getCreateDate() {
42:           return createDate;
43:       }
44:
45:   }
```

흔히 보는 모델 클래스와 비교하면 한 가지 차이가 있다. 그것은 바로 JPA 애노테이션을 사용해서 DB 테이블과의 매핑 정보를 설정하고 있다는 것이다.

가장 먼저 보이는 애노테이션은 12행의 @Entity이다. @Entity는 해당 클래스가 JPA의 엔티티임을 의미한다. JPA에서 엔티티는 DB 테이블과 매핑되는 기본 단위이다. 13행의 @Table 애노테이션은 클래스가 어떤 테이블과 매핑되는지 설정한다. name 속성을 이용해서 테이블 이름을 지정한다. 13행의 경우 user 테이블과 매핑한다고 설정했다. 따라서, User 클래스는 user 테이블과 매핑된다.

DB 테이블에 주요키가 있다면, JPA의 엔티티에는 식별자가 있다. 16행의 @Id 애노테이션은 엔티티를 식별할 때 사용할 프로퍼티를 지정할 때 사용한다. 대부분 엔티티 클래스의 식별자는 DB 테이블의 주요키에 매핑한다. 16-17행의 경우 email 필드를 엔티티의 식별자로 사용하고, 필드와 같은 이름인 email 칼럼에 매핑한다.

18행의 name 필드에는 애노테이션이 없는데, 이 경우 필드 이름과 동일한 이름의 테이블 칼럼에 매핑한다. 즉, 18행의 name 필드는 name 칼럼에 매핑한다.

java.util.Date 타입을 매핑할 때는 @Timestamp 애노테이션을 사용한다. 20행의 경우 TemporalType.TIMESTAMP가 값인데, 이 값은 java.sql.Timestamp를 이용해서 매핑을 처리함을 뜻한다. @Column 애노테이션은 매핑할 테이블의 칼럼 이름을 지정한다. 21행의 name 속성값은 "create_date"이므로 createDate 필드는 create_date 칼럼에 매핑한다.

[리스트 2.3]의 애노테이션을 이용한 매핑 설정을 정리하면 [그림 2.5]와 같다.

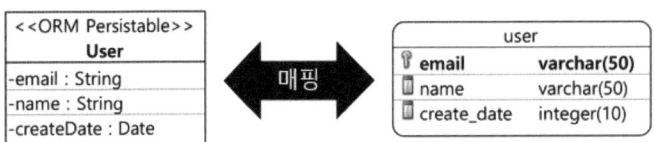

[그림 2.5] 엔티티 클래스와 테이블의 매핑

JPA 프로바이더는 테이블에서 읽어온 데이터로부터 자바 객체를 생성할 때 매핑 정보를 이용한다. 다음 코드를 보자.

```
User user = entityManager.find(User.class, "madvirus@madvirus.net");
```

아직 EntityManager에 대해 설명하진 않았지만, 간단하게 설명하면 위 코드는 JPA가 제공하는 EntityManager를 이용해서 식별자가 "madvirus@madvirus.net"인 User 객체를 찾는다. 앞서 작성한 [리스트 2.3]의 User 클래스를 보면 @Table 애노테이션을 이용해서 User 클래스를 user 테이블에 매핑했으므로 JPA 프로바이더는 다음과 유사한 쿼리를 실행한다.

```
// entityManager.find(User.class, "madvirus@madvirus.net")
select email, name, create_date from user where email = 'madvirus@madvirus.net'
```

식별자를 지정하는 @Id 애노테이션을 email 필드에 적용했으므로 where 절에서는 email 필드에 매핑된 email 칼럼을 비교한다(앞서 @Column 애노테이션을 사용하지 않으면 필드와 동일한 이름을 갖는 칼럼에 매핑된다고 했다).

쿼리 결과를 자바 객체에 저장할 때에도 매핑 정보를 사용한다. 예를 들어, 위 쿼리 결과가 존재하면 JPA는 다음 과정을 거쳐 User 객체를 생성한다.

- User 클래스의 인자가 없는 기본 생성자를 이용해서 User 객체를 생성한다.
- @Column 애노테이션이 없는 email 필드와 name 필드는 동일한 이름을 갖는 칼럼 값을 할당받는다.
- @Column 애노테이션의 name 값이 create_date인 createDate 필드는 create_date 칼럼 값을 할당받는다. @Temporal 애노테이션 값이 TemporalType.TIMESTAMP이므로 Timestamp로 값을 읽어온 뒤 java.util.Date로 변환한다.

JPA는 테이블과 매핑된 클래스의 객체를 생성할 때 인자가 없는 기본 생성자를 사용한다. 이런 이유로 [리스트 2.3]에서 24-25행의 기본 생성자를 추가했다.

매핑 설정을 정리하면 다음과 같다.

- 테이블과 매핑될 클래스에 @Entity를 붙인다.
- @Table을 이용해서 테이블 이름을 지정한다.
- @Id를 이용해서 식별자로 사용할 필드를 지정한다.
- @Column을 이용해서 매핑할 칼럼을 지정한다.

실제로는 필드뿐만 아니랄 프로퍼티 세터(setter) 메서드를 사용하는 것도 가능하고 더 다양한 설정 매핑이 있지만 일단 지금은 이 정도만 알고 넘어가자. @Entity를 적용한 엔티티 클래스는 몇 가지 특징이 있는데 그 특징과 엔티티 클래스의 매핑 설정에 대한 내용은 3장에서 설명할 것이다.

05 JPA 설정

JPA 설정 파일을 작성할 차례이다. JPA는 기본적으로 클래스패스에 있는 META-INF/persistence.xml 파일을 설정 파일로 사용한다. 메이븐에서는 src/main/resources 폴더에 XML과 같은 자원 파일을 위치시키므로, src/main/resources 폴더에 META-INF

폴더를 생성하고 그 폴더에 persistence.xml 파일을 추가한다. 이 예제에서 사용할 JPA 설정 파일은 [리스트 2.4]와 같다.

[리스트 2.4] src\main\resources\META-INF\persistence.xml

```
01: <?xml version="1.0" encoding="utf-8" ?>
02:
03: <persistence xmlns="http://xmlns.jcp.org/xml/ns/persistence"
04:    xmlns:xsi="http://www.w3.org/2001/XMLSchema-instance"
05:    xsi:schemaLocation="http://xmlns.jcp.org/xml/ns/persistence
06:       http://xmlns.jcp.org/xml/ns/persistence/persistence_2_1.xsd"
07:    version="2.1">
08:
09:    <persistence-unit name="jpastart" transaction-type="RESOURCE_LOCAL">
10:        <class>jpastart.reserve.model.User</class>
11:
12:        <exclude-unlisted-classes>true</exclude-unlisted-classes>
13:
14:        <properties>
15:          <property name="javax.persistence.jdbc.driver"
16:             value="com.mysql.jdbc.Driver" />
17:          <property name="javax.persistence.jdbc.url"
18:             value="jdbc:mysql://localhost/jpastart?characterEncoding=utf8" />
19:          <property name="javax.persistence.jdbc.user" value="jpauser" />
20:          <property name="javax.persistence.jdbc.password"
21:             value="jpapass" />
22:
23:          <property name="hibernate.show_sql" value="true" />
24:          <property name="hibernate.dialect"
25:             value="org.hibernate.dialect.MySQL5InnoDBDialect" />
26:
27:          <property name="hibernate.c3p0.min_size" value="5" />
28:          <property name="hibernate.c3p0.max_size" value="20" />
29:          <property name="hibernate.c3p0.timeout" value="500" />
30:          <property name="hibernate.c3p0.idle_test_period"
31:             value="2000" />
32:        </properties>
33:
34:    </persistence-unit>
35:
36: </persistence>
```

09행   영속 단위를 설정한다. 영속 단위는 JPA가 관리할 엔티티 클래스의 집합을 정의한다. name 은 영속 단위의 이름을 지정한다. transaction-type은 JPA가 사용할 트랜잭션 방식을 지정한다.

10행   <class> 태그로 관리할 엔티티 클래스로 User 클래스를 추가한다.

12행	〈exclude-unlisted-classes〉의 값을 false로 지정하면 〈class〉 태그로 지정하지 않은 클래스는 관리 대상에 포함하지 않는다.
15-20행	프로퍼티를 이용해서 데이터베이스 연결 정보를 설정한다.
23행	하이버네이트 전용 프로퍼티로 쿼리를 로그로 출력할지 설정한다.
24-25행	하이버네이트 전용 프로퍼티로 쿼리를 생성할 때 사용할 Dialect를 지정한다. 이 예제에서는 MySQL5InnoDBDialect 클래스를 설정했다.
27-31행	하이버네이트가 지원하는 c3p0 커넥션 풀 관련 프로퍼티를 설정한다.

JPA는 영속 단위(persistence unit)별로 엔티티 클래스를 관리한다. 영속 단위는 〈persistence-unit〉 태그로 추가하며 [리스트 2.4]의 경우 한 개 영속 단위를 설정하고 있다. 09행을 보면 name 속성이 있는데 이 name 속성은 영속 단위의 이름을 지정하며, JPA를 초기화할 때 이 이름을 사용한다.

영속 단위는 JPA가 영속성을 관리할 단위이다. JPA는 영속 단위별로 매핑 대상, DB 연결 설정 등을 관리한다. 각 영속 단위는 이름을 이용해서 구분한다. [리스트 2.4]에서는 이름이 jpastart인 영속 단위를 설정하고 있다. 보통 한 개의 애플리케이션은 한 개의 영속 단위를 설정한다.

JPA는 로컬 트랜잭션과 JTA 기반 글로벌 트랜잭션을 지원한다. 09행에서 transaction-type을 RESOURCE_LOCAL로 설정했는데, 이는 로컬 트랜잭션을 의미한다. 로컬 트랜잭션은 자바 Connection을 이용해서 트랜잭션을 처리한다.

〈class〉 태그는 영속 단위에서 관리할 엔티티 클래스를 지정한다. 앞서 @Entity 애노테이션을 적용한 클래스의 완전한 이름을 〈class〉 태그 값으로 사용한다.

하이버네이트와 같은 JPA 프로바이더는 @Entity로 설정된 클래스를 자동으로 검색해서 관리 대상으로 추가하는 기능을 제공하고 있다. 이 예제에서는 〈class〉 태그를 이용해서 직접 엔티티 클래스를 지정했으므로 자동 검색 기능을 사용하지 않기 위해 12행과 같이 〈exclude-unlisted-classes〉의 값을 true로 지정했다. 이 태그 값을 true로 지정하면 〈class〉 태그로 지정하지 않은 클래스는 관리 대상에서 제외한다.

5.1 DB 종류와 Dialect

[리스트 2.4]에서 24-25행의 코드를 보자.

```
<property name="hibernate.dialect"
    value="org.hibernate.dialect.MySQL5InnoDBDialect" />
```

hibernate.dialect 속성은 하이버네이트가 쿼리를 생성할 때 사용할 Dialect 종류를 지정한다. hibernate.dialect 속성값으로 사용할 DBMS에 해당하는 클래스 이름을 지정한다. 이 값을 올바르게 지정해야 하이버네이트가 DB 종류에 맞는 쿼리를 생성한다.

hibernate.dialect의 값으로 사용할 수 있는 주요 Dialect 클래스는 다음과 같다. 모든 클래스는 org.hibernate.dialect 패키지에 속하며 하이버네이트 버전에 따라 지원하는 Dialect에 차이가 존재한다. 이 책은 5.2 버전을 기준으로 표시했다.

- MySQL5InnoDBDialect, MySQL5Dialect, MySQL57InnoDBDialect
- MySQLInnoDBDialect, MySQLDialect(MySQL 5 이전)
- Oracle8iDialect, Oracle9iDialect, Oracle10gDialect
- PostgreSQL95Dialect(이름에 95 외에 81, 82, 9, 91, 92, 93, 94 지원)
- SQLServer2012Dialect, SQLServer2008Dialect, SQLServer2005Dialect
- H2Dialect
- HSQLDialect
- CUBRIDDialect

이 외에도 DB2, Ingres, HANA, Teradata 등을 위한 Dialect도 지원하는데 전체 Dialect 목록이 궁금하다면 하이버네이트 API 문서를 참고하자.

06 영속 컨텍스트와 영속 객체 개요

본격적으로 DB 연동 코드를 작성해보기에 앞서 영속 객체와 영속 컨텍스트에 대해 간략하게 살펴보자. @Entity 애노테이션을 붙인 클래스를 JPA에서는 엔티티(entity)라고 부르는데 이 엔티티는 DB에 보관되는 대상이 된다. 앞서 작성한 User 클래스가 엔티티에 속한다.

JPA는 이들 엔티티를 영속 컨텍스트(persistence context)로 관리한다. 영속 컨텍스트는 JPA가 관리하는 엔티티 객체 집합인데, 영속 컨텍스트에 속한 엔티티 객체를 DB에 반영한다. 예를 들어, 응용 프로그램에서 영속 컨텍스트에 엔티티 객체를 추가하면 JPA는 이 엔티티 객체의 매핑 정보를 이용해서 관련 데이터를 DB에 반영한다. 반대로 JPA를 이용해서 DB에서 데이터를 읽어오면 매핑 정보를 이용해서 영속 컨텍스트에 객체를 생성해서 보관하고, 이 객체를 응용 프로그램에 제공한다. 영속 컨텍스트에 보관된 객체를 영속 객체(persistent object)라고 부른다.

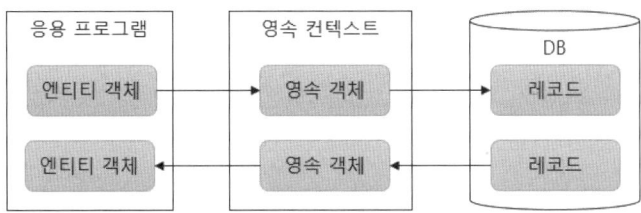

[그림 2.6] 영속 컨텍스트

보통 영속 컨텍스트는 세션(JPA의 EntityManager) 단위로 생긴다. 즉, 세션 생성 시점에 영속 컨텍스트가 생성되고 세션 종료 시점에 컨텍스트가 사라진다.

응용 프로그램은 영속 컨텍스트에 직접 접근할 수 없다. 대신 EntityManager를 통해서 영속 컨텍스트와 관련된 작업을 수행한다. EntityManager를 통해서 영속 컨텍스트에 엔티티 객체를 추가하고, EntityManager를 통해서 영속 컨텍스트로부터 엔티티 객체를 구한다. 이런 이유로 응용 프로그램은 다음과 같은 순서로 동작하게 된다.

- EntityManager를 생성한다.
- 트랜잭션을 시작한다.
- EntityManager를 통해 영속 컨텍스트에 객체를 추가하거나 구한다.
- 트랜잭션을 커밋한다.
- EntityManager를 닫는다.

일반적인 데이터베이스 프로그래밍과 절차가 유사한 것을 알 수 있다. Connection 대신에 EntityManager를 사용하고, JPA가 제공하는 트랜잭션을 사용하는 것이 다를 뿐이다. 물론, 몇 가지 중요한 차이점이 있다. 그것은 바로 SQL을 직접 실행하지 않고 객체 단위로 DB 연동을 처리한다는 점이다. 이 말이 아직 잘 와 닿지 않을 텐데 앞으로 예제 코드를 작성하면서 이 말의 의미를 알아가도록 하자.

영속 컨텍스트와 트랜잭션의 관계에 대한 내용은 5장에서 다시 살펴볼 것이다.

07 간단한 예제 실행

DB 테이블도 만들었고, 매핑 설정을 담은 엔티티 클래스도 만들었고, JPA 설정 파일도 작성했다. 이제 남은 것은 JPA API를 이용해서 DB 연동 코드를 작성하는 것이다. JPA를 사용해서 새로운 사용자 정보를 user 테이블에 추가하는 간단한 메인 클래스를 작성해보자. 코드는 [리스트 2.5]와 같다.

[리스트 2.5] src\main\java\jpastart\main\AddUserMain.java

```
01: package jpastart.main;
02:
03: import jpastart.reserve.model.User;
04:
05: import javax.persistence.EntityManager;
06: import javax.persistence.EntityManagerFactory;
07: import javax.persistence.EntityTransaction;
08: import javax.persistence.Persistence;
09: import java.util.Date;
10:
11: public class AddUserMain {
12:     public static void main(String[] args) {
13:         EntityManagerFactory emf =
14:             Persistence.createEntityManagerFactory("jpastart");
15:
16:         EntityManager entityManager = emf.createEntityManager();
17:         EntityTransaction transaction = entityManager.getTransaction();
18:         try {
19:             transaction.begin();
20:             User user = new User("user@user.com", "user", new Date());
21:             entityManager.persist(user);
22:             transaction.commit();
23:         } catch (Exception ex) {
24:             ex.printStackTrace();
25:             transaction.rollback();
26:         } finally {
27:             entityManager.close();
28:         }
29:
30:         emf.close();
31:     }
32: }
```

13-14행   EntityManagerFactory를 생성한다. EntityManager를 생성하는 팩토리로, 영속 단위별로 EntityManagerFactory를 생성한다.

16행   EntityManagerFactory를 이용해서 EntityManager를 생성한다. EntityManager는 영속 컨텍스트와 엔티티를 관리한다.

18행   EntityManager에서 트랜잭션 관리를 위한 EntityTransaction을 구한다.

19행   트랜잭션을 시작한다.

21행   EntityManager#persist() 메서드를 이용해서 영속 컨텍스트에 객체를 추가한다. 영속 컨텍스트에 추가한 엔티티 객체는 DB에 저장한다.

22행	트랜잭션을 커밋한다.
25행	실행 과정에서 익셉션이 발생하면 트랜잭션을 롤백한다.
27행	EntityManager를 닫는다.
30행	EntityManagerFactory를 닫는다.

EntityManagerFactory는 이름에서 알 수 있듯이 EntityManager를 생성하는 팩토리이다. JDBC 프로그래밍을 할 때 JDBC 드라이버를 최초에 한 번 로딩하는 것처럼, 모든 애플리케이션은 초기화 과정에서 EntityManagerFactory를 생성하면 된다.

Persistence.createEntityManagerFactory() 메서드로 EntityManagerFactory를 생성한다. 14행을 보면 파라미터로 "jpastart"를 전달했는데 이 값은 persistence.xml 파일에 명시한 영속 단위의 이름이다. [리스트 2.4]의 persistence.xml 파일을 보면 다음과 같이 name 속성값이 "jpastart"인데 Persistence.createEntityManagerFactory() 메서드에 이 값을 전달한다.

```
<persistence-unit name="jpastart" transaction-type="RESOURCE_LOCAL">
  <class>jpastart.reserve.model.User</class>
  ...
</persistence-unit>
```

13-14행에서 생성한 EntityManagerFactory는 "jpastart" 영속 단위에 설정한 클래스, DB 연결 정보, 커넥션 풀 설정을 사용해서 영속성을 관리한다.

JDBC 프로그래밍에서 DB 연동을 처리할 때 Connection을 사용하는 것처럼 JPA에서는 EntityManager를 사용해서 DB 연동을 처리한다. 16행에서 EntityManagerFactory를 이용해서 EntityManager를 생성한다.

17행에서는 EntityManager#getTransaction()을 이용해서 EntityTransaction을 구한다. JPA는 트랜잭션 범위에서 DB 변경을 처리하도록 제한하고 있기 때문에, 19행과 같이 먼저 트랜잭션을 시작해야 새로운 데이터를 추가하거나 기존 데이터를 변경할 수 있다. 정상 실행하면 22행처럼 트랜잭션을 커밋하고 문제가 발생하면 25행처럼 트랜잭션을 롤백한다.

21행은 EntityManager#persist()를 사용해서 user 객체를 DB에 저장한다. 정확하게는 user 객체를 영속 컨텍스트에 추가한다. 영속 컨텍스트에 추가한 객체는 EntityTransaction을 커밋할 때 실제 DB에 반영된다. 새로 객체를 추가한 것이므로 이는 결과적으로 insert 쿼리를 실행해서 매핑된 user 테이블에 데이터를 삽입한다.

필요한 작업이 끝나면 EntityManager#close()로 EntityManager를 종료한다. 이는 JDBC 프로그래밍에서 Connection을 close()하는 것과 비슷하다.

애플리케이션 자체를 종료할 때는 30행과 같이 EntityManagerFactory#close()를 이용해서 팩토리를 종료한다. 팩토리를 종료할 때 커넥션 풀과 같은 자원을 반환한다.

AddUserMain 클래스를 실행해보자. 아직 데이터베이스와 user 테이블을 생성하지 않았다면 생성한다. AddUserMain 클래스를 실행하면 콘솔에 다음과 같이 insert 쿼리가 로그로 출력되는 것을 확인할 수 있다.

> Hibernate: insert into user (create_date, name, email) values (?, ?, ?)

이 insert 쿼리는 User 클래스에 설정한 매핑 정보를 이용해서 하이버네이트가 생성한 쿼리이다. 하이버네이트는 21행에서 persist() 메서드로 전달받은 객체를 DB 테이블에 저장할 때 이 쿼리를 사용한다. user 테이블을 확인해보면 20행에서 생성한 객체에 해당하는 데이터가 삽입된 것을 확인할 수 있을 것이다.

08 EntityManagerFactory 관련 보조 클래스

JPA 프로그래밍을 하려면 EntityManager를 구해야 하는 데, 이 EntityManager를 구하려면 EntityManagerFactory가 필요하다. 이 책에서는 EntityManager가 필요한 코드에서 쉽게 EntityManager를 생성할 수 있도록 [리스트 2.6]과 같은 보조 클래스를 사용할 것이다.

[리스트 2.6] src\main\java\jpastart\jpa\EMF.java

```
01:    package jpastart.jpa;
02:
03:    import javax.persistence.EntityManager;
04:    import javax.persistence.EntityManagerFactory;
05:    import javax.persistence.Persistence;
06:
07:    public class EMF {
08:        private static EntityManagerFactory emf;
09:
```

```
10:    public static void init() {
11:        emf = Persistence.createEntityManagerFactory("jpastart");
12:    }
13:
14:    public static EntityManager createEntityManager() {
15:        return emf.createEntityManager();
16:    }
17:
18:    public static void close() {
19:        emf.close();
20:    }
21: }
```

이 보조 클래스를 사용하면 다음과 같이 응용 프로그램 시작 시점에 EMF.init()으로 EntityManagerFactory를 생성하고 응용 프로그램이 끝날 때 EMF.close()로 종료할 수 있다.

```
public static void main(String[] args) {
    EMF.init();

    ...JPA 프로그래밍

    EMF.close();
}
```

EntityManager를 생성해야 하는 코드는 EMF.createEntityManager()를 이용해서 구하면 된다.

```
EntityManager em = EMF.createEntityManager();
try {
    ...
} finally {
    em.close();
}
```

09 콘솔을 사용한 사용자 관리 예제

이제 JPA를 이용해서 사용자 정보를 관리하는 콘솔 프로그램을 만들어보자. JPA 자체를 익히기 위한 예제이므로 구조를 [그림 2.7]과 같이 단순하게 하여 JPA 자체의 기능을 익히는 데 집중할 것이다.

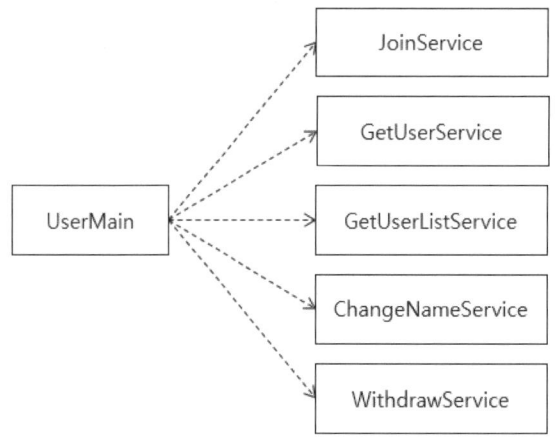

[그림 2.7] 예제 프로그램 구성

UserMain은 메인 클래스로서 콘솔로 명령을 입력받아 알맞은 서비스를 실행한다. 각 서비스는 사용자를 추가하고 조회하고 정보를 변경하고 삭제하는 기능을 구현한다. UserMain 클래스의 뼈대는 [리스트 2.7]과 같이 작성한다.

[리스트 2.7] src\main\java\jpastart\main\UserMain.java

```
01: package jpastart.main;
02:
03: import jpastart.jpa.EMF;
04:
05: import java.io.BufferedReader;
06: import java.io.IOException;
07: import java.io.InputStreamReader;
08:
09: public class UserMain {
10:     public static void main(String[] args) throws IOException {
11:         EMF.init();
12:
13:         BufferedReader reader =
14:             new BufferedReader(new InputStreamReader(System.in));
15:
```

```
16:        while(true) {
17:            System.out.println("명령어를 입력하세요:");
18:            String line = reader.readLine();
19:            String[] commands = line.split(" ");
20:            if (commands[0].equalsIgnoreCase("exit")) {
21:                System.out.println("종료합니다");
22:                break;
23:            } else if (commands[0].equalsIgnoreCase("join")) {
24:            } else if (commands[0].equalsIgnoreCase("view")) {
25:            } else if (commands[0].equalsIgnoreCase("list")) {
26:            } else if (commands[0].equalsIgnoreCase("changename")) {
27:            } else if (commands[0].equalsIgnoreCase("withdraw")) {
28:            } else {
29:                System.out.println("올바른 명령어를 입력하세요.");
30:            }
31:            System.out.println("----");
32:        }
33:    }
34:    EMF.close();
35:    }
36: }
```

11행   EntityManagerFactory를 생성한다.

13-14행   콘솔에서 명령어를 입력받기 위한 BufferedReader를 생성한다.

18행   콘솔에서 한 줄을 입력받는다.

19행   입력받은 문자열을 공백문자로 분리한다.

20-22행   입력한 명령어가 "exit"이면 while 루프를 종료한다.

28-30행   올바른 명령어가 아니면 안내 메시지를 출력한다.

34행   EntityManagerFactory를 종료한다.

UserMain의 main() 메서드는 콘솔에서 명령어를 입력받아 알맞은 기능을 실행하는 과정을 반복한다. 명령어로 "exit"를 입력하면 루프를 빠져나가고 프로그램을 종료한다. 나머지 명령어에 대한 코드를 채우기 전에 이클립스에서 UserMain 클래스를 실행해보자. [그림 2.8]과 같이 "명령어를 입력하세요:"란 문구가 나올 것이다. 몇 가지 명령어를 입력해보고 마지막에 "exit" 명령어를 입력해서 프로그램을 종료해 본다.

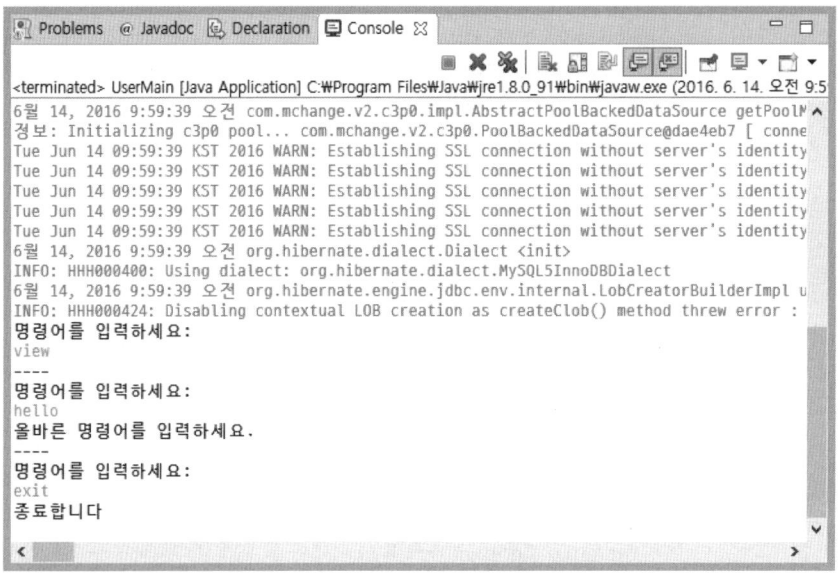

[그림 2.8] UserMain 실행 화면

기본 뼈대는 완성했으니 이제 기능을 하나씩 완성해 보자.

9.1 사용자 가입 기능 구현

먼저 만들 기능은 사용자 가입을 처리하는 JoinService 클래스이다. 이 기능은 이미 동일한 이메일을 가진 사용자 정보가 존재하면 DuplicateEmailException을 발생한다.

[리스트 2.8] src\main\java\jpastart\reserve\application\DuplicateEmailException.java

```
01: package jpastart.reserve.application;
02:
03: public class DuplicateEmailException extends RuntimeException {
04:
05: }
```

JoinService 클래스는 [리스트 2.9]와 같다.

[리스트 2.9] src\main\java\jpastart\reserve\application\JoinService.java

```
01: package jpastart.reserve.application;
02:
03: import javax.persistence.EntityManager;
04:
05: import jpastart.jpa.EMF;
06: import jpastart.reserve.model.User;
07:
```

```
08:    public class JoinService {
09:       public void join(User user) {
10:          EntityManager em = EMF.createEntityManager();
11:          em.getTransaction().begin();
12:          try {
13:             User found = em.find(User.class, user.getEmail());
14:             if (found != null) {
15:                throw new DuplicateEmailException();
16:             }
17:             em.persist(user);
18:             em.getTransaction().commit();
19:          } catch (Exception ex) {
20:             em.getTransaction().rollback();
21:             throw ex;
22:          } finally {
23:             em.close();
24:          }
25:       }
26:    }
```

13행   EntityManager#find() 메서드는 식별자를 이용해서 User 객체를 찾는다. 앞서 User 클래스에서 @Id 애노테이션을 email 필드에 적용했으므로 email 값이 user.getEmail()인 User 객체를 구한다.

14-16행   user.getEmail()과 동일한 email 값을 갖는 User 객체가 존재하면 Duplicate EmailException을 발생한다.

17행   EntityManager#persist() 메서드로 user 객체를 저장한다.

EntityManager#find() 메서드는 식별자를 이용해서 엔티티 객체를 찾는다. 예를 들어, 다음 코드는 식별자가 "ji@sul.kr"인 User 객체를 찾는다.

```
User jiUser = em.find(User.class, "ji@sul.kr");
```

User 클래스는 user 테이블에 매핑되어 있고 식별자를 위한 @Id 애노테이션은 email 필드에 설정했다. 따라서 이 코드는 user 테이블에서 email 칼럼이 'ji@sul.kr'인 행에서 데이터를 읽어와 User 객체를 생성해서 리턴한다. 만약 식별자에 해당하는 데이터가 테이블에 존재하지 않으면 EntityManager#find() 메서드는 null을 리턴한다.

13행에서 구한 User 객체가 null이 아니면 이미 같은 이메일을 가진 회원 데이터가 존재한다는 뜻이므로 익셉션을 발생한다. 13행에서 구한 User 객체가 null이면 EntityManager#persist() 메서드를 이용해서 user 객체를 DB에 삽입한다.

JoinService를 사용하는 코드를 UserMain 클래스에 알맞게 넣어보자. 추가한 코드는 [리스트 2.10]과 같다. 추가한 코드를 굵게 표시했다.

[리스트 2.10] UserMain 클래스에 JoinService 관련 코드 추가

```
01: package jpastart.main;
02:
03: …생략
04: import jpastart.reserve.application.*;
05:
06: public class UserMain {
07:     private static JoinService joinService = new JoinService();
08:
09:     public static void main(String[] args) throws IOException {
10:         …생략
11:         while(true) {
12:             …생략
13:             if (commands[0].equalsIgnoreCase("exit")) {
14:                 System.out.println("종료합니다");
15:                 break;
16:             } else if (commands[0].equalsIgnoreCase("join")) {
17:                 handleJoinCommand(commands);
18:             } else if (commands[0].equalsIgnoreCase("view")) {
19:                 …생략
20:         }
21:         EMF.close();
22:     }
23:
24:     private static void handleJoinCommand(String[] cmd) {
25:         if (cmd.length != 3) {
26:             System.out.println("명령어가 올바르지 않습니다.");
27:             System.out.println("사용법: join 이메일 이름");
28:             return;
29:         }
30:         try {
31:             joinService.join(new User(cmd[1], cmd[2], new Date()));
32:             System.out.println("가입 요청을 처리했습니다.");
33:         } catch (DuplicateEmailException e) {
34:             System.out.println("이미 같은 이메일을 가진 사용자가 존재합니다.");
35:         }
36:     }
37: }
```

04행   사용할 타입을 임포트한다.

07행   정적 필드로 JoinService를 추가한다.

17행 "join" 명령어를 입력한 경우 handleJoinCommand() 메서드를 실행한다.

25-29행 입력한 명령어의 인자 개수가 맞지 않으면 사용법을 출력하고 메서드를 리턴한다.

31행 joinService.join()을 실행해서 가입을 처리한다.

33-35행 joinService.join()에서 DuplicateEmailException이 발생하면 관련 안내 문구를 출력한다.

"join" 명령어를 처리하기 위한 코드를 추가했다면 UserMain을 실행하고 다음과 같이 join 명령어를 입력해보자.

```
명령어를 입력하세요:
join bkchoi@bkchoi.com 최범균
Hibernate: select user0_.email as email1_0_0_, user0_.create_date as create_d2_0_0_, user0_.name as name3_0_0_ from user user0_ where user0_.email=?
Hibernate: insert into user (create_date, name, email) values (?, ?, ?)
가입 요청을 처리했습니다.
----
명령어를 입력하세요:
join bkchoi@bkchoi.com 최범균1
Hibernate: select user0_.email as email1_0_0_, user0_.create_date as create_d2_0_0_, user0_.name as name3_0_0_ from user user0_ where user0_.email=?
이미 같은 이메일을 가진 사용자가 존재합니다.
----
명령어를 입력하세요:
exit
종료합니다
```

첫 번째 join 명령어를 실행한 결과를 보면 하이버네이트가 두 번의 쿼리를 실행한 것을 알 수 있다. 먼저 select 쿼리를 실행했는데 이는 JoinService#join()에서 13행의 EntityManager#find() 메서드를 호출할 때 사용한 쿼리이다. 동일한 이메일이 존재하지 않으면 EntityManager#persist()로 User 객체를 저장하는데 두 번째 쿼리는 이와 관련된 insert 쿼리이다.

두 번째 join 명령어를 실행한 결과를 보자. 앞서 등록한 이메일을 사용했다. 이미 동일한 이메일을 가진 사용자가 존재하므로 JoinService#join()은 익셉션을 발생시킨다. 따라서 [리스트 2.10]의 33-35행의 catch 블록이 실행되어 안내 문구를 출력한다.

9.2 사용자 정보 조회 기능 구현 : 단일 사용자

단일 사용자 정보를 조회하는 데 필요한 것은 EntityManager#find() 메서드이다. 이미 JoinService 클래스에서 이 메서드를 사용했다. 이 메서드를 사용해서 지정한 이메일을 가진 사용자 정보를 제공하는 GetUserService 클래스의 코드는 [리스트 2.11]과 같다.

[리스트 2.11] src\main\java\jpastart\reserve\application\GetUserService.java

```
01: package jpastart.reserve.application;
02:
03: import jpastart.jpa.EMF;
04: import jpastart.reserve.model.User;
05:
06: import javax.persistence.EntityManager;
07: import java.util.Optional;
08:
09: public class GetUserService {
10:     public Optional<User> getUser(String email) {
11:         EntityManager em = EMF.createEntityManager();
12:         try {
13:             User user = em.find(User.class, email);
14:             return Optional.ofNullable(user);
15:         } finally {
16:             em.close();
17:         }
18:     }
19: }
```

13행에서 EntityManager#find() 메서드를 이용해서 파라미터로 전달받은 email을 식별자로 갖는 User 객체를 찾는다. 14행은 이 user 객체를 값으로 갖는 Optional 객체를 리턴한다. 자바 8의 Optional이 익숙하지 않다면 단순히 user를 리턴하는 코드를 사용해도 된다.

getUser() 메서드는 트랜잭션 범위에서 실행하지 않는다. 수정 기능이 없고 단일 엔티티 객체를 조회하므로 트랜잭션이 필요 없다.

UserMain 클래스에 GetUserService 클래스를 사용하는 코드를 추가하자. 추가한 코드를 [리스트 2.12]에 굵게 표시했다.

[리스트 2.12] UserMain.java에 GetUserService 관련 코드 추가

```
01: ...생략
02: import java.util.Optional;
03:
04: public class UserMain {
05:     private static JoinService joinService = new JoinService();
06:     private static GetUserService getUserService = new GetUserService();
07:
08:     public static void main(String[] args) throws IOException {
```

```
09:        EMF.init();
10:        ...생략
11:        } else if (commands[0].equalsIgnoreCase("view")) {
12:            handleViewCommand(commands);
13:        } else if (commands[0].equalsIgnoreCase("list")) {
14:        ...생략
15:        EMF.close();
16:    }
17:
18:    private static void handleViewCommand(String[] cmd) {
19:        if (cmd.length != 2) {
20:            System.out.println("명령어가 올바르지 않습니다.");
21:            System.out.println("사용법: view 이메일");
22:            return;
23:        }
24:        Optional<User> userOpt = getUserService.getUser(cmd[1]);
25:        if (userOpt.isPresent()) {
26:            User user = userOpt.get();
27:            System.out.println("이름 : " + user.getName());
28:            System.out.printf("생성 : %tY-%<tm-%<td\n", user.getCreateDate());
29:        } else {
30:            System.out.println("존재하지 않습니다.");
31:        }
32:    }
```

12행   view 명령어를 입력하면 handleViewCommand()를 호출한다.

19~23행 입력한 명령어가 올바르지 않으면 사용법을 출력하고 리턴한다.

24행   명령어에 입력한 값을 이용해서 getUserService.getUser()를 실행한다.

25~28행 이메일에 해당하는 User 객체가 존재하면 사용자 정보를 출력한다.

30행   이메일에 해당하는 User 객체가 없으면 안내 문구를 출력한다.

UserMain 코드를 수정했다면 다시 실행해보자. 다음과 같이 DB에 존재하는 이메일과 존재하지 않는 이메일을 사용해서 view 명령어를 입력하면 결과가 다르게 나오는 것을 확인할 수 있다.

```
명령어를 입력하세요:
view bkchoi@bkchoi.com
Hibernate: select user0_.email as email1_0_0_, user0_.create_date as create_d2_0_0_,
user0_.name as name3_0_0_ from user user0_ where user0_.email=?
이름 : 최범균
생성 : 2016-06-14
----
```

```
명령어를 입력하세요:
view nouser@nouser.com
Hibernate: select user0_.email as email1_0_0_, user0_.create_date as create_d2_0_0_,
user0_.name as name3_0_0_ from user user0_ where user0_.email=?
존재하지 않습니다.
----
```

9.3 사용자 정보 변경 기능 구현

사용자 정보 중에서 이름을 변경하는 기능인 ChangeNameService 클래스를 만들 차례이다. 먼저 [리스트 2.13]과 같이 User 클래스에 이름을 변경하는 changeName() 메서드를 추가하자.

[리스트 2.13] User 클래스에 changeName() 메서드 추가

```
01: ...생략
02:
03: @Entity
04: @Table(name = "user")
05: public class User {
06:
07:     @Id
08:     private String email;
09:     private String name;
10:
11:     @Temporal(TemporalType.TIMESTAMP)
12:     @Column(name = "create_date")
13:     private Date createDate;
14:
15:     ...생략
16:
17:     public void changeName(String newName) {
18:         this.name = newName;
19:     }
20: }
```

이름을 변경할 데이터가 존재하지 않을 때 발생할 익셉션은 [리스트 2.14]와 같이 작성한다.

[리스트 2.14] src\main\java\jpastart\reserve\application\UserNotFoundException.java

```
01: package jpastart.reserve.application;
02:
03: public class UserNotFoundException extends RuntimeException {
04: }
```

이제 ChangeNameService 클래스를 작성할 차례이다. 코드는 [리스트 2.15]와 같다.

[리스트 2.15] src\main\java\jpastart\reserve\application\ChangeNameService.java

```
01: package jpastart.reserve.application;
02:
03: import jpastart.jpa.EMF;
04: import jpastart.reserve.model.User;
05:
06: import javax.persistence.EntityManager;
07:
08: public class ChangeNameService {
09:     public void changeName(String email, String newName) {
10:         EntityManager em = EMF.createEntityManager();
11:         try {
12:             em.getTransaction().begin();
13:             User user = em.find(User.class, email);
14:             if (user == null) throw new UserNotFoundException();
15:             user.changeName(newName);
16:             em.getTransaction().commit();
17:         } catch(Exception ex) {
18:             em.getTransaction().rollback();
19:             throw ex;
20:         } finally {
21:             em.close();
22:         }
23:     }
24: }
```

13행	식별자가 email인 User 객체를 DB에서 구한다.
14행	user가 null이면 익셉션을 발생한다.
15행	user.changeName()을 실행해서 user 객체의 name 필드를 변경한다.

처음 JPA와 같은 ORM을 접할 경우 [리스트 2.15] 코드의 15행에서 수정한 user 객체를 DB에 다시 반영하는 코드가 없는 것이 이상하게 느껴질 수도 있다. 이는 JPA의 영속 컨텍스트와 관련이 있다. JPA는 트랜잭션을 종료할 때 영속 컨텍스트에 존재하는 영속 객체의 값이 변경되었는지를 검사한다. 만약 값이 바뀌었다면 변경된 값을 DB에 반영하기

위해 update 쿼리를 실행한다. 이를 하이버네이트에서는 더티 체킹(dirty checking)이
라고 부른다.

[리스트 2.16] 코드는 15행에서 user 객체의 name 필드를 변경하는데, JPA는 트랜잭션
을 커밋하는 시점에 user 객체의 값이 변경된 것을 확인한다. 변경된 객체가 존재하므로
JPA는 변경된 값을 DB에 반영하기 위해 알맞은 update 쿼리를 실행하므로 수정한 엔티
티 객체를 DB에 반영하기 위해 별도로 처리할 필요가 없다. 실제 update 쿼리가 실행되
는지는 뒤에서 로그를 통해 확인해보자.

이름 변경을 위한 ChangeNameService 클래스를 구현했으니 UserMain 클래스에 관련
코드를 추가할 차례이다. 추가한 코드는 [리스트 2.16]과 같다.

[리스트 2.16] UserMain.java에 ChangeNameService 관련 코드 추가

```java
01: ...생략
02:
03: public class UserMain {
04:     private static JoinService joinService = new JoinService();
05:     private static GetUserService getUserService = new GetUserService();
06:     private static ChangeNameService changeNameService =
07:         new ChangeNameService();
08:
09:     public static void main(String[] args) throws IOException {
10:         ...생략
11:         } else if (commands[0].equalsIgnoreCase("changename")) {
12:             handleChangeName(commands);
13:         } else if (commands[0].equalsIgnoreCase("withdraw")) {
14:         ...생략
15:     }
16:
17:     private static void handleChangeName(String[] cmd) {
18:         if (cmd.length != 3) {
19:             System.out.println("명령어가 올바르지 않습니다.");
20:             System.out.println("사용법: changename 이메일 새이름");
21:             return;
22:         }
23:         try {
24:             changeNameService.changeName(cmd[1], cmd[2]);
25:             System.out.println("이름을 변경했습니다.");
26:         } catch (UserNotFoundException e) {
27:             System.out.println("존재하지 않습니다.");
28:         }
29:     }
```

12행 changename 명령어를 입력하면 handleChangeName()을 호출한다.

18-22행 입력한 명령어가 올바르지 않으면 사용법을 출력하고 리턴한다.

24-25행 명령어에 입력한 값을 이용해서 changeNameService.changeName()을 실행한다. 이름 변경에 성공하면 25행에서 성공 결과를 출력한다.

26-28행 이메일에 해당하는 User가 존재하지 않아 익셉션이 발생하면 관련 안내 문구를 출력한다.

UserMain 클래스에 회원 이름 변경 관련 코드를 추가했으므로 기능을 실행해보자. UserMain 클래스를 실행하고 존재하는 이메일을 사용해서 이름을 변경해보자. 다음과 유사한 내용이 콘솔에 출력될 것이다.

```
명령어를 입력하세요:
changename madvirus@madvirus.net 최범균3
Hibernate: select user0_.email as email1_0_0_, user0_.create_date as create_d2_0_0_, user0_.name as name3_0_0_ from user user0_ where user0_.email=?
Hibernate: update user set create_date=?, name=? where email=?
이름을 변경했습니다.
----
```

콘솔에 출력된 로그를 보면 하이버네이트가 update 쿼리를 실행한 것을 확인할 수 있다. 앞서 구현한 view 명령어로 수정 결과가 올바르게 반영되었는지 확인해보자.

9.4 사용자 정보 조회 기능 구현 : 목록

모든 사용자 정보를 조회하는 GetUserListService 클래스를 작성하자. 이 클래스는 DB에서 데이터를 읽어와 User 리스트를 제공한다. 코드는 [리스트 2.17]과 같다.

[리스트 2.17] src\main\java\jpastart\reserve\application\GetUserListService.java

```
01: package jpastart.reserve.application;
02:
03: import jpastart.jpa.EMF;
04: import jpastart.reserve.model.User;
05:
06: import javax.persistence.EntityManager;
07: import javax.persistence.TypedQuery;
08: import java.util.List;
09:
10: public class GetUserListService {
11:     public List<User> getAllUsers() {
12:         EntityManager em = EMF.createEntityManager();
13:         try {
```

```
14:        em.getTransaction().begin();
15:        TypedQuery<User> query =
16:            em.createQuery(
17:                "select u from User u order by u.name",
18:                User.class);
19:        List<User> result = query.getResultList();
20:        em.getTransaction().commit();
21:        return result;
22:    } catch(Exception ex) {
23:        em.getTransaction().rollback();
24:        throw ex;
25:    } finally {
26:        em.close();
27:    }
28: }
29: }
```

15-18행 JPQL를 실행하기 위한 TypedQuery를 생성한다.

19행 TypedQuery를 이용해서 쿼리 실행 결과를 구한다.

JPA는 SQL과 유사한 JPQL(Java Persistence Query Language)을 제공한다. SQL이 DB 테이블을 이용해서 쿼리를 작성한다면, JPQL은 매핑 설정을 담은 클래스를 이용해서 쿼리를 작성한다. 17행의 쿼리가 JPQL인데 이 쿼리에서 from 절의 User는 user 테이블이 아닌 User 클래스를 의미한다. 따라서 "order by u.name"은 User의 name 속성을 기준으로 정렬하는 쿼리이다.

JPQL을 실행하려면 쿼리 객체를 구해야 하는 데 이때 EntityManager#createQuery() 메서드를 사용한다. 여기서는 타입 파라미터가 User인 TypedQuery 객체를 생성했다.

TypedQuery#getResultList() 메서드는 JPQL을 실행한 결과를 List로 제공한다. 이때 클래스의 매핑 정보를 사용해서 JPQL을 알맞은 SQL로 변환해서 실행하고 SQL 실행 결과로부터 필요한 객체를 생성한다.

JPQL은 SQL과 매우 유사하다. 17행의 쿼리만 봐도 얼핏 보면 SQL처럼 보인다. JPQL은 SQL처럼 where, order by, group by, 집합 연산 등을 제공하고 있다. SQL에 친숙하다면 JPQL도 어렵지 않게 적응할 수 있다. JPQL과 관련된 내용은 13장에서 살펴보도록 하자.

모든 사용자 정보를 가져오는 기능을 구현했으니 UserMain 클래스에 관련 코드를 추가해 넣어보자. 추가한 코드를 [리스트 2.18]에 표시했다.

[리스트 2.18] UserMain 클래스에 GetUserListService 관련 코드 추가

```
01: ...생략
02:
03: public class UserMain {
04:     ...생략
05:     private static GetUserListService listService = new GetUserListService();
06:
07:     public static void main(String[] args) throws IOException {
08:         ...생략
09:         } else if (commands[0].equalsIgnoreCase("list")) {
10:             handleListCommand();
11:         } else if (commands[0].equalsIgnoreCase("changename")) {
12:         ...생략
13:     }
14:
15:     private static void handleListCommand() {
16:         List<User> users = listService.getAllUsers();
17:         if (users.isEmpty()) {
18:             System.out.println("사용자가 없습니다.");
19:         } else {
20:             users.forEach(user ->
21:                 System.out.printf(
22:                     "| %s | %s | %tY-%<tm-%<td |\n",
23:                     user.getEmail(), user.getName(), user.getCreateDate()));
24:         }
25:     }
26: }
```

코드를 추가했으니 UserMain을 다시 실행한 뒤에 list 명령어를 입력해보자. 다음과 같이 저장된 회원 정보가 출력되는 것을 확인할 수 있다.

```
명령어를 입력하세요:
list
Hibernate: select user0_.email as email1_0_, user0_.create_date as create_d2_0_,
user0_.name as name3_0_ from user user0_ order by user0_.name
| newuser@newuser.net | 사용자 | 2016-06-14 |
| madvirus@madvirus.net | 최범균 | 2016-06-05 |
----
```

실행된 SQL 쿼리를 보면 order by가 포함되었는데 이를 통해 JPQL로 작성한 쿼리가 알맞게 SQL로 변환되어 실행된 것을 알 수 있다.

9.5 사용자 정보 삭제 기능 구현

마지막으로 추가할 예제는 탈퇴 기능이다. 탈퇴 기능을 구현한 WithdrawService 클래스는 [리스트 2.19]와 같다.

[리스트 2.19] src\main\java\jpastart\reserve\WithdrawService.java

```java
01: package jpastart.reserve.application;
02:
03: import jpastart.jpa.EMF;
04: import jpastart.reserve.model.User;
05:
06: import javax.persistence.EntityManager;
07:
08: public class WithdrawService {
09:     public void withdraw(String email) {
10:         EntityManager em = EMF.createEntityManager();
11:         em.getTransaction().begin();
12:         try {
13:             User user = em.find(User.class, email);
14:             if (user == null) {
15:                 throw new UserNotFoundException();
16:             }
17:             em.remove(user);
18:             em.getTransaction().commit();
19:         } catch (Exception ex) {
20:             em.getTransaction().rollback();
21:             throw ex;
22:         } finally {
23:             em.close();
24:         }
25:
26:     }
27: }
```

13행   식별자가 email인 User를 구한다.

14-16행   식별자가 email인 User가 존재하지 않으면 익셉션을 발생한다.

17행   EntityManager#remove() 메서드로 user를 삭제한다.

엔티티 객체를 삭제할 때는 EntityManager#remove() 메서드를 사용한다. remove() 메서드에 삭제할 엔티티 객체를 전달하면 된다. 그러면 알맞은 delete 쿼리를 실행해서 테이블에서 해당 레코드를 삭제한다.

UserMain 클래스에 추가할 WithdrawService 관련 코드는 [리스트 2.20]과 같다.

[리스트 2.20] UserMain 클래스에 WithdrawService 관련 코드 추가

```
01:    ...생략
02:
03:    public class UserMain {
04:        ...생략
05:        private static WithdrawService withdrawService = new WithdrawService();
06:
07:        public static void main(String[] args) throws IOException {
08:            ...생략
09:            } else if (commands[0].equalsIgnoreCase("withdraw")) {
10:                handleWithdrawCommand(commands);
11:            } else {
12:                System.out.println("올바른 명령어를 입력하세요.");
13:            }
14:            ...생략
15:        }
16:
17:        private static void handleWithdrawCommand(String[] cmd) {
18:            if (cmd.length != 2) {
19:                System.out.println("명령어가 올바르지 않습니다.");
20:                System.out.println("사용법: withdraw 이메일");
21:                return;
22:            }
23:            try {
24:                withdrawService.withdraw(cmd[1]);
25:                System.out.println("탈퇴처리 했습니다.");
26:            } catch (UserNotFoundException e) {
27:                System.out.println("존재하지 않습니다.");
28:            }
29:        }
30:    }
```

UserMain 클래스를 실행하고 withdraw 명령어를 입력해보자. 존재하는 회원의 이메일을 입력하면 다음과 같은 내용이 콘솔에 출력될 것이다.

```
명령어를 입력하세요:
withdraw madvirus@madvirus.net
Hibernate: select user0_.email as email1_0_0_, user0_.create_date as create_d2_0_0_, user0_.name as name3_0_0_ from user user0_ where user0_.email=?
Hibernate: delete from user where email=?
탈퇴처리 했습니다.
----
```

콘솔에 출력된 내용을 보자. delete 쿼리가 실행된 것을 확인할 수 있다.

10 정리

지금까지 JPA를 이용해서 테이블에 데이터를 추가하고, 조회하고, 수정하고, 삭제하는 프로그램을 만들었다. User 클래스에 추가한 매핑 설정만으로 자바 객체와 DB 테이블 간의 매핑이 처리되는 것을 알 수 있었다. 예를 들어, 앞서 예제에서 EntityManager의 find() 메서드를 사용하면 콘솔 로그에 출력한 쿼리를 통해 select 쿼리가 실행되는 것을 확인할 수 있었다.

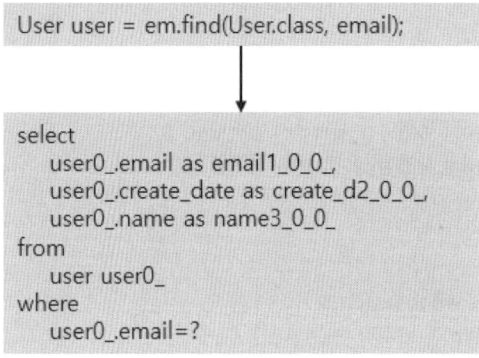

[그림 2.9] JPA 프로바이더인 하이버네이트는 매핑 정보를 이용해서 알맞은 쿼리를 생성한다.

JPA 프로바이더가 SQL 쿼리를 생성하기 때문에 개발자는 기본적인 추가, 조회, 삭제를 위한 SQL 쿼리를 작성하지 않아도 된다. 예제에서 본 것처럼 EntityManager#persist() 메서드를 사용하면 자바 객체를 매핑된 테이블에 삽입하는 insert 쿼리를 실행한다. find() 메서드를 사용하면 매핑된 테이블에서 데이터를 조회하는 select 쿼리를 실행하고 그 결과로부터 객체를 생성한다. 뒤에서 살펴보겠지만, 객체 간 연관을 처리하기 위한 조인 쿼리도 매핑 설정을 이용해서 생성해 준다.

SQL 쿼리를 자동으로 생성한다는 것은 개발자가 직접 작성해야 할 쿼리 개수가 줄어든 다는 것을 의미한다. 이는 개발자가 애플리케이션 로직을 구현하는 데 집중할 수 있게 만 들어주고, SQL 작성시 오타로 인해 발생하는 사소한 오류도 줄여준다.

쿼리 생성과 함께 예제에서 배운 중요한 특징은 엔티티에 수정이 발생하면 이를 자동으로 DB에 반영해준다는 것이다. ChangeNameService 클래스 코드의 일부를 다시 보자.

```
em.getTransaction().begin();
User user = em.find(User.class, email);
if (user == null) throw new UserNotFoundException();
user.changeName(newName);
```

이 코드에서 user.changeName() 메서드는 user 객체의 데이터를 변경한다. JPA는 이렇게 객체의 변경 내역을 추적해서 트랜잭션을 종료할 때 알맞은 update 쿼리를 실행해서 변경된 값을 DB에 반영한다. 하이버네이트에서는 이를 더티 체킹(dirty checking)이라고 부르는데 이 더티 체킹 덕분에 직접 update 쿼리를 실행하지 않아도 객체의 상태 변경을 쉽게 DB에 반영할 수 있다.

JPA를 사용하면 여러 면에서 편리하지만, 주의해야 할 점도 있다. 예를 들어, JPA가 쿼리를 대신 생성하기 때문에 높은 성능이 요구되는 SQL 쿼리가 필요한 기능은 JPA의 쿼리 생성 기능이 오히려 문제를 유발할 수 있다. 예를 들어, 대량 데이터를 배치로 처리한다거나 복잡한 조회 쿼리가 필요할 때 JPA를 잘못 사용하면 처리 속도에 심각한 영향을 줄 수 있다.

JPA의 특징은 개발해야 할 기능에 따라 장점이 되기도 하고 단점이 되기도 한다. 따라서, 무조건 모든 기능을 JPA를 이용해서 구현하는 것은 올바른 방법이 아니다. JPA의 동작 방식을 숙지하고 상황에 따라 알맞게 사용해야 JPA를 사용할 때 장점을 활용할 수 있다. 앞으로 이 책을 통해 JPA에 대한 기본기를 쌓아서 JPA를 적절하게 사용할 수 있는 개발자가 되어 보도록 하자.

PART 01 기초

엔티티
CHAPTER 03

[이 장에서 다룰 내용]
- 엔티티 클래스와 기본 매핑 설정
- 접근 타입
- EntityManager의 엔티티 관련 메서드
- 식별자 생성 방식

01 엔티티 클래스

JPA에서 엔티티는 영속성을 가진 객체로서 가장 중요한 타입이다. JPA의 엔티티는 DB 테이블에 보관할 대상이 된다. EntityManager를 사용해서 엔티티 단위로 저장하고 조회하고 삭제한다. 2장의 예제에서 사용한 User 클래스가 엔티티에 해당하는데 예제 코드를 보면 User 객체 단위로 EntityManager를 사용한 것을 알 수 있다.

```
User user = em.fiind(User.class, idi);   // 엔티티 조회
em.persist(newUser);                     // 엔티티 저장
em.remove(someUser);                     // 엔티티 삭제
```

JPA는 두 가지 방법으로 엔티티를 설정한다. 하나는 @Entity 애노테이션을 사용하는 것이고 다른 하나는 XML 매핑 설정을 사용하는 것이다. @Entity 애노테이션을 사용하면 매핑 대상 클래스에 정보가 함께 있어 XML 설정 방식보다 편리할 때가 많다. 많은 프로젝트에서도 XML 설정보다 @Entity를 이용한 설정을 주로 사용한다. 이 책에서도 애노테이션 기반 매핑 설정을 중심으로 설명할 것이다.

1.1 @Entity 애노테이션과 @Table 애노테이션

엔티티를 설정할 때는 다음 코드처럼 @Entity 애노테이션을 사용한다.

```java
import javax.persistence.Entity;

@Entity
public class Room {
    ...
}
```

EntityManager는 @Entity 애노테이션을 적용한 클래스를 이용해서 SQL 쿼리를 생성할 때 [그림 3.1]과 같이 클래스 이름을 테이블 이름으로 사용한다.

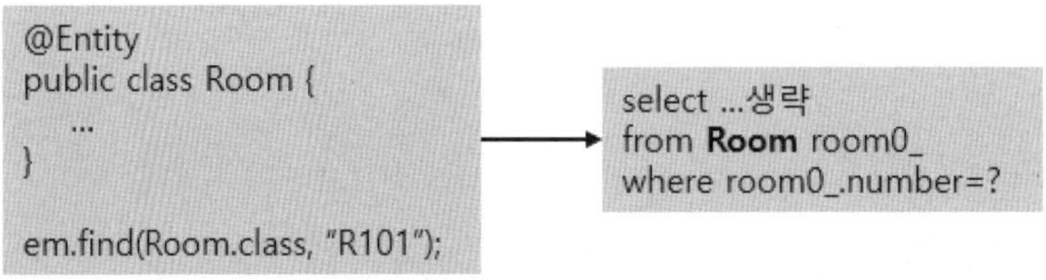

```
@Entity
public class Room {          select ...생략
    ...                      from Room room0_
}                            where room0_.number=?

em.find(Room.class, "R101");
```

[그림 3.1] 테이블 이름은 기본적으로 클래스 이름을 따른다.

DBMS가 테이블 이름의 대소문자를 구분한다거나 클래스 이름과 테이블 이름이 다를 경우, @Table 애노테이션을 사용해서 테이블 이름을 직접 지정할 수 있다. 예를 들어, 다음과 같이 @Table 애노테이션을 사용하면 SQL을 생성할 때 테이블 이름으로 "room_info"를 사용한다.

```java
import javax.persistence.Entity;
import javax.persistence.Table;

@Entity
@Table(name = "room_info")
public class Room {
    ...
}
```

매핑할 테이블의 이름은 name 속성으로 지정하며, 쿼리를 생성할 때 해당 이름을 사용한다.

> **Note**
> @Table 애노테이션에는 catalog와 schema 속성도 있다. catalog 속성은 테이블의 카탈로그를 지정한다. MySQL의 데이터베이스가 카탈로그에 해당한다. schema 속성은 테이블의 스키마를 지정한다. 오라클의 스키마를 지정할 때 이 속성을 사용한다.

1.2 @Id 애노테이션

엔티티의 가장 큰 특징은 식별자를 갖는다는 점이다. DB 테이블의 각 레코드를 구분할 때 주요키를 사용하는 것처럼, 엔티티를 구분할 때 식별자를 사용한다. JPA는 식별자를 설정하기 위해 @Id 애노테이션을 사용한다.

```java
import javax.persistence.Entity;
import javax.persistence.Id;

@Entity
public class User {
    @Id
    private String email;
    private String name;

    ...
```

@Id 애노테이션을 필드에 적용했는데, 이 경우 모든 필드가 매핑 대상이 된다. 즉, 위 코드의 경우 email 필드뿐만 아니라 name 필드도 DB 테이블과의 매핑 대상이 된다. 필드

대신 자바빈 방식의 프로퍼티 getter 메서드에 @Id를 적용할 수도 있다. 이 경우 모든 자바빈 메서드 형식의 프로퍼티가 매핑 대상이 된다. 이에 대한 내용은 '접근 타입' 절에서 살펴볼 것이다.

@Id 애노테이션을 적용한 필드 값은 EntityManager#find() 메서드에서 엔티티 객체를 찾을 때 식별자로 사용된다.

```
User user = em.find(User.class, "madvirus@madvirus.net");
```

@Id 애노테이션을 적용한 필드는 기본적으로 같은 이름을 가진 테이블 칼럼에 매핑된다. 따라서, 이 코드는 다음과 같은 where 절을 사용해서 데이터를 검색한다.

```
select …생략 where User u where u.email = 'madvirus@madvirus.net'
```

보통 DB 테이블의 주요키 칼럼에 매핑할 대상에 @Id 애노테이션을 적용한다. 하지만, 반드시 그래야 하는 것은 아니다. 예를 들어, Room 클래스와 매핑할 room_info 테이블이 다음과 같이 자동 증가 칼럼인 id를 주요키로 갖고 번호에 해당하는 number를 유일키(unique key)로 사용한다고 해보자.

```
create table room_info (
  id int not null auto_increment primary key,
  number varchar(50) not null,
  name varchar(50),
  description varchar(255),
  unique key (number)
) engine innodb character set utf8;
```

애플리케이션에서 Room 엔티티를 식별할 때 id 칼럼 대신 번호를 사용한다면 다음과 같이 id 칼럼에 매핑되는 필드없이 Room 클래스를 설정할 수 있다.

```
@Entity
@Table(name = "room_info")
public class Room {
  @Id
  private String number;
  private String name;
  private String description;
  …
}
```

@Id 애노테이션을 number 필드에 설정했으므로, EntityManager#find() 메서드의 두 번째 인자는 number 필드에 해당하는 값을 사용한다.

```
Room room = em.find(Room.class, "R101");  → "R101"은 number 필드에 해당
```

이 코드를 실행할 때 하이버네이트가 사용하는 select 쿼리는 다음과 같다. 실제 쿼리는 한 줄인데 보기 편하게 여러 줄로 표시했다.

```
select
    room0_.number as number1_0_0_,
    room0_.description as descript2_0_0_,
    room0_.name as name3_0_0_
from room_info room0_ where room0_.number=?
```

Room 클래스에 id 칼럼에 매핑되는 필드를 추가하지 않았는데 이 쿼리를 보면 id 칼럼이 포함되지 않은 것을 알 수 있다.

1.3 @Basic 애노테이션과 지원 타입

@Id 애노테이션을 적용한 대상을 제외한 나머지 영속 대상은 @javax.persistence.Basic 애노테이션을 이용해서 설정한다. 지금까지 예제는 @Basic 애노테이션을 사용하지 않았는데 이는 @Basic 애노테이션을 생략한 것으로 생각하면 된다. 즉, [그림 3.2]의 두 매핑 설정은 동일하다.

```
@Entity
@Table(name = "user")
public class User {

    @Id
    @Basic
    private String email;

    @Basic
    private String name;

    @Basic
    @Temporal(TemporalType.TIMESTAMP)
    @Column(name = "create_date")
    private Date createDate;
```

```
@Entity
@Table(name = "user")
public class User {

    @Id
    private String email;
    private String name;

    @Temporal(TemporalType.TIMESTAMP)
    @Column(name = "create_date")
    private Date createDate;
```

[그림 3.2] @Basic 애노테이션을 적용하지 않아도 기본 적용

JPA는 영속 대상 필드(또는 자바빈 프로퍼티)가 int, long, String과 같은 기본 타입일 때 @Basic 애노테이션을 사용한다. @Basic 애노테이션으로 매핑할 수 있는 주요 타입은 다음과 같다.

- int, long, double 등 자바 기본 데이터 타입
- Integer, Long, Double 등 기본 데이터 타입에 대응하는 래퍼 타입
- java.math.BigInteger, java.math.BigDecimal
- java.lang.String
- java.util.Date, java.util.Calendar
- java.sql.Date, java.sql.Time, java.sql.Timestamp
- enum 타입
- byte[], Byte[], char[], Character[]

@Basic 애노테이션은 생략할 수 있으므로, 영속 대상이 위의 타입이면 User 클래스 예제처럼 @Basic 애노테이션을 생략해도 매핑 대상에 포함된다.

날짜와 시간 타입은 @javax.persistence.Temporal 애노테이션과 함께 사용한다. 2장에서 작성한 User 클래스를 보면 다음과 같이 java.util.Date 타입에 @Timestamp 애노테이션을 적용하고 있다.

```
@Entity
@Table(name = "user")
public class User {

    @Id
    private String email;
    private String name;

    @Temporal(TemporalType.TIMESTAMP)
    @Column(name = "create_date")
    private Date createDate;
```

@Temporal 애노테이션을 적용한 필드나 프로퍼티가 어떤 SQL 타입에 매핑되느냐에 따라 알맞은 TemporalType을 값으로 설정한다. TemporalType은 열거 타입으로 다음의 세 가지 값을 갖는다.

- DATE   : java.sql.Date에 해당한다.
- TIME   : java.sql.Time에 해당한다.
- TIMESTAMP : java.sql.Timestamp에 해당한다.

User 클래스의 createDate 필드와 매핑되는 created_date 필드는 JDBC의 Timestamp에 해당하는 타입이므로 @Temporal의 값으로 TemporalType.TIMESETAMP를 주었다.

JPA 2.1 규약이 자바 8 이전에 나온 관계로 LocalDateTime처럼 자바 8에 새로 추가된

시간 타입은 지원하지 않는다. 자바 8의 날짜/시간 타입 지원 여부는 JPA 프로바이더에 따라 다르다. 이 책에서 사용하는 하이버네이트 5.2 버전의 경우 다음과 같이 별도 설정을 하지 않아도 자바 8의 날짜/시간 타입에 대한 매핑을 지원한다.

```java
import java.time.LocalDateTime;

@Entity
@Table(name = "room_info")
public class Room {
    @Id
    private String number;
    ...
    // 하이버네이트 5.2는 자바 8의 날짜/시간 타입을 지원한다.
    private LocalDateTime createTime;
```

하이버네이트 5.1이나 5.0 버전의 경우 hibernate-java8 모듈을 추가하면 자바 8 관련 타입을 별도의 작업 없이 사용할 수 있다. 예를 들어, 메이븐 pom.xml 파일에 다음과 같은 의존을 추가하면 된다.

```xml
<!-- JPA 프로바이더로 하이버네이트 5.1을 사용하는 경우 자바 8 지원 모듈 설정 -->
<dependency>
    <groupId>org.hibernate</groupId>
    <artifactId>hibernate-core</artifactId>
    <version>5.1.0.Final</version>
</dependency>
<dependency>
    <groupId>org.hibernate</groupId>
    <artifactId>hibernate-entitymanager</artifactId>
    <version>5.1.0.Final</version>
</dependency>
<dependency>
    <groupId>org.hibernate</groupId>
    <artifactId>hibernate-java8</artifactId>
    <version>5.1.0.Final</version>
</dependency>
```

열거 타입에 대한 매핑은 @javax.persistence.Enumerated 애노테이션을 사용한다. 예를 들어, 호텔의 등급을 다음 열거 타입을 이용해서 지정한다고 하자.

```java
public enum Grade {
    STAR1, STAR2, STAR3, STAR4, STAR5
}
```

Grade 타입의 필드를 갖는 Hotel 클래스는 다음과 같이 @Enumerated 애노테이션을 사용해서 열거 타입에 대한 매핑을 설정할 수 있다.

```java
import javax.persistence.EnumType;
import javax.persistence.Enumerated;

@Entity
public class Hotel {
    @Id
    private String id;
    private String name;
    @Enumerated(EnumType.STRING)
    private Grade grade;
```

이 코드는 @Enumerated의 값으로 EnumType.STRING을 설정했다. 이 설정은 매핑된 칼럼이 열거 타입의 상수 이름을 값으로 가질 때 사용한다. 예를 들어, hotel 테이블의 grade 칼럼이 값으로 Grade 열거 타입의 상수 이름인 "STAR1", "STAR2"를 가지는 경우 EnumType.STRING을 설정한다.

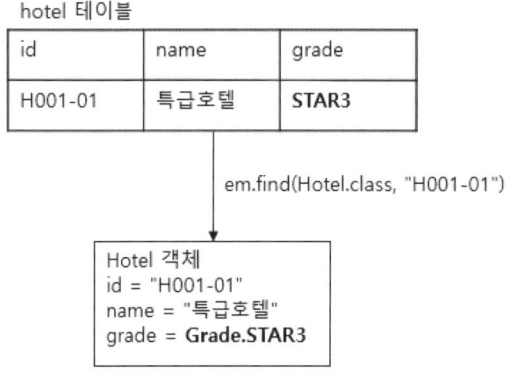

[그림 3.3] 테이블이 상수 이름을 저장하는 경우 EnumType.STRING으로 매핑을 설정한다.

매핑된 칼럼이 열거 타입의 상수 이름 대신 인덱스를 저장하는 경우 EnumType. ORDINAL을 사용한다. 예를 들어, Grade.STAR1.ordinal()은 0이고 Grade.STAR5. ordinal()은 4인데 매핑 칼럼이 이 인덱스 숫자를 저장한다면 EnumType.ORDINAL을 @Enumerated의 값으로 사용한다.

열거 타입 상수 순서는 유지보수하는 과정에서 변경될 소지가 있기 때문에, 매핑된 칼럼에는 열거 타입 상수의 순서보다는 이름을 사용하는 것이 코드 유지보수에 유리하다. 또한, DB 테이블을 직접 조회할 때도 0이나 3과 같은 숫자보다 "STAR1"이나 "STAR4"와 같은 문자열이 데이터를 이해하는 데 더 도움이 된다.

@Enumerated 애노테이션의 기본값은 EnumType.ORDINAL이므로 열거 타입인 영속 대상에 별도 설정을 추가하지 않으면 EnumType.ORDINAL을 사용해서 매핑을 처리한다. 따라서, 열거 타입의 상수 이름을 사용하도록 매핑하려면, 반드시 @Enumerated 애노테이션을 EnumType.STRING으로 설정해야 한다.

```java
@Entity
public class Hotel {
    @Id
    private String id;
    private String name;
    // 열거 타입에 대한 기본 매핑 설정은 @Enumerated(EnumType.ORDINAL)이므로,
    // 상수 이름을 값으로 매핑하려면 @Enumerated를 명시적으로 설정해야 함
    private Grade grade;
```

엔티티는 컬렉션이나 다른 엔티티 타입을 매핑 대상으로 설정할 수도 있는데, 이에 대한 내용은 책을 진행하면서 점진적으로 배울 것이다.

1.4 @Column 애노테이션과 이름 지정

필드/프로퍼티의 이름과 테이블의 칼럼 이름이 다를 경우 @Column 애노테이션을 사용해서 칼럼 이름을 지정한다. 예를 들어, 자바 클래스의 필드 이름은 "desc"인데 매핑할 DB 테이블의 칼럼 이름이 "description"이라고 하자. 이 경우 다음과 같이 @Column 애노테이션을 사용해서 매핑할 칼럼 이름을 지정한다.

```java
import javax.persistence.Column;

@Entity
@Table(name = "room_info")
public class Room {
    @Id
    private String number;
    private String name;

    @Column(name = "description")
    private String desc;
    ...
```

1.5 @Column 애노테이션을 이용한 읽기 전용 매핑 설정

@Column 애노테이션을 사용하면 변경 내역이 DB에 반영되지 않는 읽기 전용 데이터를 설정할 수 있다. 앞서 Room 클래스와 매핑되는 room_info 테이블은 자동 증가하는 id 칼럼을 갖고 있었다. 애플리케이션에서 이 칼럼의 값이 필요해졌다고 하자. id 칼럼에 매핑할 필드를 dbId라고 하는 경우 이 필드는 다음의 제약을 갖는다.

- EntityManager#persist()로 새로운 Room 객체를 저장할 때, dbId 필드에 해당하는 id 칼럼은 insert 쿼리에서 제외되어야 한다. 왜냐면 id 칼럼이 자동 증가 칼럼이기 때문이다.
- EntityManager#find()로 조회할 때 id 칼럼 값을 dbId 필드에 매핑해야 한다.
- 트랜잭션 범위에서 Room 엔티티의 dbId 필드를 수정해도 그 값이 DB 테이블에 반영되면 안 된다. 왜냐면 id 칼럼은 주요키이기 때문이다.

이 제약에 따라 dbId 필드는 DB에서 읽어온 값을 저장하는 읽기 전용 데이터이고 객체 생성 시점에 dbId 필드에 값을 할당하지 않는다. 이 제약을 적용하려면 다음과 같이 @Column 애노테이션의 insertable 속성과 updatable 속성값을 false로 지정한다.

```
@Entity
@Table(name = "room_info")
public class Room {
    @Id
    private String number;
    private String name;

    @Column(name = "description")
    private String desc;

    @Column(name = "id", insertable = false, updatable = false)
    private Long dbId;
```

@Column 애노테이션의 insertable 속성이 false이면 엔티티 객체를 DB에 저장할 때 insert 쿼리에서 해당 값을 제외한다. 즉, 새로운 Room 객체를 EntityManager#persist()를 이용해서 DB에 저장할 때, 다음과 같이 dbId에 매핑된 id 칼럼이 빠진 insert 쿼리를 실행한다.

```
entityManager.persist(new Room("R202", "이름", "설명"));
```

insertable 속성이 false인 매핑 대상은 insert 쿼리에서 제외된다.

```
insert into room_info (description, name, number) values (?, ?, ?)
```

[그림 3.4] @Column 애노테이션의 insertable 속성이 false이면, insert 쿼리에서 제외한다.

트랜잭션 범위에서 엔티티를 조회하고 상태를 변경하면 update 쿼리를 실행해서 변경 상태를 DB 테이블에 반영한다고 했는데, @Column 애노테이션의 updatable 속성이 false이면 update 쿼리의 수정 대상에서 제외된다.

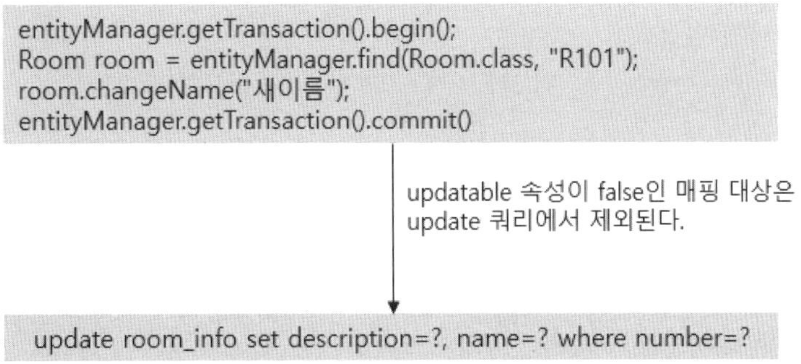

```
entityManager.getTransaction().begin();
Room room = entityManager.find(Room.class, "R101");
room.changeName("새이름");
entityManager.getTransaction().commit()
```

updatable 속성이 false인 매핑 대상은 update 쿼리에서 제외된다.

```
update room_info set description=?, name=? where number=?
```

[그림 3.5] @Column 애노테이션의 updatable 속성이 false이면 update 쿼리에서 제외된다.

insertable 속성과 updatable 속성이 모두 false라 하더라도 엔티티를 조회할 때에는 매핑 대상 칼럼을 읽어와 값을 할당한다.

02 접근 타입 : 영속 대상 필드와 프로퍼티

지금까지 예제는 모두 필드에 @Id 애노테이션을 적용했다. @Id 애노테이션을 필드에 적용하면 JPA는 다음의 두 과정에서 데이터를 읽고 쓸 때 필드를 사용한다.

- 엔티티 객체에서 값을 읽어와 DB에 반영할 때
- DB에서 읽어온 값을 엔티티 객체에 적용할 때

예를 들어, 다음 코드를 보자. 이 코드는 number 필드에 @Id 애노테이션을 설정하고 있다.

```
@Entity
@Table(name = "room_info")
public class Room {
    @Id
    private String number;
    private String name;

    @Column(name = "description")
    private String desc;
```

이 경우 JPA는 select 쿼리로 읽어온 데이터를 엔티티 객체에 설정할 때 필드를 사용한다. 즉, 매핑된 필드에 직접 값을 할당한다. 반대로 엔티티 객체를 DB에 반영(insert, update 쿼리)할 때는 필드에서 직접 값을 읽어와 쿼리를 실행한다.

매핑을 필드에만 설정할 수 있는 것은 아니다. 자바빈 방식의 프로퍼티 메서드 중 get 메서드에도 설정할 수 있다. 즉, 위 코드를 다음과 같이 설정할 수도 있다.

```java
@Entity
@Table(name = "room_info")
public class Room {
    private String number;
    private String name;
    private String desc;
    private Long dbId;

    @Id
    public String getNumber() {
        return number;
    }
    public void setNumber(String number) {
        this.number = number;
    }

    public String getName() {
        return name;
    }
    public void setName(String name) {
        this.name = name;
    }

    @Column(name = "description")
    public String getDesc() {
        return desc;
    }
    public void setDesc(String desc) {
        this.desc = desc;
    }

    @Column(name = "id", insertable = false, updatable = false)
    public Long getDbId() {
        return dbId;
    }
    public void setDbId(Long dbId) {
        this.dbId = dbId;
    }
```

위 코드를 보면 프로퍼티를 위한 get/set 메서드를 정의하고 있고 필드 대신에 getNumber() 메서드에 @Id 애노테이션을 설정한 것을 알 수 있다. 필드가 아닌 get 메서드에 @Id 애노테이션을 설정하면 JPA는 필드 대신 get/set 메서드를 이용해서 데이터를 처리한다.

예를 들어, DB에서 데이터를 읽어와 엔티티 객체에 전달할 때에는 set 메서드를 이용한다. 반대로 엔티티를 DB에 반영(insert, update)할 때는 get 메서드를 이용해서 엔티티에서 값을 읽어온다. get 메서드와 set 메서드를 모두 사용하기 때문에 프로퍼티 접근 타입을 사용할 경우 get/set 메서드를 모두 정의해야 한다.

기본적으로 필드 접근 방식을 사용하는데 특정 영속 대상에 대해서만 프로퍼티 접근 방식을 사용해야 한다면 다음과 같이 @javax.persistence.Access 애노테이션을 사용한다.

```java
@Entity
@Table(name = "room_info")
public class Room {
    @Id
    private String number;
    private String name;
    @Column(name = "description")
    private String desc;

    @Column(name = "id", insertable = false, updatable = false)
    @Access(AccessType.PROPERTY)
    private Long dbId;

    ...

    public Long getDbId() {
        return dbId;
    }
    private void setDbId(Long dbId) {
        this.dbId = dbId;
    }
}
```

이 코드에서 @Id 애노테이션을 필드에 적용했으므로 필드를 사용해서 데이터를 읽고 쓴다. dbId 필드의 경우 @Access 애노테이션의 값으로 AccessType.PROPERTY를 설정했는데, 이는 dbId에 해당하는 데이터만 필드가 아닌 프로퍼티를 통해서 접근한다는 것을 의미한다. 즉, dbId만 get/set 메서드를 통해서 접근한다.

반대로 프로퍼티 접근 타입을 기본으로 사용하고 특정 영속 대상만 필드 접근 타입을 사용하고 싶다면, 다음과 같이 get 메서드에 @Access 애노테이션을 설정하면 된다.

```java
@Entity
@Table(name = "room_info")
public class Room {
   ...
   private Long dbId;

   @Id
   public String getNumber() {
      return number;
   }
   public void setNumber(String number) {
      this.number = number;
   }

   public String getName() {
      return name;
   }
   public void setName(String name) {
      this.name = name;
   }

   @Column(name = "description")
   public String getDesc() {
      return desc;
   }
   public void setDesc(String desc) {
      this.desc = desc;
   }

   @Column(name = "id", insertable = false, updatable = false)
   @Access(AccessType.FIELD)
   public Long getDbId() {
      return dbId;
   }
}
```

이 코드는 getDbId() 메서드에 @Access(AccessType.FIELD)를 설정했는데, 이는 dbId 영속 대상에 해당하는 접근 타입이 필드라는 것을 뜻한다. 접근 타입이 필드이므로 setDbId() 메서드를 사용하지 않는다. 따라서, 위 코드처럼 setDbId() 메서드가 없어도 문제 되지 않는다.

프로퍼티 접근 타입을 사용하면 get/set 메서드를 만들게 되는데, 객체 지향 관점에서 공개 get/set 메서드는 캡슐화를 약화시키는 원인이 될 수 있다. 물론, get/set 메서드를 public이 아닌 protected나 private과 같은 범위로 제한할 수도 있지만, 전체 코드의 행 수나 설정 정보의 읽기를 고려할 때 프로퍼티 접근 타입보다 필드 접근 타입을 선호한다.

클래스에 @Access 애노테이션을 적용해서 접근 타입을 지정할 수도 있다. 다음 코드는 클래스 수준에서 프로퍼티 접근 타입을 설정했으므로 @Id 애노테이션을 프로퍼티 메서드에 설정해야 한다.

```java
@Entity
@Access(AccessType.PROPERTY)
public class Hotel {
   ...
   @Id
   public String getId() {
      return id;
   }
   public void setId(String id) {
      this.id;
   }
   ...
}
```

클래스에 접근 타입을 프로퍼티로 설정하고 @Id 애노테이션을 필드에 적용하면 식별자 매핑 정보를 찾지 못해 에러가 발생한다. 반대로 클래스에 접근 타입을 필드로 설정하고 @Id 애노테이션을 프로퍼티 메서드에 적용해도 식별자 매핑을 찾지 못해 에러가 발생한다.

2.1 영속 대상에서 제외하기

필드 접근 타입을 사용하는데 영속 대상이 아닌 필드가 존재한다면 transient 키워드를 사용해서 영속 대상에서 제외할 수 있다.

```java
@Entity
@Table(name = "room_info")
public class Room {
   @Id
   private String number;
   ...
   transient private long timestamp = System.currentTimeMillis();
```

transient 키워드뿐만 아니라 JPA가 제공하는 @javax.persistence.Transient 애노테이션을 사용해도 영속 대상에서 빠진다.

```java
@Entity
@Table(name = "room_info")
public class Room {
  @Id
  private String number;
  ...
  @Transient
  private long timestamp = System.currentTimeMillis();
```

03 엔티티 클래스의 제약 조건

JPA 규약에 따르면 엔티티 클래스에는 몇 가지 제약이 있다. 먼저 엔티티 클래스는 인자가 없는 기본 생성자를 제공해야 한다. 인자를 가진 생성자를 정의하면 기본 생성자가 자동으로 생성되지 않으므로, 인자를 가진 생성자가 필요하다면 반드시 기본 생성자도 함께 정의해야 한다. 앞서 User 클래스가 이에 해당한다.

```java
@Entity
@Table(name = "user")
public class User {
   ...생략

   protected User() { // 엔티티 클래스는 기본 생성자를 제공해야 한다.
   }

   public User(String email, String name, Date createDate) {
      this.email = email;
      this.name = name;
      this.createDate = createDate;
   }
```

기본 생성자의 접근 범위는 public이나 protected이어야 한다. private일 경우 JPA의 특정 기능이 올바르게 동작하지 않을 수도 있다.

엔티티는 클래스여야 한다. 인터페이스나 열거 타입을 엔티티로 지정할 수는 없다.

엔티티 클래스는 final이면 안 된다. JPA 프로바이더에 따라 지연 로딩과 같은 기능을 제공하기 위해 엔티티 클래스를 상속받은 프록시 객체를 사용하는데, 엔티티 클래스가 final이면 상속 기반의 프록시를 생성할 수 없어서 정상 동작이 불가능해진다. 비슷한 이유로 엔티티의 메서드나 영속 대상 필드도 final이면 안 된다.

실제로 final 클래스라고 해서 무조건 엔티티로 사용할 수 없는 건 아니다. JPA 프로바이더인 하이버네이트는 final 클래스를 엔티티로 사용할 수 있다. 단지, 특정 기능을 실행할 때 익셉션이 발생할 뿐이다. 지금 당장 사용하는 기능에 문제가 없다고 해서 final 클래스를 엔티티로 사용하면 앞으로 문제가 발생할 여지를 남겨두는 것이므로, final 클래스를 엔티티로 사용하지 말자.

엔티티 클래스가 java.io.Serializable 인터페이스를 구현해야 할 수도 있다. 예를 들어, JPA 프로바이더가 사용하는 캐시 구현 기술이 Serializable 인터페이스를 요구하는 경우 엔티티 클래스가 Serializable 인터페이스를 상속해야 한다.

04 엔티티 목록 설정

엔티티 클래스를 작성했다면 persistence.xml 파일의 〈class〉 태그를 사용해서 엔티티 클래스를 영속 단위(persistence unit)에 추가한다. 〈class〉 태그는 패키지를 포함한 클래스의 완전한 이름을 값으로 갖는다.

```xml
<?xml version="1.0" encoding="utf-8" ?>

<persistence xmlns="http://xmlns.jcp.org/xml/ns/persistence"
    xmlns:xsi="http://www.w3.org/2001/XMLSchema-instance"
    xsi:schemaLocation="http://xmlns.jcp.org/xml/ns/persistence
            http://xmlns.jcp.org/xml/ns/persistence/persistence_2_1.xsd"
    version="2.1">

    <persistence-unit name="jpastart" transaction-type="RESOURCE_LOCAL">
        <class>jpastart.reserve.model.User</class>
        <class>jpastart.reserve.model.Room</class>
        <class>jpastart.reserve.model.Hotel</class>
        <exclude-unlisted-classes>true</exclude-unlisted-classes>
```

```
        <properties>
            ...
        </properties>
    </persistence-unit>
</persistence>
```

JPA는 영속 단위에 추가한 클래스를 엔티티로 사용한다. 이 엔티티는 뒤에서 설명할 EntityManager가 관리하는 기본 단위가 된다.

〈exclude-unlisted-classes〉태그를 true로 설정했는데 이는 하이버네이트의 엔티티 자동 추가 기능을 비활성화한다. 이 값을 false로 지정하면 @Entity 애노테이션을 적용한 클래스를 찾아서 자동으로 엔티티로 등록해준다. 즉, 위 설정을 다음과 같이 변경해도 User, Room, Hotel 클래스를 엔티티로 등록한다.

```
<persistence …생략>

    <persistence-unit name="jpastart" transaction-type="RESOURCE_LOCAL">
        <exclude-unlisted-classes>false</exclude-unlisted-classes>

        <properties>
            ...
        </properties>
    </persistence-unit>
</persistence>
```

05 EntityManager의 엔티티 관련 기본 기능

javax.persistence.EntityManager는 엔티티 객체에 대한 기본 연산을 제공한다. 이 절에서는 엔티티 단위로 DB 연산을 수행할 때 기본이 되는 기능을 살펴보도록 하자.

5.1 find() 메서드

가장 먼저 살펴볼 기능은 find()이다. find() 메서드는 다음과 같이 정의되어 있다.

```
public <T> T find(Class<T> entityClass, Object primaryKey);
```

첫 번째 파라미터로 찾을 엔티티의 타입을 전달하고, 두 번째 파라미터로 식별자를 전달한다. 이 식별자는 @Id 애노테이션으로 매핑한 영속 대상의 값을 사용한다. find() 메서드는 식별자에 해당하는 엔티티가 존재하면 해당 엔티티 객체를 리턴하고 존재하지 않으면 null을 리턴한다.

```
Hotel hotel = entityManager.find(Hotel.class, "H001-01");
if (hotel != null) {
    // "H001-01"에 해당하는 데이터가 존재하면 null이 아님.
}
```

Hotel 클래스의 @Id 애노테이션을 적용한 id 필드가 hotel 테이블의 id 칼럼에 매핑된다고 하자. 이 코드는 hotel 테이블의 id 칼럼이 "H001-01"인 레코드를 검색한다. 레코드가 존재하면 레코드로부터 데이터를 읽어와 Hotel 객체를 생성해서 리턴한다.

5.2 getReference() 메서드

find() 메서드와 유사한 메서드로 getReference() 메서드가 있다. getReference() 메서드는 find() 메서드와 동일한 파라미터를 갖는다.

```
public <T> T getReference(Class<T> entityClass, Object primaryKey);
```

find()와 차이점이 있다면 getReference() 메서드는 데이터가 존재하지 않는 경우 EntityNotFoundException을 발생한다는 점이다. 예를 들어, 다음 코드를 보자.

```
// getReference()는 프록시 객체를 리턴하며, 이 시점에 쿼리를 실행하지 않음
Hotel hotel = entityManager.getReference(Hotel.class, "NON_HOTEL_ID");
System.out.println(hotel.getClass().getName());
// 최초로 데이터에 접근할 때 쿼리를 실행한다.
String name = hotel.getName();
```

식별자가 "NON_HOTEL_ID"인 데이터가 존재하지 않는다고 가정해보자. 해당 데이터가 존재하지 않음에도 불구하고 getReference()를 실행하는 시점에 Hotel 객체를 리턴한다. 이 Hotel 객체는 JPA 프로바이더가 생성한 프록시 객체로서 이 시점에서는 쿼리를 실행하지 않는다.

실제 쿼리는 최초로 데이터에 접근하는 시점에 실행된다. 위 코드에서는 hotel. getName() 메서드를 호출할 때 최초로 데이터에(DB와 매핑된 name 필드에) 접근하는데, 이 시점에 select 쿼리를 실행한다.

실제로 getReference()를 이용한 코드를 실행하면 [그림 3.6]과 같은 내용이 콘솔에 출력되는 것을 확인할 수 있을 것이다.

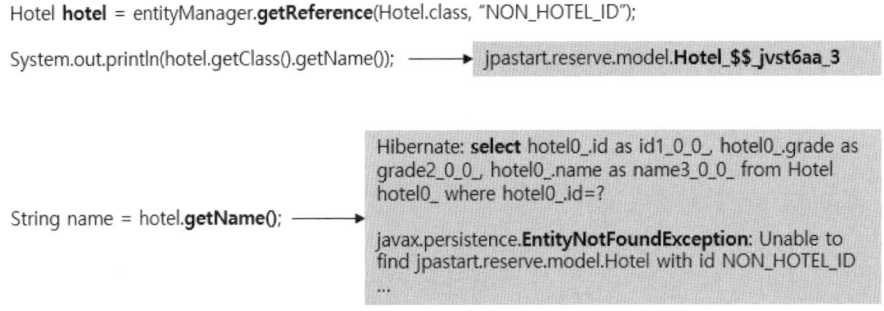

[그림 3.6] getReference()는 프록시 객체를 리턴한다.

[그림 3.6]에서 getReference()로 구한 hotel 객체의 클래스 이름을 출력한 결과를 보면 Hotel_$$_jvst6aa_3이라는 이상한 이름이 출력된 것을 알 수 있는데, 이 이름은 JPA 프로바이더인 하이버네이트가 런타임에 생성한 프록시 클래스 타입이다.

getReference() 메서드는 쿼리를 바로 실행하지 않고 대신 프록시 객체를 리턴한다. 이 프록시 객체는 최초로 데이터가 필요한 시점에 select 쿼리를 실행한다. [그림 3.6]을 보면 hotel.getName()을 호출하는 시점에 해당하는 select 쿼리가 실행된 것을 알 수 있다. 프록시는 select 쿼리 결과가 존재하지 않으면 EntityNotFoundException을 발생한다.

해당 데이터가 DB에 존재하면 프록시는 내부적으로 엔티티 객체를 생성하고 그 객체를 이용해서 엔티티 객체에 대한 요청을 처리한다.

 JPA 규약은 JPA 프로바이더가 getReference()를 실행하는 시점에 EntityNotFoundException을 발생하는 것을 허용하고 있다. 즉, getReference() 메서드를 실행하는 시점에 데이터가 존재하지 않으면 EntityNotFoundException을 발생할 수 있다. 예를 들어, 엔티티 클래스가 final이면 클래스 상속을 이용한 프록시 객체를 생성할 수 없는데, 이 경우 하이버네이트는 getReference() 메서드에서 프록시를 리턴하는 대신 바로 select 쿼리를 실행한다. 그리고 select 쿼리 결과 데이터가 존재하면 해당 엔티티 객체를 리턴하고 존재하지 않으면 EntityNotFoundException을 발생한다.

getReference() 메서드로 구한 프록시 객체는 최초에 데이터가 필요한 시점에 쿼리를 실행하기 때문에 EntityManager 세션이 유효한 범위에서 프록시 객체를 처음 사용해야 한다. 예를 들어, 다음 코드와 같이 getReference()로 구한 프록시 객체를 세션 범위 밖에서 처음 사용한다고 하자.

```
Hotel hotel = null;

EntityManager entityManager = emf.createEntityManager();
try {
    hotel = entityManager.getReference(Hotel.class, "H001-01");
} finally {
    entityManager.close(); // 세션 종료
}
String name = hotel.getName(); // 프록시 객체를 세션 범위 밖에서 사용
```

이 코드에서 hotel.getName()을 실행하는 시점은 프록시 객체의 데이터를 처음 사용하는 시점이므로 이때 select 쿼리를 실행한다. 그런데 이 코드는 세션 범위 밖에 위치하므로 쿼리를 실행하는 데 필요한 커넥션을 구할 수 없다. 하이버네이트는 이 경우 다음과 같은 익셉션을 발생한다.

```
org.hibernate.LazyInitializationException: could not initialize proxy - no Session
```

세션 범위 밖에서 프록시 객체를 사용해야 한다면, 다음과 같이 일단 세션 범위 안에서 프록시 객체를 사용해서 쿼리를 실행해야 한다.

```
Hotel hotel = null;

EntityManager entityManager = emf.createEntityManager();
try {
    hotel = entityManager.getReference(Hotel.class, "H001-01");
    hotel.getName(); // 세션 범위에서 프록시 통해 쿼리 실행
} finally {
    entityManager.close();
}
String name = hotel.getName(); // 이미 데이터를 로딩했으므로 사용 가능
```

이 코드는 세션 범위 안에서 프록시 객체에 대한 select 쿼리를 실행해서 미리 데이터를 읽었으므로, 세션 범위 밖에서 프록시 객체를 통해 데이터에 접근할 수 있다.

5.3 persist() 메서드

새로운 엔티티 객체를 DB에 저장할 때에는 persist() 메서드를 사용한다.

```
public void persist(Object entity)
```

다음은 persist() 메서드의 사용 예이다. 상태를 변경하므로 트랜잭션 범위 안에서 persist() 메서드를 실행해야 한다.

```java
EntityManager entityManager = emf.createEntityManager();
EntityTransaction transaction = entityManager.getTransaction();
try {
    transaction.begin();
    Hotel hotel = new Hotel("KR-S-01", "서울호텔", Grade.STAR5);
    entityManager.persist(hotel);
    transaction.commit();
} catch (Exception ex) {
    transaction.rollback();
    throw ex;
} finally {
    entityManager.close();
}
```

트랜잭션 범위 안에서 persist()를 실행하면 JPA는 알맞은 insert 쿼리를 실행하는데, 실제 insert 쿼리를 실행하는 시점은 엔티티 클래스의 식별자를 생성하는 규칙에 따라 달라진다. 예를 들어, Hotel 클래스의 경우 다음과 같이 코드에서 직접 식별자를 설정하는데 이 경우 트랜잭션을 커밋하는 시점에 insert 쿼리를 실행한다. persist() 메서드에 Hotel 객체를 전달하면 JPA는 영속 컨텍스트에 엔티티 객체를 보관한다. 그리고 트랜잭션을 커밋할 때 insert 쿼리를 실행해서 영속 컨텍스트에 보관된 신규 엔티티 객체를 DB에 저장한다.

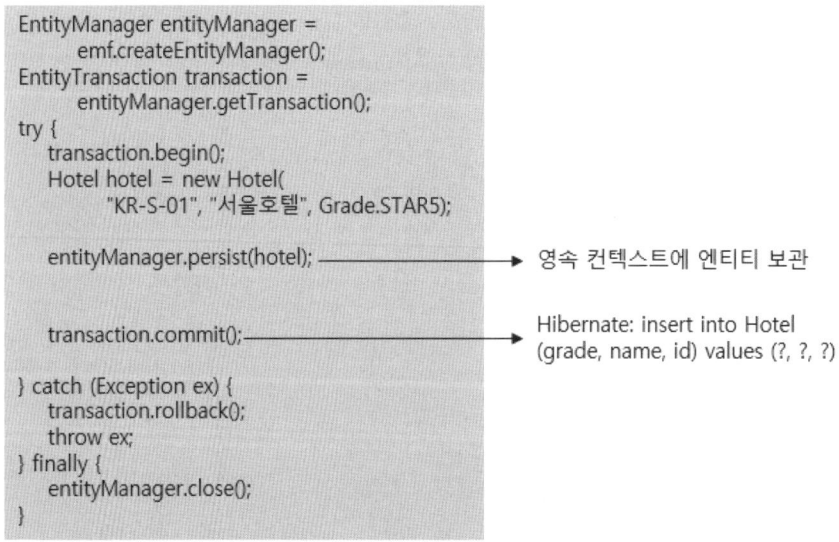

[그림 3.7] 트랜잭션 커밋 시점에 영속 컨텍스트에 담긴 변경 내역을 DB에 반영

DB 테이블에 insert를 해야 식별자를 구할 수 있을 때에는 persist()를 실행하는 시점

에 insert 쿼리를 실행한다. 대표적인 예가 MySQL의 auto_increment 칼럼이다. auto_increment 칼럼은 insert를 하는 순간에 주요키 값이 결정된다. 다음 매핑을 보자.

```java
@Entity
@Table(name = "hotel_review")
public class Review {
    @Id
    @GeneratedValue(strategy = GenerationType.IDENTITY)
    private Long id;
    @Column(name = "hotel_id")
    private String hotelId;
    private int rate;
    private String comment;
    @Temporal(TemporalType.TIMESTAMP)
    @Column(name = "rating_date")
    private Date ratingDate;

    protected Review() {
    }
    public Review(String hotelId, int rate, String comment) {
        this.hotelId = hotelId;
        this.rate = rate;
        this.comment = comment;
    }
    ...
}
```

이 매핑 설정은 @Id 애노테이션과 함께 @GeneratedValue 애노테이션을 사용했다. @GeneratedValue 애노테이션은 식별자의 값을 JPA가 생성함을 뜻한다. 이 애노테이션의 값으로 GenerationType.IDENTITY를 사용했는데 이는 데이터베이스의 식별 칼럼을 사용해서 엔티티의 식별자를 생성한다는 것을 의미한다. MySQL에서는 auto_increment 칼럼이 식별 칼럼에 해당하며, 위 Review 클래스에 매핑되는 hotel_review 테이블은 다음과 같이 생성할 수 있다.

```sql
create table jpastart.hotel_review (
    id int not null auto_increment primary key,
    hotel_id varchar(100) not null,
    rate int not null,
    comment varchar(255) not null,
    rating_date datetime
) engine innodb character set utf8;
```

이제 Review 엔티티 객체를 생성하고 persist() 메서드를 실행하는 다음 코드를 보자.

```
EntityManager entityManager = emf.createEntityManager();
EntityTransaction transaction = entityManager.getTransaction();
try {
   transaction.begin();
   Review review = new Review("KR-S-01", 5, "최고에요.");
   entityManager.persist(review); // 이 시점에 insert 쿼리 실행
   Long id = review.getId();      // 자동 생성한 식별자가 엔티티에 반영됨
   transaction.commit();
   System.out.println("after commit");
} catch (Exception ex) {
   transaction.rollback();
   throw ex;
} finally {
   entityManager.close();
}
```

JPA는 hotel_review 테이블의 식별 칼럼을 이용해서 Review 엔티티의 식별자를 생성하므로, 이 코드는 persist() 메서드를 실행하는 시점에 식별자 생성을 위해 insert 쿼리를 실행한다. JPA는 쿼리 실행 후 생성된 식별자를 엔티티에 반영한다. 따라서, persist() 실행 이후에 엔티티 객체에서 생성된 식별자를 구할 수 있다.

EntityManager#persist() 메서드를 호출하는 시점에 식별자를 생성하는 이유?

JPA는 개념적으로 영속 컨텍스트라는 공간을 제공한다. 이 영속 컨텍스트는 세션 범위에서 엔티티 객체를 관리하고, 각 엔티티 객체를 구분할 때 식별자를 사용한다. persist() 메서드를 실행하면 엔티티 객체를 영속 컨텍스트에 보관하는데, 새로 추가한 엔티티 객체를 다른 엔티티 객체와 구분하기 위해 식별자가 필요하다. 이런 이유로 JPA는 persist()를 이용해서 엔티티 객체를 영속 컨텍스트에 추가할 때 식별자 생성기를 이용해서 식별자를 생성한다.

만약 식별자 생성 방식을 설정하지 않은 엔티티가 식별자를 갖고 있지 않으면, 즉 @Id 애노테이션으로 설정한 영속 필드나 프로퍼티 값이 null이면 persist()를 실행할 때 익셉션이 발생한다.

5.4 remove() 메서드

EntityManager#remove() 메서드를 사용하면 엔티티 객체를 제거한다.

```
public void remove(Object entity)
```

엔티티 객체를 구한 뒤에 remove() 메서드에 삭제할 엔티티 객체를 전달하면 삭제 대상이 된다. 다음은 remove() 메서드의 사용 예이다. 상태를 변경하므로 트랜잭션 범위 안에서 remove() 메서드를 실행한다.

```
EntityManager entityManager = emf.createEntityManager();
EntityTransaction transaction = entityManager.getTransaction();
try {
   transaction.begin();

   Room room = entityManager.find(Room.class, "R101");
   if (room != null) {
      entityManager.remove(room); // 영속 컨텍스트에 삭제 대상 엔티티 추가
   }
   transaction.commit(); // 커밋 시점에 삭제 대상 처리
} catch (Exception ex) {
   transaction.rollback();
   throw ex;
} finally {
   entityManager.close();
}
```

remove() 메서드에 엔티티 객체를 추가하면 영속 컨텍스트는 삭제 대상에 엔티티를 추가하고, 트랜잭션 커밋 시점에 실제 삭제를 위한 delete 쿼리를 실행한다.

5.5 엔티티 수정

2장 예제에서 설명한 것처럼 JPA는 트랜잭션 범위에서 엔티티 객체의 상태가 변경되면 이를 트랜잭션 커밋 시점에 반영한다. 예를 들어, 다음 코드를 보자.

```
EntityManager entityManager = emf.createEntityManager();
EntityTransaction transaction = entityManager.getTransaction();
try {
   transaction.begin();
   Room room = entityManager.find(Room.class, "R101");
   if (room != null) {
      room.changeName("카프리");
   }
   transaction.commit(); // 트랜잭션 범위 내에서 변경된 영속 객체를 DB에 반영
} catch (Exception ex) {
   transaction.rollback();
   throw ex;
} finally {
   entityManager.close();
}
```

EntityManager#find()로 구한 엔티티는 영속 컨텍스트에 보관된다. JPA는 영속 컨텍스트에 속한 객체의 변경 여부를 추적하며, 트랜잭션 커밋 시점에 변경된 객체가 존재하면 알맞은 update 쿼리를 실행해서 변경 내역을 DB에 반영한다.

06 식별자 생성 방식

엔티티의 식별자 생성 방식에 대해 살펴보자. 엔티티의 식별자는 크게 애플리케이션 코드에서 직접 생성하는 방식과 JPA가 생성하는 두 가지 방식이 존재한다. JPA가 생성하는 방식은 다시 식별 칼럼 방식, 시퀀스 방식, 테이블 방식으로 나눌 수 있다. 이 절에서는 이들 생성 방식을 설정하는 방법에 대해 차례대로 살펴보도록 하자.

6.1 직접 할당 방식

애플리케이션 코드에서 직접 생성하는 방식은 별도의 식별자 생성 규칙이 존재하는 경우에 적합하다. 예를 들어, 주문 번호는 일련번호를 사용하기보다는 정해진 규칙을 이용해서 생성하는 경우가 많다. 이 경우 다음과 같이 주문 관련 엔티티 객체를 생성할 때 필요한 식별자를 직접 전달하게 된다.

```
String orderNum = createOrderNumber();
Order order = new Order(orderNumber, orderLines, orderer);
```

식별자를 직접 생성하는 방식은 @Id 애노테이션을 사용해서 식별자로 사용할 영속 대상만 지정하면 식별자와 관련된 설정이 끝난다.

```
@Entity
public class Order {
    @Id
    private String number;
    ...
    public Order(String orderNumber, …생략) {
        this.number = orderNumber;
        ...
    }
}
```

6.2 식별 칼럼 방식

JPA가 식별 칼럼을 이용해서 식별자를 생성하는 경우 @Id 애노테이션 대상에 다음의 두 가지 설정을 추가한다.

- @javax.persistence.GeneratedValue 애노테이션 추가
- 이 애노테이션의 strategy 값으로 javax.persistence.GenerationType.IDENTITY 설정

예를 들어 MySQL의 auto_increment처럼 DB의 식별 칼럼을 사용해서 식별자를 생성할 경우, 다음 코드처럼 @GeneratedValue 애노테이션을 설정한다.

```java
@Entity
@Table(name = "hotel_review")
public class Review {
    @Id
    @GeneratedValue(strategy = GenerationType.IDENTITY)
    private Long id;
```

자동 증가 칼럼은 insert 쿼리를 생성해야 식별자를 알 수 있다. 따라서, 식별자 생성 전략을 GenerationType.IDENTITY로 설정한 엔티티 객체를 생성한 뒤 persist()를 이용해서 저장하면, 저장 시점에 식별자를 생성하기 위해 insert 쿼리를 실행한다. 즉, 다음 코드에서 review 객체를 persist()를 통해 저장하는 시점에 insert 쿼리를 실행해서 식별자 칼럼 값을 구하고 구한 값을 엔티티 객체에 반영한다.

```java
transaction.begin();

Review review = new Review("KR-S-01", 5, "짱입니다.", new Date());
entityManager.persist(review); // 식별자를 구하기 위해 insert 쿼리 실행하고
                               // 구한 식별자를 엔티티 객체에 반영

Long id = review.getId();      // persist() 이후 엔티티에 할당한 식별자 사용 가능

transaction.commit();
```

persist()를 실행하면 생성한 식별자를 엔티티에 할당하므로 persist() 메서드를 실행한 뒤에 엔티티 객체에서 식별자를 구할 수 있다.

6.3 시퀀스 사용 방식

DB 시퀀스를 식별자로 사용하는 경우 다음과 같은 설정을 추가한다.

- @javax.persistence.SequenceGenerator 애노테이션을 사용해서 시퀀스 기반 식별자 생성기를 설정한다.
- @GenerateValue 애노테이션의 generator 값으로 앞서 설정한 식별자 생성기를 지정한다.

예를 들어, 이름이 hotel_review_seq인 시퀀스를 이용해서 식별자를 생성하고 싶다면 다음 설정을 사용하면 된다.

```
@Entity
@Table(name = "hotel_review")
public class Review {
  @Id
  @SequenceGenerator(
    name = "review_seq_gen",
    sequenceName = "hotel_review_seq",
    allocationSize=1
  )
  @GeneratedValue(generator = "review_seq_gen")
  private Long id;
```

이 코드에서 @SequenceGenerator 애노테이션의 설정은 다음과 같다.

- **name** : 시퀀스 생성기의 이름을 지정한다. @GeneratedValue에서 이 이름을 사용한다.
- **sequenceName** : 식별자를 생성할 때 사용할 시퀀스 이름을 지정한다.
- **allocationSize** : 시퀀스에서 읽어온 값을 기준으로 몇 개의 식별자를 생성할지 결정한다. 이 값은 1로 설정해야 하는데 그 이유는 뒤의 "allocationSize는 1로 설정해야 한다"를 참고한다.

@GeneratedValue 애노테이션은 @SequenceGenerator에 지정한 name 값을 generator 속성값으로 사용한다. 위 코드는 식별자 생성기로 "review_seq_gen"을 지정했으므로, 식별자를 생성할 때 hotel_review_seq 시퀀스로부터 식별자를 구한다.

시퀀스를 사용하는 경우 시퀀스만 사용해서 식별자를 생성할 수 있으므로 persist() 시점에 insert 쿼리를 실행하지 않고 시퀀스 관련 쿼리만 실행한다. 다음 코드를 보자.

```
transaction.begin();
Review review = new Review("KR-S-01", 5, "최고입니다.", new Date());

entityManager.persist(review); // select hotel_review_seq.nextval from dual 쿼리
```

```
Long id = review.getId();      // 시퀀스에서 구한 식별자는 엔티티에 할당됨

transaction.commit();          // insert into hotel_review 쿼리
```

Review가 시퀀스 생성기를 식별자 생성기로 사용할 경우, 이 코드에서 review 객체를 persist() 메서드에 전달하는 시점에는 코드에 표시한 것처럼 시퀀스 쿼리만 실행하고 추가적인 insert 쿼리는 실행하지 않는다. 식별자를 생성하기 위해 시퀀스만 필요하기 때문이다.

persist() 메서드는 엔티티 객체를 영속 컨텍스트에 보관하므로, 트랜잭션을 커밋하는 시점에 새로 추가한 엔티티를 저장하기 위한 insert 쿼리를 실행한다.

6.3.1 allocationSize 속성 설정

DB 시퀀스를 사용해서 @SequenceGenerator 애노테이션을 사용할 때 allocationSize 속성값을 1로 설정해야 한다. 이 속성의 기본값은 50인데 이는 DB 시퀀스 사용시 문제를 유발한다. 예를 들어, 다음과 같이 오라클 시퀀스를 생성했다고 하자. 이 시퀀스는 1부터 시작하고 1씩 증가한다.

```
create sequence jpastart.hotel_review_seq
start with 1 increment by 1 nomaxvalue;
```

이 시퀀스를 사용하는 @SequenceGenerator를 다음과 같이 설정했다.

```
@Entity
@Table(name = "hotel_review")
public class Review {
  @Id
  @SequenceGenerator(
    name = "review_seq_gen", sequenceName = "hotel_review_seq"
  )
  @GeneratedValue(generator = "review_seq_gen")
  private Long id;
```

이 코드에서 allocationSize 속성을 따로 설정하지 않았는데 이 경우 다음과 유사한 방식으로 식별자를 생성한다.

- 과정1 : 최초에 DB 시퀀스에서 값을 구한다. 이 값을 식별자 구간의 시작 값으로 사용한다.
- 과정2 : 한 번 더 DB 시퀀스에 값을 구한다. 이를 식별자 구간의 끝 값으로 사용한다.
- 과정3 : 구간의 시작 값부터 끝 값까지 순차적으로 엔티티의 식별 값으로 사용한다. 이때 메모리

에 순차적으로 증가한 값을 보관한다.
- **과정4** : 구간의 끝에 다다르면 DB 시퀀스에 값을 구한다. 시퀀스에서 구한 값을 다음 식별자 구간의 끝 값으로 사용한다. 구간 끝 값에서 (allocationSize - 1)를 뺀 값을 식별자 구간의 시작 값으로 사용한다.
- **과정5** : 과정3과 과정4를 반복한다.

allocationSize 속성의 기본값은 50이므로 위 과정에 따라 생성하는 식별자는 다음과 같다.

- **과정1** : DB 시퀀스에서 값을 구한다. 처음 값은 1이므로 식별자 구간의 시작 값은 1이다.
- **과정2** : DB 시퀀스에서 한 번 더 값을 구하고 값은 20이다. 식별자 구간의 끝 값은 20이다.
- **과정3** : 엔티티를 한 개 추가하면 식별자 구간에서 1을 식별자로 사용한다.
    - 엔티티를 한 개 더 추가하면 식별자 구간의 다음 값인 2를 식별자로 사용한다.
- **과정4** : 식별자 구간의 끝에 도착했으므로, 시퀀스에서 다음 값인 3을 구한다. 3을 식별자 구간의 끝 값으로 사용하고 여기서 49(allocationSize - 1)를 뺀 -46을 식별자 구간의 시작 값으로 사용한다.
- **과정5** : 엔티티를 추가하면 -46을 식별자로 사용한다. 지속해서 엔티티를 추가하면 식별자 구간인 -45에서 1까지 식별자를 사용한다. 그런데 식별자가 1인 엔티티는 이미 과정3에서 추가했으므로 식별자 충돌 에러가 발생한다.

-46을 식별자로 사용하는 것을 원하지 않을 뿐더러 식별자가 충돌하는 문제도 있다. 이런 문제를 해소하려면 다음과 같이 DB 시퀀스의 증가 크기를 allocationSize와 동일하게 잡으면 된다.

```
create sequence jpastart.hotel_review_seq
start with 1 increment by 50 nomaxvalue;
```

하지만 이런다고 문제가 해결되진 않는다. 식별자를 메모리에서 증가시키기 때문에 두 개 이상의 JVM을 사용하면 식별자 값이 순차적으로 증가하지 않는 문제가 발생하게 된다.

애초에 이런 문제가 발생하지 않도록 하려면 매번 시퀀스에서 값을 읽어오도록 allocationSize를 1로 설정해야 한다.

6.4 테이블 사용 방식

식별 칼럼과 DB 시퀀스는 DBMS에 따라 지원 여부가 다르다. 모든 DB에서 동일한 방식으로 식별자를 생성하길 원하는 경우 테이블 사용 방식을 사용하면 된다. 테이블 방식을 사용하려면 먼저 식별자를 보관할 때 사용할 테이블을 생성해야 한다. 이 테이블은 식별자를 구분할 때 사용할 주요키 칼럼과 다음 식별자로 사용할 숫자를 보관할 칼럼의 두 칼럼이 필요하다. 다음은 식별자 생성에 사용할 테이블의 생성 예이다.

```
create table id_gen (
  entity varchar(100) not null primary key,
  nextid int
) engine innodb character set utf8;
```

id_gen 테이블의 한 레코드는 한 개 엔티티에 대한 다음 식별자를 값으로 갖는다. 주요 키인 entity 칼럼은 각 엔티티를 구분하기 위한 용도로 사용한다. nextid 칼럼은 엔티티가 사용할 다음 식별자로 사용된다.

식별자 생성 목적으로 사용할 테이블을 만들었다면 @javax.persistence.TableGenerator 애노테이션을 이용해서 테이블 생성기를 설정할 차례이다. 다음은 설정 예이다.

```
@Entity
public class City {
   @Id
   @TableGenerator(name = "idgen",
       table = "id_gen",
       pkColumnName = "entity",
       pkColumnValue = "city",
       valueColumnName = "nextid",
       initialValue = 0,
       allocationSize = 1)
   @GeneratedValue(generator = "idgen")
   private Long id;
```

@TableGenerator 애노테이션의 각 속성은 다음과 같다.

- name : 테이블 생성기의 이름을 지정한다. @GeneratedValue의 generator 속성값으로 사용한다.
- table : 식별자를 생성할 때 사용할 테이블을 지정한다.
- pkColumnName : 식별자 생성용 테이블의 주요키 칼럼을 지정한다.
- pkColumnValue : 이 테이블 생성기가 주요키 칼럼에 사용할 값을 지정한다. 각 @TableGenerator 설정마다 다른 값을 사용한다. 엔티티 클래스의 이름을 사용하면 편리하다.
- valueColumnName : 생성할 식별자를 갖는 칼럼을 지정한다.
- initialValue : 식별자의 초기 값을 지정한다. 식별자 생성용 테이블에 해당 레코드가 없을 때 이 속성의 값을 기준으로 다음 식별자를 생성한다.
- allocationSize : 식별자의 할당 크기를 지정한다. 이 값이 1보다 크면 메모리에서 이 값만큼 식별자를 증가시키므로 다중 JVM 노드에서 운영한다면 이 값을 1로 지정해야 한다.

위 설정을 기준으로 식별자를 생성하는 과정은 다음과 같다.

- **과정1** : id_gen 테이블에 entity 칼럼 값이 city인 레코드를 구한다.
    - 레코드가 존재하지 않으면 initialValue인 0에 1을 더한 1을 식별자로 사용하고, (city, 식별자)를 id_gen 테이블에 삽입한다.
    - 레코드가 존재하면 nextid에 해당하는 값을 식별자로 사용한다.
- **과정2** : 다음 식별자인 (city, 식별자+1)을 id_gen 테이블에 반영한다.

실제 코드를 이용해서 위 과정이 어떻게 처리되는지 확인해보자. id_gen 테이블이 비어 있는 상황에서 아래 코드를 실행했다고 하자.

```
transaction.begin();

City city = new City("서울");
entityManager.persist(city);

transaction.commit();
```

id_gen 테이블이 비어 있는 경우 MySQL 기준으로 식별자를 생성하기 위해 실행되는 쿼리는 다음과 같다.

```
-- id_gen에서 식별자 구함
select tbl.nextid from id_gen tbl where tbl.entity='city' for update

-- 레코드가 존재하지 않을 때 insert 쿼리 실행 (initialValue가 0일 때, 식별자로 1사용)
insert into id_gen (entity, nextid)  values ('city',1)

-- 다음 식별자인 2를 id_gen에 반영
update id_gen set nextid=2 where nextid=1 and entity='city'
```

id_gen 테이블에 다음 식별자가 존재하는 경우 다음과 같이 insert 쿼리를 생략한다.

```
-- id_gen에서 식별자 구함
select tbl.nextid from id_gen tbl where tbl.entity='city' for update

-- 레코드가 존재하고 nextid가 2인 경우, 다음 식별자인 3을 id_gen에 반영
update id_gen set nextid=3 where nextid=2 and entity='city'
```

이 과정에 따라 테이블 생성기를 식별자 생성기로 사용하는 엔티티를 추가할 때마다 1씩 증가한 식별자를 할당받게 된다.

> **Note** 위 코드에서 id_gen 테이블에서 식별자를 조회할 때 사용한 쿼리를 보면 for update를 사용하는 것을 알 수 있다. 이는 테이블에 대해 행 단위로 동시 접근을 막기 위한 선점 잠금(pessimistic lock)을 수행한다. 하이버네이트는 이를 통해 여러 쓰레드가 식별자 생성을 요청할 때 발생할 수 있는 식별자 충돌 문제를 해결하고 있다.

시퀀스 사용 방식과 마찬가지로 persist()를 실행하는 시점에는 식별자를 생성하기 위한 쿼리만 실행하고, 트랜잭션을 커밋하는 시점에 엔티티 객체를 저장하기 위한 insert 쿼리를 실행한다.

밸류와 @Embeddable

CHAPTER 04

[이 장에서 다룰 내용]
- 밸류
- @Embeddable과 @Embedded
- @AttributeOverride로 설정 재정의
- @Embeddable 중첩
- 다른 테이블에 밸류 매핑하기

01 밸류로 의미를 더 드러내기

[그림 4.1]을 보자. Hotel 클래스는 호텔의 이름, 등급, 우편번호, 주소1, 주소2를 데이터로 갖고 있다.

```
Hotel
-id : String
-name : String
-grade : Grade
-zipCode : String
-address1 : String
-address2 : String
```

[그림 4.1] 호텔을 표현한 모델

[그림 4.2]를 보자. Hotel 클래스는 호텔의 이름, 등급과 함께 주소를 데이터로 갖고 있다.

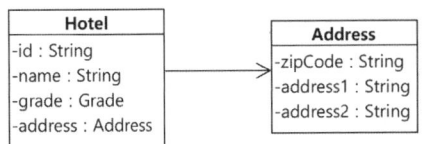

[그림 4.2] Address를 이용해서 주소를 별도로 표현한 모델

[그림 4.1]의 Hotel 클래스는 zipcode, address1, address2를 데이터로 갖고 있는데 개발자는 이 세 개의 데이터가 모여 하나의 주소가 될 거라고 유추해야 한다. 반면에 [그림 4.2]의 Hotel 클래스는 주소 자체를 의미하는 address 데이터를 갖고 있다. 또한, Address 클래스가 zipcode, address1, address2를 데이터로 갖고 있으므로 따로 유추하지 않아도 주소가 우편 번호, 주소1, 주소2로 구성된다는 것을 알 수 있다.

Address 클래스와 같은 타입을 밸류(value)라고 부르는데, 밸류는 다음의 특징을 갖고 있다.

- 밸류는 개념적으로 한 개의 값을 표현한다. Address 클래스는 세 개의 데이터로 구성되어 있지만, 개념적으로 한 개의 주소를 나타낸다.
- 다른 밸류 객체와 구분하기 위한 식별자를 갖지 않는다.
- 자신만의 라이프사이클(life-cycle)을 갖지 않는다. 밸류는 자신이 속한 객체가 생성될 때 함께 생성되고 삭제될 때 함께 삭제되는 경향이 있다.

Address 클래스는 int나 double과 같은 값 타입처럼 개념적으로 하나의 값을 표현하고 별도 식별자를 갖지 않는데, 이런 객체를 밸류(value) 객체라고 부른다.

밸류 객체를 사용하는 이유는 값의 의미를 더 잘 드러내기 때문이다. zipcode, address1,

address2의 세 데이터보다 Address 클래스가 주소의 의미를 더 잘 드러낸다. 비슷하게 돈이나 금액을 표현해야 할 경우 [그림 4.3]과 같이 Money를 사용하는 것이 value와 currency 데이터를 사용하는 것보다 더 명확하게 금액을 표현한다.

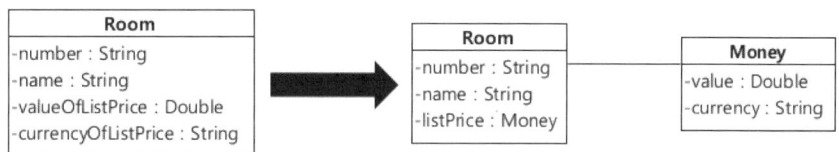

[그림 4.3] 밸류를 이용해서 값을 더 명확하게 표현

02 밸류 클래스의 구현

int나 double과 같은 기본 타입 값은 두 가지 특징이 있다.

- 레퍼런스가 아닌 값을 비교한다.
- 값 자체는 바뀌지 않는다.

다음 코드를 보자.

```
int age1 = 13;
int age2 = 13;
boolean same = age1 == age2;
age1 = 13 + 1;
```

여기서 age1 == age2 코드는 age1 변수의 메모리 주소와 age2 변수의 메모리 주소를 비교하지 않는다. 대신 age1이 갖는 값과 age2가 갖는 값을 비교한다. 또한, 13 + 1은 13이라는 값 자체가 바뀌는 것이 아니다. 대신 13에 1을 더한 새로운 값 14를 생성해서 age1에 할당한다.

밸류 클래스도 값으로 활용하기 위해 기본 타입의 값 특징을 적용해 볼 수 있다. 이를 위한 구현 방법은 다음과 같다.

- 생성 시점에 모든 프로퍼티를 파라미터로 전달받는다.
- 읽기 전용 프로퍼티만 제공한다.
- 각 프로퍼티의 값을 비교하도록 equals() 메서드를 재정의한다.
- 각 프로퍼티의 값을 이용해서 해시코드를 생성하도록 hashCode() 메서드를 재정의한다.

Address 클래스에 위 규칙을 적용하면 다음과 같이 구현해 볼 수 있다.

[리스트 4.1] 밸류로 구현한 Address 클래스

```java
01: package jpastart.common.model;
02:
03: import java.util.Objects;
04:
05: public class Address {
06:     private String zipcode;
07:     private String address1;
08:     private String address2;
09:
10:     public Address(String zipcode, String address1, String address2) {
11:         this.zipcode = zipcode;
12:         this.address1 = address1;
13:         this.address2 = address2;
14:     }
15:
16:     public String getZipcode() {
17:         return zipcode;
18:     }
19:
20:     public String getAddress1() {
21:         return address1;
22:     }
23:
24:     public String getAddress2() {
25:         return address2;
26:     }
27:
28:     @Override
29:     public boolean equals(Object o) {
30:         if (this == o) return true;
31:         if (o == null || getClass() != o.getClass()) return false;
32:         Address address = (Address) o;
33:         return Objects.equals(zipcode, address.zipcode) &&
34:                 Objects.equals(address1, address.address1) &&
35:                 Objects.equals(address2, address.address2);
36:     }
37:
38:     @Override
39:     public int hashCode() {
40:         return Objects.hash(zipcode, address1, address2);
41:     }
42: }
```

이클립스나 인텔리J와 같은 개발 도구는 equals() 메서드나 hashCode() 메서드를 생성하는 기능을 제공하므로 이 두 메서드를 처음부터 직접 작성할 필요는 없다. 도구를 이용해서 생성한 뒤 필요한 것만 수정하면 된다.

이제 Hotel 클래스는 다음과 같이 Address 클래스를 사용해서 주소를 표현할 수 있다.

```
@Entity
public class Hotel {
   @Id
   private String id;
   ...
   private Address address;
   ...
   public Address getAddress() {
      return address;
   }
}
```

Address 클래스는 setZipcode처럼 내부 필드를 변경할 수 있는 메서드를 제공하지 않으므로 Hotel의 주소를 변경하려면 다음 코드처럼 새로운 Address 객체를 할당하면 된다.

```
@Entity
public class Hotel {
   ...
   private Address address;
   ...
   public void changeAddress(Address newAddress) {
      this.address = newAddress;
   }
}
```

03 @Embeddable 애노테이션과 @Embedded 애노테이션을 이용한 밸류 매핑

Hotel 엔티티 클래스가 Address 밸류 타입을 사용하도록 변경해보자. Hotel 클래스와 매핑된 hotel 테이블은 다음과 같이 주소 정보를 담기 위한 칼럼을 정의하고 있다.

```
create table jpastart.hotel (
  id varchar(100) not null primary key,
  name varchar(50),
  grade varchar(255),
  zipcode varchar(5),
  address1 varchar(255),
  address2 varchar(255)
) engine innodb character set utf8;
```

Hotel 클래스가 Address 클래스를 사용해서 주소를 표현하려면 [그림 4.4]와 같이 zipcode, address1, address2 칼럼은 Address 타입에 매핑하고 id, name, grade 칼럼은 Hotel의 나머지 필드에 매핑해야 한다.

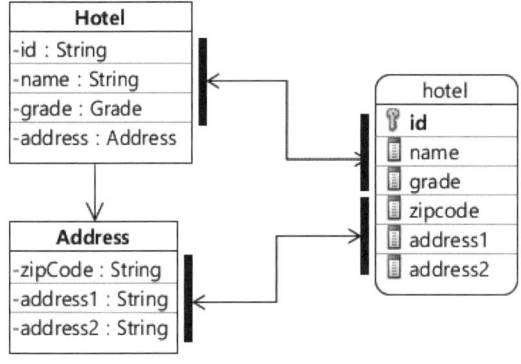

[그림 4.4] 한 테이블의 칼럼을 엔티티와 밸류에 각각 매핑

Address 밸류 타입을 갖는 Hotel 엔티티를 테이블에 매핑하려면 다음과 같은 매핑 설정을 추가해야 한다.

- 밸류 타입인 Address 클래스에 @Embeddable 애노테이션을 적용한다.
- Hotel 클래스는 @Embedded 애노테이션을 사용해서 밸류 타입을 매핑 설정한다.

먼저 밸류 타입인 Address 클래스에 다음과 같이 @javax.persistence.Embeddable 애

노테이션을 적용한다.

```
import javax.persistence.Embeddable;

@Embeddable
public class Address {
    private String zipcode;
    private String address1;
    private String address2;
}
```

@Embeddable 애노테이션은 대상 클래스가 다른 엔티티의 일부로 함께 저장될 수 있다는 것을 설정한다. Address 클래스의 경우 Hotel 엔티티의 일부로 함께 저장된다.

Address 클래스를 사용하는 Hotel 클래스는 다음과 같이 @javax.persistence.Embedded 애노테이션을 사용해서 매핑 설정한다.

```
import javax.persistence.Embedded;

@Entity
public class Hotel {
    @Id
    private String id;
    private String name;
    @Enumerated(EnumType.STRING)
    private Grade grade;

    @Embedded
    private Address address;
    ...
```

@Embedded 클래스는 매핑 대상이 @Embeddable 클래스의 인스턴스라는 것을 설정한다. 이 설정을 사용하면 address 필드의 매핑을 처리할 때 Address에 설정된 매핑 정보를 이용한다. Address 클래스는 별도의 @Column 애노테이션을 사용하지 않았으므로 Address 클래스의 필드와 동일한 이름을 갖는 칼럼을 사용해서 address 필드의 매핑을 처리한다. 즉, hotel 테이블과 Hotel 클래스의 매핑은 [표 4.1]과 같다.

표 4.1 @Embedded를 사용한 Hotel 클래스의 매핑

hotel 테이블	Hotel 클래스
id 칼럼	id 필드
name 칼럼	name 필드
grade 칼럼	grade 필드
zipcode 칼럼	address 필드의 zipcode
address1 칼럼	address 필드의 address1
address2 칼럼	address 필드의 address2

hotel 테이블에 데이터가 다음과 같이 들어가 있다고 하자.

id	name	grade	zipcode	address1	address2
H100-01	베스트웨스턴 구로호텔	STAR4	08393	서울시 구로구	구로동 1128-1

이 경우 EntityManager#find()로 Hotel 객체를 구하면, 다음과 같이 @Embedded로 매핑한 address를 사용할 수 있다.

```
Hotel hotel = em.find(Hotel.class, "H100-01");
Address address = hotel.getAddress();
// address.getAddress1() → "08393"
// address.getAddress2() → "서울시 구로구"
// address.getZipcode() → "구로동 1128-1"
```

Hotel의 address도 매핑 대상이므로 트랜잭션 범위 안에서 address가 변경되면 UPDATE 쿼리를 실행해서 변경 내역을 DB에 반영한다.

```
em.getTransaction().begin();

Hotel hotel = em.find(Hotel.class, "H100-01");
hotel.changeAddress(new Address("08393", "서울시 구로구", "디지털로32길 72"));

em.getTransaction().commit();

// 커밋 시점에 아래와 유사한 쿼리 실행
// update Hotel set address1=?, address2=?, zipcode=?, grade=?, name=? where id=?
```

3.1 null 밸류의 매핑 처리

Hotel 클래스의 생성자가 다음과 같다고 하자.

```
@Entity
public class Hotel {
  @Id
  private String id;
  ...
  @Embedded
  private Address address;

  protected Hotel() {
  }

  public Hotel(String id, String name, Grade grade, Address address) {
    this.id = id;
    this.name = name;
    this.grade = grade;
    this.address = address;
  }
}
```

Hotel 클래스의 생성자는 마지막 파라미터로 Address를 받는다. Hotel 객체를 생성할 때 이 address 인자를 null로 주고 저장하면 어떻게 될까?

```
Hotel hotel = new Hotel("H002", "호텔", Grade.STAR5, null);
em.persist(hotel);
```

Hotel 객체의 address는 null인데, 이 경우 Address와 매핑된 세 개의 칼럼에 모두 null 값이 할당된다. 즉, DB에 들어가는 값은 다음과 같이 매핑된다.

Hotel 객체	hotel 테이블
id : "H002"	id 칼럼 : "H002"
name : "호텔"	name 칼럼 : "호텔"
grade : Grade.STAR5	grade 칼럼 : "STAR5"
address : null	zipcode 칼럼 : null address1 칼럼 : null address2 칼럼 : null

@Embedded로 매핑한 칼럼의 모든 값이 null이면 조회할 때 매핑 대상도 null이 된다. 앞서 코드에서 식별자가 "H002"인 Hotel 객체를 다음 코드로 구한다고 하자.

```
Hotel hotel = em.find(Hotel.class, "H002");
boolean noAddress = hotel.getAddress() == null; // true
```

이 경우 address와 매핑된 세 개의 칼럼이 모두 null이므로 address도 null이 된다.

3.2 @Embeddable의 접근 타입

기본적으로 @Embedded로 매핑한 대상은 해당 엔티티의 접근 타입을 따른다. 예를 들어, [그림 4.5]를 보자. Hotel 클래스는 필드 접근 타입을 사용하므로 @Embedded로 매핑한 Address를 처리할 때에도 필드 접근 타입을 사용한다.

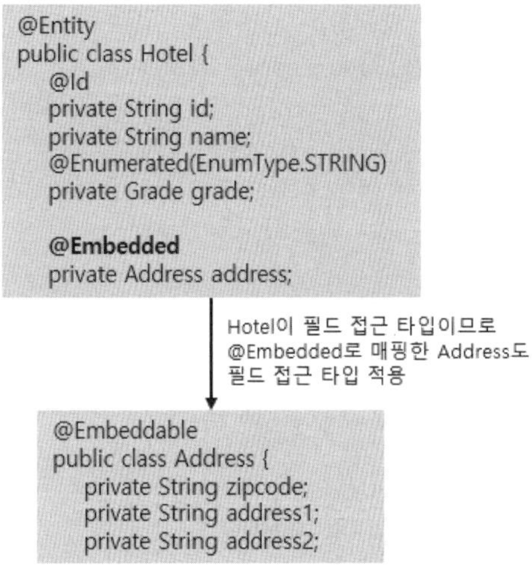

```
@Entity
public class Hotel {
    @Id
    private String id;
    private String name;
    @Enumerated(EnumType.STRING)
    private Grade grade;

    @Embedded
    private Address address;
```

Hotel이 필드 접근 타입이므로
@Embedded로 매핑한 Address도
필드 접근 타입 적용

```
@Embeddable
public class Address {
    private String zipcode;
    private String address1;
    private String address2;
```

[그림 4.5] @Embedded로 매핑한 대상은 엔티티의 접근 타입을 따른다.

반대로 다음과 같이 Hotel을 프로퍼티 접근 타입을 사용하도록 설정했다고 하자.

```
@Entity
public class Hotel {
    ...
    @Id
    public String getId() {
        return id;
    }
    public void setId(String id) {
        this.id = id;
    }
    ...
    @Embedded
    public Address getAddress() {
```

```
      return address;
   }
   public void setAddress(Address address) {
      this.address = address;
   }
}
```

이 경우 @Embedded로 매핑한 address 프로퍼티도 프로퍼티 접근 타입을 따른다. 따라서, Address 클래스도 프로퍼티 처리를 위한 get/set 메서드를 정의해야 한다.

@Embeddable이 속한 엔티티의 접근 방식에 상관없이 항상 @Embeddable로 설정한 클래스는 필드 접근 방식을 사용하고 싶을 때도 있을 것이다. 예를 들어, Address 클래스는 항상 필드 접근 방식을 사용해서 처리하고 싶을 수 있다. 이런 경우에는 Address 클래스에 @Access 애노테이션을 사용해서 @Embeddable의 접근 타입을 고정하면 된다.

```
@Embeddable
@Access(AccessType.FIELD)
public class Address {
   private String zipcode;
   private String address1;
   private String address2;
```

@Access를 사용해서 Address 클래스의 접근 타입을 필드로 고정하면 Hotel 클래스의 접근 타입에 상관없이 Address는 항상 필드를 이용해서 매핑을 처리한다.

04 @Entity와 @Embeddable의 라이프사이클

@Embedded로 매핑한 객체는 엔티티와 동일한 라이프사이클을 갖는다. 즉, 엔티티를 저장하고 수정하고 삭제할 때, 엔티티에 속한 @Embeddable 객체도 함께 저장되고 수정되고 삭제된다. [그림 4.4]에서 보여준 것처럼 @Entity로 설정한 객체와 @Embeddable로 설정한 객체를 한 테이블에 매핑하므로 @Embeddable 객체가 자신이 속한 엔티티의 라이프사이클을 따르는 것이 당연해 보인다.

JPA는 @Entity로 매핑한 클래스와 @Embeddable로 매핑한 클래스를 서로 다른 테이블에 저장하는 방법을 제공하는데, 이 경우에도 @Embeddable의 라이프사이클은 엔티티를 따른다. 이에 대한 내용은 뒤에서 다시 살펴보도록 하자.

05 @AttributeOverrides를 이용한 매핑 설정 재정의

앞서 Address 클래스를 다음과 같이 작성했다.

```
@Embeddable
public class Address {
    private String zipcode;
    private String address1;
    private String address2;
```

address1 필드와 address2 필드는 각각 address1 칼럼과 address2 칼럼에 매핑된다. 그런데 Address 타입의 데이터가 두 개가 존재하는 엔티티가 있다고 해 보자. 예를 들면, 관광 명소를 표현하기 위한 Sight 클래스는 한글 주소와 영문 주소를 저장하기 위해 이름이 korAddress와 engAddress이고 타입이 Address로 같은 두 필드를 가질 수 있다.

```
@Entity
public class Sight {
    @Id @GeneratedValue(strategy = GenerationType.IDENTITY)
    private Long id;
    private String name;

    @Embedded
    private Address korAddress;
    @Embedded
    private Address engAddress;
```

이 경우 korAddress를 저장하기 위한 테이블 칼럼과 engAddress를 저장하기 위한 테이블 칼럼의 이름이 같아진다. 하이버네이트는 다른 매핑 필드나 프로퍼티가 같은 칼럼을 사용하도록 설정한 경우 초기화 과정에서 다음과 같은 익셉션을 발생시키고 초기화에 실패한다.

```
Caused by: org.hibernate.MappingException: Repeated column in mapping for entity:
jpastart.guide.model.Sight column: address1
```

이럴 때 사용할 수 있는 설정이 @javax.persistence.AttributeOverrides 애노테이션과 @javax.persistence.AttributeOverride 애노테이션이다. 이 두 애노테이션을 사용하면 @Embedded로 매핑한 값 타입의 매핑 설정을 재정의할 수 있다. 다음은 두 애노테이션을 사용한 예이다.

```
@Entity
public class Sight {
  @Id @GeneratedValue(strategy = GenerationType.IDENTITY)
  private Long id;
  private String name;

  @Embedded
  private Address korAddress;

  @Embedded
  @AttributeOverrides({
    @AttributeOverride(name="zipcode", column = @Column(name="eng_zipcode")),
    @AttributeOverride(name="address1", column = @Column(name="eng_addr1")),
    @AttributeOverride(name="address2", column = @Column(name="eng_addr2"))
  })
  private Address engAddress;
```

@AttributeOverride 애노테이션은 개별 매핑 대상에 대한 설정을 재정의한다. 이 애노테이션은 name 속성으로 재정의할 대상을 설정하고 column 속성으로 변경할 매핑 칼럼을 지정한다. 위 설정을 보면 engAddress 필드의 @Embeddable 타입에 대해, zipcode는 eng_zipcode로 매핑하고 address1은 eng_addr1로 매핑하고 address2는 eng_addr2로 매핑한다는 것을 쉽게 알 수 있다.

이름 뒤에 s가 붙은 @AttributeOverrides는 여러 개의 @AttributeOverride를 설정할 때 사용한다. engAddress의 경우 Address의 세 필드에 대해 모두 매핑 설정을 재정의해야 하므로 @AttributeOverrides를 사용해서 설정했다.

위 코드에서 korAddress는 매핑을 재정의하지 않았으므로, Sight 클래스는 다음과 같이 매핑 처리된다.

- Sight 클래스   → Sight 테이블
- id 필드   → id 칼럼
- name 필드   → name 칼럼
- korAddress.zipcode   → zipcode 칼럼 (Address의 기본 매핑 설정)
- korAddress.address1   → address1 칼럼 (Address의 기본 매핑 설정)
- korAddress.address2   → address2 칼럼 (Address의 기본 매핑 설정)
- engAddress.zipcode   → eng_zipcode 칼럼 (재정의한 매핑 설정)
- engAddress.address1   → eng_addr1 칼럼 (재정의한 매핑 설정)
- engAddress.address2   → eng_addr2 칼럼 (재정의한 매핑 설정)

재정의 할 대상이 한 개뿐이면 @AttributeOverrides(뒤에 s가 있는 애노테이션)없이

@AttributeOverride를 바로 사용하면 된다. 예를 들어, 다음 설정은 korAddress. zipcode를 kor_zipcode로 매핑한다.

```
@Embedded
@AttributeOverride(name="zipcode", column = @Column(name = "kor_zipcode"))
private Address korAddress;
```

06 @Embeddable 중첩

@Embeddable로 지정한 클래스에 또 다른 @Embeddable 타입을 중첩해서 매핑할 수 있다. 예를 들어, 도시 정보를 구하기 위한 주요 연락처 정보를 별도 클래스로 구성한다고 해 보자. 이 연락처 정보에 전화 번호, 이메일, 주소가 포함된다고 가정하면 다음과 같이 앞서 작성한 Address를 @Embedded로 중첩해서 매핑할 수 있다.

```
@Embeddable
public class ContactInfo {
    @Column(name = "ct_phone")
    private String phone;
    @Column(name = "ct_email")
    private String email;

    @Embedded
    @AttributeOverrides({
        @AttributeOverride(name = "zipcode", column = @Column(name = "ct_zip")),
        @AttributeOverride(name = "address1", column = @Column(name = "ct_addr1")),
        @AttributeOverride(name = "address2", column = @Column(name = "ct_addr2"))
    })
    private Address address; // @Embeddable에 @Embeddable을 중첩
```

ContactInfo를 사용하는 클래스는 다른 @Embeddable 클래스처럼 @Embedded를 이용해서 매핑 설정하면 된다.

```
@Entity
public class City {
  @Id
  @TableGenerator(…생략)
  @GeneratedValue(generator = "idgen")
  private Long id;
  …
  @Embedded
  private ContactInfo contactInfo;
```

앞서 ContactInfo 클래스를 보면 @AttributeOverride 애노테이션을 사용해서 Address 의 기본 설정을 재정의하고 있다. 이 재설정은 ContactInfo를 설정하는 City 클래스에서 도 할 수 있다. 다음은 중첩된 @Embeddable 클래스에 대한 설정을 재정의하는 코드의 예이다.

```
@Entity
public class City {
  …생략

  @Embedded
  @AttributeOverrides({
   @AttributeOverride(name = "address.zipcode",
            column = @Column(name = "city_zip")),
   @AttributeOverride(name = "address.address1",
            column = @Column(name = "city_addr1")),
   @AttributeOverride(name = "address.address2", column =
            @Column(name = "city_addr2"))
  })
  private ContactInfo contactInfo;
```

이 코드에서 @AttributeOverride의 name 속성을 보면 "address.zipcode"와 같이 점(.) 을 이용해서 중첩된 대상을 지정하고 있다.

07 다른 테이블에 밸류 저장하기

지금까지 예제는 엔티티와 밸류 객체를 한 테이블에 저장했다. 예를 들어, Hotel 엔티티를 hotel 테이블에 저장하면 Hotel에 포함된 Address 객체도 hotel 테이블에 함께 저장했다. 하지만, 밸류 객체를 반드시 같은 테이블에 저장해야 하는 것은 아니다. 엔티티와 밸류를 서로 다른 테이블에 저장하는 예로 기본 정보와 상세 정보를 들 수 있다. 예를 들어, 명소의 기본 정보는 sight 테이블에 저장하고 상세 정보는 sight_detail 테이블에 저장할 수 있을 것이다. 이때 sight_detail 테이블과 sight 테이블은 주요키를 공유하는 방식을 사용하는 것이 보통이다.

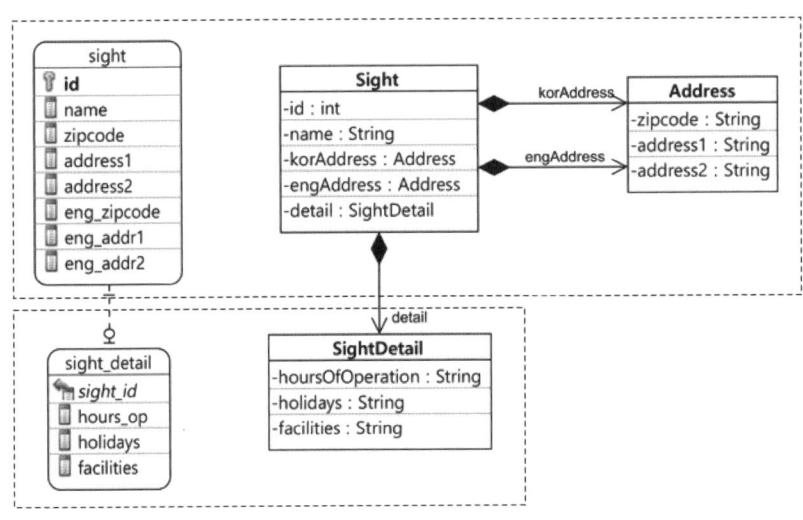

[그림 4.6] 밸류인 SightDetail을 별도 테이블에 저장하는 매핑의 예

[그림 4.6]에서 SightDetail과 매핑되는 테이블은 sight_detail이다. sight_detail 테이블과 sight 테이블은 데이터 연결을 위해 주요키를 공유한다. 즉, sight_detail의 주요키 값은 항상 sight 테이블의 주요키와 같은 값을 갖는다. 반면에 SightDetail 클래스는 밸류이므로 다음과 같이 주요키에 매핑되는 필드나 프로퍼티를 갖지 않는다.

```
@Embeddable
public class SightDetail {
    @Column(name = "hours_op")
    private String hoursOfOperation;
    private String holidays;
    private String facilities;
```

Sight와 매핑되는 sight 테이블이 아닌 sight_detail이라는 별도 테이블에 이 SightDetail을 매핑해야 하는데, 이를 위한 설정 방법은 다음과 같다.

- @Entity 클래스에 @javax.persistence.SecondaryTable로 밸류를 저장할 테이블 지정
- @Entity 클래스에 @AttributeOverride로 칼럼의 테이블 이름을 재정의

다음은 이를 적용한 설정 예이다.

```java
@Entity
@SecondaryTable(
    name = "sight_detail",
    pkJoinColumns = @PrimaryKeyJoinColumn(
        name = "sight_id", referencedColumnName = "id")
)
public class Sight {
    @Id
    @GeneratedValue(strategy = GenerationType.IDENTITY)
    private Long id;
    private String name;
    ...
    @Embedded
    @AttributeOverrides({
        @AttributeOverride(
            name="hoursOfOperation",
            column = @Column(name = "hours_op", table="sight_detail")),
        @AttributeOverride(
            name="holidays",
            column = @Column(table="sight_detail")),
        @AttributeOverride(
            name="facilities",
            column = @Column(table="sight_detail"))
    })
    private SightDetail detail;
    ...
    public void setDetail(SightDetail detail) {
        this.detail = detail;
    }
    public SightDetail getDetail() {
        return detail;
    }
}
```

@SecondaryTable은 데이터의 일부를 다른 테이블로 매핑할 때 사용한다. name 속성은 테이블의 이름을 지정한다. Sight 엔티티의 경우 상세 정보를 sight_detail 테이블에서 가져오므로 @SecondaryTable의 name 속성값으로 "sight_detail"을 설정했다.

pkJoinColumns 속성은 @SecondaryTable로 지정한 테이블에서 @Entity와 매핑되는 테이블의 주요키를 참조할 때 사용할 칼럼을 설정한다. @PrimaryKeyJoinColumn의 name 속성은 @SecondaryTable의 칼럼 이름을 지정하고 referencedColumnName 속성은 @Entity의 @Id와 매핑되는 칼럼 이름을 지정한다. 이 설정의 경우 sight_detail 테이블의 sight_id 칼럼이 sight 테이블의 id 칼럼을 참조하므로, name 속성과 referencedColumnName 속성의 값으로 각각 "sight_id"와 "id"를 설정했다.

SightDetail을 매핑한 detail 필드는 @AttributeOverride를 이용해서 어떤 값을 sight_detail 테이블에서 읽어올지 설정한다. 위 예의 경우 SightDetail의 hoursOfOperation, holidays, facilities 속성을 모두 sight_detail 테이블에 읽어온다고 설정했다.

이제 다음 코드를 이용해서 Sight 객체를 저장하면 SightDetail에 해당하는 데이터는 sight_detail 테이블에 저장된다.

```
Sight sight = new Sight("경복궁",
    new Address("03045", "서울시 종로구", "세종로 1-1"),
    new Address("03045", "Jongno-gu, Seoul", "1-1, Sejong-ro")
);
sight.setDetail(new SightDetail("09~17시", "매주 화요일", "안내 설명"));

EntityManager entityManager = emf.createEntityManager();
EntityTransaction transaction = entityManager.getTransaction();
try {
    transaction.begin();
    entityManager.persist(sight); // SightDetail은 sight_detail 테이블에 저장
    transaction.commit();
} catch (Exception ex) {
    transaction.rollback();
    throw ex;
} finally {
    entityManager.close();
}
```

위 코드를 실행하면 다음과 같이 두 개의 insert 쿼리가 실행된다.

```
insert into Sight (eng_addr1, eng_addr2, eng_zipcode, address1, address2, zipcode, name) values (?, ?, ?, ?, ?, ?, ?)
insert into sight_detail (facilities, holidays, hours_op, sight_id) values (?, ?, ?, ?)
```

첫 번째 쿼리는 sight 테이블에 데이터를 저장하기 위한 insert 쿼리이고 두 번째 쿼리는 sight_detail 테이블에 저장하기 위한 insert 쿼리이다.

아래 코드처럼 Sight의 detail 필드가 null이면 sight 테이블에 대해서만 insert 쿼리를 실행하고 detail과 매핑된 sight_detail 테이블에는 데이터를 삽입하지 않는다.

```
Sight sight = new Sight("광화문",
    new Address("03045", "서울시 종로구", "세종로 1-58"),
    new Address("03045", "Jongno-gu, Seoul", "1-58, Sejong-ro")
);
entityManager.persist(sight); // detail이 null이면 sight_detail 테이블에는 insert하지 않음
```

즉, 별도 테이블에 저장할 대상이 null이 아니면 [그림 4.7]의 1번 데이터처럼 별도 테이블에 데이터가 추가되고, 별도 테이블에 저장할 대상이 null이면 2번 데이터처럼 별도 테이블에 데이터를 추가하지 않는다.

sight 테이블

id	name	...
1	경복궁	...
2	광화문	...

sight_detail 테이블

sight_id	hours_op	...
1	09~17시	...

[그림 4.7] 별도 테이블에 저장할 @Embedded 매핑 대상이 null이면 데이터를 추가하지 않는다.

EntityManager#find()로 엔티티를 조회하면 @SecondaryTable로 매핑한 테이블을 레프트 조인으로 조회한다. 다음 코드를 보자.

```
Sight sight = entityManager.find(Sight.class, 1L);
```

이 코드를 실행하면 다음과 같이 Sight 클래스의 @Entity와 매핑된 테이블과 @SecondaryTable로 매핑한 테이블을 레프트 조인으로 연결하는 쿼리를 실행하다 SightDetail에 해당하는 값이 null이면 @SecondaryTable로 매핑한 테이블에는 데이터가 존재하지 않을 수도 있으므로 외부(outer) 조인을 사용한다.

```
select
    s0.id as id1_4_0_, s0.eng_addr1 as eng_addr2_4_0_,
    s0.eng_addr2 as eng_addr3_4_0_, s0.eng_zipcode as eng_zipc4_4_0_,
    s0.address1 as address5_4_0_, s0.address2 as address6_4_0_,
    s0.zipcode as zipcode7_4_0_, s0.name as name8_4_0_,
    sd.facilities as faciliti1_5_0_, sd.holidays as holidays2_5_0_,
    sd.hours_op as hours_op3_5_0_
from Sight s0 left outer join sight_detail sd on s0.id=sd.sight_id where s0.id=?
```

Sight를 조회할 때 SightDetail에 매핑되는 sight_detail 테이블에 데이터가 존재하지 않으면 해당 매핑 대상의 값은 null이 된다. 즉, sight_detail 테이블에 데이터가 존재하지

않으면 Sight의 detail 필드는 null이 된다.

여러 엔티티에 포함될 수 있는 Address와 달리 SightDetail의 경우 Sight에만 포함되므로 SightDetail은 Address처럼 포함되는 엔티티에 따라 칼럼 설정이 달라지지 않는다. 따라서, SightDetail과 매핑할 테이블 설정을 SightDetail에 직접 설정해도 된다. 다음은 설정 예이다.

```java
@Embeddable
public class SightDetail {
    @Column(name = "hours_op", table = "sight_detail")
    private String hoursOfOperation;
    @Column(table = "sight_detail")
    private String holidays;
    @Column(table = "sight_detail")
    private String facilities;
```

SightDetail에 @Column 애노테이션을 사용해서 table 이름을 지정하면 Sight 클래스는 @AttributeOverride 애노테이션을 사용해서 테이블을 지정할 필요가 없다.

```java
@Entity
@SecondaryTable(
    name = "sight_detail",
    pkJoinColumns = @PrimaryKeyJoinColumn(
        name = "sight_id", referencedColumnName = "id")
)
public class Sight {
    @Id
    @GeneratedValue(strategy = GenerationType.IDENTITY)
    private Long id;
    private String name;
    ...
    @Embedded
    private SightDetail detail;
```

7.1 다른 테이블에 저장한 @Embeddable 객체 수정과 쿼리

앞서 Sight 클래스의 setDetail() 메서드가 다음과 같다고 하자.

```
@Entity
@SecondaryTable(
    name = "sight_detail",
    pkJoinColumns = @PrimaryKeyJoinColumn(
        name = "sight_id", referencedColumnName = "id")
)
public class Sight {
  @Id
  @GeneratedValue(strategy = GenerationType.IDENTITY)
  private Long id;
  ...
  @Embedded
  @AttributeOverrides({
      ... // sight_detail 테이블 설정하는 코드 생략
  })
  private SightDetail detail;
  ...
  public void setDetail(SightDetail detail) {
    this.detail = detail;
  }
}
```

setDetail() 메서드는 detail 필드의 객체 자체를 변경한다. 실제로 이 메서드를 사용해서 SightDetail 객체를 변경하는 코드를 다음과 같이 작성했다고 하자.

```
EntityTransaction transaction = entityManager.getTransaction();
try {
  transaction.begin();
  Sight sight = entityManager.find(Sight.class, 1L);
  sight.setDetail(new SightDetail("오전9시~오후5시", "연중무휴", "10대 주차 가능"));
  transaction.commit();
} catch (Exception ex) {
  transaction.rollback();
  throw ex;
} finally {
  entityManager.close();
}
```

이때 sight_detail 테이블에 대해 실행하는 쿼리는 조회한 Sight 객체의 detail이 존재하느냐의 여부에 따라 달라진다. 예를 들어, find()로 읽어온 Sight의 detail이 null이 아니면, sight_detail 테이블에 데이터가 존재한다는 것이다. 이때 위 코드처럼 새로운 SightDetail 객체를 detail에 할당하면 update 쿼리를 이용해서 데이터 변경을 반영한다.

기존에 @SecondaryTable과 매핑할 테이블에 데이터가 존재하는지에 따라 sight_detail

테이블에 대해 실행하는 쿼리가 달라지는데 [표 4.2]는 이를 정리한 것이다.

표 4.2 @SecondaryTable의 기존 데이터 존재 여부에 따라 달라지는 수정 처리 쿼리

sight_detail 테이블에 데이터 존재 여부	Sight의 detail 필드 변경	sight_detail 테이블에 대한 실행 쿼리
존재함	새 객체 할당	update
존재함	null 할당	delete
존재하지 않음	새 객체 할당	insert
존재함	기존 SightDetail 객체의 set 메서드 이용 변경	update
존재하지 않음	null	쿼리 실행하지 않음

08 @Embeddable과 복합키

호텔별로 월 단위로 서비스 요금을 청구할 때, 청구 요금 정보를 저장하는 테이블은 [그림 4.8]과 같이 호텔 아이디와 년월을 복합키로 사용하도록 설계할 수 있을 것이다.

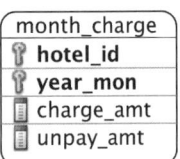

[그림 4.8] 복합키를 사용하는 테이블

테이블의 주요키가 두 개 이상의 칼럼으로 구성된 복합키이고 이 복합키를 엔티티의 식별자에 매핑해야 할 경우, @Embeddable 타입을 복합키에 매핑할 식별자 타입으로 사용할 수 있다. [리스트 4.2]는 @Embeddable 타입을 사용해서 복합키를 위한 식별자 타입을 작성한 예이다.

[리스트 4.2] @Embeddable로 구현한 복합키

```
01: package jpastart.reserve.model;
02:
03: import javax.persistence.Column;
04: import javax.persistence.Embeddable;
05: import java.io.Serializable;
06:
```

```
07: @Embeddable
08: public class MonChargeId implements Serializable {
09:     @Column(name = "hotel_id")
10:     private String hotelId;
11:     @Column(name = "year_mon")
12:     private String yearMon;
13:
14:     public MonChargeId() {}
15:
16:     public MonChargeId(String hotelId, String yearMon) {
17:         if (hotelId == null)
18:             throw new IllegalArgumentException("illegal hotelId");
19:         if (yearMon == null)
20:             throw new IllegalArgumentException("illegal yearMon");
21:         this.hotelId = hotelId;
22:         this.yearMon = yearMon;
23:     }
24:
25:     public String getHotelId() {
26:         return hotelId;
27:     }
28:
29:     public String getYearMon() {
30:         return yearMon;
31:     }
32:
33:     @Override
34:     public boolean equals(Object o) {
35:         if (this == o) return true;
36:         if (o == null || getClass() != o.getClass()) return false;
37:
38:         MonChargeId that = (MonChargeId) o;
39:
40:         if (!hotelId.equals(that.hotelId)) return false;
41:         return yearMon.equals(that.yearMon);
42:     }
43:
44:     @Override
45:     public int hashCode() {
46:         int result = hotelId.hashCode();
47:         result = 31 * result + yearMon.hashCode();
48:         return result;
49:     }
50: }
```

일반 밸류 클래스와 비교해서 복합키로 사용할 밸류 클래스는 다음의 차이가 있다.

- 값 비교를 위한 equals() 메서드와 hashCode() 메서드를 알맞게 구현해야 한다.
- java.io.Serializable 인터페이스를 상속해야 한다.

엔티티 클래스는 @Id 대상 타입으로 복합키로 사용할 @Embeddable 클래스를 사용한다.

```
@Entity
@Table(name = "month_charge")
public class MonthCharge {
  @Id
  private MonChargeId id;
  @Column(name = "charge_amt")
  private int chargeAmount;
  @Column(name = "unpay_amt")
  private int unpayAmount;
```

복합키를 사용하므로 EntityManager#find() 메서드로 조회할 때 식별자 값에 복합키 객체를 전달한다.

```
MonthCharge monthCharge = em.find(MonthCharge.class,
    new MonChargeId("H100-01", "201608"));
```

PART 01 기초

EntityManager, 영속 컨텍스트, 트랜잭션

CHAPTER 05

[이 장에서 다룰 내용]
- EntityManager와 영속 컨텍스트
- 트랜잭션 타입

01 EntityManager와 영속 컨텍스트

지금까지 작성한 코드의 구조는 다음과 같다.

```
EntityManager entityManager = emf.createEntityManager();
EntityTransaction transaction = entityManager.getTransaction();
try {
    transaction.begin();
    Sight sight = entityManager.find(Sight.class, 1L);
    sight.setDetail(new SightDetail("오전9시~오후5시", "연중무휴", "100여대 주차 가능"));
    transaction.commit();
} catch (Exception ex) {
    transaction.rollback();
    throw ex;
} finally {
    entityManager.close();
}
```

위 코드에서 EntityManager#find()로 읽어온 객체는 영속(persistence) 객체이다. 영속 객체는 DB에 보관된 데이터에 매핑되는 메모리상의 객체를 의미하는데, find() 메서드로 읽어온 엔티티 객체는 DB에서 읽어온 객체이므로 영속 객체에 해당한다.

EntityManager#save()를 이용해서 새로운 객체를 추가하면 해당 객체는 영속 객체가 되고 EntityManager가 관리한다. EntityManager는 트랜잭션 커밋 시점에 save()로 추가한 영속 객체를 DB에 반영한다.

EntityManager는 영속 객체를 관리할 때 영속 컨텍스트라는 집합을 사용한다. 이 집합은 일종의 메모리 저장소로서 EntityManager가 관리할 엔티티 객체를 보관한다. EntityManager는 DB에서 읽어온 엔티티 객체를 영속 컨텍스트에 보관하고 save()로 저장한 엔티티 객체 역시 영속 컨텍스트에 보관한다.

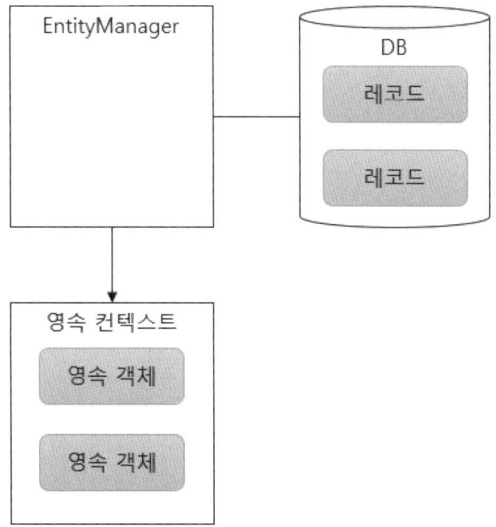

[그림 5.1] EntityManager는 영속 컨텍스트를 사용해서 영속 객체를 관리한다.

EntityManager는 트랜잭션 커밋 시점에 (또는 명시적으로 플러시flush를 하면) 영속 컨텍스트에 보관된 영속 객체의 변경 내역을 추적해서 DB에 반영한다. 데이터가 바뀐 객체는 update 쿼리를 이용해서 변경하고, 새롭게 추가된 객체는 insert 쿼리를 이용해서 삽입하고, 삭제 처리한 객체는 delete 쿼리를 이용해서 삭제한다.

JPA는 영속 컨텍스트에 보관한 엔티티를 구분할 때 식별자를 이용한다. 즉, 영속 컨텍스트는 (엔티티 타입 + 식별자)를 키로 사용하고 엔티티를 값으로 사용하는 데이터 구조를 갖는다. 실제 하이버네이트는 맵을 사용해서 영속 컨텍스트를 구현하고 있다.

1.1 영속 컨텍스트와 캐시

영속 컨텍스트는 (엔티티 타입 + 식별자)를 키로 사용하는 일종의 보관소라고 했는데, EntityManager 입장에서 영속 컨텍스트는 동일 식별자를 갖는 엔티티에 대한 캐시 역할을 한다. 만약 다음과 같이 한 EntityManager 객체에 대해 동일한 식별자를 갖는 엔티티를 두 번 이상 조회하면 첫 번째 find()에서는 select 쿼리를 실행하지만, 두 번째 find()에서는 select 쿼리를 실행하지 않는다.

```
EntityManager em = EMF.createEntityManager();
try {
    // select 쿼리를 실행하고 엔티티 객체를 영속 컨텍스트에 보관
    User user1 = em.find(User.class, "madvirus@madvirus.net");

    // 이미 영속 컨텍스트에 존재하므로 select 쿼리를 실행하지 않고
    // 영속 컨텍스트에 보관된 객체를 리턴
```

```
    User user2 = em.find(User.class, "madvirus@madvirus.net");
    // user1과 user2는 같은 객체
} finally {
    em.close();
}
```

대신 두 번째 find() 메서드는 영속 컨텍스트에 보관된 같은 식별자를 갖는 엔티티 객체를 찾아서 리턴한다. 즉, 첫 번째 EntityManager#find() 메서드와 두 번째 EntityManager#find() 메서드는 동일한 엔티티 객체를 리턴한다.

이 캐시는 영속 컨텍스트와 관련되어 있으므로 EntityManager 객체를 종료하기 전까지만 유효하다. 즉, 다음과 같이 서로 다른 EntityManager 객체에서 동일 식별자의 엔티티에 접근하면 각 EntityManager는 select 쿼리를 실행하고 자신만의 영속 컨텍스트에 읽어온 엔티티 객체를 보관한다.

```
EntityManager em1 = EMF.createEntityManager();
try {
    // select 쿼리를 실행
    User user1 = em.find(User.class, "madvirus@madvirus.net");
} finally {
    em.close(); // 영속 컨텍스트도 함께 삭제
}

EntityManager em2 = EMF.createEntityManager();
try {
    // select 쿼리를 실행
    User user2 = em.find(User.class, "madvirus@madvirus.net");
} finally {
    em.close();
}
```

> **Note**
> JEE 컨테이너를 사용하면 실행 환경에 따라 여러 EntityManager가 한 개의 영속 컨텍스트를 공유할 수도 있다. 이는 EntityManager가 캐시를 공유함을 의미한다. 최근 추세는 JEE 컨테이너를 사용해서 JPA 기반 웹 애플리케이션을 개발하는 경우는 많지 않기 때문에 이 책에서는 JEE 컨테이너에서 JPA를 설정하는 방법은 다루지 않는다.

02 EntityManager의 종류

EntityManager는 다음의 두 가지로 구분된다.

표 5.1 EntityManager의 종류

종류	설명
애플리케이션 관리 EntityManager (application-managed)	애플리케이션에서 직접 EntityManager를 생성하고 종료한다.
컨테이너 관리 EntityManager (container-managed)	JBoss EAP, 웹로직, TomEE와 같은 JEE 컨테이너가 EntityManager의 생성과 종료를 관리한다.

애플리케이션 관리 EntityManager는 다음의 두 가지를 애플리케이션 코드에서 직접 수행한다.

- EntityManagerFactory 생성과 종료
- EntityManagerFactory를 이용해서 EntityManager를 생성하고 종료 처리

다음 코드처럼 애플리케이션 시작 시점에 EntityManagerFactory를 초기화하고, EntityManager가 필요할 때 EntityManagerFactory를 사용한다. 사용이 끝나면 EntityManager#close()를 호출해서 애플리케이션 관리 EntityManager를 종료한다. 애플리케이션이 끝날 때는 EntityManagerFactory#close()를 실행해서 EntityManagerFactory를 종료한다.

```
// 애플리케이션 시작 시점
EntityManagerFactory emf = Persistence.createEntityManagerFactory("jpastart");

// EntityManagerFactory를 이용해서 EntityManager 생성
EntityManager em = emf.createEntityManager();
try {
   User user1 = em.find(User.class, "madvirus@madvirus.net");
} finally {
   em.close();
}

// 애플리케이션 종료 시점
emf.close();
```

애플리케이션 코드에서 EntityManager의 생성과 종료를 책임지므로 EntityManager를 사용한 뒤에는 close()를 호출해서 EntityManager를 반드시 종료시켜야 한다. 그렇지 않으면 자원 누수와 같은 문제가 발생할 수 있다.

컨테이너 관리 EntityManager는 JEE 컨테이너에서 EntityManagerFactory와 EntityManager의 라이프사이클을 관리한다. 웹로직이나 제우스와 같은 JEE 컨테이너가 EntityManager를 생성하고 종료하는 과정을 처리하기 때문에 애플리케이션 코드는 컨테이너가 제공하는 EntityManager를 사용해서 필요한 기능만 구현하면 된다.

컨테이너 관리 EntityManager는 @javax.persistence.PersistenceContext 애노테이션을 사용하여 구할 수 있다. EntityManager를 사용할 클래스는 다음과 같이 EntityManager 타입의 필드에 @PersistenceContext 애노테이션을 적용하면 된다.

```java
import javax.persistence.EntityManager;
import javax.persistence.PersistenceContext;
import javax.transaction.Transactional;

public class WithdrawService {
    @PersistenceContext EntityManager em;

    @Transactional
    public void withdraw(String email) {
        User user = em.find(User.class, email);
        if (user == null) {
            throw new UserNotFoundException();
        }
        em.remove(user);
    }
}
```

JEE 컨테이너는 @PersistenceContext 애노테이션이 적용된 필드에 컨테이너가 관리하는 EntityManager 객체를 주입한다. JEE 컨테이너는 @javax.transaction.Transactional 애노테이션이 적용된 메서드를 트랜잭션 범위에서 실행하는데, @PersistenceContext를 이용해서 주입받은 EntityManager는 JEE가 관리하는 트랜잭션에 참여한다. EntityManager가 트랜잭션에 참여하기 때문에 애플리케이션 코드에서는 트랜잭션을 직접 관리하지 않는다.

컨테이너 관리 EntityManager를 사용할 때 주의할 점은 EntityManager의 생성과 종료를 컨테이너가 관리하기 때문에 애플리케이션 코드에서 close()를 실행하면 안 된다는 점이다. JPA 스펙에 따르면 컨테이너 관리 EntityManager에 대해 close()를 호출하는 경우 IllegalArgumentException을 발생하게 되어 있으며, 이 때문에 트랜잭션이 롤백되는 상황이 발생할 수 있다.

> **스프링 컨테이너와 @PersistenceContext**
>
> JEE 컨테이너의 JPA 관련 기능을 사용하기보다는 스프링 프레임워크가 제공하는 JPA 연동 기능을 사용하는 프로젝트가 주를 이룬다. 스프링 컨테이너도 JEE 컨테이너처럼 @PersistenceContext 애노테이션을 사용해서 EntityManager를 주입하는 기능을 제공한다. 이 기능을 사용하면 스프링이 관리하는 트랜잭션에 연동된 EntityManager를 사용할 수 있으므로 코드에서 직접 트랜잭션을 관리하지 않아도 된다.

03 트랜잭션 타입

JPA는 자원 로컬(Resource Local) 트랜잭션 타입과 JTA(Java Transaction API) 타입의 두 가지 트랜잭션 타입을 지원한다.

3.1 자원 로컬 트랜잭션 타입

자원 로컬 트랜잭션 타입은 JPA가 제공하는 EntityTransaction을 이용하는 방식이다. 이 타입을 사용하려면 persistence.xml 파일에 다음과 같이 영속 단위의 transaction-type 속성값을 RESOURCE_LOCAL로 지정하면 된다.

```xml
<persistence ...생략
    version="2.1">

    <persistence-unit name="jpastart" transaction-type="RESOURCE_LOCAL">
        ...
    </persistence-unit>

</persistence>
```

자원 로컬 트랜잭션 타입은 다음과 같이 javax.persistence.EntityTransaction을 이용해서 트랜잭션을 시작하고 커밋한다.

```java
EntityManager em = emf.createEntityManager();
EntityTransaction tx = em.getTransaction();
try {
   tx.begin();
   User user = em.find(User.class, email);
   if (user == null) {
      throw new UserNotFoundException();
   }
   em.remove(user);
   tx.commit();
} catch (Exception ex) {
   tx.rollback();
   throw ex;
} finally {
   em.close();
}
```

자원 로컬 트랜잭션 타입을 사용하는 EntityManager의 getTransaction()을 호출하면 트랜잭션을 관리하는 EntityTransaction을 리턴한다. 이 EntityTransaction#begin()을 호출해서 트랜잭션을 시작하고 EntityTransaction#commit()을 호출해서 트랜잭션을 커밋한다. 만약 처리 도중에 문제가 발생하면 EntityTransaction#rollback()을 호출해서 트랜잭션을 롤백한다.

EntityManager는 엔티티 객체의 변경 내역을 영속 컨텍스트에 보관하며, 트랜잭션을 커밋하는 시점에 영속 컨텍스트로 추적한 변경 내역을 DB에 반영한다. 즉, 트랜잭션 커밋 시점에 수정 쿼리를 실행한다. 따라서, 트랜잭션없이 엔티티 객체를 수정하는 경우 변경 내역이 DB에 반영되지 않는다.

3.2 JTA 트랜잭션 타입

JTA(Java Transaction API)를 사용해서 트랜잭션을 관리할 때 JTA 트랜잭션 타입을 사용한다. 이 타입을 사용하려면 다음과 같이 영속 단위의 transaction-type 속성을 JTA로 설정한다.

Chapter 05 EntityManager, 영속 컨텍스트, 트랜잭션

```xml
<persistence ...생략
    version="2.1">

    <persistence-unit name="jpastart" transaction-type="JTA">
        ...
    </persistence-unit>

</persistence>
```

JTA 트랜잭션 타입을 사용하면 JPA에서 트랜잭션을 관리하지 않는다. 대신 EntityManager를 JTA 트랜잭션에 참여시켜 트랜잭션을 관리한다. 다음 코드는 애플리케이션 관리 EntityManager에서 JTA 트랜잭션 타입을 사용할 때의 트랜잭션 처리 코드 작성 예를 보여주고 있다.

```java
UserTransaction utx =
    (UserTransaction) new InitialContext().lookup("java:comp/UserTransaction");
utx.begin();

EntityManager em = emf.createEntityManager();
em.joinTransaction();
try {
    User user = em.find(User.class, email);
    if (user == null) {
        throw new UserNotFoundException();
    }
    em.remove(user);
    utx.commit();
} catch (Exception ex) {
    try {
        utx.rollback();
    } catch (SystemException e) {
    }
    throw new RuntimeException(ex);
} finally {
    em.close();
}
```

이 코드는 애플리케이션 코드에서 JTA 트랜잭션인 UserTransaction을 구하고 시작한다. JTA 트랜잭션 타입을 사용하는 EntityManager가 JTA 트랜잭션에 참여하려면 EntityManager#joinTransaction()을 사용한다. joinTransaction()을 호출하지 않으면 JTA 트랜잭션에 참여하지 않으므로 JTA 트랜잭션을 커밋해도 EntityManager의 영속 컨텍스트 변경 내역을 DB에 반영하지 않는다.

컨테이너 관리 EntityManager는 반드시 JTA 트랜잭션 타입을 사용해야 한다.

JTA 트랜잭션 타입을 사용하는 EntityManager는 자원 로컬 트랜잭션을 위한 EntityTransaction을 사용할 수 없으며, 트랜잭션이 필요한 경우 joinTransaction()을 사용해서 JTA 트랜잭션에 참여해야 한다.

> **Note**
>
> 명시적으로 EntityManager#joinTransaction()을 사용하지 않아도 JTA 트랜잭션 시작 이후에 EntityManager를 생성하면 자동으로 트랜잭션에 참여한다. 예를 들어, 다음 코드를 보자.
>
> UserTransaction utx =
>   (UserTransaction) new InitialContext().lookup("java:comp/UserTransaction");
> utx.begin();
>
> EntityManager em = EMF.createEntityManager();
> boolean isJoinedAfterCreate = em.isJoinedToTransaction();
>
> 이 코드는 UserTransaction#begin() 메서드로 JTA 트랜잭션을 시작한 뒤에 EntityManager를 생성하고 있다. 그 뒤 isJoinedToTransaction() 메서드를 실행하면 true를 리턴한다. 즉, 이미 JTA 트랜잭션이 시작된 상태면 joinTransaction()을 실행하지 않아도 EntityManager를 생성할 때 JTA 트랜잭션에 참여한다.

04 EntityManager의 영속 컨텍스트 전파

많은 애플리케이션이 로직을 담당하는 기능과 DB 연동을 담당하는 기능을 별도의 클래스로 분리해서 구현한다. 예를 들어, 애플리케이션 로직을 수행하는 서비스와 영속성을 책임지는 리포지토리로 분리해서 구현한다. 이렇게 구분하면 한 가지 고민할 문제가 있는데 그것은 바로 트랜잭션과 EntityManager의 전파에 대한 것이다.

보통 서비스는 트랜잭션을 관리하는 주체가 된다. 즉, 서비스 메서드의 시작 시점에 트랜잭션을 시작하고 서비스 메서드의 종료 시점에 트랜잭션을 커밋한다. 서비스 메서드는 리포지토리나 DAO의 메서드를 사용해서 데이터에 접근한다. 예를 들어, 회원 가입 기능을 제공하는 UserService의 join() 메서드는 다음과 같은 형태를 갖는다. 이 코드처럼 서비스 메서드는 트랜잭션 범위를 관리한다.

```
private UserRepository userRepository;

public void join(User user) {
   EntityManager em = EMF.createEntityManager();
   try {
      em.getTransaction().begin();
      User found = userRepository.find(user.getEmail());
      if (found != null) {
         throw new DuplicateEmailException();
      }
      userRepository.save(user);
      em.getTransaction().commit();
   } catch (Exception ex) {
      em.getTransaction().rollback();
      throw ex;
   } finally {
      em.close();
   }
}
```

이 코드에서 문제는 UserRepository#find()와 UserRepository#save()가 사용하는 EnttiyManager는 join() 메서드에서 생성한 EntityManager와 같아야 한다는 점이다. join() 메서드에서 시작한 트랜잭션 범위 안에서 UserRepository의 save() 메서드가 실행되지 않으면 DB 일관성에 문제가 발생할 수 있다. 예를 들어, 위 코드의 join() 메서드에서 호출하는 UserRepository#save() 메서드를 다음과 같이 구현했다고 하자.

```
public void save(User user) {
   EntityManager em = EMF.createEntityManager();
   try {
      em.persist(user);
   } finally {
      em.close();
   }
}
```

EntityManagerFactory#createEntityManager()는 새로운 EntityManager를 생성한다. 따라서, 트랜잭션을 시작한 join() 메서드의 EntityManager 객체와 엔티티를 저장하기 위한 save() 메서드의 EntityManager 객체는 서로 다른 객체이며 영속 컨텍스트와 트랜잭션을 공유하지 않는다. 게다가 save() 메서드 자체적으로 트랜잭션을 시작하지도 않았으므로 EntityManager#persist() 메서드에 전달한 user 객체를 저장하기 위한 insert 쿼리도 실행되지 않는다.

이런 문제가 발생하지 않도록 하려면 JoinService#join() 메서드에서 생성한 EntityManager 객체를 UserRepository의 find()나 save() 메서드에 전파해서 join() 메서드와 join() 메서드에서 호출한 각 메서드를 한 트랜잭션으로 묶어서 실행해야 한다.

EntityManager를 전파하는 가장 쉬운 방법은 다음과 같이 메서드에 인자로 전달하는 것이다.

```
public class JoinService {
    private UserRepository userRepository;

    public void join(User user) {
        EntityManager em = EMF.createEntityManager();
        try {
            em.getTransaction().begin();
            // 파라미터를 이용한 EntityManager 전파
            User found = userRepository.find(em, user.getEmail());
            if (found != null) {
                throw new DuplicateEmailException();
            }
            userRepository.save(em, user);
            em.getTransaction().commit();
        } catch (Exception ex) {
            em.getTransaction().rollback();
            throw ex;
        } finally {
            em.close();
        }
    }
}
```

이 방법은 쉽지만 모든 리포지토리 메서드에 EntityManager 타입 파라미터를 추가해야 하는 단점이 있다. 게다가 서비스가 필요하지 않은 기능은 리포지토리를 바로 사용하기도 하는데, 이 경우 리포지토리는 EntityManager를 전달받는 메서드와 EntityManager를 전달받지 않는 두 메서드를 만들어야 하는 상황이 발생하기도 한다.

보통은 파라미터를 이용해서 EntityManager를 전파하는 방식을 사용하지 않고 파라미터 추가 없이 전파할 수 있는 방식을 사용하는데, 그 방식이 바로 ThreadLocal을 사용하는 것이다.

4.1 ThreadLocal을 이용한 애플리케이션 관리 EntityManager의 전파

애플리케이션 관리 EntityManager를 사용하는 경우 ThreadLocal을 사용해서 같은 EntityManager 객체를 사용하도록 할 수 있다. ThreadLocal은 쓰레드 단위로 객체를 공유할 때 사용하는 클래스이다. 이 클래스를 사용하면 한 메서드에서 호출하는 메서드가 동일한 객체를 공유할 수 있다.

앞으로 작성할 코드를 읽기 전에 ThreadLocal에 대한 이해가 없다면 ThreadLocal이 뭔지 먼저 이해해야 한다. ThreadLocal 자체가 궁금하다면 아래 블로그에 정리한 글을 먼저 읽어 보도록 하자.

http://javacan.tistory.com/entry/ThreadLocalUsage

ThreadLocal을 사용해서 EntityManager를 전파할 수 있는 기능을 EMF.java 코드에 추가해보자. 추가한 코드는 [리스트 5.1]과 같다. 기존 EMF.java 코드에 새롭게 추가한 코드를 굵게 표시했다.

[리스트 5.1] src\main\java\jpastart\jpa\EMF.java

```
01:  package jpastart.jpa;
02:
03:  import javax.persistence.EntityManager;
04:  import javax.persistence.EntityManagerFactory;
05:  import javax.persistence.Persistence;
06:
07:  public class EMF {
08:      private static EntityManagerFactory emf;
09:      private static ThreadLocal<EntityManager> currentEm =
10:          new ThreadLocal<>();
11:
12:      public static void init() {
13:          emf = Persistence.createEntityManagerFactory("jpastart");
14:      }
15:
16:      public static EntityManager createEntityManager() {
17:          return emf.createEntityManager();
18:      }
19:
20:      public static void close() {
21:          emf.close();
22:      }
23:
24:      public static EntityManager currentEntityManager() {
25:          EntityManager em = currentEm.get();
```

```
26:         if (em == null) {
27:             em = emf.createEntityManager();
28:             currentEm.set(em);
29:         }
30:         return em;
31:     }
32:
33:     public static void closeCurrentEntityManager() {
34:         EntityManager em = currentEm.get();
35:         if (em != null) {
36:             currentEm.remove();
37:             em.close();
38:         }
39:     }
40: }
```

09-10행 EntityManager를 전파하는 데 사용할 ThreadLocal 객체를 정적 필드로 추가한다.

24-31행 현재 쓰레드와 연관된 EntityManager를 구해서 리턴한다.
- 25행 : ThreadLocal에 보관된 EntityManager를 구한다.
- 26-28행 : 보관된 EntityManager가 없으면 새로 생성하고 ThreadLocal에 저장한다.
- 30행 : EntityManager를 리턴한다.

33-39행 ThreadLocal에 보관된 EntityManager를 종료한다.
- 34행 : ThreadLocal에 보관된 EntityManager를 구한다.
- 35-38행 : EntityManager가 존재하면 ThreadLocal에 보관된 EntityManager를 제거하고 EntityManager를 종료한다.

EMF 클래스에 새로 추가한 필드와 두 메서드는 `ThreadLocal`을 이용해서 EntityManager를 전파할 수 있게 해준다. 새로 추가한 메서드를 이용해서 구현한 JoinService 코드는 [리스트 5.2]와 같다.

[리스트 5.2] src\main\java\jpastart\reserve\application\JoinService.java

```
01: package jpastart.reserve.application;
02:
03: import jpastart.jpa.EMF;
04: import jpastart.reserve.model.User;
05: import jpastart.reserve.repository.UserRepository;
06:
07: import javax.persistence.EntityManager;
08:
09: public class JoinService {
10:     private UserRepository userRepository = new UserRepository()
11:
12:     public void join(User user) {
```

```
13:     EntityManager em = EMF.currentEntityManager();
14:     try {
15:         em.getTransaction().begin();
16:         User found = userRepository.find(user.getEmail());
17:         if (found != null) {
18:             throw new DuplicateEmailException();
19:         }
20:         userRepository.save(user);
21:         em.getTransaction().commit();
22:     } catch (Exception ex) {
23:         em.getTransaction().rollback();
24:         throw ex;
25:     } finally {
26:         EMF.closeCurrentEntityManager();
27:     }
28:  }
29: }
```

새로 작성한 JoinService는 EMF.currentEntityManager()를 사용해서 EntityManager를 구한다. 이렇게 구한 EntityManager를 통해 15행에서 트랜잭션을 시작하고 21행에서 트랜잭션을 커밋한다. 26행에서는 em.close()를 하는 대신 EMF.closeCurrentEntityManager()를 이용해서 EntityManager를 종료하고 있다. em.close()를 직접 호출하지 않는 이유는 ThreadLocal에 담긴 EntityManager를 제거하기 위함이다. (EMF.closeCurrentEntityManager()는 ThreadLocal에 담긴 EntityManager를 제거해주는데, ThreadLocal에 담긴 EntityManager 객체를 제거하지 않으면 웹 애플리케이션과 같이 쓰레드풀을 사용하는 환경에서 문제가 발생할 수 있다.)

아직 UserRepository의 코드를 작성하지 않았는데 UserRepository 코드는 [리스트 5.3]과 같다.

[리스트 5.3] src\main\java\jpastart\reserve\repository\UserRepository.java

```
01: package jpastart.reserve.repository;
02:
03: import jpastart.jpa.EMF;
04: import jpastart.reserve.model.User;
05:
06: import javax.persistence.EntityManager;
07: import javax.persistence.TypedQuery;
08: import java.util.List;
09:
10: public class UserRepository {
11:
```

```
12:    public User find(String email) {
13:        EntityManager em = EMF.currentEntityManager();
14:        return em.find(User.class, email);
15:    }
16:
17:    public void save(User user) {
18:        EntityManager em = EMF.currentEntityManager();
19:        em.persist(user);
20:    }
21:
22:    public void remove(User user) {
23:        EntityManager em = EMF.currentEntityManager();
24:        em.remove(user);
25:    }
26:
27:    public List<User> findAll() {
28:        TypedQuery<User> query =
29:            EMF.currentEntityManager()
30:                .createQuery(
31:                    "select u from User u order by u.name",
32:                    User.class);
33:        return query.getResultList();
34:    }
35: }
```

UserRepository의 각 메서드는 EMF.currentEntityManager()를 이용해서 EntityManager를 구하고 있다. EMF.currentEntityManager()는 ThreadLocal에 이미 EntityManager가 존재하면 해당 EntityManager를 리턴하고 그렇지 않으면 새로 생성해서 리턴한다. 따라서 JoinService#join() 메서드에서 UserRepository의 find()나 save() 메서드를 호출하면, UserRepository의 메서드는 JoinService#join() 메서드에서 생성한 EntityManager 객체를 사용한다. 즉, 같은 EntityManager를 공유하고 동일 트랜잭션 범위에 묶이게 된다.

JoinService와 동일하게 탈퇴 처리를 하는 WidhdrawService 클래스도 [리스트 5.4]와 같이 EMF.currentEntityManager()를 사용해서 ThreadLocal을 이용해서 EntityManager를 생성하고 전파하도록 변경할 수 있다.

[리스트 5.4] src\main\java\jpastart\reserve\application\WithdrawService.java

```
01: package jpastart.reserve.application;
02:
03: import jpastart.jpa.EMF;
04: import jpastart.reserve.model.User;
05: import jpastart.reserve.repository.UserRepository;
```

```
06:
07: import javax.persistence.EntityManager;
08: import javax.persistence.EntityTransaction;
09:
10: public class WithdrawService {
11:     private UserRepository userRepository = new UserRepository();
12:
13:     public void withdraw(String email) {
14:         EntityManager em = EMF.currentEntityManager();
15:         EntityTransaction tx = em.getTransaction();
16:         try {
17:             tx.begin();
18:             User user = userRepository.find(email);
19:             if (user == null) {
20:                 throw new UserNotFoundException();
21:             }
22:             userRepository.remove(user);
23:             tx.commit();
24:         } catch (Exception ex) {
25:             tx.rollback();
26:             throw ex;
27:         } finally {
28:             EMF.closeCurrentEntityManager();
29:         }
30:     }
31:
32: }
```

4.2 컨테이너 관리 EntityManager의 전파

컨테이너 관리 EntityManager는 컨테이너가 알아서 EntityManager를 전파해준다. 다음과 같이 @PersistenceContext 애노테이션을 사용하면 현재 트랜잭션에 참여하는 EntityManager를 구할 수 있다.

```
import javax.persistence.EntityManager;
import javax.persistence.PersistenceContext;
import javax.transaction.Transactional;

public class UserRepository {
    @PersistenceContext
    EntityManager em;
```

```
    @Transactional
    public User find(String email) {
        return em.find(User.class, email);
    }

    @Transactional
    public void save(User user) {
        em.persist(user);
    }
    ...
}
```

또한, 컨테이너 관리 EntityManager는 항상 JTA 트랜잭션 타입을 사용해야 하므로, @PersistenceContext로 구한 EntityManager는 JTA를 이용한 글로벌 트랜잭션에 참여한다. 즉, @PersistenceContext를 통해 주입받은 EntityManager는 컨테이너가 관리하는 글로벌 트랜잭션 범위에 속한다.

아래 코드는 컨테이너가 관리하는 트랜잭션을 사용하는 코드의 작성 예이다. 이 코드에서 withdraw() 메서드에 @javax.transaction.Transactional 애노테이션을 적용했는데, 이 경우 JEE 컨테이너는 JTA 트랜잭션 범위 안에서 이 메서드를 실행한다. 따라서 userRepository.find()와 userRepository.remove() 코드에서 사용하는 EntityManager는 join() 메서드와 동일한 영속 컨텍스트를 사용하고 같은 트랜잭션에 참여한다.

```
package jpastart.reserve.application;

import jpastart.reserve.model.User;
import jpastart.reserve.repository.UserRepository;

import javax.inject.Inject;
import javax.transaction.Transactional;

public class WithdrawService {
    private UserRepository userRepository;

    @Transactional
    public void withdraw(String email) {
        User user = userRepository.find(email);
        if (user == null) {
            throw new UserNotFoundException();
        }
        userRepository.remove(user);
    }
```

```
@Inject
public void setUserRepository(UserRepository userRepository) {
    this.userRepository = userRepository;
}
```

> **Note**
> 스프링도 @PersistenceContext 애노테이션을 지원한다. JPA 표준에 정의된 컨테이너 관리 EntityManager와 차이가 있다면 스프링은 애플리케이션 관리 EntityManager에 대한 @PersistenceContext도 지원하고 스프링이 제공하는 트랜잭션 범위에 묶인다는 점이다.

PART 01 기초

영속 객체의 라이프사이클

CHAPTER 06

[이 장에서 다룰 내용]
- 영속 객체의 라이프사이클
- 분리 상태 객체와 merge()
- 삭제 상태 객체

01 영속 객체의 라이프사이클 개요

다음 코드를 보자.

```
EntityManager em = EMF.currentEntityManager();
try {
    em.getTransaction().begin();
    User user = em.find(User.class, email);
    if (user == null) throw new UserNotFoundException();
    user.changeName(newName);
    em.getTransaction().commit();
} catch(Exception ex) {
    em.getTransaction().rollback();
    throw ex;
} finally {
    em.close();
}
```

이 코드는 EntityManager#find()로 User 타입의 엔티티 객체를 구한다. 6번째 줄의 user.changeName() 코드가 user 객체의 내부 필드를 변경하면, 트랜잭션 커밋 시점에 user 객체의 변경 내역을 DB에 반영한다.

여기서 user 객체는 영속 컨텍스트에 보관된 영속 객체이다. 이렇게 영속 컨텍스트와 연관된 객체를 영속 객체라 부르는데, 영속 객체는 영속 컨텍스트와의 연관 상태에 따라 [그림 6.1]과 같이 관리됨(managed), 분리됨(detached), 삭제됨(removed) 상태를 갖는다.

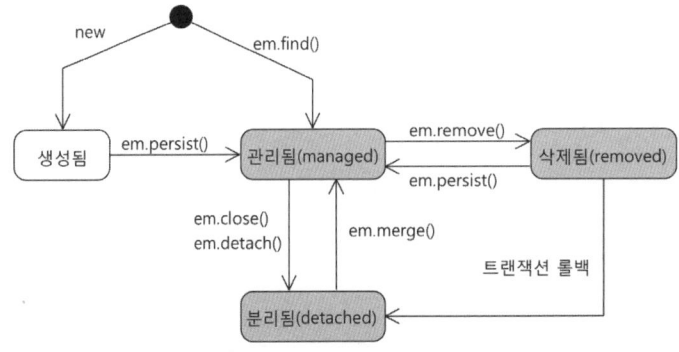

[그림 6.1] 영속 객체의 상태

JPA는 영속 컨텍스트에 보관된 객체의 변경 내역을 추적한다. 이렇게 JPA의 영속 컨텍스트를 통해서 관리되는 상태의 영속 객체는 관리됨(managed) 상태를 갖는다. 영속 컨텍스트에 보관된 관리됨 상태의 영속 객체를 트랜잭션 범위 안에서 변경하면 트랜잭션 커밋 시점에 변경 내역을 DB에 반영한다.

EntityManager가 종료되면 영속 컨텍스트가 사라진다. 즉, 아래 코드에서 em.close() 이후에 user 객체는 연관된 영속 컨텍스트가 없다. 이 시점에서 user 객체는 영속 컨텍스트와의 연결이 끊어지는데 이때 user 객체는 분리됨(detached) 상태가 된다.

```
EntityManager em = EMF.currentEntityManager();
em.getTransaction().begin();
User user = em.find(User.class, email);
if (user == null) throw new UserNotFoundException();
user.changeName(newName);
em.getTransaction().commit();
em.close();

user.changePassword("1234"); // 이 시점에 user는 분리됨 상태가 된다.
```

분리됨 상태의 영속 객체는 변경 내역이 추적되지 않으므로, 필드를 변경해도 변경 내역이 DB에 반영되지 않는다. 즉, 위 코드에서 user.changePassword("1234")를 실행해서 user 객체의 password 필드를 변경해도 변경 내역이 DB에 반영되지 않는다.

EntityManager#remove() 메서드에 관리 상태의 객체를 전달하면 삭제됨(removed) 상태가 된다. 영속 컨텍스트에 보관된 영속 객체가 삭제됨 상태가 되면 트랜잭션 커밋 시점에 해당 데이터를 DB에서 삭제한다.

02 EntityManager#persist()와 관리 상태 객체

EntityManager#persist()를 이용해서 영속 컨텍스트에 엔티티 객체를 추가하면, 해당 엔티티 객체는 관리 상태가 된다. 영속 컨텍스트는 엔티티 객체를 관리할 때 식별자를 기준으로 각 엔티티를 구분한다. 즉, 영속 컨텍스트에 엔티티 객체를 보관하려면 해당 엔티티는 식별자를 가져야 한다.

이런 이유로 EntityManager#persist()를 이용해서 엔티티 객체를 추가할 때 엔티티의 식별자 생성 방식에 따라 insert 쿼리를 실행하는 시점이 달라진다. 예를 들어, 다음 Review 엔티티 클래스의 id 필드가 MySQL의 auto_increment 칼럼에 매핑되어 있다고 하자.

```java
@Entity
@Table(name = "hotel_review")
public class Review {
    @Id
    @GeneratedValue(strategy = GenerationType.IDENTITY)
    private Long id;
```

auto_increment 칼럼은 데이터를 삽입할 때 자동으로 값이 증가하므로 Review 엔티티의 식별자는 insert 쿼리를 실행해야 알 수 있다. 따라서 EntityManager#persist() 메서드에 Review 객체를 전달하면 그 시점에 insert 쿼리를 실행해서 @Id로 매핑한 id 필드에 새로 구한 식별자를 할당한다. 그리고 나서 영속 컨텍스트에 Review 객체를 보관한다.

```java
Review review = new Review(hotelId, 5, "최고였어요", new Date());

// 영속 컨텍스트에 추가할 때 필요한 식별자를 구하기 위해
// persist()에 추가하는 시점에 insert 쿼리 실행
em.persist(review);

// persist() 이후 식별자를 구할 수 있음
Long genId = review.getId();
```

EntityManager#persist()를 실행하는 과정에서 review 객체의 식별자를 구하므로 persist() 실행 이후에 식별자를 사용할 수 있다.

테이블을 이용해서 식별자를 생성하는 경우에도 유사하게 persist()에 엔티티 객체를 추가할 때 식별자를 구하기 위한 쿼리를 실행한다. 단, 이 경우에는 엔티티 객체를 DB 테이블에 추가하는 insert 쿼리를 실행하는 것이 아니고 식별자를 생성하는 데 필요한 쿼리를 실행한다. 예를 들어, 다음과 같이 @TableGenerator를 설정해서 식별자 생성용 테이블을 이용해서 식별자를 구하도록 City 클래스를 설정했다고 하자.

```java
@Entity
public class City {
    @Id
    @TableGenerator(name = "idgen",
        table = "id_gen",
        pkColumnName = "entity",
        pkColumnValue = "city",
        valueColumnName = "nextid",
        initialValue = 0,
        allocationSize = 1)
    @GeneratedValue(generator = "idgen")
    private Long id;
```

City 객체를 생성한 뒤에 EntityManager#persist()에 전달하면, 그 시점에 [그림 6.2]와 같은 쿼리를 실행해서 식별자를 구한 뒤에 City 객체에 반영한다.

```
City city = new City(
    "서울특별시",
    new ContactInfo("02-120", "seoul@seoul.go.kr",
        new Address("04524", "서울특별시 중구", "세종대로 110")));

em.persist(city);  ──▶  select tbl.nextid from id_gen tbl where tbl.entity=? for update
                        insert into id_gen (entity, nextid) values (?,?)
                        update id_gen set nextid=? where nextid=? and entity=?

city.getId() != null; // true
```

[그림 6.2] @TableGenerator 사용시 EntityManager#persist() 시점에 식별자를 생성하기 위해 알맞은 쿼리를 실행한다.

@TableGenerator를 사용하는 경우 실제 엔티티 객체를 DB에 저장하기 위한 insert 쿼리는 트랜잭션을 커밋하는 시점에 실행된다.

시퀀스를 사용하는 경우 또한 @TableGenerator와 동일하게 EntityManager#persist()를 실행하는 시점에 시퀀스에서 값을 구하는 쿼리를 실행하고 그 결과를 식별자로 사용한다. 엔티티 객체를 DB에 반영하는 insert 쿼리는 트랜잭션을 커밋하는 시점에 실행한다.

직접 식별자를 할당한 경우에는 이미 식별자가 존재하므로 EntityManager#persist()를 실행할 때 식별자를 생성하기 위한 쿼리를 실행하지 않는다. 트랜잭션을 커밋하는 시점에 insert 쿼리를 실행해서 DB에 반영한다.

엔티티 객체를 추가할 때 주의할 점은 트랜잭션 범위에서 실행하지 않으면 엔티티를 DB에 추가하는 insert 쿼리를 실행하지 않는다는 점이다. 다음 코드를 보자.

```
EntityManager em = EMF.createEntityManager();
try {
    User user = new User("user@user.com", "user", new Date());
    em.persist(user);
} finally {
    em.close();   // 트랜잭션이 없으므로 insert 쿼리를 실행하지 않음!
}

em = EMF.createEntityManager();
try {
    User user2 = em.find(User.class, "user@user.com");
    // 앞서 user@user.com에 해당하는 데이터를 insert 하지 않았으므로
    // user2는 null이다.
} finally {
```

```
    em.close();
  }
```

이 코드는 User 객체를 생성해서 EntityManager#persist()로 추가하고 있지만, 트랜잭션 범위에서 실행하고 있지 않다. 이 경우 user 객체를 DB에 반영하기 위한 insert 쿼리가 실행되지 않는다. 따라서, 두 번째 try-finally 블록에서 em.find()로 구한 user2 객체는 null이 된다.

EntityManager#persist()로 저장한 객체는 관리 상태이므로 변경 내역을 추적한다. 즉, 아래 코드에서 persist() 이후에 엔티티 객체의 상태를 변경하면 트랜잭션을 커밋할 때 변경 내역을 함께 DB에 반영한다.

```
EntityManager em = EMF.createEntityManager();
try {
   em.getTransaction().begin();

   User user = new User("user@user.com", "user", new Date());
   em.persist(user);

   user.changeName("newUser"); // user는 관리 상태이므로 변경 내역을 추적

   em.getTransaction().commit(); // user의 변경 내역도 함께 반영
} catch (Exception ex) {
   em.getTransaction().rollback();
   throw ex;
} finally {
   em.close();
}
```

EntityManager#persist()로 엔티티 객체를 영속 컨텍스트에 추가하는데 이는 캐시에 엔티티 객체가 보관된다는 것을 뜻한다. 다음과 같이 EntityManager#persist()로 저장한 엔티티 객체의 식별자를 이용해서 EntityManager#find()로 엔티티 객체를 구하면, persist()로 저장한 객체를 리턴한다. 즉, EntityManager#find()를 이용해서 엔티티 객체를 구할 때 select 쿼리를 실행하지 않는다.

```
User user = new User("user@user.com", "user", new Date());
em.persist(user);

User user2 = em.find(User.class, "user@user.com"); // select 쿼리 실행하지 않음

user == user2; // true, 둘은 같은 인스턴스
```

03 EntityManager#find()와 관리 상태 객체

EntityManager#find()로 구한 객체도 영속 컨텍스트에 보관되어 관리 상태가 된다. 관리 상태의 영속 객체는 트랜잭션 범위에서 상태가 바뀌면 트랜잭션을 커밋하는 시점에 변경 내역을 반영하기 위한 update 쿼리를 실행한다. 즉, 다음 코드는 트랜잭션을 커밋하는 시점에 user 객체의 변경 내역을 DB에 반영하기 위한 update 쿼리를 실행한다.

```
EntityManager em = EMF.createEntityManager();
try {
    em.getTransaction().begin();

    User user = em.find(User.class, "madvirus@madvirus.net");
    user.changeName("Choi, Beom Kyun");

    // 커밋 시점에 변경 내역을 반영하기 위한 update 쿼리 실행
    em.getTransaction().commit();
} catch (Exception ex) {
    em.getTransaction().rollback();
    throw ex;
} finally {
    em.close();
}
```

다음 코드처럼 트랜잭션을 사용하지 않으면 EntityManager를 닫기 전에 객체를 변경해도 변경 내역이 DB에 반영되지 않는다.

```
EntityManager em = EMF.createEntityManager();
try {
    User user = em.find(User.class, "madvirus@madvirus.net");
    user.changeName("Choi, Beom Kyun");
    // 트랜잭션 범위가 아닌 경우 변경 내역을 DB에 반영하지 않는다.
} finally {
    em.close();
}
```

EntityManager#find()로 로딩한 객체는 영속 컨텍스트에 보관한다. 따라서 동일 식별자를 갖는 엔티티를 다시 find()로 구하면 select 쿼리를 다시 실행하지 않고 영속 컨텍스트에 보관된 엔티티 객체를 리턴한다. 따라서, 아래 코드에서 user와 user2는 동일 객체가 된다.

```
User user = em.find(User.class, "madvirus@madvirus.net");
User user2 = em.find(User.class, "madvirus@madvirus.net");
user == user2; // true, 두 객체는 동일 인스턴스
```

04 분리 상태 객체

영속 컨텍스트에 보관된 영속 객체는 EntityManager가 종료되면 분리 상태가 된다. 즉, 다음 코드에서 2번 단계가 지나면 user 객체는 분리 상태가 된다.

```
EntityManager em = EMF.createEntityManager();
em.getTransaction().begin();

User user = em.find(User.class, "madvirus@madvirus.net");   // 1번

em.getTransaction().commit();

em.close();   // 2번

user.changeName("Choi, Beom Kyun");   // 3번
```

분리 상태가 되면 객체의 상태를 변경해도 DB에 반영하지 않는다. 위 코드의 3번 과정에서 user 객체의 내부 데이터를 변경해도 DB에는 영향을 주지 않는다.

detach()를 이용한 강제 분리

EntityManager#detach() 메서드를 사용하면 관리 상태의 객체를 강제로 분리 상태로 만들 수 있다.

```
em.getTransaction().begin();
User user = em.find(User.class, "madvirus@madvirus.net");

em.detach(user);            // 강제 분리
user.changeName("CBK"); // 분리 상태가 되어 변경 상태를 추적하지 않는다.

em.getTransaction().commit();
em.close();
```

EntityManager#detach()로 관리 상태의 객체를 영속 컨텍스트에서 분리하면 더는 변경 상태를 추적하

지 않는다. 따라서, detach()로 분리하면 트랜잭션 범위에서 엔티티 객체의 상태를 변경해도 트랜잭션 커밋 시점에 변경 내역이 반영되지 않는다.

05 EntityManager#merge()로 분리 상태를 관리 상태로 바꾸기

EntityManager#merge()를 사용하면 분리 상태의 엔티티를 다시 관리 상태로 만들 수 있다. 아래 코드를 보자.

```
EntityManager em = EMF.createEntityManager();
User user = null;
try {
    user = em.find(User.class, "madvirus@madvirus.net");
} finally {
    em.close();
}
// 이 시점에 user는 분리 상태임
user.changeName("Choi, Beom Kyun"); // 분리 상태에서 상태 변경

EntityManager em2 = EMF.createEntityManager();
try {
    em2.getTransaction().begin();
    em2.merge(user); // user는 다시 관리 상태가 됨
    em2.getTransaction().commit(); // 커밋 시점에 변경 내역 반영
} catch (Exception ex) {
    em2.getTransaction().rollback();
    throw ex;
} finally {
    em2.close();
}
```

이 코드는 첫 번째 try 블록에서 User 엔티티를 구해서 user 변수에 할당한다. 코드 중간에 user.changeName()을 이용해서 user 객체의 내부 상태를 변경하는데, 이 시점에서 user 객체는 분리 상태이므로 데이터를 변경해도 DB에는 반영되지 않는다.

새로운 EntityManager를 생성한 다음에 두 번째 try 블록에서 em2.merge(user)를 실행한다. 이 코드는 user 객체를 em2와 연관된 영속 컨텍스트에 추가하는데, 이 시점에

user는 분리 상태에서 관리 상태가 된다. 관리 상태로 바뀌었으므로 트랜잭션 커밋 시점에 변경 내역을 DB에 반영한다.

06 삭제 상태 객체

관리 상태 영속 객체를 EntityManager#remove() 메서드에 전달하면 삭제 상태로 바뀐다. 트랜잭션 커밋 시점에 DELETE 쿼리를 실행해서 삭제 상태에 해당하는 해당 데이터를 DB에서 삭제한다.

```
EntityManager em = EMF.createEntityManager();
try {
    em.getTransaction().begin();

    user = em.find(User.class, "madvirus@madvirus.net");
    em.remove(user); // user는 삭제 상태가 됨

    em.getTransaction().commit(); // 커밋 시점에 delete 쿼리 실행
} catch (Exception ex) {
    em.getTransaction().rollback();
    throw ex;
} finally {
    em.close();
}
```

다음 코드처럼 같은 EntityManager에서 remove()로 삭제 상태로 바뀐 엔티티를 다시 merge()에 전달하면 익셉션이 발생한다. 논리적으로 생각해도 remove()로 삭제한 엔티티를 다시 merge()를 이용해서 추가하려는 시도는 맞지 않다.

```
EntityManager em = EMF.createEntityManager();
try {
    em.getTransaction().begin();
    user = em.find(User.class, "madvirus@madvirus.net");
    em.remove(user); // user는 삭제 상태가 됨
    em.merge(user);  // 삭제 상태 엔티티를 merge()에 전달하면 익셉션 발생
    em.getTransaction().commit();
} catch (Exception ex) {
    em.getTransaction().rollback();
```

```
        throw ex;
    } finally {
        em.close();
    }
```

 삭제 상태의 엔티티라 하더라도 EntityManager 종료 이후 다른 EntityManager의 merge()에 전달할 수 있다. 이 경우 삭제 상태의 엔티티가 관리 상태가 된다. 관리 상태에 해당하는 데이터가 DB에 없으므로 EntityManager는 트랜잭션 커밋 시점에 insert 쿼리를 실행해서 merge()에 전달한 엔티티를 DB에 추가한다.

PART 02
연관 매핑

Chpater 07 엔티티 간 1:1 연관 그리고 즉시 로딩과 지연 로딩
Chpater 08 엔티티 간 N:1 단방향 연관
Chpater 09 값의 콜렉션 매핑
Chpater 10 엔티티 콜렉션 매핑
Chpater 11 영속성 전이
Chpater 12 연관 잘 쓰기

PART 02 연관 매핑

엔티티 간 1:1 연관 그리고 즉시 로딩과 지연 로딩

CHAPTER 07

[이 장에서 다룰 내용]
- 키를 참조하는 1:1 연관 매핑
- 1:1 단방향 연관과 양방향 연관
- 참조키를 이용한 연관과 주요키를 공유하는 연관
- 즉시 로딩과 지연 로딩

01 키를 참조하는 1:1 연관 매핑

시스템을 개발하다 보면 각 구성 요소는 서로 연관을 갖게 된다. 예를 들어, 서비스에서 사용자에게 멤버십 카드를 발급해 준다고 하자. 이때 시스템은 사용자를 표현하기 위한 User 엔티티와 멤버십 카드를 표현하기 위한 MembershipCard 엔티티를 갖게 된다. 한 사용자는 한 장의 멤버십 카드를 소유할 수 있다고 가정하면 User와 MembershipCard는 1:1 관계를 갖는다.

멤버십 카드 입장에서 카드 소유자가 존재하므로 이를 [그림 7.1]과 같이 MembershipCard 엔티티는 User 엔티티 타입의 owner 속성을 갖는 것으로 표현할 수 있다.

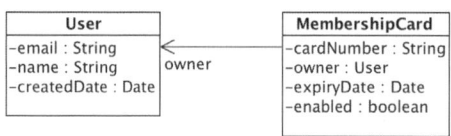

[그림 7.1] MembershipCard에서 User로의 1:1 연관

[그림 7.1]에서 User와 MembershipCard는 각자 자신의 식별자를 가지며 MembershipCard는 1:1 연관을 맺는 User 객체를 속성으로 갖고 있다. 이런 연관을 DB 테이블로 표현하면 [그림 7.2]와 같이 참조키를 사용한다. [그림 7.2]에서 membership_card 테이블의 user_email 칼럼은 user 테이블의 주요키를 참조하는데 이 칼럼을 이용해서 membership_card에서 user로의 1:1 연관을 처리한다.

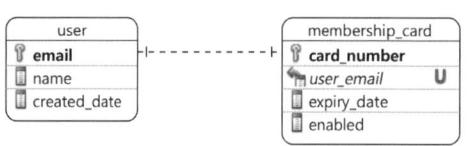

[그림 7.2] 참조키를 이용한 1:1 연관 구현

한 명의 사용자는 한 개의 멤버십 카드만 소유할 수 있으므로, membership_card 테이블의 user_email 칼럼은 중복된 값을 갖지 않는 고유 키(unique key)가 된다.

membership_card 테이블의 user_email 칼럼은 user 테이블의 주요키를 참조하는 값이다. 그런데 user_email 칼럼과 매핑되는 MembershipCard 클래스의 owner 속성은 참조 대상이 되는 User 타입이다. 즉, membership_card 테이블에서 데이터를 읽어와 MembershipCard 엔티티 객체를 생성하려면 다음 처리를 해야 한다.

- user_email 칼럼이 참조하는 user 테이블의 데이터를 읽어온다.
- 읽어온 user 테이블의 데이터를 이용해서 User 객체를 생성한다.
- 생성한 user 객체를 MembershipCard의 owner 속성에 할당한다.

MembershipCard 객체를 생성하려면 membership_card 테이블과 user 테이블을 함께 조회한 뒤에 MembershipCard 객체와 User 객체를 알맞게 생성해야 한다. 이를 쿼리를 이용해서 개발자가 직접 처리한다면 다음과 유사한 코드를 만들어야 할 것이다.

```java
public MembershipCard findOne(String cardNumber) throws Exception {
    Connection conn = getConnection();
    PreparedStatement pstmt = null;
    ResultSet rs = null;
    try {
        pstmt = conn.prepareStatement(
            "select m.card_number, m.user_email, m.expiry_date, " +
            "u.name, u.created_date " +
            "from membership_card m left outer join user u " +
            "on m.user_email = u.email " +
            "where m.card_number = ?);
        pstmt.setString(1, cardNumber);
        rs = pstmt.executeQuery();
        MembershipCard mc = null;
        if (rx.next()) {
            String cardNumber = rs.getString(1);
            String userEmail = rs.getString(2);
            Date expiryDate = rs.getDate(3);
            User owner = null;
            if (userEmail != null) {    // 연관된 user가 있으면
                String userName = rs.getString(4);
                Timestamp createdDate = rs.getTimestamp(5);
                owner = new Owner(userEmail, userName, createdDate);
            }
            mc = new MemberCard(cardNumber, owner, expiryDate);
        }
        return mc;
    } finally {
        if (rs != null) rs.close();
        if (pstmt != null) pstmt.close();
        conn.close();
    }
}
```

다행히 JPA를 사용하면 간단한 설정으로 두 엔티티 객체 간의 1:1 연관을 처리할 수 있다. JPA가 지원하는 참조키 기반 1:1 연관에는 단방향 연관과 양방향 연관 두 가지가 존재하는데 이에 대한 내용을 차례대로 살펴보도록 하자.

02 참조키를 이용한 1:1 단방향 연관

membership_card 테이블이 다음과 같이 user 테이블로의 참조키를 갖고 있다고 하자.

```
create table membership_card (
  card_number varchar(16) not null primary key,
  user_email varchar(50),
  expiry_date date,
  enabled boolean,
  foreign key (user_email) references user (email),
  constraint unique key (user_email)
) engine innodb character set utf8;
```

user_email 칼럼은 user 테이블의 email 칼럼에 대한 참조키이다. membership_card 테이블과 매핑되는 MembershipCard 클래스는 다음과 같이 user_email 칼럼이 참조하는 User 객체를 owner 필드를 이용해서 직접 참조한다.

```
public class MembershipCard {
    private String number;
    private User owner; // User 엔티티에 대한 참조
    private Date expiryDate;
    private boolean enabled;
    … get 메서드 생략
}
```

이를 위한 매핑 설정은 간단하다. JPA가 제공하는 @javax.persistence.OneToOne 애 노테이션을 사용하면 된다. [리스트 7.1]은 설정 예이다.

[리스트 7.1] MembershipCard 클래스의 1:1 연관을 위한 매핑

```
01: import javax.persistence.*;
02: import java.util.Date;
03:
04: @Entity
05: @Table(name = "membership_card")
06: public class MembershipCard {
07:     @Id
08:     @Column(name = "card_number");
09:     private String number;
10:
11:     @OneToOne
```

```
12:     @JoinColumn(name = "user_email")
13:     private User owner;
14:
15:     @Temporal(TemporalType.DATE)
16:     @Column(name = "expiry_date");
17:     private Date expiryDate;
18:     private boolean enabled;
19:
20:     public MembershipCard() {
21:     }
22:
23:     public MembershipCard(String number, User owner, Date expiryDate) {
24:         this.number = number;
25:         this.owner = owner;
26:         this.expiryDate = expiryDate;
27:         this.enabled = true;
28:     }
29:
```

owner 필드는 다음의 두 애노테이션을 이용해서 매핑을 설정하고 있다.

- @OneToOne : owner 필드가 User 엔티티와 1:1 연관을 가짐을 설정한다.
- @JoinColumn : User 객체의 식별자에 해당하는 참조키로 user_email을 지정한다.

MembershipCard 엔티티가 User 엔티티를 참조하려면 User 엔티티의 식별자 값을 구해야 하는데, 이 식별자를 담고 있는 칼럼을 지정할 때 @JoinColumn 애노테이션을 사용한다. membership_card 테이블에서 user 테이블에 대한 참조키로 사용하는 칼럼이 user_email이므로 @JoinColumn 애노테이션의 값으로 "user_email"을 사용했다.

MembershipCard 엔티티가 User 엔티티를 참조하므로 MembershipCard 객체를 생성할 때 참조할 User 엔티티 객체를 전달할 수 있을 것이다.

```
em.getTransaction().begin();

User owner = em.find(User.class, "madvirus@madvirus.net");

ZonedDateTime zonedDateTime = ZonedDateTime.of(2020, 1, 31,
    23, 59, 59, 0, ZoneId.systemDefault());
Date expiryDate = Date.from(zonedDateTime.toInstant());

MembershipCard memCard = new MembershipCard("1234", owner, expiryDate);
em.persist(memCard);

em.getTransaction().commit();
```

보통은 각 엔티티를 위한 DAO나 리포지토리를 이용해서 엔티티를 구하거나 저장하겠지만, 이 장은 1:1 연관 매핑 자체를 설명하는데 집중할 것이다. 그래서 예로 제시하는 코드에서는 DAO나 리포지토리가 아닌 EntityManager를 직접 사용한다.

위 코드에서 식별자가 "1234"인 MembershipCard 객체를 생성할 때 EntityManager로 구한 owner를 두 번째 인자로 전달하고 있다. 생성한 MembershipCard 객체는 EntityManager#persist()를 이용해서 영속 컨텍스트에 보관한다.

새로운 MembershipCard 엔티티 객체를 영속 컨텍스트에 보관했으므로 트랜잭션을 커밋하는 시점에 MembershipCard 객체를 DB 테이블에 보관하기 위한 insert 쿼리를 실행한다. 이때 실행되는 쿼리는 다음과 같다.

```
insert into membership_card (expiry_date, user_email, card_number, enabled) values (?,?,?,?)
binding parameter [1] as [DATE] - [Mon Sep 12 11:46:32 KST 2016]
binding parameter [2] as [VARCHAR] - [madvirus@madvirus.net]
binding parameter [3] as [VARCHAR] - [1234]
binding parameter [4] as [BOOLEAN] - [true]
```

이 코드는 하이버네이트가 출력한 로그를 발췌한 것이다. 로그를 보면 @JoinColumn으로 지정한 user_email 칼럼의 값으로 owner 객체의 식별자를 사용하고 있다. 즉, @OneToOne으로 연관된 객체의 식별자를 @JoinColumn으로 설정한 칼럼에 저장하는 것을 알 수 있다.

DB에 저장된 객체를 로딩하면 저장할 때와 반대로 @JoinColumn에 지정한 칼럼을 이용해서 @OneToOne으로 연관된 엔티티를 로딩한다. 예를 들어, DB 테이블에 [그림 7.3]과 같이 데이터가 들어가 있다고 하자.

user 테이블

email	name	created_date
gildong@dooly.com	고길동	2016-09-11 13:00

membership_card 테이블

card_number	user_email [참조키]	expiry_date
5678	**gildong@dooly.com**	2020-12-31

[그림 7.3] 참조키를 이용해서 1:1 연관을 갖는 데이터 관계

membership_card 테이블에서 식별자가 "5678"인 레코드는 user 테이블에서 식별자가 "gildong@dooly.com"인 레코드를 참조하고 있다. 식별자가 "5678"인

MembershipCard 객체를 구하면 @OneToOne으로 연관된 User 객체를 로딩해서 owner 필드에 할당한다. 따라서 다음 코드처럼 MembershipCard#getOwner()를 이용해서 1:1로 연관된 User 객체에 접근할 수 있다.

```
MembershipCard memCard = em.find(MembershipCard.class, "5678");
User owner = memCard.getOwner();
System.out.println(owner.getName());
```

실제 하이버네이트가 실행하는 쿼리는 [그림 7.4]와 유사하다.

```
select
    m.card_number,
    m.expiry_date,      | MembershipCard 객체
    m.user_email,
    m.enabled,
    u.email,
    u.create_date,      | owner에 할당할 User 객체
    u.name
from
    membership_card m
    left outer join user u
    on m.user_email=u.email
where
    m.card_number=?
```

[그림 7.4] JPA는 @OneToOne으로 연관된 객체를 위한 데이터도 함께 조회한다.

[그림 7.4]를 보면 JPA는 MembershipCard 테이블과 매핑한 membership_card 테이블뿐만 아니라 user 테이블에서 데이터를 조회하는 것을 알 수 있다. 이 user 테이블은 @OneToOne으로 연관된 User 클래스와 매핑된 테이블이다.

매장에 가서 직접 카드를 발급받으면 미리 카드 번호가 할당된 카드를 즉석에서 발급해주곤 한다. 아직 사용자에게 할당되지 않은 멤버십 카드는 소유자가 없으므로 membership_card 테이블에 저장된 멤버십 카드 데이터의 user_email 칼럼은 null일 것이다.

아직 소유자가 없는 카드를 사용자에게 할당하는 기능을 [리스트 7.2]와 같이 MembershipCard 클래스에 추가로 구현할 수 있다. assignTo() 메서드는 owner 필드가 null이 아닌 경우 새로운 User 객체를 할당하도록 구현했다.

[리스트 7.2] owner 필드에 새로운 User 객체를 할당하는 기능을 추가한 MembershipCard 클래스

```java
01: @Entity
02: @Table(name = "membership_card")
03: public class MembershipCard {
04:     @Id
05:     @Column(name = "card_number")
06:     private String number;
07:
08:     @OneToOne
09:     @JoinColumn(name = "user_email")
10:     private User owner;
11:     ...
12:     public void assignTo(User owner) {
13:         if (this.owner != null)
14:             throw new AlreadyAssignedCardException();
15:         this.owner = owner;
16:     }
17: }
```

이제 신규 사용자에게 미리 등록된 카드를 발급하는 코드는 EntityManager에서 기존 MembershipCard 엔티티를 구한 뒤에 새로 생성한 User 객체를 assignTo() 메서드에 전달할 것이다.

```java
MembershipCard memCard = em.find(MembershipCard.class, "4040");
User user = new User("eric@dddcrop.com", "Eric", new Date());
memCard.assignTo(user); // 새로운 user 객체를 owner 필드에 할당
em.persist(user);
```

카드 번호가 "4040"인 MembershipCard 엔티티는 아직 소유자가 존재하지 않아 owner 필드가 null이라고 하자. 이 코드를 실행하면 memCard 객체의 owner 필드에 새로 생성한 User 객체를 할당한다. owner 필드의 레퍼런스가 null에서 새로운 user 객체로 바뀌었으므로 트랜잭션을 커밋할 때 다음과 같이 owner 필드에 매핑되는 칼럼의 값을 수정해서 변경 내역을 반영한다.

```
update membership_card set enabled=?, expiry_date=?, user_email=? where card_number=?
binding parameter [1] as [BOOLEAN] - [true]
binding parameter [2] as [DATE] - [2020-12-31]
binding parameter [3] as [VARCHAR] - [eric@dddcrop.com]
binding parameter [4] as [VARCHAR] - [4040]
```

owner 필드의 값을 null로 주면 @JoinColumn으로 매핑한 user_email 필드에 null을

할당한다. 예를 들어, MembershipCard 클래스의 cancelAssignment() 메서드를 실행하면 owner 필드에 null을 할당하도록 구현했다고 하자.

```java
@Entity
@Table(name = "membership_card")
public class MembershipCard {
  @Id
  @Column(name = "card_number")
  private String number;

  @OneToOne
  @JoinColumn(name = "user_email")
  private User owner;
  ...
  public void cancelAssignment() {
    this.owner = null;
  }
}
```

MembershipCard 엔티티 객체의 cancelAssignment() 메서드를 실행하면 owner 필드에 null이 할당되고 트랜잭션을 커밋할 때 @JoinColumn으로 매핑한 user_email 칼럼을 null로 수정한다.

@JoinColumn으로 매핑한 칼럼 값이 null인 데이터를 로딩하면 연관된 객체도 null이 된다. membership_card 테이블의 user_email 칼럼 값이 null인 데이터를 로딩했다고 하자. 이 경우 owner 필드에는 null이 할당된다.

```java
// user_email 칼럼이 null인 경우
MembershipCard card = em.find(MembershipCard.class, "1234");
// user_email 칼럼으로 1:1 연관을 맺는 owner는 null이 된다.
User owner = card.getOwner();
owner == null;  // true
```

만약 영속 상태가 아닌 User 객체를 MembershipCard의 owner 필드에 할당하면 어떻게 될까? 다음 코드를 보자.

```java
em.getTransaction().begin();
User notPersistenceUser = new User("jvm@javaworld.co", "JVM", new Date());
MembershipCard memCard =
  new MembershipCard("1234", notPersistenceUser, expiryDate);
em.persist(memCard);
em.getTransaction().commit();
```

이 코드에서 notPersistenceUser는 영속 객체가 아니다. notPersistenceUser 객체를 memCard 객체의 owner 필드에 할당한 뒤에 memCard를 영속 컨텍스트에 보관하고 있다. 이 경우 트랜잭션을 커밋하는 시점에 다음과 같은 익셉션이 발생하게 된다.(원래는 한 줄로 표시되나 가독성을 위해 여러 줄로 나누어 표시했다.)

```
org.hibernate.TransientPropertyValueException:
object references an unsaved transient instance -
save the transient instance beforeQuery flushing :
jpastart.reserve.model.MembershipCard.owner -> jpastart.reserve.model.User]
```

에러 메시지를 보면 영속 컨텍스트에 저장되지 않은 User 객체를 MembershipCard의 owner에 할당해서 발생한 문제이다. 즉, 연관에 사용할 엔티티 객체는 반드시 영속 상태 (관리 상태)로 존재해야 한다.

03 1:1 연관의 즉시 로딩과 지연 로딩

EntityManager#find()를 이용해서 MembershipCard 객체를 구하면 다음과 유사한 외부 조인을 이용해서 MembershipCard 객체와 함께 연관된 User 객체를 한 쿼리로 함께 로딩한다.

```
select
    m.card_number, m.expiry_date, m.user_email,
    u.email, u.create_date, u.name
from
    membership_card m left outer join user u
    on m.user_email=u.email
where
    m.card_number=?
```

이렇게 연관된 객체를 함께 로딩하는 것을 즉시 로딩(eager loading)이라고 한다. 하이버네이트는 즉시 로딩을 구현하기 위해 위 코드처럼 조인을 이용해서 1:1로 연관된 객체를 함께 로딩한다.

즉시 로딩은 연관된 객체를 함께 불러오는데 이는 연관된 객체를 함께 사용하지 않으면 필요 없는 객체를 로딩하게 된다는 것을 뜻한다. 예를 들어, 멤버십 카드를 사용 불가 상태로 바꾸는 기능이 있다고 하자. 이 기능을 구현하기 위해 다음과 같이 MembershipCard 클래스에 사용 가능/불가 상태를 보관하기 위한 enabled 필드와 이 필드의 상태를 변경하는 disable() 메서드를 추가할 수 있을 것이다.

```java
@Entity
@Table(name = "membership_card")
public class MembershipCard {
    ...
    @OneToOne
    @JoinColumn(name = "user_email")
    private User owner;
    ...
    private boolean enabled;
    ...
    public void disable() {
        this.enabled = false;
    }
}
```

disable() 메서드는 enabled 필드 값을 false로 바꾼다. 이 메서드를 실행하는데 owner 객체는 필요하지 않다. cancelAssignment()의 경우도 owner 필드에 null을 할당하므로 owner 객체의 값이 필요하지 않다. 이렇게 연관된 객체가 필요한 기능보다 필요하지 않은 기능이 많다면 지연 로딩(lazy loading)을 사용해서 연관된 객체가 필요할 때만 로딩하도록 구현할 수 있다.

지연 로딩은 연관 객체를 실제 사용하는 시점에 로딩하는 방식이다. 지연 로딩을 설정하는 방법은 간단하다. 다음과 같이 @OneToOne 애노테이션의 fetch 속성값으로 FetchType.LAZY를 지정하면 된다.

```java
import javax.persistence.OneToOne;
import javax.persistence.FetchType;

@Entity
@Table(name = "membership_card")
public class MembershipCard {
    @Id
    @Column(name = "card_number")
    private String number;

    @OneToOne(fetch = FetchType.LAZY)
    @JoinColumn(name = "user_email")
    private User owner;
```

fetch 속성을 FetchType.LAZY로 지정한 뒤에 아래 코드를 실행해보자.

```
em.getTransaction().begin();

MembershipCard memCard = em.find(MembershipCard.class, "5678");
memCard.disable();

em.getTransaction().commit();
```

이 코드를 실행하면 JPA는 다음의 두 쿼리를 실행한다.

```
-- em.find(MembershipCard.class, "5678") 코드에서 실행하는 쿼리
-- 지연 로딩 방식이므로 조회 시점에 1:1 연관된 User 객체를 로딩하지 않음
select m.card_number, m.enabled, m.expiry_date, m.user_email
from membership_card m where m.card_number=?

-- disable() 메서드로 enabled 필드가 변경되었으므로, 커밋 시점에 변경 반영
update membership_card set enabled=?, expiry_date=?, user_email=?
where card_number=?
```

select 쿼리를 보면 membership_card 테이블만 조회하고 user 테이블은 조회하지 않는 것을 알 수 있다. user 테이블의 데이터를 조회하지 않은 이유는 코드를 실행하는 과정에서 owner 필드로 연관된 User 객체를 사용하지 않기 때문이다.

이제 다음 코드를 보자. 이 코드는 owner 객체에 접근해서 사용자 이름을 출력하고 있다.

```
EntityManager em = EMF.currentEntityManager();
try {
  // 과정 1
  MembershipCard memCard =
      em.find(MembershipCard.class, "5678");
  // 과정 2
  System.out.println(memCard.getOwner().getName());
} finally {
  EMF.closeCurrentEntityManager();
}
```

각 과정에서 실행되는 쿼리는 [그림 7.5]와 같다.

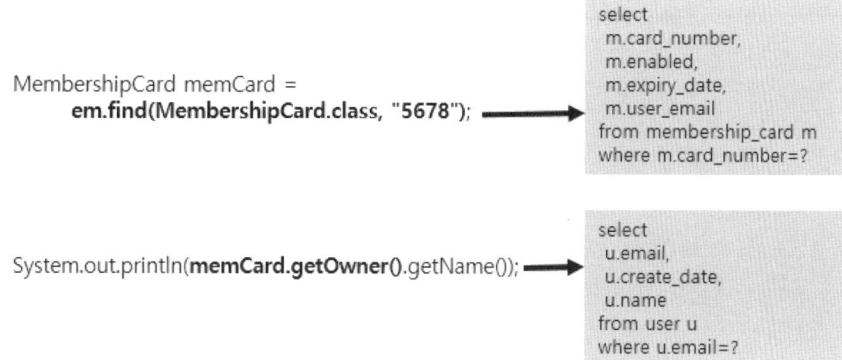

[그림 7.5] 지연 로딩을 사용하면 연관 객체가 실제로 필요한 시점에 조회한다.

쿼리 실행 결과를 보면 owner 필드에 처음 접근하는 시점에 user 테이블을 조회하는 것을 알 수 있다.

@OneToOne 애노테이션의 fetch 속성은 FetchType.EAGER을 기본값으로 갖는다. 따라서, fetch 속성을 따로 지정하지 않으면 엔티티를 로딩할 때 @OneToOne으로 매핑한 연관 객체도 함께 로딩한다. 하이버네이트는 1:1 연관 객체를 즉시 로딩하기 위해 앞서 봤던 것처럼 외부 조인을 사용한다.

04 참조키를 이용한 1:1 양방향 연관

MembershipCard 엔티티에서 User 엔티티로의 단방향 1:1 연관에 대해 알아봤는데, MembershipCard 엔티티와 User 엔티티의 양방향 연관에 대해 살펴보자. User 클래스 입장에서 카드 정보에 접근할 수 있게 하려고 [리스트 7.3]과 같이 코드를 추가했다고 하자.

[리스트 7.3] User에서 MembershipCard로의 연관을 위한 코드

```
01: public class User {
02:     ...
03:     private MembershipCard card;
04:     ...
05:     public void issue(MembershipCard memCard) {
06:         memCard.assignTo(this);
07:         this.card = memCard;
08:     }
09:
```

```
10:     public MembershipCard getCard() {
11:         return card;
12:     }
13: }
```

이 코드는 특정 사용자가 가진 멤버십 카드 정보에 접근할 수 있도록 User 클래스에 MembershipCard 필드를 추가했다. 그리고 특정 카드를 사용자에게 발급할 때 사용할 issue() 메서드를 추가했다. issue() 메서드는 MembershipCard#assignTo() 메서드를 사용해서 자기 자신을 MembershipCard 객체의 owner로 할당하고(assignTo() 메서드는 [리스트 7.2] 참고) 파라미터로 받은 memCard 객체를 card 필드에 할당한다.

이제 User 엔티티에서 MembershipCard 엔티티로의 연관을 추가했으므로 특정 사용자에게 카드를 발급하는 코드를 다음과 같이 구현할 수 있다.

```
user.issue(card);
// user.getCard() == card : true
// card.getOwner() == user : true
```

그런데 아직 연관이 완성된 것은 아니다. JPA가 양방향 1:1 연관을 처리할 수 있도록 매핑 설정을 추가해야 한다.

JPA는 두 엔티티 간의 양방향 연관을 지원한다., [그림 7.6]과 같이 테이블 구조는 membership_card 테이블에서 user 테이블로의 단방향 참조이지만 MembershipCard 클래스와 User 클래스는 서로 참조하는 양방향 연관을 가질 수 있다.

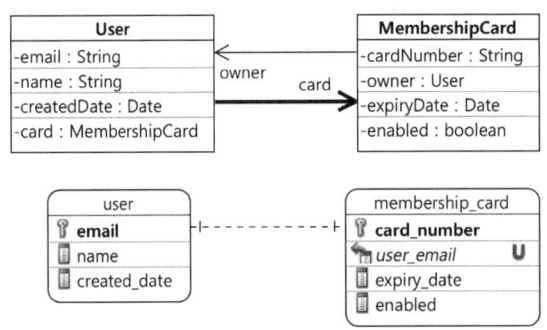

[그림 7.6] 테이블 구조와 양방향 연관 관계

참조키를 이용한 1:1 연관을 양방향으로 설정하려면 User 클래스와 Membership 클래스를 각각 [그림 7.7]과 같이 설정하면 된다.

```
@Entity
@Table(name = "user")
public class User {

    @Id @Basic
    private String email;
    ...
    @OneToOne(mappedBy = "owner")
    private MembershipCard membershipCard;
```

```
@Entity
@Table(name = "membership_card")
public class MembershipCard {
    @Id
    @Column(name = "card_number")
    private String number;
    ...
    @OneToOne
    @JoinColumn(name = "user_email")
    private User owner;
    ...
```

[그림 7.7] 참조키를 이용한 1:1 양방향 연관 설정

[그림 7.7]에서 양방향 연관을 위해 User 클래스에 추가한 코드는 다음과 같다.

- 연관 객체를 참조하기 위한 membershipCard 필드 추가
- 1:1 연관을 위한 @OneToOne 애노테이션 적용
- @OneToOne 애노테이션의 mappedBy 속성을 사용해서 연관 소유를 MembershipCard의 "owner" 속성이 갖고 있다고 설정

두 클래스의 @OneToOne 애노테이션에서 차이가 나는 점은 User 클래스의 @OneToOne 설정에 mappedBy 속성을 추가했다는 점이다. 이 속성의 용도를 이해하려면 먼저 양방향 연관과 DB 테이블의 구조에 대해 이해해야 한다.

DB 테이블에서 두 엔티티 간의 연관은 참조키를 통해서 이루어진다. 예에서는 memberhsip_card 테이블이 user_email 칼럼을 이용해서 user 테이블을 참조하고 있다. 여기서 membership_card 테이블과 user 테이블은 단방향 참조 관계이고, 참조를 소유하는 주체는 참조키를 갖고 있는 membership_card 테이블이다.

JPA의 1:1 연관도 내부적으로 DB 테이블의 참조를 기반으로 구현하기 때문에 본질적으로 참조의 방향은 단방향이다. 예에서는 MembershipCard 엔티티에서 User 엔티티로의 단방향 참조를 갖게 된다. 즉, DB 데이터를 기준으로 User에서 MembershipCard로의 연관은 존재하지 않는 것이다.

JPA는 1:1 연관에서 물리적으로 존재하지 않는 연관을 처리하기 위해 mappedBy를 사용한다. mappedBy는 양방향 관계에서 물리적인 연관을 다른 엔티티가 소유한다는 것을 지정한다. MembershipCard 엔티티와 User 엔티티의 경우 물리적인 연관을 소유한 쪽은 MembershipCard 엔티티이다. MembershipCard 엔티티와 매핑된 membership_card 테이블이 참조키를 소유하고 있기 때문이다.

[그림 7.7]에서 mappedBy 속성값은 "owner"인데, 이는 양방향 연관에서 연관을 소유한 쪽이 상대방 엔티티의 "owner" 속성이라는 것을 의미한다. 즉, User 클래스 입장에서 @OneToOne으로 매핑한 card 필드에 대한 연관을 소유한 쪽은 상대방 클래스인

MembershipCard 엔티티이고, 이 엔티티의 owner 필드를 통해 연관을 매핑하게 된다.

실제 양방향 연관이 어떻게 동작하는지 실행되는 쿼리로 확인해보자. 먼저 EntityManager#find()로 User를 조회해보자.

```
User user = em.find(User.class, "gildong@dooly.net");
```

User에서 MembershipCard로의 @OneToOne 연관을 추가했고 fetch 속성값은 EAGER이므로, 다음과 같이 User와 함께 연관된 MembershipCard의 데이터를 함께 조회하는 쿼리를 실행한다.

```
select
  u.email, u.create_date, u.name,
  m.card_number, m.enabled, m.expiry_date, m.user_email
from user u left outer join membership_card m on u.email=m.user_email
where u.email=?
```

[리스트 7.3]에서 추가한 issue() 메서드를 이용해서 아직 멤버십 카드가 없는 User 엔티티를 MembershipCard 객체와 연관을 지어보자.

```
User user = em.find(User.class, "madvirus@madvirus.net");
MembershipCard memCard = em.find(MembershipCard.class, "4040");
user.issue(memCard);
```

user.issue(memCard) 코드를 실행하면 memCard 객체의 owner 필드에 user 객체를 할당하고 user 객체의 card 필드에는 memCard 객체를 할당한다. 즉, 두 객체는 양방향으로 1:1 연관을 맺는다.

두 엔티티의 1:1 양방향 연관에서 연관 매핑을 소유한 쪽은 MembershipCard 엔티티의 owner 속성이다. 위 코드를 실행하면 memCard 객체의 owner 필드가 변경되므로 트랜잭션을 커밋하는 시점에 owner 필드에 해당하는 membership_card 테이블의 user_email 칼럼을 변경하기 위한 update 쿼리를 실행한다. 실제 실행되는 쿼리는 다음과 같다.

```
update membership_card set enabled=?, expiry_date=?, user_email=? where card_number=?
binding parameter [1] as [BOOLEAN] - [true]
binding parameter [2] as [DATE] - [2020-12-31]
binding parameter [3] as [VARCHAR] - [madvirus@madvirus.net]
binding parameter [4] as [VARCHAR] - [4040]
```

05 주요키를 공유하는 1:1 연관 매핑

두 엔티티가 키를 공유하는 경우도 있다. 특정 사용자가 뽑은 최고의 여행지 정보를 예로 들어보자. 이때 사용자와 최고 여행지 정보는 [그림 7.8]과 같은 관계를 갖는다.

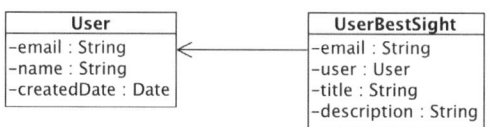

[그림 7.8] 식별자를 공유하는 1:1 연관

[그림 7.8]에서 UserBestSight 엔티티의 식별자는 email이다. 이 email은 최고 여행지 정보를 생성한 사용자의 email과 동일한 값을 갖는다. 그리고 UserBestSight 엔티티는 User 타입의 필드를 갖는데 이를 통해 User로의 단방향 1:1 연관을 맺는다.

UserBestSight 객체는 User 객체가 있어야 하므로 다음과 유사한 생성자를 갖게 된다. 두 엔티티는 식별자를 공유하므로 UserBestSight의 생성자는 다음 코드처럼 파라미터로 전달받은 user 객체의 식별자를 자신의 식별자에 할당해서 식별자를 공유할 수 있다.

```java
public class UserBestSight {
    private String email;
    private User user;
    private String name;
    private String description;

    public UserBestSight(User user, String name, String description) {
        this.email = user.getEmail(); // 식별자 공유
        this.user = user;
        this.name = name;
        this.description = description;
    }
}
```

UserBestSight 객체가 User 객체의 식별자를 공유하므로 주요키를 공유하는 1:1 연관에서는 User 객체 없이 UserBestSight 객체는 존재할 수 없다.

식별자를 공유하는 1:1 연관을 DB 테이블로 매핑하면 [그림 7.9]와 같이 user 테이블과 user_best_sight 테이블이 주요키를 공유하는 구조가 된다.

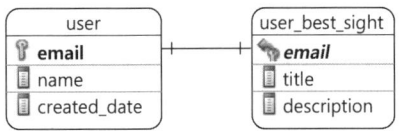

[그림 7.9] 주요키를 공유하는 1:1 연관의 테이블 매핑

user_best_sight 테이블을 생성하는 쿼리는 다음과 같은데, 이 쿼리를 보면 email 칼럼은 주요키이면서 user 테이블을 참조하는 참조키가 된다.

```
create table user_best_sight (
   email varchar(50) not null primary key,
   title varchar(255),
   description text,
   foreign key (email) references user (email)
) engine innodb character set utf8;
```

06 주요키를 공유하는 1:1 단방향 연관

UserBestSight 엔티티에서 User 엔티티로의 단방향 연관은 주요키를 공유하는 연관이다. 이를 위한 JPA 설정은 [리스트 7.4]와 같다.

[리스트 7.4] 주요키를 공유하는 UserBestSight에서 User로의 1:1 연관 설정

```
01: package jpastart.guide.model;
02:
03: import jpastart.reserve.model.User;
04:
05: import javax.persistence.*;
06:
07: @Entity
08: @Table(name = "user_best_sight")
09: public class UserBestSight {
10:    @Id
11:    @Column(name = "email")
12:    private String email;
13:
14:    @OneToOne
15:    @PrimaryKeyJoinColumn
```

```
16:     private User user;
17:
18:     private String title;
19:     private String description;
20:
21:     public UserBestSight() {
22:     }
23:
24:     public UserBestSight(User user, String title, String description) {
25:         this.email = user.getEmail();
26:         this.user = user;
27:         this.title = title;
28:         this.description = description;
29:     }
30:
31:     ...getter 메서드 생략
```

16행의 user 필드에 @OneToOne 애노테이션과 @PrimaryKeyJoinColumn 애노테이션을 설정하고 있다. @OneToOne 애노테이션은 UserBestSight가 User와 1:1 연관을 갖는다는 것을 설정한다. @PrimaryKeyJoinColumn 애노테이션은 다음을 의미한다.

- User 타입을 참조할 때 주요키를 이용한다.
- 이때 주요키는 UserBestSight의 @Id와 매핑되는 칼럼이다.

즉, 16행의 user를 참조할 때 사용할 DB 칼럼은 UserBestSight 엔티티와 매핑되는 user_best_sight 테이블의 email 칼럼이다. 다시 말해서 1:1 연관을 맺는 UserBestSight의 식별자와 User의 식별자는 같은 값을 갖는다. 이런 이유로 25행의 생성자 코드는 파라미터로 전달받은 user 객체의 email 값을 UserBestSight 객체의 email로 사용하며, 이렇게 함으로써 두 객체를 1:1로 연관한다.

새로운 UserBestSight 객체를 생성하려면 User 객체도 필요하다. 다음은 새로운 User 객체와 새로운 UserBestSight 객체를 생성해서 저장하는 코드의 예를 보여주고 있다.

```
User user = new User("hgd@hgd.co", "홍길동", new Date());
UserBestSight bestSight = new UserBestSight(user, "율도국", "이상 사회");
em.persist(user);
em.persist(bestSight);
```

위 코드를 실행하면 트랜잭션을 커밋할 때 두 개의 insert 쿼리가 실행된다. 하나는 user를 저장하기 위한 쿼리이고 하나는 bestSight를 저장하기 위한 쿼리이다. 이때 bestSight를 저장하기 위해 실행하는 insert 쿼리는 다음과 같다.

```
insert into user_best_sight (description, title, email) values (?, ?, ?)
binding parameter [1] as [VARCHAR] - [이상 사회]
binding parameter [2] as [VARCHAR] - [율도국]
binding parameter [3] as [VARCHAR] - [hgd@hgd.co]
```

실행된 쿼리를 보면 user_best_sight의 주요키인 email 칼럼 값으로 1:1로 연관된 User 객체의 식별자인 "hgd@hgd.co"를 사용한 것을 알 수 있다.

@OneToOne 애노테이션의 fetch 속성은 기본값이 FetchType.EAGER이므로 EntityManager에서 UserBestSight 객체를 구하면 user_best_sight 테이블과 user 테이블을 함께 조회한다.

07 주요키를 공유하는 1:1 양방향 연관

UserBestSight에서 User로의 단방향 1:1 연관뿐만 아니라 두 엔티티 간에 양방향 1:1 연관을 설정할 수도 있다. 이를 위해 필요한 User 클래스의 설정은 다음과 같다.

```java
@Entity
@Table(name = "user")
public class User {

    @Id
    private String email;
    ...
    @OneToOne(mappedBy = "user")
    private UserBestSight bestSight;
    ...
    public UserBestSight createBestSight(String title, String desc) {
        this.bestSight = new UserBestSight(this, title, desc);
        return bestSight;
    }

    public UserBestSight getBestSight() {
        return bestSight;
    }
}
```

앞서 키를 참조하는 양방향 1:1 연관과 마찬가지로 @OneToOne 애노테이션을 사용하며, 매핑을 소유한 주체가 UserBestSight의 user 필드이므로 mappedBy 속성값으로 "user"를 주었다.

createBestSight() 메서드는 UserBestSight 객체의 생성과 양방향 연관을 함께 처리하고 있다. 이 메서드를 사용하면 다음과 같이 UserBestSight 객체를 생성하면서 동시에 두 객체의 양방향 연관을 설정할 수 있다.

```
User user = new User("hgd@hgd.co", "홍길동", new Date());
UserBestSight bestSight = user.createBestSight("율도국", "이상 사회");
em.persist(user);
em.persist(bestSight);
```

물론 다음 코드처럼 단순한 setter 메서드를 이용할 수도 있다.

```
@Entity
@Table(name = "user")
public class User {

    @Id
    private String email;
    ...
    @OneToOne(mappedBy = "user")
    private UserBestSight bestSight;
    ...
    public void setBestSight(UserBestSight bestSight) {
        this.bestSight = bestSight;
    }
}
```

setter 메서드를 사용하면 양방향 연관을 맺는 코드는 다음의 형태를 갖게 된다.

```
User user = new User("hgd@hgd.co", "홍길동", new Date());
UserBestSight bestSight = new UserBestSight(user, "율도국", "이상 사회");
user.setBestSight(bestSight);
em.persist(user);
em.persist(bestSight);
```

어떤 방식을 사용하든 양방향 연관을 올바르게 맺어주면 객체를 트랜잭션을 커밋하는 시점에 UserBestSight에 매핑되는 테이블의 주요키 값을 올바르게 지정한다.

08 1:1 연관 끊기

연관 객체와의 관계를 제거하려면 단순히 null을 할당하면 된다. 앞서 MembershipCard 예에서 발급을 취소하는 기능을 구현한 cancelAssignment() 메서드에서 User로의 연관을 끊기 위해 owner 필드에 null을 할당했다.

```java
@Entity
@Table(name = "membership_card")
public class MembershipCard {
  @Id
  @Column(name = "card_number")
  private String number;

  @OneToOne
  @JoinColumn(name = "user_email")
  private User owner;
  ...
  public void cancelAssignment() {
    this.owner = null;
  }
}
```

양방향 연관을 사용하면 양쪽 연관에 모두 null을 할당하면 된다.

 양방향 연관을 사용할 때 실제로는 연관을 소유한 쪽만 null로 해도 DB에는 반영된다. 하지만, 런타임 시에 자바 객체가 올바르게 동작할 수 있도록 양방향 연관을 끊을 때에는 두 객체의 연관을 모두 null로 해 주는 것이 좋다.

09 자동 생성키와 1:1 연관 저장

JPA는 EntityManager#persist()를 실행하는 시점에 식별자를 생성하는 방식을 제공하고 있다. 자동 증가 칼럼이나 테이블을 이용한 식별자 생성기가 이에 해당한다. 다음은 자동 증가 칼럼을 식별자 생성기로 사용한 Review 클래스의 예이다.

```
@Entity
@Table(name = "hotel_review")
public class Review {
    @Id
    @GeneratedValue(strategy = GenerationType.IDENTITY)
    private Long id;

    @Column(name = "hotel_id")
    private String hotelId;
    ...
```

참조키를 이용해서 Review 엔티티와 1:1 연관을 맺는 RealUserLog 엔티티가 있다고 하자. 이 클래스는 다음과 같이 참조키를 이용한 1:1 연관을 위해 @OneToOne 애노테이션과 @JoinColumn 애노테이션을 설정하고 있을 것이다.

```
@Entity
@Table(name = "real_user_log")
public class RealUserLog {
    @Id @GeneratedValue(strategy = GenerationType.IDENTITY)
    private Long id;

    @OneToOne @JoinColumn(name = "review_id")
    private Review review; // 참조키를 이용한 1:1 단방향 연관

    @Temporal(TemporalType.TIMESTAMP) @Column(name = "used_date")
    private Date realUsingDate;

    public RealUserLog(Review review, Date realUsingDate) {
        this.review = review;
        this.realUsingDate = realUsingDate;
    }
}
```

RealUserLog 객체의 생성자는 1:1 연관을 맺는 Review 객체를 파라미터로 전달받는다. 참조키 방식을 사용하므로 RealUserLog 객체를 생성하는 시점에 Review 객체의 식별자가 필요한 것은 아니다. 실제 Review 객체의 식별자가 필요한 때는 RealUserLog 객체를 DB에 저장하기 위해 insert 쿼리를 실행하는 시점이다. 따라서 다음과 같이 EntityManager#persist() 메서드에 Review 객체를 저장하기 전에 RealUserLog 객체를 생성해도 문제가 되지 않는다.

```
em.getTransaction().begin();

Review review = new Review("H001", 5, "최고에요", new Date()); // review 식별자 없음
```

```
RealUserLog realUserLog = new RealUserLog(review, new Date());

em.persist(review); // review 식별자 생성
em.persist(realUserLog);

em.getTransaction().commit();
```

반면에 주요키를 공유하는 1:1 연관은 연관을 맺기 위해 식별자가 필요하다. 앞서 예로 든 RealUserLog 클래스가 다음과 같이 Review와 주요키를 공유하는 1:1 연관을 갖는다고 하자.

```
@Entity
@Table(name = "real_user_log")
public class RealUserLog {
    @Id @Column(name = "review_id")
    private Long reviewId;

    @OneToOne @PrimaryKeyJoinColumn
    private Review review; // 주요키를 공유하는 1:1 단방향 연관

    @Temporal(TemporalType.TIMESTAMP) @Column(name = "used_date")
    private Date usedDate;

    public RealUserLog(Review review, Date usedDate) {
        this.reviewId = review.getId();
        this.review = review;
        this.usedDate = usedDate;
    }
}
```

RealUserLog 엔티티는 Review 엔티티의 식별자를 공유하므로 RealUserLog 엔티티를 EntityManager#persist()에 저장하려면 연관을 맺는 Review의 식별자가 필요하다. 그런데 Review는 자동 생성 칼럼을 식별자로 사용하므로 Review 객체를 EntityManager#persist()에 전달해야 식별자가 생성된다. 따라서, RealUserLog 엔티티에 Review 엔티티를 연관지으려면 다음 코드처럼 EntityManager#persist()로 Review 엔티티를 저장해서 Review 엔티티의 식별자를 먼저 생성한 뒤에 RealUserLog 엔티티에 Review 엔티티를 연관지어야 한다.

```
Review review = new Review("H001", 5, "최고에요", new Date());
em.persist(review); // 자동 증가 칼럼을 사용하는 reivew의 식별자 생성

RealUserLog realUserLog = new RealUserLog(review, new Date()); // review 식별자 공유
em.persist(realUserLog);
```

만약 다음과 같이 review 객체의 식별자를 생성하기 전에 두 엔티티를 연관 지으면 realUserLog의 식별자는 null이 된다.

```
Review review = new Review("H001", 5, "최고에요", new Date());
// review 식별자는 null이므로 realUserLog의 식별자도 null이 됨
RealUserLog realUserLog = new RealUserLog(review, new Date());

em.persist(review);
em.persist(realUserLog); // realUserLog의 식별자는 null이므로 익셉션 발생
```

자동 증가 칼럼이나 시퀀스와 같은 식별자 생성기를 이용하는 엔티티와 주요키를 공유하는 1:1 연관을 맺는 경우는 식별자를 생성한 뒤에 연관을 맺어야 함에 주의하자.

10 지연 로딩, 프록시, EntityManager 범위

@OneToOne 애노테이션의 fetch 속성은 즉시 로딩을 의미하는 FetchType.EAGER를 기본값으로 갖는다. 앞서 MembershipCard 엔티티에서 User 엔티티로의 참조키를 이용한 1:1 연관에서 MembershipCard 엔티티에서 User 엔티티로의 @OneToOne 애노테이션의 fetch 값이 FetchType.EAGER라고 해보자. 이 경우 EntityManager#find()로 MembershipCard 엔티티를 구하면 다음과 같이 조인을 이용해서 MembershipCard뿐만 아니라 연관된 User를 로딩하기 위해 필요한 데이터를 함께 조회한다.

```
select
    m.card_number, m.expiry_date, m.user_email,
    u.email, u.create_date, u.name
from
    membership_card m left outer join user u
    on m.user_email=u.email
where
    m.card_number=?
```

FetchType.EAGER는 연관된 객체를 함께 로딩하도록 설정한다. 이 책에서 JPA 프로바이더로 사용하는 하이버네이트는 1:1 연관을 맺은 엔티티를 즉시 로딩으로 조회하기 위해 위 쿼리와 같은 외부 조인을 사용한다.

앞서 언급했지만, 경우에 따라 1:1 연관을 맺는 엔티티를 즉시 로딩하는 것보다 필요할 때만 로딩해야 할 때도 있다. 이런 경우는 다음 코드처럼 조회 전략을 지연 로딩으로 설정해서 실제로 연관 엔티티를 사용하는 시점에 필요한 데이터를 읽어오도록 할 수 있다.

```java
@Entity
@Table(name = "membership_card")
public class MembershipCard {
    @Id
    @Column(name = "card_number")
    private String number;

    @OneToOne(fetch = FetchType.LAZY) // 지연 로딩 설정
    @JoinColumn(name = "user_email")
    private User owner;
```

위 설정을 사용하면 [그림 7.5]에서 표시한 것처럼 owner 연관 객체에 실제로 접근하는 시점에 조회 쿼리를 실행한다.(다음 그림은 [그림 7.5]를 다시 표시한 것이다.)

하이버네이트는 연관 객체의 지연 로딩을 구현하기 위해 프록시 객체를 사용한다. 예를 들어, MembershipCard 엔티티의 owner 필드를 지연 로딩으로 설정한 상태에서 다음 코드처럼 MembershipCard 엔티티를 로딩한 뒤에 owner 필드의 클래스 타입을 출력해 보자.

```java
MembershipCard memCard = em.find(MembershipCard.class, "5678");
System.out.println(memCard.getOwner().getClass().getName());
```

이때 콘솔에 출력되는 값을 보면 다음과 같이 이상한 클래스 이름을 출력하는 것을 확인할 수 있다.(출력되는 클래스 이름은 하이버네이트 버전에 따라 다를 수 있다.)

```
jpastart.reserve.model.User_$$_jvstbf_7
```

이 클래스는 하이버네이트가 생성한 프록시 클래스로서 User 클래스를 상속받은 클래스이다. 이 프록시 클래스는 실제 User 객체의 속성에 접근할 때 데이터를 조회하는 쿼리를 실행한다. 이 과정은 [그림 7.10]과 같다.

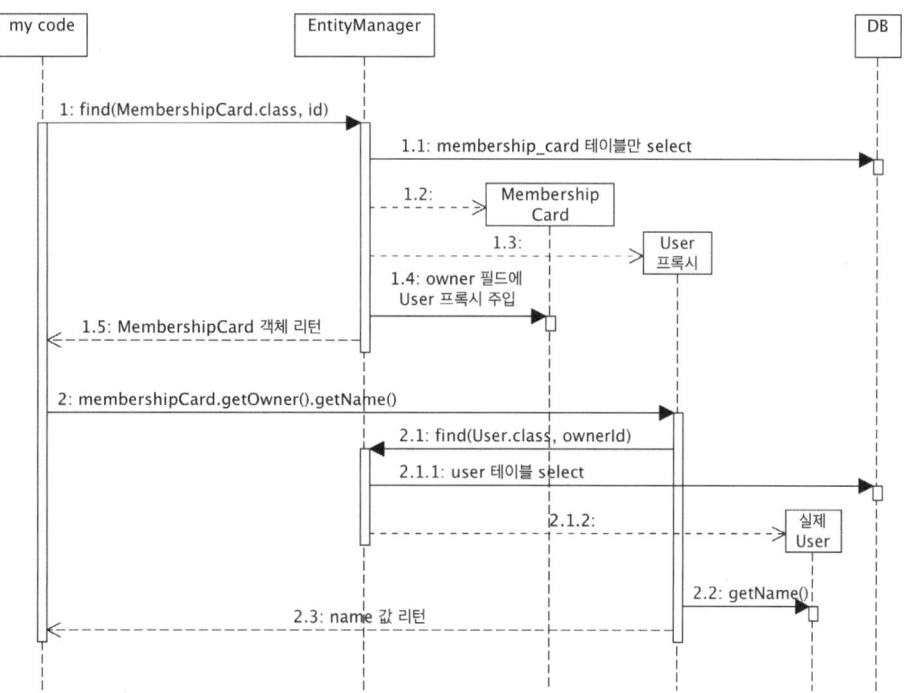

[그림 7.10] 지연 로딩과 프록시 객체

과정 1에서 `MembershipCard` 엔티티 로딩을 `EntityManager`에 요청하면 EntityManager는 과정 1.1에서 MembershipCard 엔티티 객체를 생성하는 데 필요한 쿼리만 실행하고 1:1로 연관된 User 엔티티 객체를 생성하는 데 필요한 쿼리는 실행하지 않는다.

과정 1.2에서 EntityManager는 MembershipCard 엔티티 객체를 생성하고 1:1로 연관된 User 엔티티는 프록시로 대신한다.

과정 2에서 실제 연관된 User 객체의 데이터를 처음 요청하면 User 프록시 객체는 과정 2.1부터 2.1.2까지의 과정을 거쳐 User 객체의 데이터를 DB에서 조회한다. 그런 뒤 과정 2.2에서 실제 User 객체의 데이터를 읽어와 리턴한다.

프록시가 한 번 실제 엔티티를 로딩하면 이후 접근에 대해서는 데이터 조회 쿼리를 실행하지 않는다. 즉, 다음 코드에서 첫 번째 memCard.getOwner().getName() 코드를 실행하는 시점에는 실제 User 엔티티를 로딩하기 위해 select 쿼리를 실행해서 User 엔티티를 생성하지만, 두 번째 실행할 때에는 이미 로딩한 User 엔티티를 사용한다.

```
MembershipCard memCard = em.find(MembershipCard.class, id);
memCard.getOwner().getName(); // 연관 객체에 처음 접근시 select 쿼리 실행
memCard.getOwner().getName(); // 이후 접근에는 이미 로딩한 연관 객체 사용
```

프록시를 통해서 실제 연관 객체의 값에 접근하는 시점에 DB에서 select 쿼리를 실행하기 때문에 DB와의 연결이 끊기면 연관 객체를 로딩할 수 없다. 이는 EntityManager#close()를 해서 DB와의 연결이 끊기면 아직 로딩하지 않은 연관 객체를 읽을 수 없음을 의미한다. 아래 코드를 보면 가장 마지막에 owner.getName() 코드를 실행하는데, 이 시점에 실제 User 객체에 접근한다. 그런데 이 코드는 owner 객체의 데이터에 처음 접근하기 전에 EntityManager#close()를 실행하고 있다.

```
EntityManager em = EMF.createEntityManager();
MembershipCard memCard = null;
try {
    memCard = em.find(MembershipCard.class, "5678");
} finally {
    em.close(); // DB와의 연결 종료
}
User owner = memCard.getOwner();
// 실제 객체에 접근하는 시점에 DB에 연결할 수 없으므로 익셉션!
owner.getName();
```

DB와의 연결이 끊긴 상태에서 실제 데이터에 접근하는데, 이때 하이버네이트는 다음과 같은 익셉션을 발생시킨다.

```
org.hibernate.LazyInitializationException: could not initialize proxy - no Session
```

따라서 지연 로딩으로 설정한 연관 객체를 사용해야 하는 경우 EntityManager를 종료하기 전에 연관된 객체에 접근해야 한다. 연관된 객체를 로딩하기 위한 가장 쉬운 방법은 다음과 같이 실제 객체에 접근하는 것이다.

```
public class MemgershipCardService {
    private MembershipCardRepository cardRepository =
        new MembershipCardRepository();;

    public MembershipCard getCardInfo(String cardId) {
        try {
            MembershipCard card = membershipCardRepository.findOne(cardId);
            if (card == null) throw new CardNotFoundException();
            card.getOwner().getName(); // 지연 로딩으로 설정한 엔티티 로딩
            return card;
```

```
    } finally {
        EMF.closeCurrentEntityManager();
    }
}
```

getCardInfo() 메서드는 EntityManager를 종료하기 전에 MembershipCard 엔티티와 연관된 User 객체에 접근하고 있다. 이렇게 함으로써 getCardInfo() 메서드를 통해서 MembershipCard 객체를 구하는 코드는 즉시 로딩인지 지연 로딩인지 여부에 상관없이 MebershipCard 엔티티와 연관된 User 엔티티 객체를 사용할 수 있게 된다.

하이버네이트는 org.hibernate.Hibernate.initialize() 메서드를 제공하는데, 이 메서드를 사용해도 지연 로딩으로 설정한 대상을 로딩할 수 있다. 위 getCardInfo() 메서드를 다음과 같이 Hibernate.initialize()를 이용해서 구현할 수도 있다.

```
public MembershipCard getCardInfo(String cardId) {
    try {
        MembershipCard card = membershipCardRepository.findOne(cardId);
        if (card == null) throw new CardNotFoundException();
        Hibernate.initialize(card.getOwner());
        return card;
    } finally {
        EMF.closeCurrentEntityManager();
    }
}
```

하이버네이트에서 프록시 객체가 로딩할 실제 객체의 클래스 타입을 구하고 싶다면 org.hibernate.proxy.HibernateProxyHelper 클래스를 사용하면 된다. 다음은 사용 예이다.

```
Class ownerclass =
        HibernateProxyHelper.getClassWithoutInitializingProxy(memCard.getOwner());
```

PART 02 연관 매핑

엔티티 간 N:1 단방향 연관

CHAPTER **08**

[이 장에서 다룰 내용]
- N:1 연관
- 참조키를 이용한 N:1 연관 설정

01 엔티티의 N:1 연관

엔티티를 구현하다 보면 같은 타입의 여러 엔티티 객체가 다른 타입의 한 엔티티를 참조해야 할 때가 있다. 호텔에 대한 리뷰가 이에 해당한다. 한 호텔에 대해 다수의 리뷰를 달 수 있다. 이때 리뷰 입장에서 보면 한 개 이상의 리뷰가 한 개의 호텔을 참조하게 된다. 즉, 리뷰와 호텔은 N:1 연관을 갖는다. 이를 클래스로 표현하면 [그림 8.1]과 같이 Review 클래스에서 Hotel 클래스로의 연관으로 구현할 수 있다.

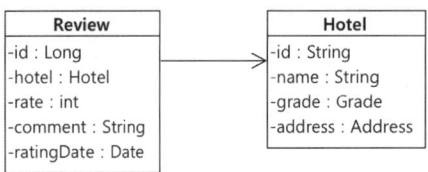

[그림 8.1] 엔티티 간 N:1 연관

JPA에서 엔티티 간 N:1 연관은 DB 테이블 간 참조키로 구현한다. 즉, [그림 8.1]에 대응하는 테이블 구조는 [그림 8.2]와 같이 참조키를 이용해서 구현한다.

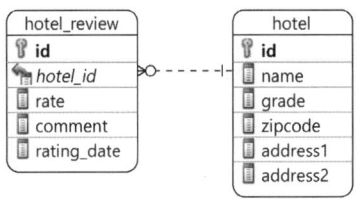

[그림 8.2] 참조키를 이용한 N:1 연관 구현

02 참조키를 이용한 N:1 연관 설정

JPA에서 참조키를 이용한 N:1 연관은 간단하게 설정할 수 있다. 다음 [리스트 8.1]과 같이 @ManyToOne 애노테이션과 @JoinColumn 칼럼을 사용하면 된다.

[리스트 8.1] @ManyToOne을 이용한 N:1 연관 매핑 설정

```
01: package jpastart.reserve.model;
02:
03: import javax.persistence.*;
04: import java.util.Date;
05:
06: @Entity
07: @Table(name = "hotel_review")
08: public class Review {
09:     @Id
10:     @GeneratedValue(strategy = GenerationType.IDENTITY)
11:     private Long id;
12:     @ManyToOne
13:     @JoinColumn(name = "hotel_id")
14:     private Hotel hotel;
15:     private int rate;
16:     private String comment;
17:     @Temporal(TemporalType.TIMESTAMP)
18:     @Column(name = "rating_date")
19:     private Date ratingDate;
20:
21:     protected Review() {
22:     }
23:
24:     public Review(Hotel hotel, int rate, String comment, Date ratingDate) {
25:         this.hotel = hotel;
26:         this.rate = rate;
27:         this.comment = comment;
28:         this.ratingDate = ratingDate;
29:     }
30:     ...
```

12행의 @ManyToOne 애노테이션은 Review 엔티티 입장에서 다수의 Review 엔티티가 한 개의 Hotel 엔티티를 참조하는 N:1 연관임을 설정한다. @JoinColumn 애노테이션은 연관된 Hotel 객체를 참조할 때 사용할 칼럼 이름을 지정한다. [리스트 8.1]의 경우 Review 클래스와 매핑된 테이블이 hotel_review이므로 hotel_review 테이블의 hotel_id 칼럼을 이용해서 연관된 Hotel 객체를 찾는다.

1:1 연관과 마찬가지로 @ManyToOne으로 설정한 필드에 연관된 객체를 할당한 뒤에 저장하면 매핑된 칼럼에 연관된 객체의 식별자를 저장한다. 예를 들어, 다음 코드를 보자.

```
em.getTransaction().begin();

Hotel hotel = em.find(Hotel.class, "H100-01");
Review review = new Review(hotel, 5, "매우 좋았음", new Date());
em.persist(review);

em.getTransaction().commit();
```

이 코드는 식별자가 "H100-01"인 Hotel 객체를 구해서 새로운 Review 객체와 연관을 맺고 있다. 트랜잭션 커밋 시점에 새로운 Review 객체를 저장하기 위해 실행하는 쿼리를 보면 다음과 같이 hotel_id 칼럼 값으로 Hotel 엔티티의 식별자인 H100-01을 사용하는 것을 확인할 수 있다.

```
insert into hotel_review (comment, hotel_id, rate, rating_date) values (?, ?, ?, ?)
binding parameter [1] as [VARCHAR] - [매우 좋았음]
binding parameter [2] as [VARCHAR] - [H100-01]
binding parameter [3] as [INTEGER] - [5]
binding parameter [4] as [TIMESTAMP] - [Mon Sep 19 18:41:57 KST 2016]
```

03 N:1의 연관 엔티티 로딩

@ManyToOne 애노테이션의 fetch 속성은 기본값으로 FetchType.EAGER를 사용한다. 즉, 앞서 매핑 예에서 Review 엔티티를 조회하면 연관된 Hotel 엔티티도 함께 로딩한다.

```
Review review = em.find(Review.class, newId); // 로딩 시점에 연관 Hotel 엔티티도 조회
Hotel hotel = review.getHotel();
```

하이버네이트는 1:1 연관과 마찬가지로 EntityManager#find()로 Review 엔티티를 로딩할 때 외부 조인을 사용해서 hotel_review 테이블과 hotel 테이블을 하나의 쿼리로 조회한다.

@ManyToOne 설정 대상에 지연 로딩을 적용하고 싶다면 fetch 속성의 값으로 FetchType.LAZY를 사용하면 된다.

식별자가 1L인 Review 엔티티와 식별자가 2L인 Review 엔티티가 동일한 Hotel 엔티티를 참조한다고 하자. 두 Review 엔티티를 구한 다음에 각 Review 객체가 참조하는 Hotel 객체를 구해보자. 이때 두 Review 객체가 참조하는 Hotel 객체는 동일 객체가 된다. 즉, 다음 코드에서 hotel1과 hotel2는 동일 객체이다.

```
Review review1 = em.find(Review.class, 1L);
Review review2 = em.find(Review.class, 2L);
Hotel hotel1 = review1.getHotel();
Hotel hotel2 = review2.getHotel();
// hotel1 == hotel2는 true
// review1과 review2가 참조하는 Hotel의 식별자가 같다면
// hotel1과 hotel2는 동일 객체이다.
```

이는 즉시 로딩이나 지연 로딩 여부에 상관이 없다. JPA의 영속 컨텍스트는 식별자를 기준으로 엔티티를 저장하고 추적하기 때문에 즉시 로딩을 이용해서 동일한 Hotel 데이터를 두 번 읽어와도 영속 컨텍스트에는 먼저 로딩한 Hotel 엔티티만 존재한다.

04 특정 엔티티와 N:1 연관을 맺은 엔티티 목록 구하기

N:1 연관을 갖는 엔티티에 대해 가장 많이 사용하는 기능 중 하나는 특정 엔티티와 N:1로 연관을 맺은 엔티티의 목록을 구하는 것이다. 예를 들면 호텔의 리뷰를 보기 위해 특정 Hotel 엔티티와 관련된 Review 목록을 구하는 기능이 이에 해당한다.

JPA는 JPQL(JPA Query Language)이라는 쿼리 언어를 이용해서 특정 엔티티 목록을 조회하는 방법을 제공한다. JPQL은 SQL과 비슷한 형태를 가지며 테이블이 아닌 객체 모델을 기준으로 쿼리를 작성한다. [리스트 8.2]는 JPQL을 이용해서 hotel 속성이 지정한 Hotel 엔티티인 Review 엔티티를 구하는 예를 보여주고 있다.

[리스트 8.2] JPQL을 이용한 Review 엔티티 목록 조회

```
01: EntityManager em = EMF.createEntityManager();
02: try {
03:     Hotel hotel = em.find(Hotel.class, "H100-01");
04:     TypedQuery<Review> query = em.createQuery(
05:         "select r from Review r where r.hotel = :hotel " +
06:         "order by r.id desc", Review.class);
```

```
07:     query.setParameter("hotel", hotel);
08:     query.setFirstResult(3);
09:     query.setMaxResults(3);
10:     List<Review> reviews = query.getResultList();
11:     ...
12:   } finally {
13:     em.close();
14:   }
```

위 코드에서 05-06행의 쿼리를 보자. JDBC 프로그램의 PreparedStatement에서 사용하는 SQL과 유사한 것을 알 수 있다. 차이점이 있다면 테이블 대신에 엔티티 타입을 사용한다는 것이다. from 뒤의 'Review'는 Review 엔티티를 의미하며, where 절의 r.hotel은 Review 엔티티의 hotel 속성을 의미한다. 비슷하게 order by 절의 r.id는 Review 엔티티의 id 속성을 의미한다. SQL에 익숙하다면 이 쿼리가 특정 Hotel 엔티티와 연관을 맺은 Review 엔티티를 id 값의 내림차순으로 조회한다는 것을 이해할 수 있을 것이다.

07행은 JPQL 파라미터의 값을 설정한다. 05행의 쿼리에서 사용한 ':hotel'이 JPQL 파라미터에 해당하는데 이 파라미터의 값으로 식별자가 H100-01인 Hotel 객체를 설정하고 있다.

10행은 04-06행에서 생성한 쿼리(TypedQuery)를 실행한다. 이 쿼리를 실행하면 식별자가 H100-01인 Hotel을 참조하는 Review 엔티티 목록을 내림차순으로 담은 List를 리턴한다.

조건에 맞는 모든 엔티티를 조회하지 않고 일부만 조회하기 위해 08-09행처럼 setFirstResult()와 setMaxResults()를 사용했다. 이 두 메서드는 조회할 첫 번째 행과 가져올 최대 개수를 지정한다. 08-09행의 경우 네 번째 행(0번부터 시작)부터 시작해서 세 개의 결과를 가져오도록 설정했다. 따라서 JPQL을 실행한 결과 10개의 Review 엔티티가 where 조건을 충족한다면, 10행의 query.getResultList()는 이 중에서 네 번째부터 세 개의 Review를 갖는 List를 리턴한다.

10행 코드를 실행하는 시점에 사용하는 실제 쿼리는 다음과 같다.(다음 쿼리는 MySQL을 사용했을 때의 쿼리이며, 다른 DBMS를 사용하면 페이징 처리를 위해 다른 쿼리를 사용한다.)

```
select r.id, r.comment, r.hotel_id, r.rate, r.rating_date
from hotel_review r where r.hotel_id=? order by r.id desc limit ?,?
binding parameter [1] as [VARCHAR] - [H100-01]
```

이 쿼리는 hotel_review 테이블에서 hotel_id 칼럼 값이 'H100-01'인 레코드를 조회하는데 이는 식별자가 "H100-01"인 Hotel 엔티티를 참조하는 Review 엔티티를 조회하는 것과 동일한 것을 알 수 있다.

JPA는 문자열로 쿼리를 작성하는 JPQL뿐만 아니라 자바 객체를 이용해서 쿼리를 구성하는 크리테리아(Criteria)도 지원한다. 이 둘에 대한 내용은 각각 13장과 14장에서 다룰 것이다.

05 호텔과 최신 리뷰 조회하는 기능 만들기

앞서 Review와 Hotel을 이용해서 N:1 연관을 설정하고 JPQL을 이용해서 특정 Hotel 엔티티를 참조하는 Review를 구하는 방법을 살펴봤는데, 이를 이용해서 다음의 간단한 기능을 구현해보자.

- 호텔 정보와 최신 리뷰 3개를 조회하는 기능

이 기능을 구현하는데 필요한 클래스를 다음과 같이 구성했다.

- **HotelSummary** : Hotel 정보와 최신 Review 3개를 담는 데이터 클래스
- **GetHotelSummaryService** : 호텔 식별자를 전달받아 그에 해당하는 HotelSummary를 제공하는 서비스 클래스
- **HotelRepository** : Hotel 엔티티에 대한 DB 연동을 처리
- **ReviewRepository** : Review 엔티티에 대한 DB 연동을 처리

먼저 HotelRepository 클래스를 작성하자. HotelRepository 클래스는 [리스트 8.3]과 같이 지정한 식별자에 해당하는 Hotel 엔티티를 찾아서 리턴하는 findOne() 메서드를 제공한다. 11행에서 EntityManager를 구하기 위해 사용하는 EMF 클래스는 5장에서 작성한 것이므로 코드가 궁금하면 5장을 다시 참고한다.

[리스트 8.3] HotelRepository 클래스

```
01: package jpastart.reserve.repository;
02:
03: import jpastart.jpa.EMF;
04: import jpastart.reserve.model.Hotel;
05:
```

```
06: import javax.persistence.EntityManager;
07:
08: public class HotelRepository {
09:
10:     public Hotel find(String id) {
11:         EntityManager em = EMF.currentEntityManager();
12:         return em.find(Hotel.class, id);
13:     }
14:
15: }
```

특정 Hotel 엔티티와 연관된 Review 엔티티 목록을 구할 때 사용할 ReviewRepository 클래스는 [리스트 8.4]와 같다.

[리스트 8.4] ReviewRepository 클래스

```
01: package jpastart.reserve.repository;
02:
03: import jpastart.jpa.EMF;
04: import jpastart.reserve.model.Hotel;
05: import jpastart.reserve.model.Review;
06:
07: import javax.persistence.TypedQuery;
08: import java.util.List;
09:
10: public class ReviewRepository {
11:     public List<Review> findByHotel(Hotel hotel, int startRow, int maxResults) {
12:         TypedQuery<Review> query = EMF.currentEntityManager()
13:             .createQuery("select r from Review r " +
14:                 "where r.hotel = :hotel order by r.id desc", Review.class);
15:         query.setParameter("hotel", hotel);
16:         query.setFirstResult(startRow);
17:         query.setMaxResults(maxResults);
18:         return query.getResultList();
19:     }
20: }
```

13-14행의 JPQL을 보면 특정 Hotel과 연관된 Review만 검색하기 위해 where 절을 사용했고, 최신 순으로 구하기 위해 order by 절을 사용해서 Review의 식별자를 내림차순으로 정렬했다.

HotelSummary 클래스는 [리스트 8.5]와 같은 간단한 데이터 클래스이다.

[리스트 8.5] HotelSummary 클래스

```
01: package jpastart.reserve.application;
02:
03: import jpastart.reserve.model.Hotel;
04: import jpastart.reserve.model.Review;
05:
06: import java.util.List;
07:
08: public class HotelSummary {
09:     private Hotel hotel;
10:     private List<Review> latestReviews;
11:
12:     public HotelSummary(Hotel hotel, List<Review> latestReviews) {
13:         this.hotel = hotel;
14:         this.latestReviews = latestReviews;
15:     }
16:
17:     public Hotel getHotel() {
18:         return hotel;
19:     }
20:
21:     public List<Review> getLatestReviews() {
22:         return latestReviews;
23:     }
24: }
```

이제 남은 클래스는 GetHotelSummaryService 클래스이다. 이 클래스는 앞서 작성한 두 개의 리포지토리를 사용해서 필요한 엔티티를 구하고 이 엔티티를 이용해서 생성한 HotelSummary 객체를 리턴한다. 구현 코드는 [리스트 8.6]과 같다.

[리스트 8.6] GetHotelSummaryService 클래스

```
01: package jpastart.reserve.application;
02:
03: import jpastart.jpa.EMF;
04: import jpastart.reserve.model.Hotel;
05: import jpastart.reserve.model.Review;
06: import jpastart.reserve.repository.HotelRepository;
07: import jpastart.reserve.repository.ReviewRepository;
08:
09: import java.util.List;
10:
11: public class GetHotelSummaryService {
12:
13:     private HotelRepository hotelRepository = new HotelRepository();
```

```
14:    private ReviewRepository reviewRepository = new ReviewRepository();
15:
16:    public HotelSummary getHotelSummary(String hotelId) {
17:        try {
18:            Hotel hotel = hotelRepository.find(hotelId);
19:            if (hotel == null) throw new HotelNotFoundException();
20:            List<Review> latestReviews =
21:                reviewRepository.findByHotel(hotel, 0, 3);
22:            return new HotelSummary(hotel, latestReviews);
23:        } finally {
24:            EMF.closeCurrentEntityManager();
25:        }
26:    }
27: }
```

19행은 지정한 식별자를 갖는 Hotel 엔티티가 존재하지 않을 때 익셉션을 발생시키는데, 이 익셉션은 [리스트 8.7]과 같은 간단한 RuntimeException이다.

[리스트 8.7] HotelNotFoundException 클래스

```
01: package jpastart.reserve.application;
02:
03: public class HotelNotFoundException extends RuntimeException {
04: }
```

이제 간단한 메인 클래스를 작성해서 호텔 정보를 출력하는 프로그램을 만들어보자. 코드는 [리스트 8.8]과 같다. 코드가 다소 길다. 차분히 읽어보자.

[리스트 8.8] HotelMain 클래스

```
01: package jpastart.main;
02:
03: import jpastart.jpa.EMF;
04: import jpastart.reserve.application.GetHotelSummaryService;
05: import jpastart.reserve.application.HotelNotFoundException;
06: import jpastart.reserve.application.HotelSummary;
07: import jpastart.reserve.model.Hotel;
08: import jpastart.reserve.model.Review;
09:
10: import java.io.BufferedReader;
11: import java.io.IOException;
12: import java.io.InputStreamReader;
13: import java.util.List;
14:
15: public class HotelMain {
16:     private static GetHotelSummaryService hotelSummaryService =
```

```
17:            new GetHotelSummaryService();
18:
19:    public static void main(String[] args) throws IOException {
20:        EMF.init();
21:
22:        BufferedReader reader =
23:            new BufferedReader(new InputStreamReader(System.in));
24:        try {
25:            while (true) {
26:                System.out.println("명령어를 입력하세요:");
27:                String line = reader.readLine();
28:                String[] commands = line.split(" ");
29:                if (commands[0].equalsIgnoreCase("exit")) {
30:                    System.out.println("종료합니다");
31:                    break;
32:                } else if (commands[0].equalsIgnoreCase("view")) {
33:                    handleViewCommand(commands);
34:                } else {
35:                    System.out.println("올바른 명령어를 입력하세요.");
36:                }
37:                System.out.println("----");
38:            }
39:        } finally {
40:            EMF.close();
41:        }
42:    }
43:
44:    private static void handleViewCommand(String[] commands) {
45:        if (commands.length == 1) {
46:            printHelp();
47:        } else {
48:            String hotelId = commands[1];
49:            try {
50:                HotelSummary hotelSummary =
51:                    hotelSummaryService.getHotelSummary(hotelId);
52:                Hotel hotel = hotelSummary.getHotel();
53:                System.out.printf("ID: %s\n이름: %s\n등급: %s\n",
54:                    hotel.getId(), hotel.getName(), hotel.getGrade().name());
55:                List<Review> reviews = hotelSummary.getLatestReviews();
56:                if (reviews.isEmpty()) {
57:                    System.out.println("* 리뷰 없음");
58:                } else {
59:                    reviews.forEach(review ->
60:                        System.out.printf(
61:                            "리뷰 점수: %d, 내용: %s\n",
62:                            review.getRate(), review.getComment())
```

```
63:                    );
64:                }
65:            } catch (HotelNotFoundException e) {
66:                System.out.printf("호텔[%s] 정보가 없습니다.\n", hotelId);
67:            }
68:        }
69:    }
70:
71:    private static void printHelp() {
72:        System.out.println("사용법: view 호텔ID");
73:    }
74: }
```

32-33행 콘솔에 입력한 명령어가 view이면 handleViewCommand() 메서드를 실행한다.

44-46행 view 명령어 뒤에 호텔 식별자가 없으면 printHelp()를 실행해서 도움말을 출력한다.

50-64행 50-51행에서 hotelSummaryService를 이용해 입력한 식별자에 해당하는 호텔 정보를 구한다. Hotel 객체가 존재하면 53-54행에서 Hotel 객체의 정보를 출력하고 56-64행에서 Hotel 객체와 관련된 최신 Review를 출력한다.

65-66행 50-51행에서 지정한 호텔 정보가 존재하지 않아 익셉션이 발생하면 알맞은 안내 정보를 출력한다.

핵심 코드는 50-51행에 있다. HotelMain을 실행하고 콘솔에 view 명령어를 입력하면 44행의 handleViewCommand() 메서드를 실행한다. 이 메서드는 입력한 식별자를 이용해서 호텔 정보를 콘솔에 출력한다.

hotel 테이블과 hotel_review 테이블에 알맞게 데이터를 추가한 뒤에 HotelMain 클래스를 실행해보자. 콘솔에 view 명령어를 입력하면 호텔 정보 유무에 따라 [그림 8.3]과 같이 콘솔에 관련 내용이 출력되는 것을 확인할 수 있다.

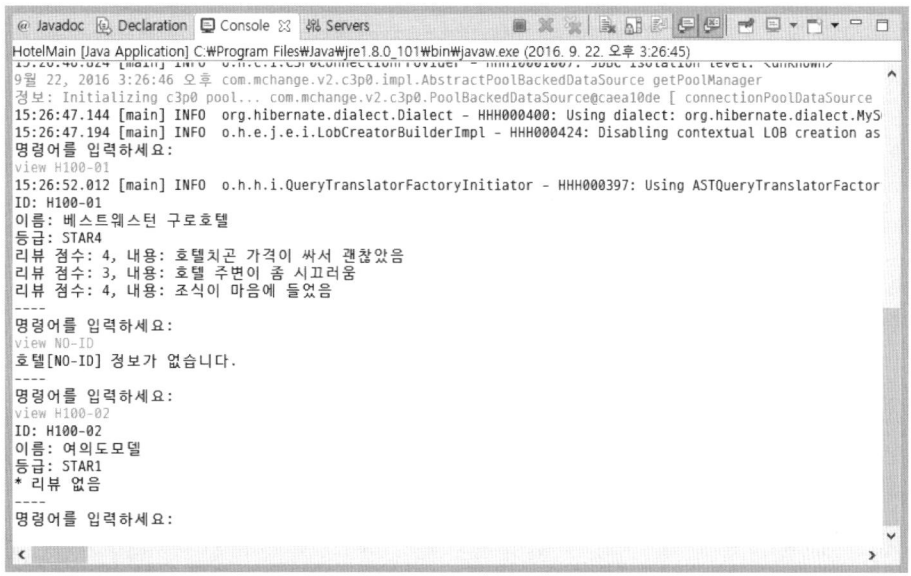

[그림 8.3] HotelMain 클래스의 실행 화면

PART 02 연관 매핑

값의 콜렉션 매핑   CHAPTER 09

[이 장에서 다룰 내용]
- 단순 값 콜렉션
- 밸류 콜렉션
- List, Set, Map 매핑
- 정렬 지원 콜렉션 타입

01 값 콜렉션

JPA는 String, Int와 같은 단순 값에 대한 콜렉션을 지원한다. 예를 들면, 다음과 같이 엔티티의 속성 타입으로 List를 사용할 수 있다.

```
@Entity
public class Itinerary {

    …매핑 설정 생략
    private List<String> sites; // 콜렉션에 대한 매핑 지원
```

또한 @Embeddable로 설정한 밸류 값에 대한 콜렉션도 매핑할 수 있다.

JPA가 지원하는 콜렉션 타입은 다음과 같다.

- List : 인덱스 기반의 순서가 있는 값 목록
- Set : 중복을 허용하지 않는 집합
- Map : (키, 값) 쌍을 갖는 맵
- Collection : 중복을 허용하는 집합

하이버네이트는 이 네 개 타입 외에 추가로 정렬된 Set과 Map을 지원한다. 이 책에서는 주로 사용하는 List, Set, Map의 매핑 방법에 대해 살펴보고 추가로 정렬로 값을 읽어오는 Set과 Map에 대해 살펴본다.

02 단순 값 List 매핑

유적지 관광객을 위한 하루 이동 경로 목록을 제공하기 위한 모델을 생각해보자. 관광 경로 정보를 담기 위한 클래스는 [그림 9.1]의 Itinerary 클래스로 표현할 수 있을 것이다.

```
┌─────────────────────┐
│      Itinerary      │
├─────────────────────┤
│ -id : Long          │
│ -name : String      │
│ -description : String│
│ -sites : List<String>│
└─────────────────────┘
```

[그림 9.1] 관광 경로를 제공할 Itinerary 클래스

Itinerary 클래스는 차례대로 이동할 관광지 목록을 저장하기 위해 String 타입 List인 sites 속성을 정의하고 있다. Itinerary 엔티티 클래스를 DB에 매핑하려면 [그림 9.2]와 같이 두 개의 테이블을 사용한다.

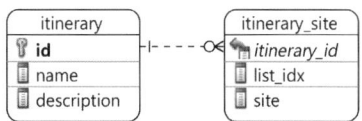

[그림 9.2] Itinerary 엔티티를 매핑하기 위한 테이블

itinerary_site 테이블은 Itinerary 클래스의 sites 속성에 포함된 문자열 리스트를 저장한다. 이 테이블의 세 칼럼은 다음과 같다.

- itinerary_id 칼럼 : 값이 속할 엔티티의 식별자
- list_idx 칼럼 : 리스트의 인덱스
- site 칼럼 : 값

list_idx 칼럼은 sites 리스트에 보관된 값의 인덱스를 의미한다. 예를 들어, 식별자가 1L인 Itinerary 엔티티의 sites 속성이 다음과 같이 4개의 String 값을 갖는다고 하자.

```
List<String> sites = Arrays.asList("경복궁", "청계천", "명동", "인사동");
Itinerary it1 = new Itinerary("이름", "설명", sites);
```

이때 it1에 해당하는 데이터를 저장한 itinerary_site 테이블은 [표 9.1]과 같은 데이터를 갖는다.

표 9.1 List 타입의 값을 별도 테이블에 저장할 때의 데이터 구성

itinerary_id	list_idx	site
1	0	경복궁
1	1	청계천
1	2	명동
1	3	인사동

Itinerary 클래스와 두 테이블(itinerary 테이블과 itinerary_site 테이블) 사이의 매핑은 @ElementCollection 애노테이션을 사용한다. 이 애노테이션의 설정 예는 [리스트 9.1]과 같다.

[리스트 9.1] @ElementCollection 애노테이션을 이용한 단순 값 List 매핑 설정

```java
01: package jpastart.guide.model;
02:
03: import javax.persistence.*;
04: import java.util.*;
05:
06: @Entity
07: public class Itinerary {
08:     @Id
09:     @GeneratedValue(strategy = GenerationType.IDENTITY)
10:     private Long id;
11:     private String name;
12:     private String description;
13:
14:     @ElementCollection
15:     @CollectionTable(
16:         name = "itinerary_site",
17:         joinColumns = @JoinColumn(name = "itinerary_id"))
18:     @OrderColumn(name = "list_idx")
19:     @Column(name = "site")
20:     private List<String> sites;
21:
22:     public Itinerary() {}
23:
24:     public Itinerary(String name, String description, List<String> sites) {
25:         this.name = name;
26:         this.description = description;
27:         this.sites = sites != null ? sites : new ArrayList<>();
28:     }
29:
30:     …getter 메서드 생략
31:
32:     public List<String> getSites() {
33:         return sites;
34:     }
35:     public void changeSites(List<String> sites) {
36:         this.sites = sites;
37:     }
38:
39:     public void clearSites() {
40:         sites.clear();
41:     }
42: }
```

14행   @ElementCollection 애노테이션은 매핑 대상이 값 콜렉션임을 지정한다. 단순 값이나 @Embeddable 타입에 대한 콜렉션 매핑을 설정한다.

15-17행 @CollectionTable 애노테이션은 콜렉션을 저장할 때 사용할 테이블을 지정한다.

- name 속성 : 콜렉션 테이블 이름을 지정한다.
- joinColumns 속성 : 콜렉션 테이블에서 엔티티 테이블을 참조할 때 사용할 칼럼 이름을 지정한다.

name 속성을 지정하지 않으면 '엔티티이름_속성이름'을 콜렉션 테이블 이름으로 사용한다. 위 매핑의 경우 name 속성을 지정하지 않으면 'itinerary_sites'를 콜렉션 테이블 이름으로 사용한다.

joinColumns 속성을 생략하면 '엔티티이름_주요키칼럼이름'을 사용한다.

18행 @OrderColumn 애노테이션은 콜렉션 테이블에서 리스트의 인덱스 값을 저장할 칼럼 이름을 지정한다. 이 코드에서는 itinerary_site 테이블의 list_idx 칼럼을 사용한다. @OrderColumn을 지정하지 않으면 '속성이름_index' 칼럼을 사용한다.

19행 sites 콜렉션의 개별 String 값을 저장할 칼럼을 지정한다.

애노테이션이 다수 출현해서 다소 복잡해 보이지만 차분히 코드를 보면 어렵지 않다. 다음과 같이 코드를 읽으면 된다.

- @ElementCollection : sites 속성은 값을 저장하는 콜렉션인데
- @CollectionTable : 콜렉션 값은 itinerary_site 테이블에 저장하고, 이때 콜렉션이 속할 엔티티의 식별자를 itinerary_id 칼럼에 저장하고,
- @OrderColumn : sites 속성은 List 콜렉션인데 리스트의 인덱스 값은 list_idx 칼럼에 저장한다.

2.1 List의 저장과 조회

이제 Itinerary 객체를 저장하면 콜렉션에 보관된 값을 @CollectionTable로 지정한 테이블에 저장한다. 다음 코드를 보자.

```
em.getTransaction().begin();
List<String> sitess = Arrays.asList("경복궁", "청계천", "명동", "인사동");
Itinerary itinerary = new Itinerary("광화문-종로 인근", "설명", sitess);
em.persist(itinerary);
em.getTransaction().commit();
```

이 코드는 다음과 같은 쿼리를 실행한다.(하이버네이트는 물음표를 포함한 쿼리와 바인딩 파라미터 값을 로그로 출력하는데 간결한 표시를 위해 값을 쿼리에 직접 표시했다.)

```
insert into Itinerary (description, name) values ('설명', '광화문-종로 인근')

insert into itinerary_site (itinerary_id, list_idx, site) values (2, 0, '경복궁')
insert into itinerary_site (itinerary_id, list_idx, site) values (2, 1, '청계천')
insert into itinerary_site (itinerary_id, list_idx, site) values (2, 2, '명동')
insert into itinerary_site (itinerary_id, list_idx, site) values (2, 3, '인사동')
```

쿼리 결과를 보면 sites 속성에 저장된 각 값의 인덱스 값을 list_idx 칼럼에 저장하는 것을 알 수 있다.

@ElementCollection 애노테이션의 fetch 속성은 기본값이 FetchType.LAZY이다. 따라서, 다음 코드에서 실제 sites 콜렉션의 데이터에 처음 접근하는 sites.get(0) 코드를 실행하는 시점에 itinerary_site 테이블에서 데이터를 읽어와 콜렉션을 생성한다.

```
Itinerary itinerary = em.find(Itinerary.class, primaryKey);
// select …생략 from Itinerary where id=? 쿼리 실행

List<String> sites = itinerary.getSites();

// 실제 데이터 접근시 itinerary_site 테이블 조회
// select …생략 from itinerary_site where itinerary_id=? 쿼리 실행
String firstSite = sites.get(0);
```

엔티티 조회 시점에 @ElementCollection으로 지정한 콜렉션도 함께 조회하고 싶다면 다음과 같이 fetch 속성을 FetchType.EAGER로 설정하면 된다.

```
@Entity
public class Itinerary {
    ...
    @ElementCollection(fetch = FetchType.EAGER)
    @CollectionTable(
        name = "itinerary_site",
        joinColumns = @JoinColumn(name = "itinerary_id"))
    @OrderColumn(name = "list_idx")
    @Column(name = "site")
    private List<String> sites;
```

fetch 속성을 FetchType.EAGER로 설정한 뒤에 em.find(Itinerary.class, id) 코드를 실행하면 다음과 같이 조인을 이용해서 한 번의 쿼리 실행으로 두 테이블을 조회한다.

```
select i.id, i.description, i.name, s.itinerary_id, s.site, s.list_idx
from Itinerary i left outer join itinerary_site s on i.id=s.itinerary_id where i.id=?
```

2.2 List 변경

컬렉션을 변경하면 관련 테이블의 데이터도 함께 변경한다. [리스트 9.1]에서 작성한 Itinerary 클래스는 다음의 두 가지 방법으로 sites 컬렉션의 값을 변경할 수 있다.

- changeSites() 메서드를 이용해서 sites 속성에 새로운 컬렉션 할당
- getSites() 메서드로 구한 컬렉션을 수정

먼저 changeSites()를 이용해보자. 다음 코드는 Itinerary 엔티티 객체를 구한 뒤에 새로운 리스트 객체를 changeSites()에 전달하고 있다.

```
em.getTransaction().begin();
Itinerary itinerary = em.find(Itinerary.class, 1L);
List<String> sites = Arrays.asList("정림사지", "궁남지", "부여박물관");
itinerary.changeSites(sites); // itinerary의 sites 필드를 변경
em.getTransaction().commit();
```

이 코드는 커밋 시점에 다음의 쿼리를 실행한다.

```
// 기존 컬렉션 데이터를 삭제
delete from itinerary_site where itinerary_id=?

// 새로운 컬렉션 데이터를 추가
insert into itinerary_site (itinerary_id, list_idx, site) values (?, ?, ?)
insert into itinerary_site (itinerary_id, list_idx, site) values (?, ?, ?)
insert into itinerary_site (itinerary_id, list_idx, site) values (?, ?, ?)
```

실행한 쿼리를 보면 먼저 delete 쿼리를 이용해서 기존 컬렉션 데이터를 삭제한 뒤에 insert 쿼리를 이용해서 새로운 컬렉션의 데이터를 추가하는 것을 알 수 있다.

다음 코드처럼 컬렉션의 일부만 변경하면 어떻게 될까?

```
em.getTransaction().begin();
Itinerary itinerary = em.find(Itinerary.class, 1L);
List<String> sites = itinerary.getSites();
sites.set(1, "낙화암-금강 유람선");
```

```
sites.add("백제문화단지");
em.getTransaction().commit();
```

위 코드에서 sites에 보관된 데이터가 [부소산성, 낙화암, 정림사지, 궁남지]라고 할 때 [그림 9.3]과 같은 쿼리를 실행해서 기존 콜렉션 테이블의 데이터를 변경한다.

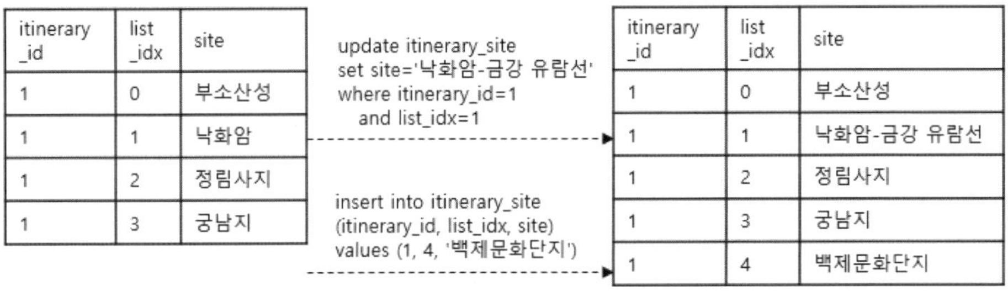

itinerary_id	list_idx	site
1	0	부소산성
1	1	낙화암
1	2	정림사지
1	3	궁남지

update itinerary_site set site='낙화암-금강 유람선' where itinerary_id=1 and list_idx=1

insert into itinerary_site (itinerary_id, list_idx, site) values (1, 4, '백제문화단지')

itinerary_id	list_idx	site
1	0	부소산성
1	1	낙화암-금강 유람선
1	2	정림사지
1	3	궁남지
1	4	백제문화단지

[그림 9.3] 콜렉션의 값을 변경하면 알맞은 쿼리를 실행해서 콜렉션 테이블을 변경한다.

[그림 9.3]을 보면 기존 항목을 변경하면 update 쿼리를 실행하고 새로 추가하면 insert 쿼리를 실행한 것을 알 수 있다. 다음과 같이 한 요소를 삭제하면 어떻게 될까?

```
em.getTransaction().begin();
Itinerary itinerary = em.find(Itinerary.class, 1L);
List<String> sites = itinerary.getSites();
sites.remove(1);
em.getTransaction().commit();
```

이때 실행하는 쿼리는 [그림 9.4]와 같다.

itinerary_id	list_idx	site
1	0	부소산성
1	1	낙화암
1	2	정림사지
1	3	궁남지

update itinerary_site set site='정림사지' where itinerary_id=1 and list_idx=1

update itinerary_site set site='궁남지' where itinerary_id=1 and list_idx= 2

delete from itinerary_site where itinerary_id=1 and list_idx=3

itinerary_id	list_idx	site
1	0	부소산성
1	1	정림사지
1	2	궁남지

[그림 9.4] 콜렉션에서 한 항목을 삭제했을 때 실행하는 쿼리

[그림 9.4]를 보면 콜렉션의 길이가 4에서 3으로 줄어들었기 때문에, 뒤에 위치한 데이터를 삭제하고 기존 데이터의 값을 알맞게 변경하고 있다.

2.3 List 전체 삭제

컬렉션의 데이터를 삭제하려면 다음과 같이 컬렉션의 clear() 메서드를 사용하면 된다.

```
em.getTransaction().begin();
Itinerary itinerary = em.find(Itinerary.class, 1L);
itinerary.clearSites(); // sites.clear() 실행, [리스트 9.1]의 clearSites() 메서드 참고
em.getTransaction().commit();
```

이 코드는 다음과 같은 delete 쿼리를 실행해서 컬렉션 테이블에서 엔티티와 연관된 데이터를 삭제한다.

```
delete from itinerary_site where itinerary_id=1
```

컬렉션 데이터를 삭제하는 또 다른 방법은 컬렉션에 null을 할당하는 것이다. 컬렉션에 null을 할당해도 동일한 delete 쿼리를 실행한다.

```
em.getTransaction().begin();
Itinerary itinerary = em.find(Itinerary.class, 1L);
itinerary.changeSites(null);
em.getTransaction().commit();
```

두 방식 모두 동일한 결과를 만들지만 clear() 메서드가 삭제라는 의미를 더 잘 드러내므로 null을 할당하는 방식보다는 clear() 메서드를 사용할 것을 권장한다.

03 밸류 객체 List 매핑

앞서 Itinerary 클래스는 이동 경로를 저장할 때 단순한 String 타입 값을 사용했다. 그런데 장소 이름뿐만 아니라 대략의 관광 시간도 함께 포함한 이동 경로를 제공하고 싶다면 어떻게 해야 할까? 관광지 이름과 관광 시간을 함께 표현하려면 String 타입 대신에 다음의 밸류 타입을 사용해야 한다.

```
public class SiteInfo {
    private String site;
    private int time;
    ...
}

public class Itinerary {
    ...
    private List<SiteInfo> sites;
    ...
}
```

단순 값 타입 콜렉션 대신 밸류 객체 콜렉션을 갖는 경우에도 DB 테이블 구조는 동일하다. SiteInfo 클래스는 두 개의 데이터(site, time)를 가지므로 [그림 9.5]와 같이 콜렉션 테이블에 두 데이터를 갖기 위한 칼럼을 추가하면 된다.

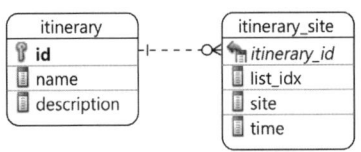

[그림 9.5] 밸류 콜렉션을 저장하기 위한 테이블 구조

@Embeddable 애노테이션을 사용해서 밸류 타입을 매핑한 것을 기억할 것이다. 콜렉션에 저장할 밸류도 @Embeddable 애노테이션을 사용해서 매핑한다. SiteInfo 클래스를 콜렉션의 값으로 사용할 수 있게 설정한 클래스는 [리스트 9.2]와 같다.

[리스트 9.2] @Embeddable로 매핑한 SiteInfo 클래스

```
01: package jpastart.guide.model;
02:
03: import javax.persistence.Embeddable;
04:
05: @Embeddable
06: public class SiteInfo {
07:     private String site;
08:     private int time;
09:
10:     public SiteInfo() {
11:     }
12:
13:     public SiteInfo(String site, int time) {
14:         this.site = site;
15:         this.time = time;
16:     }
17:
```

```
18:    public String getSite() {
19:        return site;
20:    }
21:
22:    public int getTime() {
23:        return time;
24:    }
25: }
```

SiteInfo 클래스의 두 필드에 @Column 매핑을 설정하지 않았으므로 두 필드는 동일한 이름을 갖는 필드에 매핑된다.

SiteInfo 클래스를 리스트의 값으로 사용하는 Itinerary 클래스의 매핑 설정은 [리스트 9.3]과 같다.

[리스트 9.3] SiteInfo를 리스트의 값으로 사용하는 Itinerary 클래스 매핑

```
01: @Entity
02: public class Itinerary {
03:     @Id
04:     @GeneratedValue(strategy = GenerationType.IDENTITY)
05:     private Long id;
06:     private String name;
07:     private String description;
08:
09:     @ElementCollection
10:     @CollectionTable(
11:         name = "itinerary_site",
12:         joinColumns = @JoinColumn(name = "itinerary_id"))
13:     @OrderColumn(name = "list_idx")
14:     private List<SiteInfo> sites;
15:
16:     public Itinerary() {}
17:
18:     public Itinerary(String name, String description, List<SiteInfo> sites) {
19:         this.name = name;
20:         this.description = description;
21:         this.sites = sites != null ? sites : new ArrayList<>();
22:     }
23:
24:     ...getter 등 메서드 생략
```

앞서 [리스트 9.1]과 비교해보면 @Column이 없는 것을 제외하면 나머지 설정은 [리스트 9.1]의 설정과 동일한 것을 알 수 있다.

동작 방식은 단순 값 리스트의 매핑과 동일하다. 요약하면 다음과 같다.

- 엔티티를 저장하면 커밋 시점에 리스트의 값을 저장하기 위한 insert 쿼리를 함께 실행한다.
- @ElementCollection의 fetch 속성의 기본값은 LAZY이다. EAGER로 설정하지 않으면 처음 콜렉션의 데이터에 접근하는 시점에 콜렉션 테이블에서 데이터를 조회한다.
- 콜렉션에서 특정 항목을 변경하거나 삭제하면 알맞은 update, insert, delete 쿼리를 실행해서 변경 내역을 반영한다.
- 새로운 리스트 객체를 할당하면 delete 쿼리로 콜렉션 테이블에서 기존 데이터를 삭제하고, insert 쿼리를 실행해서 새로 할당한 콜렉션의 데이터를 추가한다.
- List의 clear() 메서드를 실행하거나 null을 할당하면 delete 쿼리를 이용해서 콜렉션 테이블에서 엔티티와 연관된 데이터를 삭제한다.

@Embeddable로 매핑한 클래스의 칼럼 이름 대신 다른 칼럼 이름을 사용하고 싶다면 4장에서 설명한 @AttributeOverride 애노테이션이나 @AttributeOverrides 애노테이션을 사용하면 된다. 다음은 사용 예이다.

```java
@Entity
public class Itinerary {
    @Id
    @GeneratedValue(strategy = GenerationType.IDENTITY)
    private Long id;
    private String name;
    private String description;

    @ElementCollection
    @CollectionTable(
        name = "itinerary_site",
        joinColumns = @JoinColumn(name = "itinerary_id"))
    @OrderColumn(name = "list_idx")
    @AttributeOverride(name = "site", column = @Column(name = "site_name"))
    private List<SiteInfo> sites;
```

04 List 요소와 null

다음 코드를 보자. 이 코드는 getSites()로 구한 List 객체의 두 번째 항목을 null로 설정하고 있다.

```
em.getTransaction().begin();
Itinerary itinerary = em.find(Itinerary.class, 1L);
itinerary.getSites().set(1, null);
em.getTransaction().commit();
```

List의 전체 길이가 4라고 할 때 커밋 시점에 실행하는 쿼리는 다음과 같다.

```
delete from itinerary_site where itinerary_id=? and list_idx=?
binding parameter [2] as [INTEGER] - [1]
binding parameter [1] as [BIGINT] - [1]
```

이 쿼리를 실행하면 컬렉션 테이블의 데이터는 [그림 9.6]과 같이 바뀐다.

itinerary_id	list_idx	site
1	0	부소산성
1	1	낙화암
1	2	정림사지
1	3	궁남지

delete from itinerary_site where itinerary_id=1 and list_idx=1

itinerary_id	list_idx	site
1	0	부소산성
1	2	정림사지
1	3	궁남지

[그림 9.6] 컬렉션 테이블에서 null로 할당한 항목 삭제

이 상태에서 엔티티에 속한 리스트 데이터를 구해보자. 이 경우, sites 필드는 2번째 항목이 null이고 길이가 4인 리스트가 된다.

```
Itinerary itinerary = em.find(Itinerary.class, 1L);
List<String> sites = itinerary.getSites();
sites.size() == 4;      // true
sites.get(1) == null; // true
```

특정 인덱스에 해당하는 레코드가 존재하지 않으면 하이버네이트는 그 항목에 해당하는 값이 null인 리스트를 생성한다. 실제 리스트는 컬렉션 테이블에 보관된 인덱스 값 중 최대값을 기준으로 생성하므로, 특정 엔티티와 관련된 인덱스의 최대값이 3이면 길이가 4인 리스트를 생성한다.

05 단순 값 Set 매핑

집합은 중복을 허용하지 않는 콜렉션이다. 자바는 java.util.Set 타입을 이용해서 집합을 지원하는데, JPA는 Set 타입을 이용한 집합 매핑을 지원한다. 집합에 대한 예로 사용자마다 관심사를 위한 키워드를 등록할 수 있다고 하자. 이를 위해 User 클래스에 다음과 같이 Set 타입의 필드를 추가할 수 있을 것이다.

```java
public class User {
    private String email;
    ...
    private Set<String> keywords = new HashSet<>();

    public Set<String> getKeywords() {
        return keywords;
    }
    public void setKeywords(Set<String> keywords) {
        this.keywords = keywords;
    }
}
```

Set 타입의 단순 값 콜렉션을 저장하기 위한 콜렉션 테이블은 [그림 9.7]의 user_keyword 테이블과 같이 두 개의 칼럼을 갖는다.

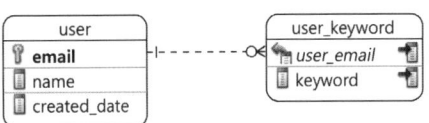

[그림 9.7] Set 타입의 단순 값 콜렉션을 저장하기 위한 테이블

user_email 칼럼은 엔티티의 식별자를 값으로 가지며, keyword는 집합에 포함될 값을 갖는다.

User 객체의 keywords 필드가 다음 코드와 같은 값을 갖는다고 하자.

```java
Set<String> keywords = new HashSet<>();
keywords.add("역사");
keywords.add("유적");
keywords.add("전통음식");
user.setKeywords(keywords);
```

이때 user_keyword 테이블은 [표 9.2]와 같은 데이터를 갖는다.(위 코드에서 user 엔티티의 email이 user@email.com이라고 가정한다.)

표 9.2 Set 타입의 값을 별도 테이블에 저장할 때의 데이터 구성

user_email	keyword
user@email.com	역사
user@email.com	유적
user@email.com	전통음식

User 클래스와 두 테이블(user 테이블과 user_keyword 테이블) 사이의 매핑은 @ElementCollection 애노테이션을 사용한다. 설정 예는 [리스트 9.4]와 같다.

[리스트 9.4] @ElementCollection 애노테이션을 이용한 단순 값 Set 매핑 설정

```
01: package jpastart.reserve.model;
02:
03: import javax.persistence.*;
04: import java.util.Date;
05: import java.util.HashSet;
06: import java.util.Set;
07:
08: @Entity
09: @Table(name = "user")
10: public class User {
11:
12:     @Id @Basic
13:     private String email;
14:     @Basic private String name;
15:
16:     @Basic @Temporal(TemporalType.TIMESTAMP)
17:     @Column(name = "create_date")
18:     private Date createDate;
19:
20:     @ElementCollection
21:     @CollectionTable(
22:         name = "user_keyword",
23:         joinColumns = @JoinColumn(name = "user_email"))
24:     @Column(name = "keyword")
25:     private Set<String> keywords = new HashSet<>();
26:
27:     protected User() {
28:     }
29:
30:     public User(String email, String name, Date createDate) {
31:         this.email = email;
```

```
32:        this.name = name;
33:        this.createDate = createDate;
34:    }
35:
36:    …//getter 등 메서드
37:
38:    public Set<String> getKeywords() {
39:        return keywords;
40:    }
41:
42:    public void setKeywords(Set<String> keywords) {
43:        this.keywords = keywords;
44:    }
45: }
```

@OrderColumn 애노테이션을 사용하지 않는 것을 제외하면 List 타입의 단순 값을 매핑할 때와 동일한 애노테이션을 사용한 것을 알 수 있다.

5.1 Set의 저장과 조회

이제 User 객체를 저장하면 @CollectionTable로 지정한 테이블에 Set에 보관된 값을 함께 저장한다. 다음 코드를 보자. 이 코드는 "역사", "유적", "전통음식"을 값으로 갖는 Set을 생성하고, 그 값을 user의 keywords로 전달하고 있다.

```
em.getTransaction().begin();
User user = new User("user@email.com", "사용자", new Date());
Set<String> keywords = new HashSet<>();
keywords.add("역사");
keywords.add("유적");
keywords.add("전통음식");
user.setKeywords(keywords);
em.persist(user);
em.getTransaction().commit();
```

이 코드는 다음 쿼리를 실행해서 user_keyword 테이블에 Set의 값을 저장한다.

```
insert into user_keyword (user_email, keyword) values (?, ?)
binding parameter [1] as [VARCHAR] - [user@email.com]
binding parameter [2] as [VARCHAR] - [역사]
insert into user_keyword (user_email, keyword) values (?, ?)
binding parameter [1] as [VARCHAR] - [user@email.com]
```

```
binding parameter [2] as [VARCHAR] - [유적]
insert into user_keyword (user_email, keyword) values (?, ?)
binding parameter [1] as [VARCHAR] - [user@email.com]
binding parameter [2] as [VARCHAR] - [전통음식]
```

실행 쿼리를 보면 insert 쿼리를 이용해서 keywords 집합에 보관된 값을 user_keyword 테이블에 추가하는 것을 알 수 있다.

@ElementCollection 애노테이션의 fetch 속성은 기본값이 FetchType.LAZY이다. 따라서, 다음 코드에서 keywords 콜렉션의 데이터에 처음 접근하는 for 구문을 실행하는 시점에 user_keyword 테이블에서 데이터를 읽어와 콜렉션을 생성한다.

```
User user = em.find(User.class, email);
// select …생략 from user where email=? 쿼리 실행

Set<String> keywords = user.getKeywords();

// 실제 데이터 접근시 user_keyword 테이블 조회
// select …생략 from user_keyword where user_email=? 쿼리 실행
for (String keyword : keywords) {
    …keyword 사용
}
```

엔티티 조회 시점에 @ElementCollection으로 지정한 콜렉션도 함께 조회하고 싶다면 List의 경우와 마찬가지로 fetch 속성을 FetchType.EAGER로 설정하면 된다. fetch 속성을 FetchType.EAGER로 설정한 뒤에 em.find(User.class, id) 코드를 실행하면 다음과 같이 조인을 이용해서 한 번의 쿼리 실행으로 두 테이블을 조회한다.

```
select u.email, u.create_date, u.name, k.user_email, k.keyword
from user u left outer join user_keyword k on u.email=k.user_email where u.email=?
```

5.2 Set의 변경

다음 코드를 보자.

```
em.getTransaction().begin();
User user = em.find(User.class, email);
Set<String> keywords = user.getKeywords();
keywords.remove("서울");
```

```
keywords.add("한성");
em.getTransaction().commit();
```

이 코드는 keywords 집합에 있는 기존 값 중에 "서울"을 삭제하고 새로운 값인 "한성"을 추가하고 있다. 이 코드를 실행하면 커밋 시점에 다음의 쿼리를 실행해서 집합의 변경 내역을 DB 테이블에 반영한다.

```
delete from user_keyword where user_email=? and keyword=?
binding parameter [1] as [VARCHAR] - [gildong@dooly.net]
binding parameter [2] as [VARCHAR] - [서울]
insert into user_keyword (user_email, keyword) values (?, ?)
binding parameter [1] as [VARCHAR] - [gildong@dooly.net]
binding parameter [2] as [VARCHAR] - [한성]
```

전체 Set의 값을 다시 설정하고 싶다면 다음 코드처럼 새로운 Set을 할당한다.

```
em.getTransaction().begin();
User user = em.find(User.class, email);
Set<String> keywords = new HashSet<>();
keywords.add("한성");
keywords.add("부여");
user.setKeywords(keywords); // 새로운 set을 할당
em.getTransaction().commit();
```

이 코드를 실행하면 다음과 같이 delete 쿼리를 실행해서 엔티티와 연관된 데이터를 삭제하고 insert 쿼리를 실행해서 새로 할당한 Set에 포함된 값을 새롭게 추가한다.

```
delete from user_keyword where user_email=?
binding parameter [1] as [VARCHAR] - [gildong@dooly.net]
insert into user_keyword (user_email, keyword) values (?, ?)
binding parameter [1] as [VARCHAR] - [gildong@dooly.net]
binding parameter [2] as [VARCHAR] - [부여]
insert into user_keyword (user_email, keyword) values (?, ?)
binding parameter [1] as [VARCHAR] - [gildong@dooly.net]
binding parameter [2] as [VARCHAR] - [한성]
```

아래 코드처럼 Set의 clear() 메서드를 실행해서 모두 삭제한 뒤에 add() 메서드로 추가해도 동일한 결과를 얻을 수 있다.

```
em.getTransaction().begin();
User user = em.find(User.class, email);
Set<String> keywords = user.getKeywords();
keywords.clear(); // 기존 Set의 데이터를 삭제하고
keywords.add("한성"); // 새롭게 추가
keywords.add("부여");
em.getTransaction().commit();
```

단, 새로운 Set을 할당할 때와 실행하는 쿼리에 차이가 있다. clear() 메서드로 집합을 모두 지우고 add() 메서드로 집합에 새 데이터를 추가하는 경우에는 전체 Set을 삭제하기 위한 delete 쿼리를 실행하지 않는다. 대신에 기존 Set의 값과 비교해서 삭제된 요소만 delete 쿼리로 삭제하고 새로 추가된 요소만 insert 쿼리로 추가한다. 예를 들어, 기존에 keywords 데이터가 [서울, 부여, 경주]였다고 하자. 이 경우 위 코드를 실행하면 다음의 쿼리를 실행해서 user_keyword 테이블에 변경 내역을 반영한다.

```
delete from user_keyword where user_email=? and keyword=?
binding parameter [1] as [VARCHAR] - [gildong@dooly.net]
binding parameter [2] as [VARCHAR] - [서울]
delete from user_keyword where user_email=? and keyword=?
binding parameter [1] as [VARCHAR] - [gildong@dooly.net]
binding parameter [2] as [VARCHAR] - [경주]
insert into user_keyword (user_email, keyword) values (?, ?)
binding parameter [1] as [VARCHAR] - [gildong@dooly.net]
binding parameter [2] as [VARCHAR] - [한성]
```

5.3 Set 전체 삭제

Set의 데이터를 삭제하고 싶다면 clear() 메서드를 실행하거나 빈 Set을 할당하거나 null을 할당하면 된다.

```
// clear()
User user = em.find(User.class, email);
user.getKeywords().clear();

// 빈 Set 할당
User user = em.find(User.class, email);
user.setKeywords(Collections.emptySet());

// null 할당
User user = em.find(User.class, email);
user.setKeywords(null);
```

위 코드 모두 다음의 delete 쿼리를 실행해서 엔티티와 연관된 콜렉션 테이블의 데이터를 삭제한다.

```
delete from user_keyword where user_email=?
```

06 밸류 객체 Set 매핑

앞서 User 클래스는 keywords 집합을 저장하기 위해 단순한 String 타입의 Set을 사용했다. 그런데 관광지 정보에 이름과 타입을 값으로 갖는 추천 항목 집합을 추가하고 싶다면 어떻게 해야 할까? 추천 항목의 이름과 타입을 함께 표현하려면 String 타입 대신에 다음의 RecItem 클래스와 같은 값 타입을 사용해야 한다.

```
public class RecItem {
    private String name;
    private String type;
    ...
}

public class Sight {
    ...
    private Set<RecItem> recItems;
    ...
}
```

단순 값 타입 대신 밸류 객체를 Set으로 갖는 경우에도 DB 테이블 구조는 동일하다. RecItem 클래스는 두 개의 데이터(name, type)를 가지므로 [그림 9.8] 같이 콜렉션 테이블에 두 데이터를 갖기 위한 칼럼을 추가하면 된다.

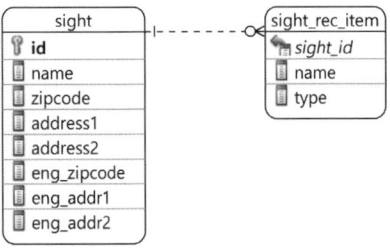

[그림 9.8] 밸류 Set을 저장하기 위한 테이블 구조

6.1 Set에 저장할 밸류 클래스의 equals() 메서드와 hashCode() 메서드

Set에 저장할 밸류 타입인 RecItem 클래스는 [리스트 9.5]와 같이 @Embeddable을 이용해서 매핑한다.

[리스트 9.5] 추천 항목을 위한 RecItem 클래스

```
01: package jpastart.guide.model;
02:
03: import javax.persistence.Embeddable;
04: import java.util.Objects;
05:
06: @Embeddable
07: public class RecItem {
08:     private String name;
09:     private String type;
10:
11:     public RecItem() {
12:     }
13:
14:     public RecItem(String name, String type) {
15:         this.name = name;
16:         this.type = type;
17:     }
18:
19:     public String getName() {
20:         return name;
21:     }
22:
23:     public String getType() {
24:         return type;
25:     }
26:
27:     @Override
28:     public boolean equals(Object o) {
29:         if (this == o) return true;
30:         if (o == null || getClass() != o.getClass()) return false;
31:         RecItem recItem = (RecItem) o;
32:         return Objects.equals(name, recItem.name) &&
33:             Objects.equals(type, recItem.type);
34:     }
35:
36:     @Override
37:     public int hashCode() {
38:         return Objects.hash(name, type);
```

```
39:     }
40: }
```

RecItem 클래스에서 눈여겨 볼 점은 equals() 메서드와 hashCode() 메서드이다. 이 두 메서드를 재정의한 이유는 Set의 특성 때문이다. Set은 중복을 허용하지 않는다. 예를 들어, 아래 코드를 보자.

```
Set<String> names = new HashSet<>();
names.add("홍길동");
names.add("홍길동"); // names에 보관된 값은 [홍길동]
names.add("세종");    // names에 보관된 값은 [홍길동, 세종]
```

이 코드는 names 집합에 "홍길동" 값을 두 번 추가하는데, Set은 동일한 값을 중복해서 보관하지 않기 때문에 names에는 한 개의 "홍길동" 값만 보관된다.

Set은 두 값이 같은지 여부를 비교하기 위해 equals() 메서드를 사용한다. 따라서, Set에 보관할 객체는 equals() 메서드를 알맞게 구현해야 한다. RecItem은 두 속성(name, type)이 동일하면 같은 값을 갖는 객체라고 할 수 있으므로, 두 객체의 필드가 같은 값을 가지면 equals() 메서드가 true를 리턴하게 구현했다. 따라서 다음 코드에서 rec1 객체와 rec2 객체를 equals()로 비교하면 결과는 true가 된다.

```
RecItem rec1 = new RecItem("추천1", "타입1");
RecItem rec2 = new RecItem("추천2", "타입1");
boolean isEqual = rec1.equals(rec2); // true
```

37행의 hashCode() 메서드를 재정의한 이유는 하이버네이트가 Set 타입에 대해 HashSet을 사용하기 때문이다. 하이버네이트는 콜렉션 테이블에서 데이터를 로딩한 뒤에 Set 객체를 생성할 때, Set의 구현 클래스로 HashSet을 사용한다. HashSet은 해시코드를 사용해서 데이터를 분류해서 저장하는데, 이 해시코드를 구할 때 hashCode() 메서드를 이용한다. 같은 값을 갖는 객체는 같은 해시코드를 리턴해야 HashSet이 올바르게 동작하므로 Set에 보관할 객체는 equals() 메서드와 함께 hashCode()를 알맞게 구현해야 한다.

밸류 객체를 Set에 저장하고, 조회하고, 변경하고, 삭제하는 것은 앞서 String 값을 사용하는 경우와 동일하다.

07 단순 값 Map 매핑

Map은 (키, 값) 쌍을 저장하기 위한 콜렉션 타입이다. 엔티티에 정해진 속성이 아니라 자유롭게 엔티티의 값을 설정하고 싶을 때 Map을 유용하게 사용할 수 있다. 예를 들어, Hotel 엔티티에 Map 타입의 속성을 추가하면, 등급과 주소 외에 다양한 정보를 Map에 저장할 수 있다.

```
public class Hotel {
    @Id private String id;
    ...
    private Map<String, String> properties;
    ...
    public void addProperty(String name, String value) {
        this.properties.put(name, value); // Map을 이용해 자유롭게 정보 저장
    }
    public Map<String, String> getProperties() {
        return properties;
    }
}
```

Map 타입의 단순 값 콜렉션을 저장하기 위한 콜렉션 테이블은 [그림 9.9]의 hotel_property 테이블과 같이 세 개의 칼럼을 갖는다.

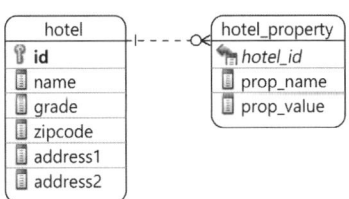

[그림 9.9] Map 타입의 단순 값 콜렉션을 저장하기 위한 테이블

hotel_property 테이블의 hotel_id 칼럼은 엔티티의 식별자를 가지며, prop_name 칼럼과 prop_value 칼럼은 각각 Map의 키와 값을 저장한다.

hotel_property 테이블을 단순 값을 갖는 Map에 매핑하기 위한 설정은 [리스트 9.6]과 같다.

[리스트 9.6] 단순 값을 저장하는 Map 매핑 설정

```java
01: package jpastart.reserve.model;
02:
03: import jpastart.common.model.Address;
04:
05: import javax.persistence.*;
06: import java.util.HashMap;
07: import java.util.Map;
08:
09: @Entity
10: public class Hotel {
11:     @Id
12:     private String id;
13:     private String name;
14:     @Enumerated(EnumType.STRING)
15:     private Grade grade;
16:
17:     @Embedded
18:     private Address address;
19:
20:     @ElementCollection
21:     @CollectionTable(
22:         name = "hotel_property",
23:         joinColumns = @JoinColumn(name = "hotel_id")
24:     )
25:     @MapKeyColumn(name = "prop_name")
26:     @Column(name = "prop_value")
27:     private Map<String, String> properties = new HashMap<>();
28:
29:     ...생략
30:
31:     public void addProperty(String name, String value) {
32:         properties.put(name, value);
33:     }
34:
35:     public Map<String, String> getProperties() {
36:         return properties;
37:     }
38: }
```

매핑 설정을 보면 25행의 @MapKeyColumn 애노테이션을 사용한 것을 제외하면 Set이나 List를 위한 매핑 설정과 차이가 없다. @MapKeyColumn 애노테이션은 콜렉션 테이블에서 Map의 키로 사용할 칼럼을 지정한다.

7.1 Map의 저장과 조회

앞서 살펴본 List나 Set과 동일하게 Map 콜렉션도 엔티티를 저장할 때 Map을 저장하기 위한 알맞은 insert 쿼리를 함께 실행한다.

```
em.getTransaction().begin();
Hotel hotel = new Hotel("H-GURO", "구로호텔", Grade.STAR4,
    new Address("12345", "addr1", "addr2"));
hotel.addProperty("추가1", "추가 정보");
hotel.addProperty("추가2", "추가 정보2");
em.persist(hotel);
em.getTransaction().commit();
```

위 코드를 실행하면 다음과 같이 hotel_property 테이블에 properties의 (키, 값) 쌍을 저장하기 위한 insert 쿼리를 실행한다.

```
insert into hotel_property (hotel_id, prop_name, prop_value) values (?, ?, ?)
binding parameter [1] as [VARCHAR] - [H-GURO]
binding parameter [2] as [VARCHAR] - [추가1]
binding parameter [3] as [VARCHAR] - [추가 정보]
insert into hotel_property (hotel_id, prop_name, prop_value) values (?, ?, ?)
binding parameter [1] as [VARCHAR] - [H-GURO]
binding parameter [2] as [VARCHAR] - [추가2]
binding parameter [3] as [VARCHAR] - [추가 정보2]
```

@ElementCollection의 fetch 속성은 기본값이 FetchType.LAZY이므로 Hotel 엔티티를 구한 뒤에 hotel_property에 접근할 때 콜렉션을 위한 select 쿼리를 실행한다.

```
Hotel hotel = em.find(Hotel.class, "H100-01");
Map<String, String> properties = hotel.getProperties();
// fetch가 LAZY면 처음 사용 시점에 select 쿼리로 데이터 로딩
String viewValue = properties.get("VIEW");
```

7.2 Map의 변경

Map은 키에 대해 값을 추가/변경, 삭제할 수 있도록 다음의 두 메서드를 제공하고 있다.

- put(key, value) : 키에 대해 값을 추가하거나 기존 값을 변경한다.
- remove(key) : 키에 대한 값을 삭제한다.

JPA는 Map에 값을 추가하거나 변경하거나 삭제하면 알맞게 쿼리를 실행해서 DB에 반영한다. 예를 들어, hotel_properties 테이블에 다음과 같이 데이터가 있다고 해보자.

hotel_id	prop_name	prop_value
H100-01	VIEW	좋음
H100-01	NOISE	다소 시끄러움

다음 코드는 이 데이터에 해당하는 Hotel 엔티티의 properties 속성을 변경하고 있다.

```
Hotel hotel = em.find(Hotel.class, "H100-01");
Map<String, String> properties = hotel.getProperties();
properties.put("NOISE", "조용 ");
properties.remove("VIEW");
properties.put("AIR", "좋음");
```

이 코드는 Map에서 "VIEW" 키에 대한 값을 삭제하고, "NOISE" 키의 값을 변경하고, "AIR" 키를 새로 추가했다. 트랜잭션을 커밋하면 이를 반영하기 위해 [그림 9.10]의 쿼리를 실행한다.

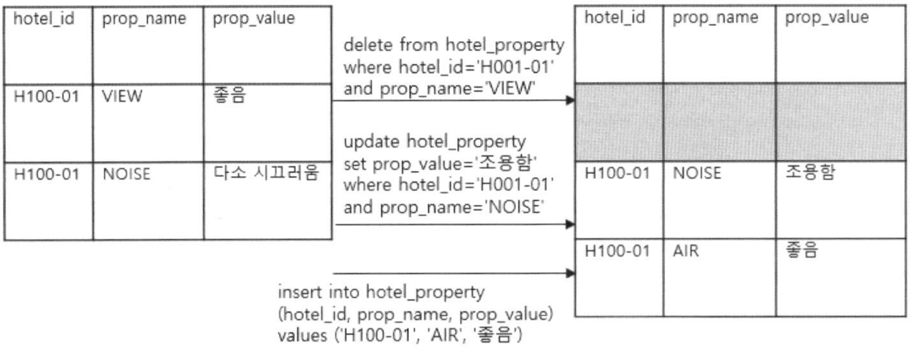

[그림 9.10] Map의 변경사항을 반영하는 쿼리를 실행

Map의 개별 (키, 값) 쌍을 수정하는 대신 전체 Map을 새로 할당해서 값을 변경할 수도 있다.

```
Hotel hotel = em.find(Hotel.class, "H100-01");
Map<String, String> properties = new HashMap<>();
properties.put("NOISE", "조용");
properties.put("AIR", "좋음");
hotel.setProperties(properties); // 새로운 Map을 할당
```

새로운 Map 객체를 할당하면 트랜잭션 커밋 시점에 delete 쿼리를 이용해서 기존 데이터를 삭제한 뒤에 새로 할당한 Map의 데이터를 추가하기 위한 insert 쿼리를 실행한다.

7.3 Map의 전체 삭제

Map의 데이터 삭제는 clear() 메서드로 삭제하거나 데이터가 없는 빈 Map을 할당하거나 null을 할당하면 된다.

```
Hotel hotel = em.find(Hotel.class, "H100-01");
hotel.getProperties().clear()
// 또는 hotel.setProperties(new HashMap<>());
// 또는 hotel.setProperties(null);
```

위 세 가지 중 하나를 사용하면 delete 쿼리를 이용해서 DB의 데이터를 삭제한다.

08 밸류 객체 Map 매핑

밸류 객체에 대한 Map 매핑도 다르지 않다. 밸류로 사용할 @Embeddable 클래스를 만들고, @ElementCollection으로 매핑한 Map의 값 타입으로 밸류 클래스를 사용하면 된다. Hotel에서 사용한 properties 필드의 Map 값으로 String 대신 [리스트 9.7]의 PropValue 클래스를 사용해야 한다고 하자.

[리스트 9.7] PropValue 클래스

```
01: package jpastart.reserve.model;
02:
03: import javax.persistence.Embeddable;
04: import java.util.Objects;
05:
06: @Embeddable
07: public class PropValue {
08:     @Column(name = "prop_value")
09:     private String value;
10:     private String type;
11:
12:     public PropValue() {
13:     }
14:
15:     public PropValue(String value, String type) {
16:         this.value = value;
```

```
17:        this.type = type;
18:    }
19:
20:    public String getValue() {
21:        return value;
22:    }
23:
24:    public String getType() {
25:        return type;
26:    }
27:
28:    @Override
29:    public boolean equals(Object o) {
30:        …생략
31:    }
32:
33: }
```

PropValue 클래스는 두 개의 속성을 가지므로 Map 데이터를 저장하는 콜렉션 테이블도 [그림 9.11]과 같이 두 속성을 위한 prop_value 칼럼과 type 칼럼이 존재한다.

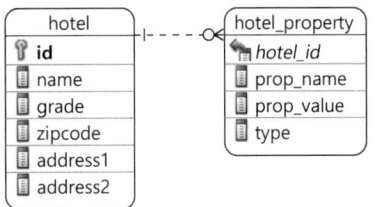

[그림 9.11] 밸류를 보관하기 위한 콜렉션 테이블

PropValue를 Map의 값으로 사용하는 Hotel 클래스의 매핑 설정은 [리스트 9.8]과 같다.

[리스트 9.8] 밸류를 Map의 값으로 사용하는 매핑 설정

```
01: @Entity
02: public class Hotel {
03:    @Id
04:    private String id;
05:    private String name;
06:    @Enumerated(EnumType.STRING)
07:    private Grade grade;
08:
09:    @Embedded
10:    private Address address;
11:
12:    @ElementCollection
13:    @CollectionTable(
```

```
14:            name = "hotel_property",
15:            joinColumns = @JoinColumn(name = "hotel_id")
16:        )
17:        @MapKeyColumn(name = "prop_name")
18:        private Map<String, PropValue> properties = new HashMap<>();
19: }
```

동작 방식은 단순 값을 사용하는 Map과 동일하다.

09 컬렉션 타입별 구현 클래스

엔티티를 로딩할 때 하이버네이트는 다음 클래스를 이용해서 각 컬렉션 타입의 인스턴스를 생성한다.

- List → ArrayList
- Set → HashSet
- Map → HashMap

이 타입은 엔티티를 로딩할 때 하이버네이트가 생성하는 타입이다. 예를 들어, 다음 코드처럼 List 타입인 sites를 LinkedList 객체로 초기화한다고 하자.

```
@Entity
public class Itinerary {
    ...
    @ElementCollection
    @CollectionTable(
        name = "itinerary_site",
        joinColumns = @JoinColumn(name = "itinerary_id"))
    @OrderColumn(name = "list_idx")
    @Column(name = "site")
    private List<String> sites = new LinkedList();
```

위 코드를 사용해도 EntityManager#find()로Itinerary 엔티티를 로딩하면 하이버네이트는 sites 필드에 해당하는 데이터를 ArrayList 객체에 보관한다.

물론 처음 Itinerary 객체를 생성하는 시점에 sites 필드에 할당된 객체는 LinkedList 타입이고, EntityManager#persist() 메서드로 저장해도 정상적으로 동작한다.

```
Itinerary i1 = new Itinerary(...생략); // sites 필드는 LinkedList 타입
em.persist(i1); // 정상 동작
```

 하이버네이트는 실제로 하이버네이트에 포함된 PersistentList 객체를 List 타입 필드에 할당하고, PersistentList가 내부적으로 ArrayList 객체를 생성한다. 비슷하게 Set이나 Map도 하이버네이트의 PersistentSet과 PersistentMap 타입 객체를 할당하고, 각 객체가 내부적으로 HashSet과 HashMap을 사용한다.

10 조회할 때 정렬 Set과 정렬 Map 사용하기

하이버네이트는 컬렉션 데이터를 조회해서 생성하는 시점에 Set의 데이터와 Map의 키를 정렬해서 읽어오는 방법을 제공하고 있다. 정렬 방식에는 두 가지가 있는데 하나는 메모리상에서 정렬하는 것이고 다른 하나는 SQL을 실행할 때 "order by"를 사용하는 것이다.

Set의 경우 SortedSet과 자바의 Comparator를 사용해서 데이터를 정렬할 수 있다. SortedSet을 이용해서 데이터 조회 시점에 값을 오름차순으로 정렬하는 매핑 설정은 [리스트 9.9]와 같다. 정렬된 상태로 값을 보관하는 집합 타입은 SortedSet이므로 keywords 필드의 타입을 SortedSet으로 설정했다. 하이버네이트는 SortedSet 타입에 대해 내부적으로 TreeSet 클래스를 사용해서 인스턴스를 생성한다. 그래서 타입을 맞춰서 10행에서는 TreeSet을 이용해서 객체를 생성한다.

[리스트 9.9] @SortNatural을 이용한 정렬 설정

```
01: @Entity
02: public class User {
03:     ...
04:     @ElementCollection
05:     @CollectionTable(
06:         name = "user_keyword",
07:         joinColumns = @JoinColumn(name = "user_email"))
08:     @Column(name = "keyword")
09:     @org.hibernate.annotations.SortNatural
10:     private SortedSet<String> keywords = new TreeSet<>();
11: }
```

@SortNatural을 사용하면 Set에 보관된 객체가 Comparable 인터페이스를 구현했다고 가정하고 Comparable#ompareTo() 메서드를 이용해서 정렬한다. 위 코드의 경우 String의 compareTo() 메서드를 이용해서 두 값을 비교해서 정렬된 상태로 보관한다.

컬렉션에 사용한 타입이 Comparable 인터페이스를 구현하지 않았다면 [리스트 9.10]과 같이 @SortNatural 대신 @SortComparator를 사용해서 TreeSet이 값을 정렬할 때 사용할 Comparator 클래스를 지정할 수도 있다.(아래 코드에서 StringComparator 클래스는 따로 구현한 클래스로 JDK나 하이버네이트에 포함된 클래스는 아니다.)

[리스트 9.10] @SortComparator를 이용한 Comparator 구현 클래스 지정

```
01: @Entity
02: public class User {
03:     ...
04:     @ElementCollection
05:     @CollectionTable(
06:         name = "user_keyword",
07:         joinColumns = @JoinColumn(name = "user_email"))
08:     @Column(name = "keyword")
09:     @org.hibernate.annotations.SortComparator(StringComparator.class)
10:     private SortedSet<String> keywords = new TreeSet<>();
```

SortedSet을 이용해서 메모리에서 값을 정렬하는 대신 SQL의 "order by" 절을 이용해서 데이터를 읽어온 순서대로 집합에 저장할 수도 있다. 이를 사용하려면 하이버네이트가 제공하는 @OrderBy 애노테이션을 이용하면 된다. [리스트 9.11]은 하이버네이트의 @OrderBy 애노테이션을 사용한 설정 예이다.

[리스트 9.11] 하이버네이트의 @OrderBy 설정

```
01: @Entity
02: @SecondaryTable(…생략)
03: public class Sight {
04:     @Id
05:     @GeneratedValue(strategy = GenerationType.IDENTITY)
06:     private Long id;
07:     ...
08:     @ElementCollection
09:     @CollectionTable(
10:         name = "sight_rec_item",
11:         joinColumns = @JoinColumn(name = "sight_id"))
12:     @org.hibernate.annotations.OrderBy(clause = "name asc")
13:     private Set<RecItem> recItems = new LinkedHashSet<>();
```

하이버네이트의 @OrderBy 애노테이션은 clause 속성의 값으로 SQL의 order by 절에 들어갈 내용을 전달받는다. [리스트 9.11]의 경우 RecItem 목록을 읽어올 때 실행하는 SQL 쿼리의 order by 절에 12행에서 설정한 "name asc"가 붙는다.

JPA가 제공하는 @OrderBy 애노테이션을 사용할 수도 있다. @OrderBy를 사용한 예는 [리스트 9.12]와 같다.

[리스트 9.12] JPA의 @OrderBy 애노테이션을 이용한 설정

```
01: @Entity
02: @SecondaryTable(…생략)
03: public class Sight {
04:     @Id
05:     @GeneratedValue(strategy = GenerationType.IDENTITY)
06:     private Long id;
07:     …
08:     @ElementCollection
09:     @CollectionTable(
10:         name = "sight_rec_item",
11:         joinColumns = @JoinColumn(name = "sight_id"))
12:     @javax.persistence.OrderBy("name asc")
13:     private Set<RecItem> recItems = new LinkedHashSet<>();
```

하이버네이트의 @OrderBy 애노테이션과 차이가 없어 보일 것이다. 그런데 두 애노테이션은 큰 차이가 있다. 하이버네이트의 @OrderBy 애노테이션은 SQL 쿼리를 입력하는 것이다. 반면에 JPA의 @OrderBy는 정렬 대상 객체의 속성을 사용한다. 즉 [리스트 9.11]에서 "name asc"는 recItems와 매핑되는 컬렉션 테이블의 "name" 칼럼을 오름차순으로 정렬하는 것이라면, [리스트 9.12]의 "name asc"는 RecItem의 name 속성을 오름차순으로 정렬한다고 설정한다.

Map의 경우도 Set과 동일하게 @SortNatural, @SortComparator, 하이버네이트 @OrderBy, JPA @OrderBy를 이용해서 키의 정렬 순서를 정할 수 있다. 다음은 @SortNatural의 매핑 설정 예이다. @SortNatural과 @SortComparator를 사용할 때에는 SortedMap 타입을 사용하고 구현 클래스로는 TreeMap을 사용한다.

```
@Entity
public class Hotel {
    …
    @ElementCollection
    @CollectionTable(
        name = "hotel_property2",
        joinColumns = @JoinColumn(name = "hotel_id")
    )
```

```
@MapKeyColumn(name = "prop_name")
@SortNatural
private SortedMap<String, PropValue> properties = new TreeMap<>();
```

위 설정을 사용하면 키 값을 기준으로 정렬된 properties를 생성한다.

@OrderBy 애노테이션의 설정 예는 다음과 같다.

```
@ElementCollection
@CollectionTable(
    name = "hotel_property2",
    joinColumns = @JoinColumn(name = "hotel_id")
)
@MapKeyColumn(name = "prop_name")
@org.hibernate.annotations.OrderBy(clause = "prop_name asc")
private Map<String, PropValue> properties = new LinkedHashMap<>();
```

JPA와 하이버네이트 @OrderBy 애노테이션을 사용하면 DB의 order by 절을 사용해서 데이터를 정렬해서 로딩한다. 로딩한 (키, 값) 쌍은 LinkedHashMap을 이용해서 DB에서 읽어온 순서대로 저장한다.

PART 02 연관매핑

엔티티 콜렉션 매핑

CHAPTER 10

[이 장에서 다룰 내용]
- 엔티티 콜렉션 매핑과 연관
- 1:N 연관
- 조인 테이블을 이용한 연관
- M:N 연관

01 엔티티 콜렉션 매핑과 연관 관리

미리 언급하자면 개인적으로 엔티티에 대한 콜렉션 매핑은 가능하면 사용을 자제하는 편이다. 코드를 복잡하게 만들고 얻을 수 있는 장점은 크지 않기 때문이다. 게다가 잘못 사용하면 성능에 영향까지 줄 수 있다. 하지만, 엔티티에 대한 콜렉션 매핑이 필요한 순간이 있기에 JPA에서 엔티티 콜렉션을 어떻게 설정하는지 알아야 할 필요는 있다.

엔티티에 대한 콜렉션 매핑을 보기에 앞서 1:N 연관의 단방향/양방향 연관에 대해 알아보자. 엔티티에 대한 콜렉션 매핑의 예로 스포츠팀과 소속 선수와의 관계를 들 수 있다. 팀 입장에서 여러 선수를 보유하고 있으므로 팀을 표현하는 Team 클래스는 다음과 같이 콜렉션을 이용해서 선수를 표현하는 Player를 포함할 수 있을 것이다.

```java
public class Team {

    private Set<Player> players = new HashSet<>();;

    public void addPlayer(Player p) {
        this.players.add(p);
    }
}
```

선수가 한 팀에만 속할 수 있다고 가정하면 Team과 Player는 한 개의 팀 엔티티가 여러 선수와 연관을 갖는 1:N 연관이 된다. Team에서 Player로의 연관만 존재하면 이 연관은 Team에서 Player로의 단방향 연관이 된다.

Team에서 Player로의 1:N 연관이 단방향 연관일 때, Player의 팀을 옮기는 코드는 다음과 같은 모습을 갖는다.

```java
Team team1 = new Team("팀1");
Team team2 = new Team("팀2");
Player player1 = new Player("선수1");
team1.removePlayer(player1);
team2.addPlayer(player1);
```

이 코드는 player1을 team1에서 team2로 옮긴다. Player는 한 팀에만 속할 수 있기 때문에 team1에서 player1을 제거하고 team2에 player1을 추가하고 있다.

Player에서 Team으로의 연관이 필요하면 다음과 같이 Player 클래스는 연관된 Team을 필드로 가질 것이다. 이렇게 되면 Team과 Player가 서로 연관을 갖게 되므로 양방향 연관이 된다.

```
public class Player {
    private Team team;
    ...
}
```

양방향 연관은 서로 올바르게 연관을 유지하도록 코드를 작성해야 한다. 다음 예를 보자.

```
Team team1 = findTeam("팀1");
Team team2 = findTeam("팀2");
Player player1 = findPlayer("선수1"); // player1이 team1에 속해 있다고 가정

team1.removePlayer(player1);        // team1에서 player1 제거

player1.setTeam(team2);             // player1의 팀을 team2로 변경
team2.addPlayer(player1);           // team2에 player1 추가
```

이 코드는 team1에 속한 player1을 team2로 옮기는 코드이다. 양방향 연관을 올바르게 유지하기 위해 관련된 엔티티의 연관을 알맞게 처리하는 것을 알 수 있다.

다음 코드와 같이 양방향 연관을 Team#addPlayer()에서 관리하도록 구현할 수도 있다.

```
public class Team {
    private Set<Player> players = new HashSet<>();

    public void addPlayer(Player player) {
        Team current = player.getTeam();
        if (current == this) return;
        if (current != null) {
            current.remove(player); // player가 속한 현재 팀에서 제거
        }
        this.players.add(player);    // this 팀에 player 추가
        player.setTeam(this);        // player가 속한 팀을 this 팀으로 변경
    }
}
```

이 코드는 Team#addPlayer() 메서드가 player와 관련된 연관까지 모두 처리하고 있다. Team#addPlayer() 메서드가 Player에서 Team으로의 연관도 관리하므로 팀을 옮기는 코드는 다음과 같이 바뀐다.

```
Team team2 = new Team("팀2");
Player player1 = new Player("선수1"); // player1이 다른 팀에 속했다고 가정
team2.addPlayer(player1);              // 기존 팀에서 team2로 바뀜
```

비슷하게 양방향 연관을 관리하는 코드를 Player#setTeam()에 구현할 수도 있을 것이다.

M:N 연관은 1:N 연관과 유사하지만 조금 더 복잡하다. M:N 연관의 대표적인 예가 상품과 카테고리이다. 한 개의 상품은 여러 카테고리에 속할 수 있다. 또한, 한 카테고리는 여러 상품과 연관을 맺게 된다. 이를 양방향 연관을 맺는 코드로 표현하면 다음과 같을 것이다.

```
public class Product {
    private Set<Category> categories;
    ...
}

public class Category {
    private Set<Product> products;
    ...
}
```

개념적으로 M:N 양방향 연관이 존재하지만 실제로 M:N 양방향 연관을 구현하는 것은 간단하지 않다. 예를 들어, 특정 카테고리를 조회할 때 그 카테고리에 속한 모든 상품을 함께 로딩하면 조회 속도가 심각하게 느려질 수 있다.

양방향 연관을 관리하는 코드도 간단하지 않다. 다음 코드를 보자. 이 코드는 상품의 카테고리를 변경하는 코드이다. M:N 양방향 연관을 처리하기 위해 두 번의 루프를 사용하고 있다.

```
public class Product {
    private Set<Category> categories = new HashSet<>();

    public void changeCategory(Set<Category> newCategories) {
        for (Category cat : this.categories) {
            if (!newCategories.contains(cat)) {
                // 기존 카테고리가 변경할 카테고리에 속하지 않으면
                // 기존 카테고리에서 상품으로의 연관 제거
                cat.removeProduct(this);
            }
        }
```

```
    // 변경할 카테고리에 제품 연관 추가
    for (category newCat : newCategories) {
        newCat.add(this);
    }
    // 카테고리에 대한 연관 변경
    this.categories = newCategories;
}
```

1:N 양방향 연관과 M:N 양방향 연관은 양방향 연관을 관리하기 위해 코드가 복잡해진다. 복잡한 코드는 변경을 어렵게 만드는 요인이 되므로 가능하면 양방향 연관은 다른 방식으로 해결해서 구현의 복잡도를 낮추는 것이 코드 관리에 유리하다.

02 1:N 단방향 엔티티 Set 매핑

Team 엔티티와 Player 엔티티 간의 1:N 단방향 연관을 Set으로 매핑해 보자. Team 클래스는 [그림 10.1]과 같이 Set을 이용해서 N개의 Player와 연관을 맺을 수 있다. 이 구조에서 자바 클래스의 연관 방향은 Team에서 Player로 향한다.

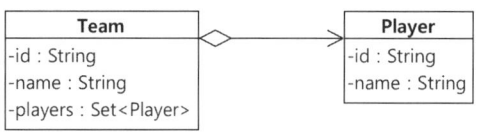

[그림 10.1] Team에서 Player로의 1:N 연관

이 두 엔티티를 매핑한 테이블은 [그림 10.2]와 같다. 클래스 구조에서의 연관 방향과 달리 테이블의 참조 방향은 player 테이블에서 team으로 향한다.

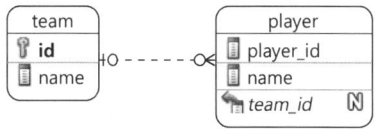

[그림 10.2] Team에서 Player로의 1:N 연관을 매핑하기 위한 테이블 구조

식별자가 'T1'인 Team이 식별자가 'P1', 'P2'인 Player와 1:N 연관을 갖는 경우, 각 엔티티를 저장한 테이블은 [그림 10.3]과 같은 데이터를 갖는다.

team 테이블

id	name
T1	팀1

player 테이블

player_id	name	team_id
P1	선수1	T1
P2	선수2	T2

[그림 10.3] 1:N의 관계를 갖는 Team과 Player를 위한 테이블 데이터

엔티티 간의 1:N 연관을 매핑할 때에는 @OneToMany 애노테이션을 사용한다. 이 애노테이션을 이용해서 설정한 Team 클래스는 [리스트 10.1]과 같다.

[리스트 10.1] Team 엔티티에서 Player 엔티티로의 1:N 단방향 연관 설정

```
01: package jpastart.team;
02:
03: import javax.persistence.*;
04: import java.util.HashSet;
05: import java.util.Set;
06:
07: @Entity
08: public class Team {
09:     @Id
10:     private String id;
11:     private String name;
12:
13:     @OneToMany
14:     @JoinColumn(name="team_id")
15:     private Set<Player> players = new HashSet<>();
16:
17:     public Team() {}
18:
19:     public Team(String id, String name) {
20:         this.id = id;
21:         this.name = name;
22:     }
23:
24:     ...get 메서드생략
25:
26:     public void addPlayer(Player player) {
27:         this.players.add(player);
28:     }
29:
30:     public void removePlayer(Player player) {
31:         this.players.remove(player);
32:     }
33: }
```

13행의 @OneToMany는 Team 엔티티 클래스가 Player 엔티티와 1:N 연관을 갖는다고 설정한다. @JoinColumn 애노테이션은 연관을 매핑할 때 사용할 칼럼을 지정한다. 이 칼럼은 Player 클래스와 매핑될 player 테이블에서 Team의 식별자를 저장할 때 사용할 칼럼이다.([그림 10.3]을 보자.)

1:N 단방향 연관이므로 Player 엔티티는 [리스트 10.2]와 같이 Team으로의 연관을 갖지 않는다.

[리스트 10.2] Player 엔티티 클래스

```
01: package jpastart.team;
02:
03: import javax.persistence.*;
04: import java.util.Objects;
05:
06: @Entity
07: public class Player {
08:     @Id
09:     @Column(name = "player_id")
10:     private String id;
11:     private String name;
12:
13:     public Player() {
14:     }
15:
16:     public Player(String id, String name) {
17:         this.id = id;
18:         this.name = name;
19:     }
20:
21:     … get 메서드 생략
22:
23:     @Override
24:     public boolean equals(Object o) {
25:         if (this == o) return true;
26:         if (o == null || getClass() != o.getClass()) return false;
27:         if (this.id == null) return false;
28:         Player player = (Player) o;
29:         return Objects.equals(id, player.id);
30:     }
31:
32:     @Override
33:     public int hashCode() {
34:         return Objects.hash(id);
35:     }
36: }
```

Player 엔티티는 Set에 저장되므로, equals() 메서드와 hashCode() 메서드를 구현했다. 이 두 메서드를 올바르게 구현하지 않으면 HashSet에 대해 올바르게 동작하지 않기 때문에 알맞게 구현해야 한다.

equals() 메서드를 보면 29행에서 두 엔티티를 비교할 때 식별자만 비교한 것을 알 수 있다. 정확하게는 식별자 외에 모든 값이 같아야 두 객체가 같은 값을 갖는다고 할 수 있지만, 엔티티의 경우 식별자가 같으면 같은 대상을 가리킨다고 가정하고 id만 비교하도록 구현했다. 물론 구현할 대상이 더 엄격한 비교를 요구하면 식별자 외에 다른 데이터를 함께 비교하도록 equals() 메서드를 구현해야 할 것이다.

2.1 1:N 연관의 저장과 변경

다음은 엔티티 간에 연관을 맺는 코드 예를 보여주고 있다.

```java
em.getTransaction().begin();

Player p3 = em.find(Player.class, "P3");
Player p4 = new Player("P4", "선수4");
Player p5 = new Player("P5", "선수5");
em.persist(p4);
em.persist(p5);

Team t3 = new Team("T3", "팀3");
t3.addPlayer(p4);
t3.addPlayer(p5);
t3.addPlayer(p3);
em.persist(t3);
em.getTransaction().commit();
```

이 코드는 식별자가 P3인 Player를 구하고 식별자가 P4와 P5인 새로운 Player 엔티티를 생성하고 EntityManager#persist()로 저장한다. 그 다음 식별자가 T3인 새로운 Team 엔티티를 생성하고 앞서 p3, p4, p5 엔티티를 Team의 players 속성에 추가했다. 그리고 t3을 저장한다.

이 코드는 결과적으로 한 개의 Team 엔티티(T3)와 세 개의 Player 엔티티(P3, P4, P5)를 1:N으로 연결한다. 이 코드는 다음 쿼리를 실행해서 테이블에 데이터를 추가한다.

```
insert into Player (name, player_id) values (?, ?)
binding parameter [1] as [VARCHAR] - [선수4]
binding parameter [2] as [VARCHAR] - [P4]

insert into Player (name, player_id) values (?, ?)
binding parameter [1] as [VARCHAR] - [선수5]
binding parameter [2] as [VARCHAR] - [P5]

insert into Team (name, id) values (?, ?)
binding parameter [1] as [VARCHAR] - [팀3]
binding parameter [2] as [VARCHAR] - [T3]

update Player set team_id=? where player_id=?
binding parameter [1] as [VARCHAR] - [T3]
binding parameter [2] as [VARCHAR] - [P4]

update Player set team_id=? where player_id=?
binding parameter [1] as [VARCHAR] - [T3]
binding parameter [2] as [VARCHAR] - [P5]

update Player set team_id=? where player_id=?
binding parameter [1] as [VARCHAR] - [T3]
binding parameter [2] as [VARCHAR] - [P3]
```

실행한 쿼리를 보면 Team과 Player의 연관을 저장하기 위해 update 쿼리를 이용한 것을 알 수 있다. 이 update 쿼리는 player 테이블의 team_id 칼럼 값을 Team 엔티티의 식별자로 설정한다.

Player의 팀을 변경하는 코드는 다음과 같이 작성할 수 있다.

```java
em.getTransaction().begin();
Team t1 = em.find(Team.class, "T1");
Team t2 = em.find(Team.class, "T2");
Player p2 = null;
for (Player p : t1.getPlayers()) {
    if (p.getId().equals("P2")) {
        p2 = p;
        break;
    }
}
t1.removePlayer(p2);
t2.addPlayer(p2);
```

이 코드는 t1에 속한 Player 중 식별자가 P2인 Player를 t1에서 제거하고 t2에 추가한다. 이 코드가 실행하는 쿼리는 다음과 같은데, 이 쿼리는 연관을 위한 칼럼 값을 알맞게 변경한다.

```
update Player set team_id=? where player_id=?
binding parameter [1] as [VARCHAR] - [T2]
binding parameter [2] as [VARCHAR] - [P2]
```

1:N 연관에서 주의할 점은 @OneToMany 연관에 저장되는 대상이 관리 상태의 엔티티이어야 한다는 것이다. 다음 코드를 보자.

```
em.getTransaction().begin();

Player player1 = em.find(Player.class, "P1");
Player player2 = new Player("P2", "선수2"); // 영속이 아님

Team team1 = em.find(Team.class, "T1");
team1.addPlayer(player1);
team1.addPlayer(player2); // 관리 상태가 아닌 player2를 @OneToMany 연관에 추가

em.getTransaction().commit();
```

여기서 player2는 관리 상태의 엔티티가 아니므로 DB에 저장되지 않는다. 그런데 DB에 저장되지 않는 player2를 team1의 @OneToMany에 추가했다. 이 경우 참조하는 엔티티가 관리 상태가 아니므로 트랜잭션 커밋 시점에 익셉션이 발생한다.

2.2 1:N 연관의 조회

@OneToMany의 기본 로딩 방식은 지연 로딩이므로 연관 콜렉션을 실제로 사용하는 시점에 연관 엔티티를 조회한다.

```
Team team = em.find(Team.class, "T1");
for (Player p : team.getPlayers()) { // 처음 사용 시점에 Player 조회
    System.out.println(p.getName());
}
```

Team 엔티티를 로딩할 때 콜렉션에 속한 Player 엔티티도 함께 로딩하고 싶다면 다음과 같이 fetch 속성을 FetchType.EAGER로 설정하면 된다.

```
@OneToMany(fetch = FetchType.EAGER)
private Set<Player> players = new HashSet<>();
```

2.3 연관에서 제외하기

Team 엔티티에 속한 Player 엔티티를 Team에서 제외하고 싶다면 단순히 콜렉션에서 삭제하면 된다. 다음 코드는 식별자가 "P2"인 Player를 Team 엔티티의 @OneToMany 연관에서 제외하는 코드를 보여주고 있다.

```
em.getTransaction().begin();
Team team = em.find(Team.class, "T1");
Optional<Player> pOpt =
    team.getPlayers().stream().filter(p -> p.getId().equals("P2")).findFirst();
pOpt.ifPresent(p -> team.removePlayer(p) );
em.getTransaction().commit();
```

이 코드는 다음 쿼리를 실행한다. 쿼리를 보면 콜렉션에서 삭제한 엔티티에 매핑되는 레코드의 team_id 칼럼을 null로 할당하는 것을 알 수 있다.

```
update Player set team_id=null where team_id=? and player_id=?
binding parameter [1] as [VARCHAR] - [T1]
binding parameter [2] as [VARCHAR] - [P2]
```

실행한 쿼리를 보면 알겠지만, 연관에서 제외했다고 해서 엔티티가 삭제되는 것은 아니다. 단지 연관 관계만 삭제될 뿐이다.

2.4 콜렉션 지우기

Team 엔티티의 players 콜렉션을 모두 삭제하면 연관된 Player 엔티티와의 연관이 끊긴다. 예를 들어, 콜렉션의 clear()를 호출하면 콜렉션에 속한 모든 엔티티와의 연관을 제거한다.

```
em.getTransaction().begin();
Team team = em.find(Team.class, "T1");
team.clear();
em.getTransaction().commit();
```

이 코드는 커밋 시점에 다음 쿼리를 실행해서 연관을 위해 사용한 team_id 칼럼의 값을 null로 바꾼다.

```
update Player set team_id=null where team_id=?
```

값이 없는 새로운 Set을 할당하거나 null을 할당해도 연관된 엔티티와의 연관을 제거한다.

```
em.getTransaction().begin();
Team team = em.find(Team.class, "T1");
team.setPlayers(new HashSet<>()); // 또는 team.setPlayers(null);
em.getTransaction().commit();
```

콜렉션을 삭제한다는 것은 콜렉션을 통한 연관을 삭제하는 것이지 콜렉션에 포함된 엔티티를 삭제하는 것은 아니다.

03 1:N 양방향 Set 매핑

1:N 연관은 N:1 연관과 쌍을 이룬다. 1:N 단방향 연관을 1:N 양방향 연관으로 바꾸면, 1:N 단방향 연관과 N:1 연관을 함께 설정하면 된다. 1:N 단방향 연관과의 차이점이 있다면 @JoinColumn 대신에 @OneToMany의 mappedBy 속성을 사용한다는 것이다.

먼저 Team과 Player 간의 1:N 연관을 위한 Player의 매핑 설정을 보자. Player 입장에서 이 연관은 N:1이므로 8장에서 살펴본 N:1 매핑 설정을 사용한다. 설정은 [리스트 10.3]과 같다.

[리스트 10.3] Team과 Player의 1:N 양방향 연관을 위한 Player 매핑 설정

```
01: package jpastart.team_bi;
02:
03: import javax.persistence.*;
04: import java.util.Objects;
05:
06: @Entity
07: public class Player {
08:     @Id
09:     @Column(name = "player_id")
```

```
10:     private String id;
11:     private String name;
12:
13:     @ManyToOne
14:     @JoinColumn(name = "team_id")
15:     private Team team;
16:
17:     public Player() {
18:     }
19:
20:     public Player(String id, String name) {
21:         this.id = id;
22:         this.name = name;
23:     }
24:
25:     …get 메서드 생략
26:
27:     public Team getTeam() {
28:         return team;
29:     }
30:
31:     public void setTeam(Team team) {
32:         this.team = team;
33:     }
34:
35:     … equals/hashCode 생략
```

7장에서 1:1 연관의 양방향 연관을 설명할 때, 양방향 연관은 DB 테이블에서 참조키를 갖는 쪽이 연관을 소유한다고 했다. 그리고 연관을 소유한 엔티티의 속성을 지정하기 위해 mappedBy 속성을 사용했었다. 동일하게 1:N 양방향 연관에서도 연관을 소유한 쪽은 참조키를 들고 있는 Player 엔티티이다. 따라서, Team 엔티티는 @JoinColumn 애노테이션을 사용해서 연관에 사용할 칼럼을 지정하는 대신 [리스트 10.4]와 같이 mappedBy 속성을 사용해서 연관을 위한 속성을 지정한다.

[리스트 10.4] 양방향 연관을 위한 Team 설정

```
01: @Entity
02: public class Team {
03:     @Id
04:     private String id;
05:     private String name;
06:
07:     @OneToMany(mappedBy = "team")
08:     private Set<Player> players = new HashSet<>();
```

[리스트 10.4]에서 07행의 mappedBy는 연관의 소유 주체가 Player의 team 속성이라고 지정하고 있다.

연관 소유 주체가 Player이기 때문에 연관을 설정할 때는 다음과 같이 Player에서 Team 으로의 연관도 설정해주어야 한다.

```
em.getTransaction().begin();

Team t3 = new Team("T3", "팀3");
Player p3 = em.find(Player.class, "P3");

t3.addPlayer(p3); // Team에서 Player로의 연관
p3.setTeam(t3);   // Player에서 Team으로의 연관

em.persist(t3);
em.getTransaction().commit();
```

Team에서 Player로의 연관만 추가하고 Player에서 Team으로의 연관을 설정하지 않으면 DB에 연관 데이터가 올바르게 반영되지 않는다. 연관을 소유한 쪽은 Player이기 때문에 실제로는 Player의 연관만 알맞게 지정해도 DB 테이블에는 연관을 위한 데이터가 반영된다.

```
em.getTransaction().begin();

Team t3 = new Team("T3", "팀3");
Player p3 = em.find(Player.class, "P3");

p3.setTeam(t3); // Player에서 Team으로의 연관만 적용해도 DB에는 반영

em.persist(t3);
em.getTransaction().commit();
```

하지만, 코드 상에서 논리적인 양방향이 연관이 올바르게 존재하지 않으면 콜렉션을 사용하는 기능이 비정상적으로 동작하기 때문에, 코드 상의 양방향 연관을 올바르게 유지해야 한다.

양방향 연관의 소유를 Player가 갖고 있으므로 Team과 Player의 연관을 제거하려면 다음과 같이 콜렉션에 속한 모든 Player에서 Team으로의 연관을 제거해야 한다.

```
em.getTransaction().begin();
Team t1 = em.find(Team.class, "T1");
// 컬렉션에 속한 Player에서 Team으로의 연관 제거
for (Player p : t1.getPlayers()) {
    p.setTeam(null);
}
t1.getPlayers().clear();
em.getTransaction().commit();
```

04 조인 테이블을 이용한 1:N 단방향 엔티티 List 매핑

전국을 대상으로 가전 기기 수리를 제공하는 서비스를 생각해보자. 지역별로 여러 명의 수리 담당자가 존재하고 순번이 존재한다고 하자. 이 경우 지역과 서비스 담당자는 다음과 같이 List를 이용해서 1:N으로 연관지을 수 있을 것이다.

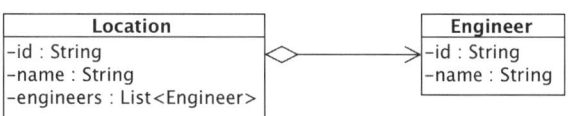

[그림 10.4] 1:N 단방향 엔티티 List를 갖는 클래스 구조

이 연관을 저장하기 위한 테이블 구조는 [그림 10.5]와 같이 조인 테이블을 이용해서 구성할 수 있다. 이 구조에서 loc_eng 테이블은 Location과 1:N 연관을 맺는 Engineer의 인덱스 값을 저장하기 위한 list_idx 칼럼을 갖는다.

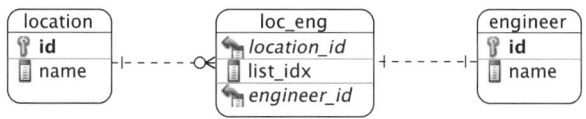

[그림 10.5] 1:N List를 위한 테이블 구조

[그림 10.6]은 조인 테이블의 데이터 구성 예를 보여주고 있다. loc_eng 테이블의 데이터는 식별자가 LOC01인 Location 엔티티에 대한 1:N 리스트 매핑 데이터를 보관하고 있다. 리스트에 포함될 Engineer 엔티티의 식별자는 ENG01, ENG02, ENG03이다.

location 테이블			loc_eng 테이블				engineer 테이블	
id	name		location_id	list_idx	engineer_id		d	a
LOC01	위치		LOC01	0	ENG01		ENG01	이름1
			LOC01	1	ENG02		ENG02	이름2
			LOC02	2	ENG03		ENG03	이름3

[그림 10.6] 조인 테이블로 List 매핑을 구현한 예

[그림 10.5]의 loc_eng 조인 테이블을 이용해서 Engineer 엔티티와 1:N 단방향 연관을 맺는 Location 클래스는 [리스트 10.5]와 같이 매핑한다.

[리스트 10.5] 1:N 단방향 List 연관 매핑 설정

```
01: @Entity
02: public class Location {
03:     @Id
04:     private String id;
05:     private String name;
06:
07:     @OneToMany
08:     @JoinTable(name = "loc_eng",
09:         joinColumns = @JoinColumn(name = "location_id"),
10:         inverseJoinColumns = @JoinColumn(name = "engineer_id")
11:     )
12:     @OrderColumn(name = "list_idx")
13:     private List<Engineer> engineers = new ArrayList<>();
```

@JoinTable 애노테이션의 각 속성은 다음과 같다.

- name : 조인 테이블의 이름을 지정
- joinColumns : 조인 테이블에서 Location 엔티티를 참조할 때 사용할 칼럼
- inverseJoinColumns : 조인 테이블에서 콜렉션에 포함될 Engineer 엔티티를 참조할 때 사용할 칼럼

@OrderColumn 애노테이션을 사용해서 List의 인덱스 값을 보관할 칼럼을 지정했다.

List 콜렉션에 새로운 엔티티를 추가하고 삭제하는 기본적인 동작은 앞서 Set을 이용한 연관이나 9장에서 살펴본 밸류 콜렉션과 큰 차이는 없다.

05 조인 테이블을 이용한 1:N 단방향 엔티티 Map 매핑

조인 테이블을 이용한 1:N 단방향 엔티티 Map 매핑에 대해서 살펴보자. 앞서 Location과 Engineer의 관계를 [그림 10.7]과 같이 Map을 이용해서 표현할 수도 있을 것이다.

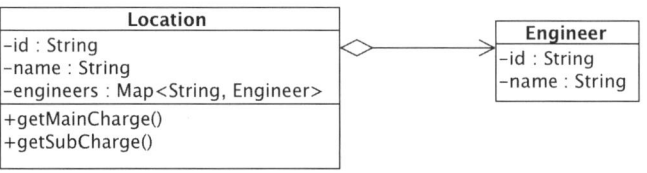

[그림 10.7] Map을 사용한 1:N 엔티티 연관 매핑

Location 클래스의 getMainCharge() 메서드와 getSubCharge() 메서드는 engineers 맵을 이용해서 특정 키값에 해당하는 Engineer 엔티티를 리턴하도록 구현한다고 가정한다.

```
public class Location {
    ...
    private Map<String, Enginner> engineers = new HashMap<>();

    public Enginner getMainCharge() {
        return engineers.get("MAIN");
    }

    public Enginner getMainCharge() {
        return engineers.get("SUB");
    }
}
```

1:N 단방향 엔티티 Map 매핑을 위한 조인 테이블 구성은 [그림 10.8]과 같다.

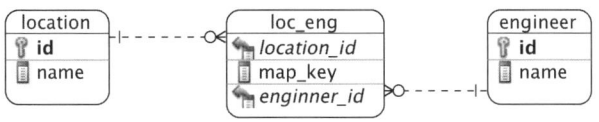

[그림 10.8] 조인 테이블을 이용한 Map 엔티티 매핑

loc_eng 테이블의 map_key 칼럼은 Engineer 엔티티를 찾을 때 사용할 키를 저장한다.

[그림 10.8]의 테이블 구조를 사용한 1:N 단방향 Map 엔티티 설정은 [리스트 10.6]과 같다.

> **[리스트 10.6]** 조인 테이블을 이용한 1:N 단방향 Map 설정

```
01: @Entity
02: public class Location {
03:
04:     @Id
05:     private String id;
06:     private String name;
07:
08:     @OneToMany
09:     @JoinTable(name = "loc_eng",
10:         joinColumns = @JoinColumn(name = "location_id"),
11:         inverseJoinColumns = @JoinColumn(name = "engineer_id")
12:     )
13:     @MapKeyColumn(name = "map_key")
14:     private Map<String, Engineer> engineers = new HashMap<>();
```

@OrderColumn 대신에 @MapKeyColumn을 사용해서 키를 보관할 칼럼을 지정한 것 빼고는 앞서 살펴본 1:N 단방향 List 엔티티 설정과 동일한 것을 알 수 있다.

06 M:N 단방향 연관

M:N 연관은 많은 부분에서 객체 모델을 복잡하게 만들기 때문에, 필자는 가능하면 M:N 연관을 사용하지 않는다. 이 책이 JPA에 대한 책이기에 M:N 연관에 대해 설명은 하지만 실제에서는 M:N 연관 대신 다른 방법으로 구현할 것을 권한다.

M:N 연관을 위한 클래스 구조로 공연과 캐스팅된 사람과의 관계를 예로 들 수 있다. 이 관계를 클래스 다이어그램으로 표현하면 [그림 10.9]와 같다.

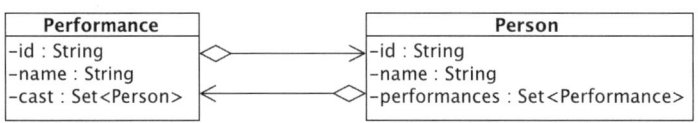

[그림 10.9] M:N 연관을 갖는 클래스 구조

[그림 10.9]는 M:N 양방향 연관을 표현했는데 단방향 연관이나 양방향 연관 모두 M:N 연관은 [그림 10.10]의 조인 테이블을 사용해서 연관을 저장한다.

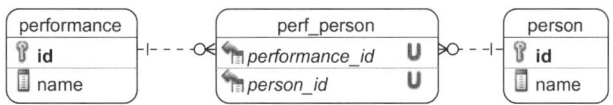

[그림 10.10] M:N 연관을 위한 테이블 구성

[그림 10.10]의 테이블 구조를 사용하는 Performance에서 Person으로의 M:N 단방향 연관 설정은 [리스트 10.7]과 같다.

[리스트 10.7] M:N 연관 설정

```
01: @Entity
02: public class Performance {
03:     @Id
04:     private String id;
05:     private String name;
06:     @ManyToMany
07:     @JoinTable(name = "perf_person",
08:         joinColumns = @JoinColumn(name = "performance_id"),
09:         inverseJoinColumns = @JoinColumn(name = "person_id")
10:     )
11:     private Set<Person> cast = new HashSet<>();
```

앞서 1:N 단방향 연관과 비교해서 @OneToMany 대신에 @ManyToMany를 사용한다는 것이 달라지는 부분이다.

07 M:N 양방향 연관

Performance와 Person의 M:N 양방향 연관을 위한 매핑은 단방향 연관과 유사하다. 단지 연관의 소유를 누가 할지 결정하고 연관을 소유한 쪽에 @JoinTable을 설정해주면 된다. 예를 들어, M:N 연관의 소유가 Performance에 있는 매핑 설정은 [리스트 10.8]과 같다.

[리스트 10.8] M:N 양방향 연관 설정

```
01: @Entity
02: public class Performance {
03:     @Id
04:     private String id;
05:     private String name;
06:     @ManyToMany
07:     @JoinTable(name = "perf_person",
08:         joinColumns = @JoinColumn(name = "performance_id"),
09:         inverseJoinColumns = @JoinColumn(name = "person_id")
10:     )
11:     private Set<Person> cast = new HashSet<>();
12:     ...
13: }
14:
15: @Entity
16: public class Person {
17:     @Id
18:     private String id;
19:     private String name;
20:
21:     @ManyToMany(mappedBy = "cast")
22:     private Set<Performance> perfs = new HashSet<>();
23:     ...
24: }
```

21행을 보면 Person의 @ManyToMany는 mappedBy 속성을 사용하고 있다. 이 코드는 연관의 소유를 Performance의 cast가 가진다고 설정한 것이다. 따라서, 연관을 변경하려면 Performance의 cast 값을 변경해주면 된다.

```
Person person = em.find(Person.class, "P05");

Performance perf1 = em.find(Performance.class, "PF001");
perf1.addCast(person); // 연관 소유한 쪽에 연관 적용
person.addPerformance(perf1); // 양방향 연관이 코드에서도 동작하도록 연관 적용

Performance perf2 = em.find(Performance.class, "PF002");
perf2.addCast(person);
person.addPerformance(perf2);
```

PART 02 연관 매핑

영속성 전이   CHAPTER 11

[이 장에서 다룰 내용]
- 영속성 전이
- 주의 사항

01 영속성 전이

앞서 7장에서 본 MembershipCard에서 User로의 단방향 1:1 연관 예를 다시 보자. 이 예제에서 두 엔티티를 새로 생성한 뒤에 저장하려면 EntityManager.persist()를 이용해서 두 엔티티를 모두 저장해야 했다. MembershipCard 엔티티를 저장할 때 연관된 User 엔티티 객체를 함께 저장하지 않으면 익셉션이 발생하기 때문이다.

```
User owner = new User("jvm@javaworld.co", "JVM", new Date());
MembershipCard memCard = new MembershipCard("1234", owner, expiryDate);

em.persist(owner);
em.persist(memCard);
```

새로운 MembershipCard 엔티티를 저장할 때 연관된 User 엔티티도 새로 생성한 객체라면 당연히 두 엔티티를 함께 저장할 것이다. 이럴 때 영속성 전이를 사용하면 연관된 객체를 손쉽게 함께 저장할 수 있다.

영속성 전이(persistence cascade)는 엔티티의 영속성 상태 변화를 연관된 엔티티에도 함께 적용하는 것이다. 예를 들어, 엔티티를 저장할 때 연관된 엔티티도 함께 저장하고 엔티티를 삭제할 때 연관된 엔티티도 함께 삭제하는 것이 영속성 전이이다.

영속성 전이를 적용하는 방법은 간단하다. [리스트 11.1]과 같이 연관 매핑 설정에 cascade 속성을 사용해서 영속성 전이 방식을 지정하면 된다.

[리스트 11.1] 연관 엔티티를 함께 저장하기 위한 cascade 속성 설정

```
01: @Entity
02: @Table(name = "membership_card")
03: public class MembershipCard {
04:     @Id
05:     @Column(name = "card_number")
06:     private String number;
07:
08:     @OneToOne(cascade = CascadeType.PERSIST)
09:     @JoinColumn(name = "user_email")
10:     private User owner;
11:
12:     @Temporal(TemporalType.DATE)
13:     @Column(name = "expiry_date")
```

```
14:     private Date expiryDate;
15:
16:     private boolean enabled;
```

08행에서 cascade 속성값으로 CascadeType.PERSIST를 지정했다. 이는 MembershipCard 엔티티를 저장할 때 연관된 owner도 함께 저장한다고 설정한다. 이 설정을 사용하면 다음과 같이 MembershipCard 엔티티만 EntityManager#persist()에 전달해도 연관된 엔티티를 함께 영속 객체로 추가한다.

```
User owner = new User("jvm@javaworld.co", "JVM", new Date());
MembershipCard memCard = new MembershipCard("1234", owner, expiryDate);

em.persist(memCard); // 연관된 owner도 영속 객체로 추가함
```

cascade 속성에 올 수 있는 값은 [표 11.1]과 같다. CascadeType의 이름은 EntityManager의 메서드와 동일한 것을 알 수 있다.

표 11.1 CascadeType의 값

CascadeType 값	설명
PERSIST	EntityManager#persist() 실행 시 연관된 엔티티를 함께 영속 객체로 추가한다.
REMOVE	EntityManager#remove() 실행 시 연관된 엔티티를 함께 삭제한다.
DETACH	EntityManager#detach() 실행 시 연관된 엔티티를 함께 분리 상태로 만든다.
REFRESH	EntityManager#refresh() 실행 시 연관된 엔티티를 함께 다시 읽어온다.
MERGE	EntityManager#merge() 실행 시 연관된 엔티티도 함께 관리 상태로 바꾼다.
ALL	모든 상태 변화에 대해 연관된 엔티티에 함께 적용한다.

cascade 속성을 지정하지 않으면 기본값은 빈 배열({})이므로 모든 동작에 대해 영속성 상태 변화를 전이하지 않는다.

cascade 속성은 배열을 값으로 갖기 때문에 다음과 같이 필요한 전이 대상을 배열로 전달할 수 있다.

```
@OneToOne(cascade = {CascadeType.PERSIST, CascadeType.REFRESH} )
@JoinColumn(name = "user_email")
private User owner;
```

영속성 전이는 모든 연관에 대해 적용할 수 있다. 즉, @OneToOne, @OneToMany, @ManyToOne, @ManyToMany에 대해 cascade 속성을 사용해서 연관된 엔티티에 대해 영속성 전이 방식을 지정할 수 있다.

02 영속성 전이 주의 사항

영속성 전이가 편하긴 하지만 남용하면 안 된다. 특히 CascadeType.REMOVE는 주의해서 사용해야 한다. 엔티티는 독립적인 라이프사이클을 갖기 때문에, 엔티티를 삭제한다고 해서 연관된 엔티티를 함께 삭제하는 경우는 드물다. 보통 엔티티를 삭제하면 연관된 엔티티를 삭제하기보다는 연관을 null로 할당하거나 컬렉션 연관에서 삭제하는 것이 더 일반적인 방법이다. 예를 들어, 카드 엔티티를 삭제할 때 연관된 사용자 엔티티를 함께 삭제하지는 않을 것이다. 사용자 엔티티에서 카드로의 연관만 제거할 것이다.

삭제와 달리 저장은 연관된 엔티티를 함께 저장해야 정상 동작하므로 cascade 속성값으로 CascadeType.PERSIST를 사용하는 것은 보통 문제를 일으키지는 않는다. 그렇다고 모든 연관의 cascade 속성에 CascadeType.PERSIST를 설정하는 것도 좋은 방법은 아니다. 자동으로 뭔가 한다는 것은 그만큼 코드에서 명시적인 내용이 사라진다는 것을 의미하고, 이는 엔티티 간의 관계를 변경할 때 놓치기 쉬운 부분이다.

특히 규모가 큰 시스템은 다양한 영역별로 모델을 만들게 된다. 예를 들어, 온라인 쇼핑몰의 경우 고객 영역의 Customer 엔티티, 주문 영역의 Order 엔티티, 상품 영역의 Product 엔티티가 존재할 수 있다. 이들 엔티티 간의 모든 연관에 대해 영속성 전이를 CascadeType.PERSIST로 설정하면 Order를 저장하는데 Customer도 저장하고 Product도 저장하는 일이 벌어질 것이다. 실제로 주문은 고객과 제품이 존재해야만 할 수 있으므로, Order를 저장할 때 Customer와 Product를 함께 저장할 일은 없다. 따라서 Order에서 Customer나 Product로의 연관에 대해 영속성 전이를 PERSIST로 설정하는 것은 의미가 없고 논리적으로도 맞지 않다.

PART 02 연관 매핑

연관 잘 쓰기 CHAPTER 12

[이 장에서 다룰 내용]
- 연관 복잡성
- 연관 범위 한정과 식별자 통한 참조
- 상태 변경 기능과 조회 관련 기능
- 엔티티아 밴류 구분
- 엔티티 콜렉션 주의 사항

01 연관의 복잡성

처음 하이버네이트를 접했을 때는 아직 JPA 표준이 없을 때였다. 하이버네이트를 프로젝트에 적용했을 때 설정만으로 연관된 엔티티에 쉽게 접근할 수 있는 기능이 너무 편리했다. 엔티티 간의 연관을 적극적으로 사용하기 시작했고, 시간이 얼마 안 지나서 문제가 발생하기 시작했다. 모델이 복잡해지면서 코드도 함께 복잡해지기 시작한 것이다.

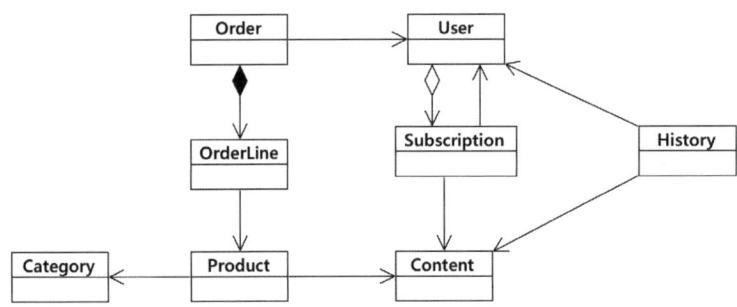

[그림 12.1] 연관을 통해 직간접적으로 모두 엮인 모델

1.1 로딩 설정의 어려움

[그림 12.1]은 모든 엔티티가 서로 연결된 모델을 보여주고 있다. JPA를 사용하다 보면 이렇게 모든 엔티티를 서로 연결하고자 하는 욕구에 빠질 때가 있다. 연관을 사용하면 관련 데이터에 쉽게 접근할 수 있기 때문이다. 예를 들어, 연관을 사용하면 주문한 제품의 콘텐츠 내용에 접근하는 코드를 다음과 같이 작성할 수 있게 된다.

```
Order order = em.find(Order.class, orderId);
List<OrderLine> orderLines = order.getOrderLines();
for (OrderLine ol : orderLines) {
    Content content = or.getProduct().getContent();
    System.out(content.getTitle() + " " + content.getCast());
}
```

이 코드는 Order 엔티티에서 시작해서 OrderLine, Product를 거쳐 Content까지 접근하고 있다. 이 과정에서 언제 어떤 쿼리가 실행될지 상상해보자. 모든 연관을 즉시 로딩으로 설정했다면 Order를 로딩하는 시점에 OrderLine, Product, Content를 로딩하기 위한 쿼리도 함께 실행할 것이다. 이때 Product에서 Category나 User로의 연관도 즉시 로딩이면 Category와 User도 로딩하고, User와 Subscription 연관도 즉시 로딩이면

Subscription 역시 로딩한다.

Order 엔티티 하나를 로딩하는데 연관된 모든 엔티티를 로딩하는 것을 원하지는 않을 것이다. 일괄적으로 모든 연관에 즉시 로딩을 적용하기보다는 엔티티를 어떤 식으로 사용할지 미리 고민해서 지연 로딩과 즉시 로딩을 적절하게 적용해야 한다.

그런데, 지연 로딩과 즉시 로딩을 적절하게 섞어 쓰는 것이 쉽지만은 않다. 같은 엔티티라도 기능에 따라서 함께 사용하는 연관 대상이 달라지기 때문이다. 예를 들어 Order의 배송지 주소를 변경하는 기능을 생각해보자. 이 경우 데이터 변경이 필요한 것은 배송지 정보를 담고 있는 Order 엔티티뿐이다. Order와 연관된 User, OrderLine은 필요하지 않다. OrderLine과 연관된 Product 역시 필요하지 않다. 반면에 주문 상세 화면을 표시하려면 Order 외에 User, OrderLine, Product, Content 등의 엔티티가 모두 필요하다. 이렇게 상황에 따라 필요한 연관 객체가 다르기 때문에 특정 연관을 지연 로딩이나 즉시 로딩으로 한정할 수 없다.

1.2 편리한 객체 탐색과 높은 결합도

모든 엔티티를 연관으로 연결하면 객체 탐색을 통해서 쉽게 원하는 객체에 접근할 수 있다. 만약 Order와 User가 연관으로 연결되어 있으면 다음과 같이 Order 객체의 메서드에서 User 객체의 정보를 변경하는 것이 가능하다.

```java
public class Order {

    private User orderer; // User와 연관

    public void changeShippingAddress(Address newShippingAddress,
            boolean useUserAddress) {
        this.shippingAddress = newShippingAddress;
        if (useUserAddress) {
            // 연관된 User의 데이터를 변경
            orderer.setAddress(newShippingAddress);
        }
    }
    ...
```

이 코드는 Order의 배송지 주소를 변경할 때 주문자의 주소를 함께 변경하는 기능을 구현한 것이다. Order가 User를 참조하고 있기 때문에 위 코드처럼 배송지 주소 변경을 구현한 Order#changeShippingAddress()에서 User#setAddress()를 이용해서 사용자 주소도 함께 변경하고 있다.

연관된 객체를 사용하면 처음에는 편리하게 기능을 구현할 수 있다. 하지만, 이는 Order가 User에 강하게 영향을 받게 한다. 예를 들어, User#setAddress() 메서드가 Address 대신에 다른 타입을 필요로 하면 Order#changeShippingAddress() 메서드를 함께 변경해야 한다. 반대로 Order가 shippingAddress의 타입을 Address가 아닌 다른 타입으로 변경하는 경우도 orderer.setAddress()를 올바르게 실행하기 위해 changeShippingAddress() 메서드에 관련 코드를 추가해야 한다.

```java
public class Order {

    public void changeShippingAddress(OrderAddress newShippingAddress,
        boolean useUserAddress) {
        this.shippingAddress = newShippingAddress;
        if (useUserAddress) {
            // newShippingAddress의 타입이 바뀌면
            // 연관 객체의 setAddress()를 알맞게 실행하기 위해
            // 관련 코드를 수정해야 한다
            Address address = new Address(newShippingAddress.getZipCode(),
                newShippingAddress.getStreet(),newShippingAddress.getDetail());
            orderer.setAddress(address);
        }
    }
}
```

사실 Order 입장에서 배송지 주소 변경 기능 자체는 User의 주소 변경과 상관이 없다. Order는 주문과 관련된 배송지 주소 변경 로직만 구현하면 된다. 단지 연관된 객체를 이용해서 기능을 구현하기가 쉽기 때문에 Order의 배송지 주소를 변경하면서 연관된 User 객체의 주소를 함께 변경한 것이다.

이렇게 한 엔티티에서 다른 엔티티의 상태를 변경하는 기능을 실행하면 엔티티가 서로 강하게 엮이게 되면서 서로 수정을 어렵게 만드는 원인이 될 수 있다.

02 연관 범위 한정과 식별자를 통한 간접 참조

엔티티 간의 참조가 많아질수록 한 엔티티의 기능을 변경할 때 여러 엔티티를 함께 수정해야 할 가능성이 커진다. 이는 코드 변경을 어렵게 만드는 원인이 될 수 있다. 이런 문제를 해결하는 방법은 간단하다. 다음의 두 가지를 적용하면 된다.

- 연관의 범위를 도메인을 기준으로 한정
- 도메인을 넘어서는 엔티티 간에는 식별자를 이용한 간접 참조 사용

[그림 12.1]에 두 규칙을 적용하면 [그림 12.2]와 같이 연관 관계가 바뀐다.

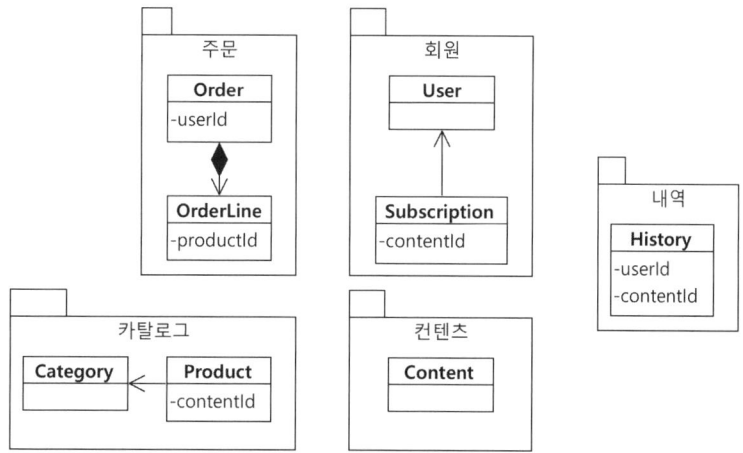

[그림 12.2] 연관을 정리한 구조

[그림 12.2]를 보면 특정 영역 안에서는 연관을 이용해서 직접 참조를 유지했지만, 영역을 벗어나는 관계에 대해서는 식별자를 이용해서 간접적으로 참조하는 것을 알 수 있다. 주문 영역에서 Order는 OrderLine을 직접 참조했지만 다른 영역에 위치한 User는 식별자 값만 갖는다.

```
public class Order {

    private List<OrderLine> orderLines; // 영역 내 모델은 직접 참조
    private String userId;              // 영역 밖의 엔티티는 식별자로 참조
    ...
}
```

Order에서 User를 식별자로 참조했기 때문에 더 이상 Order에서 User의 주소를 변경할 수 없다. 대신 응용 서비스 코드에서 두 엔티티를 로딩해서 각 엔티티의 값을 변경하는 방식으로 바뀐다.

```
public class ShippingAddressService {
  public void changeShippingAddress(String orderId,
      Address newShippingAddress, boolean useUserAddress) {
    Order order = findOrder(orderId);
    if (order == null) throw new OrderNotFoundException();
    order.changeShippingAddress(newShippingAddress);
    if (useUserAddress) {
      User user = findUser(order.getUserId());
```

```
        user.setAddress(newShippingAddress);
    }
}
...
```

식별자를 통한 간접 참조 방식을 사용하면 식별자로 연관된 엔티티를 검색하는 과정이 추가되기 때문에 다소 코드가 길어진다. 하지만, 식별자를 통한 간접 참조를 사용하면 앞서 언급한 두 가지 문제-로딩 설정의 어려움, 엔티티 간의 결합도 증가-를 완화할 수 있다.

먼저, 로딩과 관련된 문제가 단순해진다. 식별자를 사용하기 때문에 위 서비스 코드처럼 명시적으로 연관된 엔티티를 구한다. 이는 연관된 엔티티를 지연 로딩으로 조회하는 것과 동일하다. 로딩 설정으로 고민할 필요가 없는 만큼 매핑 설정 코드도 단순해지는 것이다. 물론, 즉시 로딩을 사용할 때와 비교하면 쿼리를 한 번 더 실행하지만, 실행 빈도가 낮은 데이터 수정 기능에서 쿼리를 한 번 더 실행하는 것은 전체 성능에 끼치는 영향은 작은 편이다.

두 번째로 엔티티 간의 강한 결합도 줄어든다. Order 엔티티에서 다른 영역에 위치한 User 엔티티의 메서드를 실행할 일이 없어지므로 Order 엔티티는 User 엔티티 수정에 영향을 받지 않는다. 이는 도메인 범위에 상관없이 연관을 적용할 때와 비교하면 코드 유지보수를 용이하게 만들어준다.

03 상태 변경 관련 기능과 조회 관련 기능

연관을 한정해서 사용하면 설정이나 코드 복잡도가 줄어드는 장점이 있다. 하지만, 데이터를 조회할 때 여러 엔티티를 직접 조회해야 하는 불편함도 있다. 예를 들어, 주문 상세를 조회하기 위한 기능은 다음과 같이 Order 엔티티와 더불어 연관된 객체를 직접 조회해야 한다.

```
Order order = em.find(Order.class, orderId);
User user = em.find(User.class, order.getOrdererId());
List<Product> products =
    order.getOrderLines().stream()
        .map(ol -> em.find(Product.class, ol.getProductId())
        .collect(Collectors.toList());
```

이런 불편함을 해결하는 방법이 하나 있는데, 그것은 바로 상태를 변경하는 기능과 조회하는 기능을 분리해서 생각하는 것이다.

보통, 상태 변경 관련 기능은 한 도메인 범위에 속한 엔티티의 데이터만 수정하는 경향이 있다. 예를 들어, 사용자의 암호를 변경하는 기능은 User 엔티티의 데이터만 변경하지 다른 영역에 속한 엔티티는 변경하지 않는다. 비슷하게 주문 취소 기능은 Order 엔티티만 변경하지 Product 엔티나 User 엔티티를 변경하지는 않는다. 동시에 다른 영역에 속한 엔티티를 변경하는 기능은 일부에 지나지 않는다. 앞서 주문지 주소를 변경할 때 회원의 주소를 함께 변경하는 기능이 이에 해당한다.

데이터를 새로 생성하거나 수정하거나 삭제하는 상태 변경 기능은 한두 개의 엔티티만 로딩하기 때문에 식별자로 연관된 엔티티를 직접 로딩해야 하는 불편함이 크지 않고 식별자를 사용해서 간접 참조했을 때의 장점이 더 크다.

조회 관련 기능은 한 개 이상의 엔티티를 함께 조회하는 경우가 많다. 주문 목록 기능이나 주문 상세 보기 기능은 Order, OrderLine, Product, Content 엔티티를 함께 조회해서 사용자에게 보여줘야 한다. 이렇게 여러 엔티티의 데이터를 조합해야 하는 조회 기능은 조회 기능에 맞는 모델을 따로 구현하는 것을 고려해보자. 예를 들어, 주문 목록에 보여줄 데이터를 로딩하기 위해 Order, OrderLine, Product 엔티티를 따로 조회하기보다는 다음과 같은 전용 모델을 만들고, 이 모델에 알맞은 쿼리를 실행하는 방식을 생각해보는 것이다.

```java
public class OrderSummary {
    private String id;
    private String ordererName;
    private Timestamp orderDate;
    private int totalAmounts;
    private String firstProductName;
    private String firstProductId;
    ...
}
```

처음에는 이미 Order, OrderLine, Product 등의 모델 클래스를 만들었는데 조회를 위한 클래스를 따로 만든다는데 거부감이 들 수도 있다. 하지만, 도메인이 커질수록 한 개의 모델로 상태 변경 기능과 조회 기능을 구현하기 어려워진다. 로딩 방식 문제뿐만 아니라 상태 변경 시점과 조회 시점에 필요한 데이터가 다르기 때문이다.

조회 시점에 필요한 데이터와 변경 시점에 다루는 데이터의 차이가 클수록 조회 전용 모델을 별도로 만들 것을 고려해 봐야 한다. 조회 관련 기능을 변경하는 빈도와 상태 변경 기능을 변경하는 빈도는 서로 다르기 때문에, 도메인이 복잡하고 커질수록 조회 전용 모델을 따로 만드는 것이 오히려 코드 관리에 유리할 때가 많다.

JPA와 하이버네이트는 조회 전용 기능을 구현할 때 사용할 수 있는 기능을 제공하고 있는데, 이에 대한 내용은 15장에서 살펴보도록 하자.

04 식별자를 공유하는 1:1 연관이 엔티티와 밸류 관계인지 확인

처음 JPA를 적용하면 모든 테이블을 엔티티로 매핑하는 개발자가 많다. 이 방법이 JPA를 도입하는 가장 쉬운 방법이기는 하다. 그런데 모든 테이블을 엔티티로 매핑하는 것은 모델의 의미를 약화시킬 수 있다. 주로 한 엔티티와 관련된 데이터를 두 테이블에 저장할 때 이런 상황이 발생한다. 예를 들어, 민원을 생각해보자. 민원을 저장할 때 민원 내용 자체를 저장하는 테이블과 민원 처리 상태를 저장하는 테이블로 나눌 수 있다. 이때, 이 두 테이블을 각각 별도 엔티티로 매핑하면 [그림 12.3]과 같이 양방향 1:1 연관을 사용할 수 있다.

```
@Entity
public class Appeal {
    @Id
    private String id;

    @OneToOne(mappedBy="appeal")
    private AppealStatus status;

    ...
}
```

```
@Entity
@Table(name = "appeal_status")
public class AppealStatus {
    @Id
    private String id;

    @OneToOne
    @PrimaryKeyJoinColumn
    private Appeal appeal;

    ...
}
```

[그림 12.3] 테이블을 각각 엔티티로 매핑한 1:1 연관

민원과 민원 처리 상태는 식별자를 공유하는 1:1 연관으로 생각할 수 있지만, 라이프사이클을 생각해보면 다른 관계로 볼 수 있다. Appeal을 생성할 때 AppealStatus를 함께 생성하고, Appeal을 삭제할 때 AppealStatus도 함께 삭제한다. AppealStatus의 라이프사이클은 완전히 Appeal에 종속되는 것이다. 게다가 두 모델은 민원이라는 한 영역에 속한다.

이렇게 한 도메인 영역에 속하면서 식별자 공유 방식으로 1:1 연관을 맺는 두 엔티티가 동일한 라이프사이클을 갖는다면 이 관계는 두 엔티티의 1:1 연관이 아닌 엔티티와 밸

류 관계일 가능성이 크다. 민원과 민원 처리 상태가 이에 해당한다. 민원 처리 상태를 밸류로 정의하면 [그림 12.4]와 같이 다른 테이블에 밸류를 저장하는 방식으로 Appeal과 AppealStatus를 매핑할 수 있다.

```
@Entity
@SecondaryTable(
        name = "appeal_status",
        pkJoinColumns = @PrimaryKeyJoinColumn(
            name = "id",
            referencedColumnName = "id")
)
public class Appeal {
    @Id
    private String id;

    @Embedded
    private AppealStatus status;

    ...
}
```

```
@Embeddable
public class AppealStatus {
    ...
}
```

[그림 12.4] 식별자를 공유하는 두 엔티티의 1:1 연관은 두 테이블을 사용하는 엔티티-밸류 관계인지 확인할 필요가 있다.

05 엔티티 콜렉션 연관과 주의 사항

10장에서 엔티티 콜렉션에 대해 설명했는데, 1:N 연관은 모델을 복잡하게 만든다. 1:N 양방향 연관은 코드를 더 복잡하게 만두다 코드가 복잡해진다는 것은 그 만큼 코드 관리를 어렵게 만드는 원인이 될 수 있으므로, 콜렉션 연관을 사용할 때에는 많은 주의가 필요하다.

5.1 1:N 연관보다 N:1 연관 우선

1:N 연관은 N:1 연관과 밀접한 관련이 있다. 1:N 연관의 반대 방향이 N:1 연관이기 때문이다. 예를 들어, 호텔과 리뷰는 1:N 관계가 될 수 있는데, 이를 뒤집으면 리뷰에서 호텔로의 N:1 관계가 된다.

1:N 연관을 사용할 때 주의할 점은 N에 해당하는 부분을 실제 기능에서 어떤 식으로 사용하는지 알아야 한다는 점이다. 예를 들어, 호텔의 상세 정보 화면이 호텔 정보와 함께

전체 리뷰 중 최근 리뷰 3개를 보여준다고 하자. 이를 호텔에서 리뷰로의 1:N 연관 관점에서 구현하면 Hotel 엔티티는 다음과 같이 최근 리뷰 3개를 제공하는 메서드를 제공할 것이다.

```java
@Entity
public class Hotel {

    @OneToMany
    @OrderBy("id desc")
    private Set<Review> reviews = new LinkedHashSet<>();

    public List<Review> getLatestReviews(int count) {
        return reviews.stream().limit(count).collect(Collectors.toList());
    }
    ...
```

getLatestReviews() 메서드는 reviews에서 count개의 Review 객체를 가져와 List로 변환해서 리턴한다. 기능 자체는 원하는 대로 동작한다. 그런데 이 코드는 문제가 있다. 만약 호텔과 관련된 리뷰 개수가 만 개면 reviews는 만 개의 Review 객체를 갖게 된다. 실제 기능에서 필요한 것은 최근에 등록한 Review 객체 몇 개이지만 만 개를 로딩하는 것이다. Hotel과 연관된 Review가 많을수록 이 기능은 실행 속도가 느려져서 성능에 문제를 일으킨다.

1:N 연관에서 컬렉션에 보관된 엔티티를 일부만 사용하는 기능이 있다면 1:N 연관을 사용하면 안 된다. 대신 N:1 연관을 사용해야 한다. N:1 연관을 사용하면 코드는 다소 길어지지만 1:N 연관을 사용할 때 발생하는 성능 관련 문제를 해결할 수 있다.

```java
Hotel hotel = em.find(Hotel.class, id);
TypedQuery<Review> query = em.createQuery(
    "select r from Review r where r.hotel = :hotel " +
    "order by r.id desc", Review.class);
query.setParameter("hotel", hotel);
query.setFirstResult(0);
query.setMaxResults(3);
List<Review> reviews = query.getResultList();
```

성능 관련 문제뿐만 아니라 N:1 연관이 1:N보다 모델이 단순하기 때문에 연관으로 인해 발생하는 코드의 복잡함도 줄어든다.

5.2 엔티티 간 1:N 연관과 밸류 콜렉션

엔티티 간 1:N 연관으로 보이는 것 중에 실제로는 밸류에 대한 콜렉션 연관인 경우도 있다. 처음 JPA를 사용할 때 자주 접하는 실수는 모든 테이블에 대해 엔티티 클래스를 작성하는 것이다. 앞서 1:1 연관에서도 엔티티가 아닌 밸류를 사용하는 것이 더 모델에 적합할 때가 있는 것처럼, 1:N 연관에서도 엔티티에 대한 콜렉션이 아니라 밸류에 대한 콜렉션이 적합할 때가 있다.

대표적인 예가 Order와 OrderLine의 관계이다. Order는 주문을 의미하고 OrderLine은 개별 주문 항목을 의미한다. 한 개의 Order는 한 개 이상의 OrderLine을 가질 수 있고 Order와 OrderLine은 각각 별도 테이블과 매핑된다. 이 경우 Order와 OrderLine을 각각 엔티티로 매핑할 수 있는데, OrderLine은 자신만의 식별자를 갖는 엔티티라기보다는 Order에 포함된 밸류이다. 따라서, Order와 OrderLine은 엔티티 간의 1:N 관계가 아니며, Order는 다음과 같이 OrderLine을 밸류 콜렉션으로 갖는다.

```
@Entity
public class Order {

    @ElementCollection
    @CollectionTable(
        name = "order_line",
        joinColumns = @JoinColumn(name = "order_id")
    @OrderColumn(name = "idx")
    private List<OrderLine> orderLines = new ArrayList<>();
    ...
}

@Embeddable
public class OrderLine {
    ...
}
```

단순히 테이블이 따로 존재한다고 해서 엔티티 간의 1:N 연관으로 매핑하는 것은 옳지 않다. 1:N 연관이 필요하다면 해당 연관이 엔티티 간의 연관인지 밸류 콜렉션인지 검토해야 한다. 한 도메인 영역에 속하면서 1:N 연관을 맺는 엔티티가 동일한 라이프사이클을 갖는다면 엔티티 콜렉션이 아닌 밸류 콜렉션이 더 적합하지 않은지 확인하도록 하자.

5.3 M:N 연관 대체하기 : 연관 엔티티 사용

M:N 연관은 가능한 한 피한다. 단방향 연관이든 양방향 연관이든 M:N 연관은 구현을 복잡하게 만들기 때문에 최대한 피하는 게 좋다. M:N 연관을 회피하는 방법으로는 다음을 사용한다.

- 연관 엔티티 사용
- 한쪽 엔티티에 밸류 콜렉션으로 연관 정보 저장

연관 엔티티를 사용하는 방법은 조인 테이블을 엔티티로 매핑하는 것이다. 이 방법은 모든 테이블마다 엔티티를 매핑하면 안 된다는 규칙에 어긋나지만, M:N 연관으로 인해 코드가 복잡해지는 것보다는 나은 선택이다. 연관 엔티티를 사용해서 M:N 연관을 대체한 예는 [그림 12.5]와 같다.

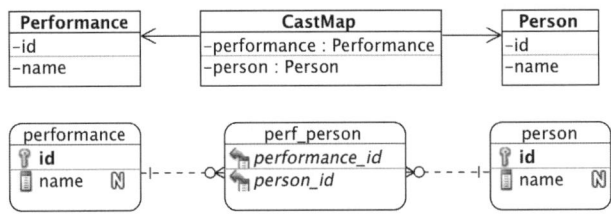

[그림 12.5] 연관 클래스를 이용한 M:N 연관 대체

이 예는 10장에서 M:N 연관을 설명할 때 사용한 Performance와 Person 예제를 연관 엔티티로 재구성한 것이다. Performance와 Person은 더 이상 상대 엔티티를 콜렉션으로 갖지 않는다. 대신 CastMap 엔티티가 연관을 대체한다. 원래 M:N 연관을 맺기 위해 사용한 perf_person 조인 테이블은 CastMap 엔티티에 매핑한다. CastMap은 Performance와 Person을 각각 N:1 연관으로 참조한다.

CastMap 엔티티와 매핑되는 perf_person 테이블은 식별자를 위한 별도 칼럼이 없다. 따라서 perf_person 테이블의 performance_id 칼럼과 person_id 칼럼을 함께 사용하는 복합키를 식별자로 사용한다. 이 복합키를 CastMap 클래스에서 사용하기 위한 클래스는 [리스트 12.1]과 같다.

[리스트 12.1] CastMap 클래스의 식별자로 사용하기 위한 CastMapId 클래스

```
01: package jpastart.perf;
02:
03: import javax.persistence.Column;
04: import javax.persistence.Embeddable;
05: import java.io.Serializable;
06: import java.util.Objects;
07:
08: @Embeddable
```

```
09: public class CastMapId implements Serializable {
10:     @Column(name = "performance_id")
11:     private String performanceId;
12:     @Column(name = "person_id")
13:     private String personId;
14:
15:     public CastMapId() {}
16:     public CastMapId(String performanceId, String personId) {
17:         this.performanceId = performanceId;
18:         this.personId = personId;
19:     }
20:
21:     public String getPerformanceId() {
22:         return performanceId;
23:     }
24:
25:     public String getPersonId() {
26:         return personId;
27:     }
28:
29:     @Override
30:     public boolean equals(Object o) {
31:         if (this == o) return true;
32:         if (o == null || getClass() != o.getClass()) return false;
33:         CastMapId castMapId = (CastMapId) o;
34:         return Objects.equals(performanceId, castMapId.performanceId) &&
35:                 Objects.equals(personId, castMapId.personId);
36:     }
37:
38:     @Override
39:     public int hashCode() {
40:         return Objects.hash(performanceId, personId);
41:     }
42: }
```

performanceId 속성과 personId 속성은 perf_person 테이블의 두 칼럼과 매핑된다. 4장에서 설명한 것처럼 복합키로 사용할 @Embeddable 클래스는 Serializable 인터페이스를 구현해야 한다.

연관 엔티티로 사용할 CastMap 클래스는 [그림 12.5]와 같다.

[리스트 12.2] 연관 엔티티로 사용할 CastMap 클래스

```java
01: package jpastart.perf;
02:
03: import javax.persistence.*;
04:
05: @Entity
06: @Table(name = "perf_person")
07: public class CastMap {
08:
09:     @Id
10:     private CastMapId id;
11:
12:     @ManyToOne
13:     @JoinColumn(name = "performance_id", insertable = false, updatable = false)
14:     private Performance performance;
15:
16:     @ManyToOne
17:     @JoinColumn(name = "person_id", insertable = false, updatable = false)
18:     private Person person;
19:
20:     public CastMap() {
21:     }
22:
23:     public CastMap(Performance performance, Person person) {
24:         this.id = new CastMapId(performance.getId(), person.getId());
25:         this.performance = performance;
26:         this.person = person;
27:     }
28:
29:     public CastMapId getId() {
30:         return id;
31:     }
32:
33:     public Performance getPerformance() {
34:         return performance;
35:     }
36:
37:     public Person getPerson() {
38:         return person;
39:     }
40: }
```

매핑할 테이블이 클래스 이름과 다르기 때문에 @Table 애노테이션을 이용해서 매핑 테이블 이름을 "perf_person"으로 설정했다. @Id 애노테이션을 이용해서 앞서 작성한 CastMapId 클래스를 식별자 타입으로 지정했다.

12행과 16행은 각각 Performance 엔티티와 Person 엔티티를 @ManyToOne으로 참조하도록 설정했다. 두 연관의 @JoinColumn 설정을 보면 insertable 속성과 updatable 속성을 모두 false로 지정했는데 이는 JPA가 엔티티를 저장하거나 변경할 때 이 속성의 값을 사용하지 않는다는 것을 의미한다. 이렇게 설정한 이유는 @Id로 지정한 CastMapId가 이미 두 연관(performance 속성과 person 속성)과 관련된 칼럼에 매핑되기 때문이다.

CastMap을 구현했으므로 Person과 Performance 간 연관을 추가해보자. Person과 Performance와의 연관을 추가하는 것은 이제 이 두 엔티티와 연관된 CastMap을 추가하는 것과 동일하다.

```
em.getTransaction().begin();

Performance perf = em.find(Performance.class, "PF002");
Person person = em.find(Person.class, "P05");
CastMap castMap = new CastMap(perf, person);
em.persist(castMap);

em.getTransaction().commit();
```

Person과 Performance와의 연관을 제거하고 싶다면 다음과 같이 해당하는 CastMap 엔티티를 구한 뒤 EntityManager#remove()로 엔티티를 삭제하면 된다.

```
CastMap castMap = em.find(CastMap.class, new CastMapId("PF002", "P03"));
em.remove(castMap);
```

특정 Performance에 속한 Person 목록을 구하려면 다음과 같은 JPQL을 이용하면 된다.

```
TypedQuery<Person> query = em.createQuery(
    "select cm.person from CastMap cm " +
        "where cm.id.performanceId = :perfId " +
        "order by cm.person.name",
    Person.class);
query.setParameter("perfId", perfId);
List<Person> peronList = query.getResultList();
```

Performance에서 Person으로 직접적인 M:N 연관을 가졌을 때와 비교하면 JPQL을 사용하는 코드가 길어진다. 하지만, JPQL을 이용하면 다양한 조건을 이용해서 Performance와 연관된 Person을 구할 수 있는 장점이 있다. 예를 들어, 특정 Performance와 연관된 Person 중에서 이름이 "최"로 시작하는 엔티티 목록을 구하고 싶다면 다음과 같은 JPQL을 사용할 수 있다.

```
TypedQuery<Person> query = em.createQuery(
    "select cm.person from CastMap cm " +
        "where cm.id.performanceId = :perfId " +
        "and cm.person.name like :name "+
        "order by cm.person.name",
    Person.class);
query.setParameter("perfId", "PF001");
query.setParameter("name", "최%");
peronList = query.getResultList();
```

JPQL을 이용하면 정렬 순서 변경이나 페이징 처리도 쉽게 할 수 있다. JPQL을 사용하면 다양한 검색 조건으로 조회할 수 있는데, 이에 대한 내용은 이어지는 13장에서 살펴보자.

PART 03
쿼리

Chpater 13　JPQL
Chpater 14　크리테리아 API를 이용한 쿼리
Chpater 15　추가 쿼리 기능

PART 03 쿼리

JPQL CHAPTER 13

[이 장에서 다룰 내용]
- JPQL 기본과 검색 조건 비교
- 페이징 처리
- 일부 속성 조회
- 조인 처리
- 집합 함수, 문자열 함수, 수학 함수
- 네임드 쿼리
- N+1 문제

01 JPQL

JPQL은 JPA Query Language의 약자로 JPA에서 사용하는 쿼리 언어이다. JPQL의 쿼리 언어는 SQL의 쿼리 언어와 매우 유사하다. 차이가 있다면 테이블과 칼럼 이름 대신 매핑한 엔티티 이름과 속성 이름을 사용한다는 점이다. 8장에서 JPQL을 이용해서 작성한 코드를 다시 보자.

```
TypedQuery<Review> query = em.createQuery(
    "select r from Review r " +
    "where r.hotel = :hotel order by r.id desc", Review.class);
query.setParameter("hotel", hotel);
query.setFirstResult(0);
query.setMaxResults(3);
List<Review> reviews = query.getResultList();
```

여기서 사용한 쿼리가 JPQL이다. 이 쿼리의 특징은 [그림 13.1]과 같다.

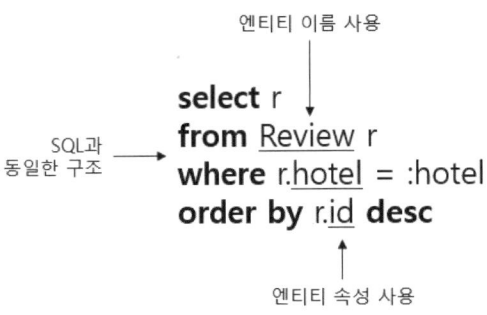

[그림 13.1] JPQL은 SQL과 동일한 구조의 언어를 사용

JPQL은 SQL과 매우 유사한 언어를 이용해서 엔티티 조회 쿼리를 작성할 수 있기 때문에 엔티티 목록을 조회하거나 특정 조건을 이용해서 엔티티를 검색할 때 주로 사용한다.

02 JPQL 기본 코드

JPQL의 기본 구조는 다음과 같다.

```
select 별칭 from 엔티티이름 as 별칭
```

from 절 뒤의 '엔티티이름'은 @Entity를 적용한 클래스의 이름이다. (또는 @Entity 애노테이션의 name 속성으로 지정한 이름을 사용한다.) '엔티티이름' 뒤에는 'as 별칭'이 오는데, 별칭은 JPQL에서 엔티티를 참조할 때 사용할 이름이다. 별칭은 필수이며 as는 생략할 수 있다. select 절은 선택할 대상을 지정한다. select 대상으로 엔티티의 별칭을 지정하면 해당 엔티티를 선택한다.

다음은 모든 User 엔티티를 선택하는 JPQL 예이다.

```
select u from User as u
select u from User u
select user from User user
```

JPQL을 실행하려면 EntityManager#createQuery() 메서드로 Query를 생성해야 한다. select의 결과 타입을 알고 있는 경우 EntityManager#createQuery(String, Class) 메서드를 이용해서 javax.persistence.TypedQuery 객체를 생성한다. 예를 들어, select 결과가 User 타입이라면 다음과 같이 createQuery()의 두 번째 인자의 값으로 User.class를 전달한다.

```
TypedQuery<User> query = em.createQuery("select u from User u", User.class);
List<User> users = query.getResultList();
for (User u : users) {
    ...
}
```

TypedQuery#getResultList() 메서드는 JPQL에 해당하는 SQL을 실행하고 그 결과를 리턴한다. 위 코드에서는 select 절에서 User 타입을 선택했으므로 쿼리 결과로 User 엔티티를 담은 리스트를 리턴한다.

EntityManager#createQuery(String) 메서드를 사용해서 javax.persistence.Query 객체를 생성할 수도 있다.

```
Query query = em.createQuery("select u from User u");
List users = query.getResultList();
for (Object u : users) {
    User user = (User) u; // Query로 구한 List는 타입 변환 필요
    ...
}
```

조회 대상 타입을 지정하는 TypedQuery와 달리 Query는 선택 타입을 지정하지 않는다. 이런 이유로 Query#getResultList()로 구한 List에서 데이터를 구할 때에는 알맞게 타입을 변환해야 한다. 쿼리의 실행 결과 타입을 알고 있다면 TypedQuery를 사용해서 타입 처리를 쉽게 하자.

TypedQuery 인터페이스는 Query 인터페이스를 상속받았다. 앞서 예에서 봤듯이 TypedQuery와 Query의 차이는 결과 타입을 지정했느냐 아니냐의 차이다. 이를 제외하면 제공하는 기능은 동일하다.

2.1 order by를 이용한 정렬

order by 절을 사용하면 정렬 순서를 지정할 수 있다. 정렬 순서를 지정할 때는 엔티티의 속성을 사용한다. 엔티티의 속성은 '별칭.속성' 형식으로 지정한다. 다음 코드는 order by를 사용한 JPQL 예이다.

```
select p from Player p order by p.name asc
select p from Player p order by p.name
select p from Player p order by p.name desc
```

오름차순과 내림차순 정렬은 각각 asc와 desc로 지정한다. SQL과 마찬가지로 정렬 순서를 생략하면 오름차순을 사용한다.

두 개 이상의 속성을 사용해서 정렬하고 싶다면 콤마로 구분한다.

```
select p from Player p order by p.team.id, p.name
```

위 코드에서 p.team.id는 연관된 객체의 속성이다. Player가 Team을 @ManyToOne으로 참조하고 @JoinColumn이 "team_id"라면, 이 JPQL은 다음 SQL을 실행한다.

```
select p.player_id, ...(생략) from Player p order by p.team_id, p.name
```

연관 객체의 식별자뿐만 아니라 다른 속성도 order by 절에서 사용할 수 있다. 다음 JPQL을 보자.

```
select p from Player p order by p.team.name, p.name
```

p.team.name은 Player와 연관된 Team 엔티티의 name 속성을 의미한다. 이는 테이블로 보면 player 테이블의 team_id 칼럼으로 참조하는 team 테이블의 name 칼럼의 값을 이용한다는 뜻이다. 즉, player 테이블과 team 테이블 간의 조인을 의미한다. 실제 이 JPQL이 실행하는 SQL은 다음과 같은데, 두 테이블을 조인해서 실행하는 것을 알 수 있다.

```
select p.player_id, p.name, p.salary, p.team_id
from Player p cross join Team t where p.team_id=t.id
order by t.name, p.name
```

03 검색 조건 지정

where 절을 사용해서 특정 조건을 충족하는 엔티티를 검색할 수 있다. 다음은 where 절을 사용한 코드 예이다. 이 코드는 연관된 Team의 id가 'T1'인 Player의 목록을 구한다.

```
TypedQuery<Player> query = em.createQuery(
    "select p from Player p where p.team.id = 'T1'",
    Player.class);
List<Player> players = query.getResultList();
```

다음과 같이 AND, OR, 괄호를 사용해서 조건을 조합할 수도 있다.

```
select p from Player p where p.team.id = 'T1' and p.salary > 1000
```

비교할 값이 고정되지 않는 경우 입력 파라미터를 사용해서 코드에서 값을 할당할 수 있다. 다음은 입력 파라미터의 사용 예이다.

```
TypedQuery<Player> query = em.createQuery(
    "select p from Player p where p.team.id = ? and p.salary > ?",
    Player.class);
query.setParameter(0, "T1");
query.setParameter(1, 1000);
List<Player> players = query.getResultList();
```

이 코드는 인덱스 기반 파라미터인 물음표를 이용해서 입력 파라미터를 지정했다. 인덱스 기반의 파라미터 값은 setParameter() 메서드를 이용해서 설정한다. 이 메서드의 첫 번째 인자에는 쿼리 파라미터의 인덱스 번호를 전달하고 두 번째 인자는 해당 위치에 적용할 값을 전달한다. 인덱스는 0부터 시작한다. 위 코드에서는 Player와 연관된 Team의 id가 "T1"이고 salary가 1000보다 큰 Player 목록을 구한다.

이름 기반 파라미터를 사용할 수도 있다. 이름 기반 파라미터는 ':이름'의 형식을 갖는다. 다음은 이름 기반 파라미터를 사용한 예이다.

```
TypedQuery<Player> query = em.createQuery(
    "select p from Player p where p.team.id = :teamId and p.salary > :minSalary",
    Player.class);
query.setParameter("teamId", "T1");
query.setParameter("minSalary", 1000);
List<Player> players = query.getResultList();
```

이름 기반 파라미터를 사용한 경우 setParameter()의 첫 번째 인자로 파라미터의 이름을 지정한다.

setParameter() 메서드의 값으로 단순 값뿐만 아니라 엔티티를 지정할 수도 있다. 예를 들어, 위 코드를 다음과 같이 구현할 수도 있다.

```
Team team = em.find(Team.class, "T1");
TypedQuery<Player> query = em.createQuery(
    "select p from Player p where p.team = :team and p.salary > :minSalary",
    Player.class);
query.setParameter("team", team); // 엔티티를 값으로 주면 식별자를 비교
query.setParameter("minSalary", 1000);
List<Player> players = query.getResultList();
```

이 코드는 "team" 파라미터에 Team 엔티티를 값으로 주었다. 이렇게 엔티티를 이용하면 연관에 대한 직접 비교를 할 수 있다. 연관은 테이블 수준에서 조인 칼럼을 통해 구현하므로, 엔티티를 쿼리 파라미터로 전달하면 SQL 수준에서는 식별자를 이용해서 비교한

다. 실제 위 코드가 실행하는 SQL 쿼리는 다음과 같이 엔티티 참조에 사용할 칼럼을 식별자와 비교한다.

```
select p.player_id, p.name, p.salary, p.team_id
from Player p where p.team_id = ? and p.salary> ?
```

Calendar와 Date의 경우는 다음 setParameter() 메서드를 이용해서 값을 할당한다.

- setParameter(int position, Calendar value, TemporalType temporalType)
- setParameter(int position, Date value, TemporalType temporalType)
- setParameter(String name, Calendar value, TemporalType temporalType)
- setParameter(String name, Date value, TemporalType temporalType)

TemporalType은 열거 타입으로 3장에서 살펴본 것처럼 DATE, TIME, TIMESTAMP를 값으로 갖는다.

3.1 비교 연산자

SQL의 비교 연산자처럼 where 절에서 사용할 수 있는 비교 연산자는 [표 13.1]과 같다.

표 13.1 비교 연산자

연산자	설명	예시
=	값이 같은지 비교한다.	u.name = 'JPA'
<>	값이 다른지 비교한다.	o.state <> ?
>, >=, <, <=	값의 크기를 비교한다.	p.salary > 2000
between	값이 사이에 포함되는지 비교한다.	mc.expiryDate between ? and ? p.salary between 1000 and 2000
in, not in	지정한 목록에 값이 존재하는지 또는 존재하지 않는지 비교한다.	o.grade in ('STAR4', 'STAR5')
like, not like	지정한 문자열을 포함하는지 검사한다.	u.name like '최%' u.name like '%범%'
is null, is not null	값이 null인지 또는 null이 아닌지 검사한다.	mc.owner is null

3.2 컬렉션 비교

컬렉션에 대한 비교도 가능하다. 특정 엔티티나 값이 컬렉션에 속해있는지 검사하고 싶다면 member of 연산자나 not member of 연산자를 사용하면 된다. Team 엔티티가 컬렉션을 사용해서 Player 엔티티와 1:N 연관을 갖는다고 할 때, 다음과 같이 member of 연산자를 사용해서 특정 Player를 콜렉션에 포함하고 있는 Team을 구할 수 있다.

```
Player player = em.find(Player.class, "P1");
TypedQuery<Team> query = em.createQuery(
    "select t from Team t where :player member of t.players order by t.name",
    Team.class);
query.setParameter("player", player);
List<Team> teams = query.getResultList();
```

이 코드는 다음과 유사한 SQL을 실행해서 결과를 구한다. SQL 쿼리를 보면 콜렉션에 매핑된 테이블에서 값을 조회한 뒤 in을 이용해서 포함 여부를 확인하는 것을 알 수 있다.

```
select t.id, t.name from Team t
where ? in (select p.player_id from Player p where t.id=p.team_id)
order by t.name
```

단순 값 콜렉션의 경우에도 member of를 사용해서 콜렉션에 특정 값을 포함하고 있는 엔티티 목록을 구할 수 있다. User 엔티티의 keywords 속성이 Set<String> 타입인 경우, 다음과 같은 JPQL을 사용해서 keywords에 "서울"을 포함한 User를 구할 수 있다.

```
TypedQuery<User> query = em.createQuery(
    "select u from User u where :keyword member of u.keywords order by u.name",
    User.class);
query.setParameter("keyword", "서울");
List<User> users = query.getResultList();
```

is empty나 is not empty를 사용하면 엔티티 콜렉션에 대해 콜렉션이 비어 있는지 비교할 수 있다. 다음 코드는 players 콜렉션이 비어 있는(즉, 콜렉션에 데이터가 없는) Team을 찾는 JPQL 예이다.

```
select t from Team t where t.players is empty order by t.name
```

이 JPQL은 다음과 유사한 SQL을 실행해서 결과를 구한다.

```
select t.id, t.name from Team t
where  not (exists (select p.player_id from Player p where t.id=p.team_id))
order by t.name
```

3.3 exists, all, any

특정 값이 존재하는지를 검사하고 싶을 때에는 exists, all, any 중 하나를 사용한다. 먼저, exists는 서브 쿼리 결과가 존재하면 조회한다. 다음 JPQL을 보자.

```
select h from Hotel h
where exists (select r from Review r where r.hotel = h)
order by h.name
```

이 JPQL의 exists에서 사용하는 서브 쿼리는 hotel 속성이 from 절에서 지정한 h와 같은 Review를 구한다. 즉, 리뷰가 존재하는 Hotel을 조회한다. not exists를 사용하면 Review가 존재하지 않는 Hotel을 선택한다.

all은 서브 쿼리 결과가 조건을 모두 충족하는지 검사한다. 예를 들어, 다음 JPQL은 특정 Team과 연관된 모든 Player의 salary 값이 500보다 큰 Team을 구한다. 즉, 소속 Player의 salary가 모두 500보다 큰 Team을 구한다.

```
select t From Team t
where 500 < all (select p.salary from Player p where p.team = t)
```

any는 서브 쿼리 결과 조건을 충족하는 대상 중 하나 이상 충족하는지 검사한다. 위 JPQL에서 all 대신 any를 사용하면 Team과 관련된 Player 중 하나라도 salary가 500보다 크면 해당 Team을 선택한다.

```
select t From Team t
where 500 < any (select p.salary from Player p where p.team = t)
```

04 페이징 처리

Query와 TypedQuery를 사용하면 간단하게 페이징 처리를 할 수 있다. 이 인터페이스는 지정한 범위의 값을 구할 수 있는 두 메서드를 제공하고 있다.

- setFirstResult(int startPosition) : 조회할 첫 번째 결과의 위치를 지정한다.

- setMaxResults(int maxResult) : 조회할 최대 개수를 구한다.

첫 번째 결과 위치(startPosition)은 0부터 시작한다. 조회 결과에서 정렬 순서를 기준으로 11번째부터 5개를 조회하고 싶다면 다음과 같이 첫 번째 결과 위치의 값으로 10을 사용하면 된다.

```
TypedQuery<Review> query = em.createQuery(
    "select r from Review r " +
    "where r.hotel.id = :hotelId order by r.id desc", Review.class);
query.setParameter("hotelId", "H-001");
query.setFirstResult(10);
query.setMaxResults(5);
List<Review> reviews = query.getResultList();
```

한 번에 5개씩 목록에 보여줄 경우, 첫 번째 결과 위치를 기준으로 첫 번째 페이지는 0부터 시작하고 두 번째 페이지는 5부터 시작하고 세 번째 페이지는 10부터 시작한다. 따라서 이 코드는 결과적으로 한 번에 5개씩 보여주는 목록에서 3번째 페이지에 해당하는 데이터를 조회한다.

setFirstResult()와 setMaxResults() 메서드를 사용하면 JPA 프로바이더는 DBMS에 따라 알맞은 쿼리를 실행한다. 예를 들어, MySQL의 경우는 다음과 같이 limit을 사용한 SQL을 실행한다.

```
select r.id, ... from hotel_review r where r.hotel_id=? order by r.id desc limit ?, ?
```

05 지정 속성 조회

5.1 배열로 조회하기

전체 엔티티가 아니라 특정 속성만 조회할 수도 있다. 다음 코드를 보자.

```
TypedQuery<Object[]> query =
    em.createQuery("select p.id, p.name, p.salary from Player p", Object[].class);
List<Object[]> rows = query.getResultList();
for (Object[] row : rows) {
    String id = (String) row[0]; // 실제 타입으로 변환
    String name = (String) row[1];
    int salary = (int) row[2];
    ...
}
```

이 코드에서 JPQL의 select 절은 엔티티의 개별 속성을 두 개 이상 선택하고 있다. select 절에 선택한 대상이 두 개 이상일 때 결과 타입은 Object 배열이다. select 결과가 Object 배열이므로 getResultList() 메서드가 리턴한 List에 담긴 데이터도 Object 배열이다.

배열의 각 원소는 select 절에서 선택한 대상과 같다. 이 코드의 경우 select 절에서 선택한 대상이 Player 엔티티의 id, name, salary 속성인데 Object 배열은 이 순서대로 값을 보관한다. 배열의 각 데이터를 사용할 때는 코드에서 보는 것처럼 해당 타입으로 알맞게 변환해주어야 한다.

5.2 특정 객체로 조회하기

식별자와 이름만 조회하는 기능이 있다고 할 때, 다음과 같은 클래스에 데이터를 담을 수 있을 것이다.

```
public class IdName {
    private String id;
    private String name;

    public IdName(String id, String name) {
        this.id = id;
        this.name = name;
    }

    public String getId() {
        return id;
    }

    public String getName() {
        return name;
    }
}
```

이 클래스는 생성자를 이용해서 필요한 데이터를 전달받고 있다. 이 생성자를 이용하면 JPQL에서 클래스에 바로 데이터를 담을 수 있다. 다음 코드를 보자.

```
TypedQuery<IdName> query =
    em.createQuery("select new jpastart.common.IdName(p.id, p.name) from Player p",
    IdName.class);
List<IdName> rows = query.getResultList();
```

select 절을 보면 마치 생성자를 이용해서 객체를 생성하는 것 같다. select 절에 new와 함께 완전한 클래스 이름을 사용하면 해당 클래스의 생성자를 이용해서 결과 객체를 생성한다. 이 코드의 JPQL을 실행하면 IdName 클래스의 생성자를 이용해서 결과 객체를 생성한다.

06 한 개 행 조회

지금까지 코드는 getResultList() 메서드를 이용했다. 이 메서드는 List 타입을 리턴하므로 결과가 0개일 수도 있고 1개일 수도 있고 2개 이상일 수도 있다. 결과가 정확하게 한 행인 경우에는 getResultList() 대신에 getSingleResult() 메서드를 사용할 수 있다. 예를 들어, JPQL은 결과 개수를 얻기 위한 count() 함수를 제공하는데 이 함수만 단독으로 사용하면 결과가 1개이다. 따라서 다음과 같이 getSingleResult() 메서드를 이용해서 결과를 구할 수 있다.

```
TypedQuery<Long> query =
    em.createQuery("select count(p) from Player p", Long.class);
Long count = query.getSingleResult();
```

getSingleResult() 메서드를 사용할 때 주의할 점은 결과가 반드시 1개여야 한다는 것이다. 결과가 없거나 결과가 두 개 이상일 경우 다음의 익셉션이 발생한다.

- 결과가 없는 경우 : javax.persistence.NoResultException
- 결과가 두 개 이상인 경우 : javax.persistence.NonUniqueResultException

07 조인

JPQL에서는 다음의 세 가지 방식으로 조인을 수행할 수 있다.

- 자동(implicit) 조인
- 명시적 조인
- where 절에서 조인

자동 조인은 연관된 엔티티의 속성에 접근할 때 발생한다. 다음 JPQL을 보자.

```
select p from Player p where p.team.name = :teamName
```

이 JPQL은 Player와 연관된 Team의 name 속성을 사용해서 조건을 비교한다. Player와 Team은 서로 다른 테이블에 매핑되어 있는데, 이 경우 하이버네이트는 다음과 같이 두 테이블을 조인한 쿼리를 실행한다.

```
select p.player_id, ... from Player p cross join Team t
where p.team_id=t.id and t.name=?
```

다음과 같이 join 절을 이용해서 명시적으로 조인을 수행할 수도 있다.

```
select p from Player p join p.team t where t.name = :teamName;
```

이 JPQL은 Player를 연관된 team과 조인한다. 실제 실행하는 쿼리는 다음과 같이 내부 조인을 사용해서 두 테이블을 조인한다.

```
select p.player_id, ... from Player p inner join Team t on p.team_id=t.id where t.name=?
```

다음 코드처럼 외부 조인을 사용할 수도 있다.

```java
TypedQuery<Object[]> query = em.createQuery(
    "select p, t from Player p left join p.team t order by p.name", Object[].class);
List<Object[]> rows = query.getResultList();
for (Object[] row : rows) {
   Player p = (Player) row[0];
   Team t = (Team) row[1];
```

```
System.out.println(p.getName() + ", 소속팀 = " + (t == null ? "없음" : t.getName()));
}
```

이 코드는 외부 조인을 사용해서 Player와 Team을 조인한다. 외부 조인을 사용하므로 Team과 연관되지 않은 Player도 조회한다. Player 엔티티 중에서 "선수1", "선수2"는 "팀1"인 Team과 연관되어 있고, "선수3"은 어떤 Team과도 연관되어 있지 않다고 해 보자. 이 경우 위 코드의 출력 결과는 다음과 같다.

```
선수1, 소속팀 = 팀1
선수2, 소속팀 = 팀1
선수3, 소속팀 = 없음
```

외부 조인을 사용했으므로 연관된 Team이 없는 Player도 선택된 것을 알 수 있다.

join 절에는 on을 이용해서 조건을 지정할 수 있다.

```
select p from Player p join p.team t on t = :team order by p.name
```

조인을 하는 세 번째 방법은 where 절에서 조인하는 것이다. 이 경우 연관된 엔티티가 아니어도 두 엔티티의 속성을 비교해서 조인을 수행할 수 있다.

```
TypedQuery<Object[]> query = em.createQuery(
    "select u, s from User u, UserBestSight s where u.email = s.email " +
    "order by u.name", Object[].class);
```

08 집합 함수

JPQL은 max(), sum()과 같은 집합 관련 함수를 지원한다. [표 13.2]는 JPA 규약에 정의된 집합 함수 목록이다.

표 13.2 JPA 집합 함수

함수	리턴 타입	설명
count	Long	개수를 구함
max, min	해당 속성 타입	최대값/최소값 구함

| avg | Double | 평균 구함 |
| sum | 속성 타입에 따라 다르다.
정수 타입이면 Long, 실수 타입이면 Double, BigInteger면 BigInteger, BigDecimal면 BigDecimal 이다. | 합을 구함 |

이들 함수의 사용 방법은 SQL과 유사하다. 다음은 사용 예이다.

```
TypedQuery<Object[]> query = em.createQuery(
    "select count(p), avg(p.salary), max(p.salary), min(p.salary) from Player p",
    Object[].class);
Object[] aggValues = query.getSingleResult();
Long count = (Long) aggValues[0];
Double avgSal = (Double) aggValues[1];
int maxSal = (Integer) aggValues[2];
int minSal = (Integer) aggValues[3];
```

max, min, avg, sum은 해당 값이 존재하지 않는 경우 null을 값으로 리턴한다.

09 group by와 having

집합 함수와 함께 쓰이는 것으로 group by 절이 있다. SQL의 group by와 동일하게 JPQL의 group by는 지정한 속성을 기준으로 그룹을 나눈다. 다음 코드는 group by의 사용 예를 보여주고 있다.

```
TypedQuery<Object[]> query = em.createQuery(
    "select p.team.id, count(p), avg(p.salary), max(p.salary), min(p.salary) " +
    "from Player p group by p.team.id", Object[].class);
List<Object[]> rows = query.getResultList();
for (Object[] aggValues : rows) {
    String teamId = (String) aggValues[0];
    Long count = (Long) aggValues[1];
    Double avgSal = (Double) aggValues[2];
    int maxSal = (Integer) aggValues[3];
    int minSal = (Integer) aggValues[4];
    ...
}
```

조인 대상으로 그룹을 나눌 수도 있다.

```
TypedQuery<Object[]> query = em.createQuery(
    "select t, count(p), avg(p.salary) " +
    "from Player p left join p.team t group by t", Object[].class);
List<Object[]> rows = query.getResultList();
for (Object[] aggValues : rows) {
    Team team = (Team) aggValues[0];
    Long count = (Long) aggValues[1];
    Double avgSal = (Double) aggValues[2];
    ...
}
```

group by에 having을 사용해서 조건을 지정할 수도 있다. 다음은 having을 사용해서 소속 선수가 1명보다 많은 Team의 선수 수와 평균 연봉을 구하는 JPQL 예이다.

```
TypedQuery<Object[]> query = em.createQuery(
    "select t, count(p), avg(p.salary) " +
        "from Team t left join t.players p " +
        "group by t having count(p) > 1", Object[].class);
List<Object[]> rows = query.getResultList();
for (Object[] aggValues : rows) {
    Team team = (Team) aggValues[0];
    Long count = (Long) aggValues[1];
    Double avgSal = (Double) aggValues[2];
    ...
}
```

10 함수와 연산자

집합 함수 외에 JPQL은 문자열과 수치 연산을 위한 기본 함수를 지원한다. 이들 함수는 select, where, having 절에서 사용할 수 있다.

10.1 문자열 함수

문자열과 관련된 함수는 [표 13.3]과 같다. 이 표에서 '식'은 문자열에 해당하는 JPQL 식을 의미한다. 대괄호([,])는 생략할 수 있음을 의미한다.

표 13.3 문자열 함수

함수	설명
CONCAT(식, 식, [식, ..])	두 개 이상의 문자열을 연결한다.
SUBSTRING(식, 시작[, 길이])	문자열에서 시작 위치부터 지정한 길이에 해당하는 문자열을 구한다. 시작 위치는 1부터 시작한다. 길이를 생략하면 시작 위치부터 끝까지 구한다.
TRIM([[방식] [문자] FROM] 식)	문자열의 공백 문자를 제거한다. [방식]에는 LEADING(앞 공백 제거), TRAILING(뒤 공백 제거), BOTH(앞뒤 공백 제거)의 세 가지가 올 수 있으며, 생략하면 BOTH를 사용한다. [문자]를 지정하면 해당 문자를 공백 문자로 처리한다.
LOWER(식)	문자열을 소문자로 변환한다.
UPPER(식)	문자열을 대문자로 변환한다.
LENGTH(식)	문자열의 길이를 구한다. 결과 타입은 Integer이다.
LOCATE(식1, 식2[, 위치])	식1 문자열에 식2가 포함된 위치를 구한다. 위치는 1부터 시작한다. 문자열을 포함하지 않는 경우 0을 리턴한다. 세 번째 인자로 위치를 지정하면 해당 위치부터 검색한다.

10.2 수학 함수와 연산자

수치 연산을 위한 함수와 연산자는 [표 13.4]와 같다.

표 13.4 수치 연산 함수와 연산자

함수/연산자	설명
ABS(수식)	절대값을 구한다.
SQRT(수식)	제곱근을 구한다. 결과는 Double 타입이다.
MOD(수식1, 수식2)	수식1을 수식2로 나눈 나머지를 구한다. 두 수식은 정수이다.
-수식	수식의 부호를 바꾼다.
수식1 + 수식2	수식1에 수식2를 더한다.
수식1 - 수식2	수식1에서 수식2를 뺀다.
수식1 * 수식2	수식1과 수식2를 곱한다.
수식1 / 수식2	수식1을 수식2로 나눈다.

10.3 날짜 시간 함수

날짜 시간 관련 함수는 [표 13.5]와 같다.

표 13.5 날짜 관련 함수

함수	설명
CURRENT_DATE	현재 시간을 SQL DATE 타입으로 구한다.
CURRENT_TIME	현재 시간을 SQL TIME 타입으로 구한다.
CURRENT_TIMESTAMP	현재 시간을 SQL TIMESTAMP 타입으로 구한다.

10.4 컬렉션 관련 함수

컬렉션 관련 함수는 [표 13.6]과 같다.

표 13.6 컬렉션 관련 함수

함수	설명
SIZE(컬렉션)	컬렉션의 크기를 구한다. 정수를 리턴한다.
INDEX(컬렉션식별변수)	해당 리스트의 인덱스 값을 비교할 때 사용한다.

size() 함수의 사용 예는 다음과 같다.

```
select t from Team t where size(t.players) > 1
```

다음은 index() 함수의 사용 예이다. 이 코드는 sites 컬렉션에 속한 항목의 값이 '부소산성'이고 그 항목의 인덱스가 0인 Itinerary를 구한다.

```
TypedQuery<Itinerary> query = em.createQuery(
    "select i from Itinerary i join i.sites s " +
        "where s = ? and index(s) = 0", Itinerary.class);
query.setParameter(0, "부소산성");
List<Itinerary> rows = query.getResultList();
```

이 코드에서 Itinerary의 sites 속성은 List<String> 타입이다. index() 함수는 이름을 지정한 컬렉션에 대해서만 사용할 수 있기 때문에 조인을 이용해서 sites 컬렉션에 대한 이름을 s로 지정했다.

엔티티 컬렉션이나 밸류 타입 컬렉션에 대해서도 동일하게 index()를 사용할 수 있다. 다음은 JPA 규약에 있는 index() 함수의 예제이다. 이 JPQL은 Course의 name 속성이

'Calculus'이고 Course에 대기 학생 목록인 studentWaitlist에서 인덱스가 0번인 대상의 name 속성을 구한다. 즉, index()를 이용해서 첫 번째 대기 학생의 이름을 구하는 JPQL 쿼리이다.

```
SELECT w.name FROM Course c JOIN c.studentWaitlist w
WHERE c.name = 'Calculus' AND INDEX(w) = 0
```

11 네임드 쿼리

긴 JPQL을 자바 소스 파일에 넣으면 코드가 복잡해진다. 문자열을 위한 큰 따옴표(")와 문자열 연결을 위한 + 연산자 때문에 쿼리가 한눈에 들어오지 않는다. 이럴 때 필요한 것이 네임드 쿼리이다.

네임드(named) 쿼리는 이름을 부여한 JPQL로서 이름을 사용해서 쿼리를 실행할 수 있게 한다. XML 파일과 자바 코드에 네임드 쿼리를 등록할 수 있다.

XML 파일에 네임드 쿼리를 등록하려면 [리스트 13.1]과 같은 형식을 사용한다. 이 파일은 클래스패스에 위치한다. 예제 파일의 경우 persistence.xml 파일이 위치하는 META-INF에 query.xml 파일을 작성했다고 가정한다.

[리스트 13.1] META-INF/query.xml

```
01: <?xml version="1.0" encoding="UTF-8"?>
02:
03: <entity-mappings xmlns="http://xmlns.jcp.org/xml/ns/persistence/orm"
04:     xmlns:xsi="http://www.w3.org/2001/XMLSchema-instance"
05:     xsi:schemaLocation="http://xmlns.jcp.org/xml/ns/persistence/orm
06:         http://xmlns.jcp.org/xml/ns/persistence/orm_2_1.xsd"
07:     version="2.1">
08:
09:     <named-query name="Hotel.noReview">
10:         <query>
11:             select h from Hotel h
12:             where not exists (select r from Review r where r.hotel = h)
13:             order by h.name
14:         </query>
```

```
15:        </named-query>
16:
17:        <named-query name="Team.hasPlayer">
18:          <query>
19:            select t from Team t where :player member of t.players
20:            order by t.name
21:          </query>
22:        </named-query>
23:
24:  </entity-mappings>
```

설정 파일에서 각 태그는 다음과 같다.

- named-query : 한 개의 네임드 쿼리를 등록한다. name 속성을 사용해서 네임드 쿼리의 이름을 지정한다.
- query : 지정한 이름으로 사용할 JPQL을 지정한다.

〈query〉 태그에 입력한 쿼리는 자바 코드에서 사용한 JPQL과 동일하다. XML 파일로 네임드 쿼리를 등록했다면 persistence.xml 파일에 해당 파일을 등록해야 한다. XML 매핑 파일을 추가할 때에는 다음과 같이 〈mapping-file〉 태그를 이용한다.

```
<?xml version="1.0" encoding="utf-8" ?>

<persistence ...(생략)>

   <persistence-unit name="jpastart" transaction-type="RESOURCE_LOCAL">
     <mapping-file>META-INF/query.xml</mapping-file>
     <class>jpastart.reserve.model.User</class>
     <class>jpastart.reserve.model.MembershipCard</class>
     ...(생략)

   </persistence-unit>

</persistence>
```

네임드 쿼리를 사용하기 위해 필요한 작업은 모두 끝났다. 네임드 쿼리를 이용해서 Query나 TypedQuery를 생성할 때에는, EnttityManager#createNamedQuery() 메서드를 사용한다. 다음은 사용 예를 보여주고 있다.

```
Player player = em.find(Player.class, "P1");
TypedQuery<Team> query = em.createNamedQuery("Team.hasPlayer", Team.class);
query.setParameter("player", player);
List<Team> teams = query.getResultList();
```

createNamedQuery() 메서드의 첫 번째 인자로는 쿼리 이름을 전달한다. 이 코드의 경우 [리스트 13.1]의 17행에 등록한 "Team.hasPlayer" 네임드 쿼리를 사용한다. 결과 타입을 알고 있다면 두 번째 인자로 결과 타입을 지정한다. createQuery() 메서드와 동일하게 결과 타입을 지정하면 TypedQuery를 리턴하고, 결과 타입을 지정하지 않으면 Query를 리턴한다. 나머지 코드는 직접 JPQL을 코드에 입력한 경우와 동일하다.

네임드 쿼리를 작성하는 또 다른 방법은 @NamedQuery 애노테이션을 이용하는 것이다. 비교적 간단한 쿼리를 여러 코드에서 자주 사용하는 경우에 유용하게 사용할 수 있다. [리스트 13.2]는 @NamedQuery의 설정 예이다.

[리스트 13.2] @NamedQuery 애노테이션을 이용한 네임드 쿼리 설정

```
01: @Entity
02: @NamedQueries({
03:     @NamedQuery(name = "Hotel.all", query = "select h from Hotel h"),
04:     @NamedQuery(name = "Hotel.findById",
05:             query = "select h from Hotel h where h.id = :id")
06: })
07: public class Hotel {
08:     @Id
09:     private String id;
10:     private String name;
11:     @Enumerated(EnumType.STRING)
12:     private Grade grade;
13:
14:     …생략
```

등록할 네임드 쿼리가 두 개 이상일 경우 [리스트 13.2]와 같이 @NamedQueries 애노테이션을 사용한다. 한 개만 등록하는 경우 @NamedQueries 없이 한 개의 @NamedQuery만 사용하면 된다. @NamedQuery의 name 속성과 query 속성은 각각 네임드 쿼리의 이름과 JPQL을 설정한다.

@NamedQuery는 엔티티에 설정할 수 있으며 @Embeddable과 같이 엔티티 이외의 타입에는 설정할 수 없다.

@NamedQuery를 이용해서 등록한 네임드 쿼리의 사용방법은 XML 설정을 사용한 네임드 쿼리와 동일하다.

12 N+1 쿼리와 조회 전략

마지막으로 N+1 쿼리 문제에 대해 알아보자. N+1 쿼리는 연관이나 콜렉션과 관련되어 있다. 다음 매핑을 보자.

```
@Entity
@Table(name = "membership_card")
public class MembershipCard {
    @Id
    @Column(name = "card_number")
    private String number;

    @OneToOne
    @JoinColumn(name = "user_email")
    private User owner;
```

MembershipCard 엔티티는 User 엔티티와 1:1 연관을 갖는다. 7장에서 본 것처럼 @OneToOne 애노테이션의 fetch 속성의 기본값은 EAGER이다. 따라서 EntityManager#find()로 MembershipCard를 검색하면 조인 쿼리를 이용해서 연관된 엔티티의 데이터도 함께 조회한다.

```
select
    mc.card_number, mc.enabled, mc.expiry_date, mc.user_email,
    u.email, u.create_date, u.name
from
    membership_card mc left outer join user u on mc.user_email=u.email
where
    mc.card_number=?
```

그런데 JPQL에서는 즉시 로딩 설정을 해도 조인을 사용하지 않는다. 다음 코드를 보자.

```
TypedQuery<MembershipCard> query = em.createQuery(
    "select mc from MembershipCard mc", MembershipCard.class);
List<MembershipCard> cards = query.getResultList();
```

MembershipCard 엔티티가 세 개이고 세 엔티티가 모두 User와 연관되어 있다고 가정해 보자. 이 경우 TypedQuery#getResultList()를 실행하는 시점에 실행되는 쿼리는 [그림 13.2]와 같다.

```
TypedQuery<MembershipCard> query = em.createQuery(
    "select mc from MembershipCard mc", MembershipCard.class);
List<MembershipCard> cards = query.getResultList();
```

```
select mc.card_number, mc.enabled, mc.expiry_date, mc.user_email
from membership_card mc

select u.email, u.create_date, u.name from user u where u.email=?
select u.email, u.create_date, u.name from user u where u.email=?
select u.email, u.create_date, u.name from user u where u.email=?
```

[그림 13.2] N+1 쿼리 실행

실행한 쿼리를 보면 MembershipCard 엔티티를 조회하기 위한 select 쿼리를 실행한 뒤에 User 엔티티 로딩을 위한 쿼리를 세 번 실행한 것을 알 수 있다. User를 위한 쿼리를 세 번 실행한 이유는 User와 연관을 갖는 MembershipCard 엔티티가 세 개이기 때문이다. 그리고, getResultList() 메서드를 실행할 때 네 개의 쿼리를 실행하는데 그 이유는 MembershipCard에서 User로의 연관이 EAGER로 설정되어 있기 때문이다.

이 코드는 각 MembershipCard와 연관된 User를 로딩하기 위해 각 User마다 쿼리를 실행하는데, 이렇게 N개의 연관된 객체를 로딩하기 위해 N 번의 쿼리를 더 실행하는 것은 전체 로딩 속도를 느리게 만드는 원인이 될 수 있다. 그래서 이를 N+1 쿼리 문제라고 한다.

12.1 1:1, N:1 연관에 대한 fetch 조인

N+1 쿼리 문제를 처리하는 가장 쉬운 방법은 JPQL에서 fetch 조인을 사용하는 것이다. fetch 조인을 사용한 예는 다음과 같다.

```
TypedQuery<MembershipCard> query = em.createQuery(
    "select mc from MembershipCard mc left join fetch mc.owner u",
    MembershipCard.class);
List<MembershipCard> cards = query.getResultList();
```

join 뒤에 fetch 키워드를 사용하면 JPA는 조인한 대상을 함께 로딩해서 생성한다. 즉, getResultList() 메서드를 실행하는 시점에 다음의 조인 쿼리를 이용해서 MembershipCard와 연관된 User 엔티티를 함께 로딩한다.

```
select
    mc.card_number, mc.enabled, mc.expiry_date, mc.user_email,
    u.email, u.create_date, u.name
from
    membership_card mc left outer join user u on mc.user_email=u.email
```

즉, fetch 키워드를 사용하면 추가적인 N 번의 쿼리를 실행하지 않는 것이다.

fetch 키워드를 사용하지 않고 join만 사용해도 조인 쿼리를 사용하지만 연관된 엔티티를 생성하지는 않는다. 예를 들어 다음 코드를 보자. 이 코드는 fetch 키워드가 없는 것을 제외하면 앞서 본 코드와 동일하다.

```
TypedQuery<MembershipCard> query = em.createQuery(
    "select mc from MembershipCard mc left join mc.owner u",
    MembershipCard.class);
List<MembershipCard> cards = query.getResultList();
```

fetch는 없지만 join을 사용하므로 실제 실행하는 쿼리는 조인을 사용한다. 그런데 조인을 사용해서 연관된 데이터를 함께 로딩했음에도 위 코드는 다음과 같이 연관 엔티티를 로딩하기 위한 쿼리를 추가로 실행한다.

```
select
    mc.card_number, mc.enabled, mc.expiry_date, mc.user_email,
    u.email, u.create_date, u.name
from
    membership_card mc left outer join user u on mc.user_email=u.email

-- 단일 엔티티를 조회할 때 join만 하고 fetch를 사용하지 않으면
-- EAGER로 연관된 엔티티를 조회하기 위한 쿼리를 추가로 실행
select u.email, u.create_date, u.name from user u where u.email=?
select u.email, u.create_date, u.name from user u where u.email=?
select u.email, u.create_date, u.name from user u where u.email=?
```

fetch 키워드는 엔티티의 연관 설정이 LAZY인 경우에도 적용된다. 즉, MembershipCard에서 User로의 연관이 LAZY인 경우에도 fetch 조인을 사용하면 한 번의 SQL을 사용해서 MembershipCard와 함께 연관된 User 엔티티도 함께 생성한다.

12.2 컬렉션 연관에 대한 fetch 조인

fetch 조인을 사용하면 N+1번의 쿼리 대신 한 번의 쿼리로 연관된 객체를 생성할 수 있음을 알았다. 그런데 컬렉션 연관에 대해 fetch를 적용하면 어떻게 될까? 다음 코드를 보자.

```
TypedQuery<Team> query = em.createQuery(
    "select t from Team t join fetch t.players p", Team.class);
List<Team> teams = query.getResultList();
```

Team 엔티티가 Player 엔티티에 대해 Set 타입 연관을 갖는다고 하자. 앞의 코드는 컬렉션 연관에 대해 fetch 조인을 사용했는데 이때 실행되는 쿼리는 다음과 같다.

```
select t.id, p.player_id, t.name, p.name, p.salary, p.team_id
from Team t inner join Player p on t.id=p.team_id
```

"팀1"이 "선수1"과 "선수2"를 갖고 있고 "팀2"가 "선수3", "선수4", "선수5"를 갖고 있는 경우, 이 SQL 쿼리는 다음 결과를 리턴한다.

t.id	p.player_id	t.name	p.name	p.salary	p.team_id
T1	P1	팀1	선수1	5000	T1
T1	P2	팀1	선수2	3000	T1
T2	P3	팀2	선수3	0	T2
T2	P4	팀2	선수4	0	T2
T2	P5	팀2	선수5	0	T2

SQL 쿼리 결과로 조회한 행의 개수는 5개이다. 그런데 JPQL에서 select로 조회한 대상은 Team이므로 getResultList()로 구한 List는 5개의 Team 객체를 리턴한다. 앞의 두 개는 T1 엔티티이고 뒤의 세 개는 T2 엔티티가 된다. List에는 T1이 두 개가 존재하지만, 이 T1 엔티티는 실제로는 한 개의 엔티티이다. 동일하게 T2 역시 한 개의 엔티티가 세 번 List에 포함된 것이다.

```
TypedQuery<Team> query = em.createQuery(
    "select t from Team t join fetch t.players p", Team.class);
List<Team> teams = query.getResultList();

Team team1 = teams.get(0);
Team team1b = teams.get(1);
// team1과 team1b가 동일 식별자를 가진 엔티티면
// team1 == team2b는 true가 된다.

Set<Player> players = team1.getPlayers(); // fetch 조인으로 이미 로딩
```

fetch 조인으로 연관된 players 컬렉션을 로딩했으므로 players에 대한 연관 설정이 FetchType.LAZY라 하더라도 team1.getPlayers()를 처음 실행하는 시점에 Player를 로딩하기 위한 쿼리를 실행하지 않는다.

JPQL에서 컬렉션에 대한 fetch 조인을 사용하면서 setMaxResults()와 setFirstResult()를 사용하면 어떻게 될까? 앞서 5개의 레코드를 리턴한 코드를 다음과 같이 바꿔보자.

```java
TypedQuery<Team> query = em.createQuery(
    "select t from Team t join fetch t.players p", Team.class);
query.setFirstResult(1);
query.setMaxResults(1);
List<Team> teams = query.getResultList();
```

이 코드는 인덱스가 1인 결과부터 1개의 결과로 한정한다. 앞서 결과에서 [T1, T1, T2, T2, T2]의 5개의 Team을 갖는 List를 리턴했으니 이 코드는 인덱스가 1인(즉, 두 번째 인) [T1]을 결과로 리턴한다고 생각할 수 있다. 그런데 실제 결과는 [T2]이다. 그 이유는 컬렉션 연관의 fetch 조인에 대해 firstResult나 maxResults를 설정하면 메모리에서 연산을 처리하기 때문이다.

컬렉션에 대해 fetch 조인을 사용하면 일단 쿼리를 실행해서 엔티티를 메모리에 모두 로딩한다. 그런 뒤에 중복을 제거한다. 즉, [T1, T1, T2, T2, T2]를 메모리에 로딩한 뒤에 같은 식별자를 갖는 엔티의 중복을 제거해서 [T1, T2]로 만든다. 그다음에 메모리에서 firstResult와 maxResults를 적용한다. 예제에서는 firstResult를 1로 주고 maxResults를 1로 주었으므로 [T1, T2]에서 인덱스가 1인 T2부터 1개의 엔티티를 선택한다. 즉, 결과로 [T2]를 리턴한다.

컬렉션에 대한 fetch 조인과 firstResult/maxResults를 함께 사용하면 쿼리에 해당하는 데이터를 모두 로딩한 뒤에 메모리에서 페이징을 처리하기 때문에, 대량 데이터에는 사용하면 안 된다. 잘못 사용하면 메모리 부족으로 인해 OutOfMemeryError가 발생하거나 가비지 콜렉션 때문에 급격하게 처리 속도가 느려질 수 있다.

fetch 조인은 주의해서 사용하기

fetch 조인을 사용하는 이유는 결국 한 번의 쿼리로 필요한 데이터를 조회하기 위함이다. 이런 상황은 주로 목록을 보여주는 조회 기능에서 발생한다. 목록 화면에서 여러 관련 데이터를 함께 보여줘야 하는데 연관이 복잡하다면 엔티티 매핑대신 네이티브 쿼리나 @Subselect와 같은 기능을 이용해서 조회에 맞는 SQL을 직접 실행하는 것이 낫다.

PART 03 쿼리

CHAPTER 14
크리테리아 API를 이용한 쿼리

[이 장에서 다룰 내용]
- 크리테리아 API
- 검색 조건 지정
- 비교 연산자
- 정렬 순서 지정
- 조인
- 집합, 문자열, 수학 등 함수
- 정적 메타모델

01 크리테리아 API

JPQL이 문자열을 이용한 작성하는 쿼리라면 크리테리아(Criteria) API는 자바 코드를 이용해서 작성하는 쿼리이다. 다음 코드는 CriteriaQuery를 이용해서 쿼리를 작성한 예를 보여주고 있다.

```java
CriteriaBuilder cb = em.getCriteriaBuilder();
CriteriaQuery<User> cq = cb.createQuery(User.class);
Root<User> root = cq.from(User.class);
cq.select(root);
cq.where(cb.equal(root.get("name"), "고길동"));

TypedQuery<User> query = em.createQuery(cq);
List<User> users = query.getResultList();
```

위 코드에서 처음 네 줄이 select u from User u where u.name = '고길동'에 해당하는 쿼리를 생성하는 크리테리아 코드이다. 크리테리아를 이용해서 쿼리를 작성하는 것은 JPQL을 사용하는 것보다 낯설고 복잡해 보인다.

이런 복잡함에도 불구하고 크리테리아를 사용하는 이유는 크리테리아가 가진 장점이 있기 때문이다. 첫 번째 장점은 다양한 조건을 조합하기 쉽다는 것이다. 이에 대한 내용은 뒤에서 살펴볼 것이다. 두 번째 장점은 문자열과 달리 자바 코드를 사용하기 때문에 타입에 안전한 쿼리를 만들 수 있다는 것이다. 또한, 자바 코드이므로 이클립스나 인텔리J와 같은 개발 도구의 코드 자동 완성 기능을 활용할 수 있다.

02 크리테리아 기본 코드

크리테리아 코드의 기본 구조는 [그림 14.1]과 같다.

```
// (1) EntityManager에서 CriteriaBuilder 구함
CriteriaBuilder cb = em.getCriteriaBuilder();

// (2) CriteriaQuery 생성, 결과 타입으로 User 사용
CriteriaQuery<User> cq = cb.createQuery(User.class);

// (3) from User
Root<User> root = cq.from(User.class);            ──→ select root

// (4) root를 조회 결과로 사용
cq.select(root);                                  ──→ from User root

// CriteriaQuery로부터 Query 생성
TypedQuery<User> query = em.createQuery(cq);
```

[그림 14.1] 크리테리아의 기본 구조

크리테리아를 사용할 때는 먼저 EntityManager#getCriteriaBuilder()로 CriteriaBuilder를 구한다. javax.persistence.criteria.CriteriaBuilder는 CriteriaQuery를 생성할 때 사용한다.

CriteriaBuilder#createQuery() 메서드를 사용하면 CriteriaQuery를 생성할 수 있다. createQuery() 메서드의 인자로는 조회 결과 타입을 지정한다. [그림 14.1]에서는 조회 결과로 User 타입을 지정했다.

javax.persistence.criteria.CriteriaQuery는 from(), select(), where() 등 쿼리를 구성할 때 필요한 메서드를 제공한다. 이들 메서드는 각각 JPQL의 from, select, where에 대응한다.

from() 메서드는 JPQL의 from 절에 대응하는 메서드로 검색 대상이 되는 엔티티 타입을 인자로 받는다. 다음 코드는 from() 메서드를 사용해서 JPQL의 "from User root"에 대응하는 코드를 작성한 것이다.

```
Root<User> root = cq.from(User.class);
```

javax.persistence.criteria.Root 타입은 from()으로 선택한 엔티티 대상이다. 이 코드에서 root는 User 엔티티를 의미하는 Root가 된다. 뒤에서 살펴볼 검색 조건을 지정할 속성을 구할 때에도 Root를 사용한다.

CriteriaQuery#select() 메서드는 select 결과로 선택할 대상을 지정한다. from()에서 지정한 엔티티를 select 결과로 사용하려면 from()으로 구한 Root 객체를 select() 메서드에 전달하면 된다.

```
cq.select(root);
```

원하는 대로 CriteriaQuery를 구성했다면 이제 EntityManager#createQuery(Criteria Query) 메서드를 이용해서 TypedQuery를 생성하고 실행하면 된다.

```
TypedQuery<User> query = em.createQuery(cq);
List<User> users = query.getResultList();
```

앞으로 예로 드는 코드에서 cb는 CriteriaBuilder이고 cq는 CriteriaQuery이다. 코드에 이 두 객체를 생성하는 코드가 보이지 않더라도 변수명의 뒤가 'b'면 CriteriaBuilder를 의미하고 'q'면 CriteriaQuery를 의미한다.

03 검색 조건 지정

크리테리아로 검색 조건을 지정하는 코드의 기본 구조는 다음과 동일하다.

```
CriteriaBuilder cb = em.getCriteriaBuilder();

CriteriaQuery<User> cq = cb.createQuery(User.class);
Root<User> root = cq.from(User.class);
cq.select(root);

Predicate namePredicate = cb.equal(root.get("name"), "고길동");
cq.where(namePredicate);

TypedQuery<User> query = em.createQuery(cq);
```

CriteriaBuilder는 Predicate를 생성하는 메서드를 제공한다. CriteriaBuilder#equal() 메서드는 값이 같은지 비교하는 Predicate를 생성한다. equal() 메서드의 첫 번째 파라미터는 비교할 대상을 지정하고, 두 번째 파라미터는 비교할 값을 지정한다.

위 코드에서 비교 대상으로 root.get("name")을 사용했다. Root#get(String) 메서드는 지정한 이름을 갖는 속성을 의미하는 Path를 리턴한다. 그런데 여기서 root는 User 엔티티에 해당하는 Root이므로 root.get("name")은 비교 대상으로 User 엔티티의 name 속성을 사용한다는 것을 뜻한다. 즉, cb.equal(root.get("name"), "고길동")은 User 엔티티의 name 속성이 "고길동"인 조건에 해당하는 Predicate를 생성하는데 이는 where 절의 root.name = '고길동'에 해당하는 조건을 생성한다.

생성한 Predicate를 CriteriaQuery#where()에 전달하면 쿼리에 조건을 적용한다.

정리하면 CriteriaBuilder를 이용해서 조건에 해당하는 Predicate를 생성하고 CriteriaQuery#where()를 이용해서 생성한 조건(Predicate)을 where 절에 적용한다.

04 속성 경로 구하기

앞서 예로 든 코드를 다시 보자.

```
Root<User> root = cq.from(User.class);
cq.select(root);
Predicate namePredicate = cb.equal(root.get("name"), "고길동");
```

이 코드에서 root.get("name")은 User 엔티티의 name 속성에 해당하는 Path 객체를 구한다. Root#get() 메서드는 다음과 같이 정의되어 있다.(정확하게는 Root가 아닌 Root의 상위 타입인 Path에 정의되어 있다.)

```
<Y> Path<Y> get(String attributeName)
```

javax.persistence.criteria.Path 인터페이스는 엔티티나 밸류, 콜렉션 등의 속성의 경로를 표현한다. Path는 다음과 같이 1개의 타입 파라미터를 갖는 지네릭 타입이다.

```
public interface Path<X> extends Expression<X> { ... }
```

타입 파라미터 X는 Path가 나타내는 대상 속성의 타입이다. User 엔티티의 name 속성은 String 타입이므로 다음과 같이 속성 타입을 지정해서 Path를 구할 수 있다.

```
Path<String> name = root.<String>get("name");
```

자바 상위 버전을 사용하면 타입 추론을 해주므로, 다음과 같이 타입 파라미터를 지정하지 않아도 Path<String> 타입으로 할당받을 수 있다.

```
Path<String> name = root.get("name");
```

아래 코드에서 root.get("name")은 Path<Object> 타입이 된다.

```
// 이 코드에서 root.get("name")으로 구한 객체의 타입은 Path<Object>
Predicate namePredicate = cb.equal(root.get("name"), "고길동");
```

왜냐하면 CriteriaBuilder.equal() 메서드는 Path<?> 타입을 인자로 받아 타입을 추론할 수 없기 때문이다. (실제로는 Path<?>가 아닌 Path의 상위 타입인 Expression<?> 타입을 인자로 받는다.) 위 코드에서 Path<Object> 대신 Path<String>을 생성하려면 다음과 같이 타입 파라미터를 알맞게 지정하면 된다.

```
Predicate namePredicate = cb.equal(root.<String>get("name"), "고길동");
```

Root#get()으로 Path를 구할 때 보통은 타입 파라미터를 알맞게 지정하지 않아도 동작에 문제가 없다. 타입 파라미터를 일일이 지정하면 코드가 복잡해지므로 Root#get(String) 메서드를 실행할 때 필요한 경우에만 타입 파라미터를 지정하면 된다.

이름 대신에 정적 메타모델을 사용해서 속성을 지정할 수도 있다. 정적 메타모델은 엔티티의 속성에 대한 메타 정보를 담고 있는 클래스로서 다음과 같이 생겼다.

```
@StaticMetamodel(User.class)
public class User_ {
    public static SingularAttribute<User, String> email;
    public static SingularAttribute<User, String> name;
    ...
}
```

User_ 클래스(이름이 밑줄로 끝난다)를 보면 @StaticMetamodel의 값으로 User 클래스를 주었는데 이는 User_ 클래스가 User 엔티티에 대한 메타 정보를 담고 있는 정적 메타모델이라고 설정한다. name 필드는 정적 필드이고 타입으로는 SingularAttribute<User, String>을 사용하고 있다. 이는 name 필드가 User 엔티티의 String 타입 속성인 name에 대응한다는 것을 뜻한다.

이 정적 메타모델을 사용하면 속성 경로를 구할 때 문자열 대신 정적 메타모델의 필드를 사용할 수 있다. 다음은 정적 메타모델을 사용해서 경로를 구한 코드의 예를 보여주고 있다.

```
Predicate namePredicate = cb.equal(root.get(User_.name), "고길동");
```

User_.name은 이미 속성이 String 타입이라는 정보를 담고 있기 때문에, Root#get() 메서드는 Path<String> 타입을 리턴한다. 정적 메타모델을 사용하면 타입이나 이름 오류 없이 알맞은 Path 타입을 구할 수 있기 때문에 컴파일 시점에 타입에 안전한 코드를 작성할 수 있는 장점이 있다.

정적 메타모델에 대한 더 자세한 내용은 뒤에서 따로 살펴보도록 하자.

4.1 중첩 속성 경로 구하기

다음 매핑 설정을 보자.

```java
@Entity
@Table(name = "user_best_sight")
public class UserBestSight {
    ...

    @OneToOne
    @PrimaryKeyJoinColumn
    private User user;
```

UserBestSight는 User와 1:1 연관을 맺고 있다. 연관된 User 엔티티의 name 속성을 검색 조건으로 사용해서 UserBestSight를 검색하고 싶다면, 중첩해서 속성을 구하면 된다. 다음은 속성 경로를 중첩해서 사용한 예이다.

```java
Root<UserBestSight> root = cq.from(UserBestSight.class);
Predicate namePredicate = cb.equal(
    root.get("user").get("name"), "고길동");
cq.where(namePredicate);
```

root.get() 메서드는 Path 객체를 리턴하는데, 이 Path는 경로를 구할 수 있는 get() 메서드를 제공하고 있다. 실제로 Root 인터페이스는 Path 인터페이스를 상속하고 있으며, Root 객체에 대해 실행하는 get() 메서드는 Path에 정의되어 있는 메서드이다.

위 코드에서 root.get("user")는 user 속성으로 연관된 User 엔티티에 대한 Path 객체를 리턴하므로, root.get("user").get("name") 코드는 User 엔티티의 name 속성에 해당하는 Path 객체를 리턴한다. 따라서, 이 코드는 다음 JPQL과 동일한 조건을 검사한다.

```
select ub from UserBestSight ub where ub.user.name = '고길동'
```

중첩 속성은 연관된 엔티티뿐만 아니라 밸류 객체에도 동일하게 적용할 수 있다.

05 CriteriaQuery와 CriteriaBuilder 구분

처음 크리테리아를 이용해서 쿼리를 작성하면 CriteriaQuery와 CriteriaBuilder를 언제 쓰는지 헷갈릴 때가 있다. 이 둘을 언제 쓰는지 구분하는 방법은 다음과 같다.

- CriteriaQuery : select, from, where, groupBy, having, order by 등 쿼리의 절을 생성
- CriteriaBuilder : 각 절의 구성 요소를 생성

앞서 예로 든 코드를 다시 보자. 이 코드에서 from() 메서드, where() 메서드, select() 메서드는 각각 from 절, from 절, select 절을 생성한다. 이렇게 쿼리의 절을 생성할 때 CriteriaQuery가 제공하는 메서드를 사용한다.

```
Root<UserBestSight> root = criteriaQuery.from(UserBestSight.class);
Predicate namePredicate = criteriaBuilder.equal(
    root.get("user").get("name"), "고길동");
criteriaQuery.where(namePredicate);
criteriaQuery.select(root);
```

CriteriaBuilder#equal() 메서드는 where 절에서 사용할 Predicate 구성 요소를 생성한다. Predicate뿐만 아니라 다양한 구성 요소를 생성할 수 있다. 예를 들어, 정렬 순서를 표현하는 Order 구성 요소를 생성할 때에도 CriteriaBuilder를 사용한다.

```
Order teamIdOrder = criteriaBuilder.asc(p.get("team").get("id"));
Order nameOrder = criteriaBuilder.desc(p.get("name"));
criteriaQuery.orderBy(teamIdOrder, nameOrder);
```

06 Expression과 하위 타입

앞서 경로에 대해 살펴봤는데, 속성 경로인 Path를 비롯해 크리테리아를 이용해서 쿼리를 구성할 때 사용하는 타입은 Expression 인터페이스를 상속하고 있다. 상속 관계는 [그림 14.2]와 같다.

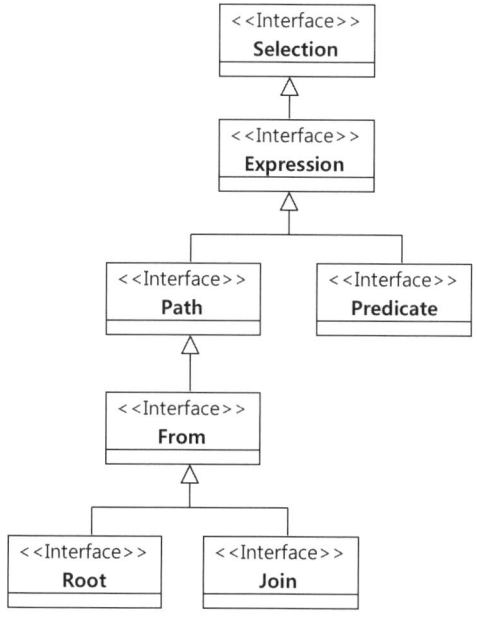

[그림 14.2] Expression 인터페이스와 하위 타입

각 타입은 다음과 같다.

- Root : from 절의 대상을 표현한다.
- Join : 조인 대상을 표현한다.
- From : Root와 Join의 공통 기능을 정의한다. 조인과 관련된 기능을 정의한다.
- Path : 경로를 표현한다. 속성이나 엔티티 등을 표현한다. 경로를 구할 수 있는 기능을 제공한다.
- Predicate : Expression〈Boolean〉으로서 비교 연산자를 표현한다. 검색 조건을 지정할 때 주로 사용한다.
- Expression : 값을 표현한다. 경로(Path)나 선택 대상(Root, Join), 조건(Predicate)은 자신만의 타입이 있지만 집합 함수, 문자열 함수와 같은 함수는 Expression을 사용해서 표현한다.
- Selection : select 대상을 표현한다.

CriteriaQuery나 CriteriaBuilder의 많은 메서드가 Expression 타입의 파라미터를 갖는데, Path, Root, Join, Predicate 등이 모두 Expression에 해당한다. 따라서 Expression이 올 수 있는 곳에는 이들 타입을 알맞게 사용할 수 있다. 예를 들어, 두 값이 같은지 비교하는 Predicate를 생성할 때 사용하는 CriteriaBuilder#equal() 메서드의 첫 번째 파라미터는 Expression인데, 다음과 같이 Root#get()으로 구한 Path를 Expression 타입 파라미터에 전달할 수 있다.

```
Predicate namePred = criteriaBuilder.equal(root.get("name"), "홍길동");
```

07 비교 연산자

7.1 기본 비교 연산자

CriteriaBuilder는 equal() 메서드 외에 다양한 조건 비교를 위한 메서드를 제공하고 있다. 주요 메서드는 [표 14.1]과 같다. 이들 메서드는 파라미터로 지네릭 타입을 사용해서 메서드 시그너처가 다소 복잡하게 느껴질 수 있다. 그래서 'Expression' 타입을 '식'으로 줄여서 표현했다. '식'은 'Expression⟨?⟩'을 줄인 것이고, '숫자식'은 'Expressoin⟨? extends Number⟩'를 줄인 것이다. '비교가능타입식'은 'Expression⟨? extends Y⟩'를 줄인 것으로 여기서 Y는 Comparable 타입이다. '문자열식'은 'Expression⟨String⟩'을 줄인 것이다.

표 14.1 CriteriaBuilder가 제공하는 주요 Predicate 생성 메서드

메서드	설명
equal(식 x, 식 y) equal(식 x, Object y)	x 식이 y와 같은지 비교한다.
notEqual(식 x, 식 y) notEqual(식 x, Object y)	x 식이 y와 같지 않은지 비교한다.
ge(숫자식 x, 숫자식 y) ge(숫자식 x, Number y)	x 식이 y보다 크거나 같은지 비교한다.
greaterThan(비교가능타입식 x, 비교가능타입식 y) greaterThan(비교가능타입식 x, Y y)	x 식이 y보다 큰지 비교한다.
greaterThanOrEqualTo(비교가능타입식 x, 비교가능타입식 y) greaterThanOrEqualTo(비교가능타입식 x, Y y)	x 식이 y보다 크거나 같은지 비교한다.
le(숫자식 x, 숫자식 y) le(숫자식 x, Number y)	x 식이 y 보다 작거나 같은지 비교한다.
lessThan(비교가능타입식 x, 비교가능타입식 y) lessThan(비교가능타입식 x, Y y)	x 식이 y보다 작은지 비교한다.
lessThanOrEqualTo(비교가능타입식 x, 비교가능타입식 y) lessThanOrEqualTo(비교가능타입식 x, Y y)	x 식이 지정한 y보다 작거나 같은지 비교한다.

between(비교가능타입식 v,
    비교가능타입식 x,
    비교가능타입식 y)
between(비교가능타입식 v, Y x, Y y)
	v 식이 값 x와 값 y 사이에 있는지 비교한다.

like(문자열식 x, 문자열식 pattern) like(문자열식 x, String pattern)	x 식이 지정한 문자열 패턴과 일치하는지 비교한다.
notLike(문자열식 x, 문자열식 pattern) notLike(문자열식 x, String pattern)	x 식이 지정한 문자열 패턴과 일치하지 않는지 비교한다.

isNull(식 x)	식이 null인지 비교한다.
isNotNull(식 x)	식이 null이 아닌지 비교한다.
not(Expression⟨Boolean⟩ restriction)	해당 식의 값이 true가 아닌지 비교한다.

위 표에서 각 메서드의 첫 번째 파라미터는 비교 대상을 지정한다. 주요 비교 대상은 엔티티의 속성이므로 주로 Root#get()을 이용해서 비교할 대상을 구한다. 예를 들어, name 속성이 "고길동"과 같은지 비교하는 Predicate는 다음과 같이 equal() 메서드를 사용해서 생성할 수 있다. root.get("name")은 name 속성을 표현하는 Path를 리턴하는데 Path는 Expression의 하위 타입이므로 비교 대상 위치에 올 수 있다.

```
// Path 타입에 정의된 get() 메서드를 이용해서 대상 속성 경로를 구함
Predicate namePredicate = cb.equal(root.get("name"), "고길동");
```

위 코드는 비교할 값으로 String 타입인 "고길동"을 사용했는데 다른 경로를 비교 값으로 사용하고 싶다면 Expression을 값 위치에 전달하면 된다. 예를 들어, "name" 속성이 "email" 속성과 동일한지 검사하고 싶다면 다음 코드를 사용하면 된다.

```
Predicate nameEmailEq = cb.equal(root.get("name"), root.get("email"));
```

이 코드는 다음의 JPQL과 동일하다.

```
root.name = root.email
```

실제로 [표 14.1]의 비교 연산자에서 not(), isNull(), isNotNull()을 제외한 나머지 연산자는 비교 대상이 되는 타입을 받는 메서드와 Expression을 받는 두 개의 메서드를 정의하고 있다. 예를 들어, equal() 메서드는 다음과 같이 두 개 존재한다.

- Predicate equal(Expression⟨?⟩ x, Expression⟨?⟩ y)
- Predicate equal(Expression⟨?⟩ x, Object y)

root.get("email")은 Path를 리턴하는데 Path는 Expression의 하위 타입이다. 따라서 값 위치에 Expression을 받는 메서드에 root.get("email")로 구한 Path 객체를 전달할 수 있다.

Expression의 하위 타입이면 비교 연산자로 다양한 조건을 생성할 수 있다. 예를 들어, CriteriaBuilder#length(Expression⟨String⟩) 메서드는 인자로 전달받은 문자열 식의 길이를 표현하는 Expression⟨Integer⟩를 리턴한다. 이 length() 함수를 이용하면 특정 속성의 길이가 지정한 값보다 큰지 비교하는 Predicate를 생성할 수 있다.

```
// length(root.email) > 15
Predicate longEmail = cb.gt( cb.length(root.get("email")), 15);
```

7.2 in 비교 연산자

비교 대상이 특정 값 중 하나인지 비교할 때에는 CriteriaBuilder#in(식) 메서드를 사용한다. 이 메서드는 CriteriaBuilder.In 타입 객체를 리턴하는데, 이 In 타입을 사용해서 값 목록을 지정한다. 다음은 사용 예이다.

```
CriteriaBuilder.In<Object> nameIn = cb.in(root.get("name"));
nameIn.value("고길동").value("홍길동");
cq.where(nameIn);
```

CriteriaBuilder#in() 메서드가 생성한 In 객체의 value() 메서드를 이용해서 in 연산자로 비교할 값 목록을 지정한다. 위 코드는 다음의 JPQL과 동일하다.

```
where root.name in ('고길동', '홍길동')
```

위 코드에서 nameIn 변수의 타입은 In<Object>이다. Object 타입이므로 In.value() 메서드는 String 타입뿐만 아니라 Integer나 Double과 같은 모든 타입의 값을 전달받을 수 있다. 실제 User 엔티티의 name 속성은 String 타입이므로 In.value() 메서드에 모든 타입의 값을 받기보다 String 타입 값만 받는 게 논리적으로 맞다. 자바는 타입 추론을 지원하므로 In<Object> 대신 In<String> 타입 변수를 사용하면 In.value()에 전달할 수 있는 값을 String 타입으로 제한할 수 있다.

```
// nameIn 타입이 In<String>이므로
// 컴파일러는 cb.in(root.get("name"))의 타입을 In<Object>가 아닌
// In<String>으로 추론함
CriteriaBuilder.In<String> nameIn = cb.in(root.get("name"));
nameIn.value("고길동").value("최범균");
```

타입 파라미터를 사용하지 않으면 다음과 같이 모든 타입을 value()에 할당할 수 있다.

```
CriteriaBuilder.In<Object> nameIn = cb.in(root.get("name")) // In<Object> 타입 생성
    .value("고길동")
    .value(10); // String이 아니지만 컴파일 에러는 나지 않는다.
```

get() 메서드에 타입 파라미터를 지정해서 In 타입을 구할 수도 있다. 다음과 같이 get() 메서드의 타입 파라미터로 String을 주면 In⟨String⟩ 타입을 구하게 되므로 10과 같이 맞지 않는 타입을 받으면 컴파일 에러가 발생해서 타입에 더욱 안전한 코드를 작성할 수 있게 된다.

```
CriteriaBuilder.In<Object> nameIn = cb.in(root.<String>get("name")) // In<String>
   .value("고길동")
   .value(10); // 컴파일 에러. In<String>이므로 value() 메서드는 String만 입력 가능
```

정적 메타모델을 사용해도 된다. 예를 들어, User_.name 정적 메타모델이 다음과 같다고 하자.

```
@StaticMetamodel(User.class)
public class User_ {
   public static SingularAttribute<User, String> name;
   ...
}
```

User_.name 필드를 String 타입으로 설정했으므로 cb.in(root.get(User_.name)) 코드는 In⟨String⟩ 타입을 리턴한다.

In#value() 메서드도 값을 받는 메서드와 Expression을 받는 두 개의 메서드가 존재한다.

7.3 컬렉션 비교

JPQL의 member of에 해당하는 Predicate를 생성할 때에는 CriteriaBuilder #isMember() 메서드를 사용한다. 다음 isMember() 메서드에서 타입 파라미터 E는 컬렉션 타입 C에 포함된 원소 타입을 의미한다.

- isMember(E elem, Expression⟨C⟩ collection)
- isMember(Expression⟨E⟩ elem, Expression⟨C⟩ collection)

isMember() 메서드는 첫 번째 인자로 컬렉션에 포함되었는지 확인할 대상을 전달받고 두 번째 인자로 컬렉션을 표현하는 Expression을 전달받는다. 다음 코드는 isMember() 메서드의 사용 예를 보여주고 있다.

```
Player player = em.find(Player.class, "P1");

CriteriaBuilder cb = em.getCriteriaBuilder();
CriteriaQuery<Team> cq = cb.createQuery(Team.class);
Root<Team> t = cq.from(Team.class);
cq.where(
    cb.isMember(player, t.get("players"))
);
cq.select(t);
```

cb.isMember()의 첫 번째 인자로 식별자가 "P1"인 Player 엔티티를 주었고 두 번째 인자로 t.get("players")를 주었다. t는 Team 엔티티를 표현하는 Root 객체이므로 t.get("players")는 Team 엔티티의 players 속성에 해당하는 Path를 리턴한다. Team의 players 속성 타입이 Set<Player>라고 하면, 이 코드는 Team의 players 콜렉션에 식별자가 "P1"인 Player 엔티티가 포함되어 있는지를 검사한다.

이 코드와 동일한 JPQL 코드는 다음과 같다.

```
Player player = em.find(Player.class, "P1");
TypedQuery<Team> query = em.createQuery(
    "select t from Team t where :player member of t.players", Team.class);
query.setParameter("player", player);
```

특정 콜렉션에 속해 있지 않은지 비교할 때에는 다음의 isNotMember() 메서드를 사용한다.

- isNotMember(Expression<E> elem, Expression<C> collection)
- isNotMember(E elem, Expression<C> collection)

JPQL의 is empty에 해당하는 Predicate는 CriteriaBuilder#isEmpty(Expression<C> col) 메서드를 이용해서 생성할 수 있다. 다음은 isEmpty() 메서드의 사용 예를 보여주고 있다.

```
CriteriaQuery<Team> cq = cb.createQuery(Team.class);
Root<Team> t = cq.from(Team.class);
cq.where(
    cb.isEmpty(t.get("players"))
);
cq.select(t);
```

이 코드는 다음의 JPLQ 쿼리와 동일하다.

```
select t from Team t where t.players is empty order by t.name
```

컬렉션이 비어 있지 않은지 비교할 때에는 isEmpty()와 반대인 isNotEmpty (Expression<C> col) 메서드를 사용한다.

7.4 exists, all, any

exists, all, any에 해당하는 코드는 다소 복잡하다. 이들 쿼리는 서브쿼리를 사용하기 때문이다. 예를 들어 exists를 사용하는 JPQL을 보자.

```
select h from Hotel h
where not exists (select r from Review r where r.hotel = h)
```

이 JPQL은 exists를 위해 서브쿼리를 사용하고 있다. 크리테리아도 동일하게 서브쿼리를 사용해서 exists 비교 조건을 생성한다. 단, 문자열로 서브쿼리를 작성하는 JPQL과 달리 크리테리아 API를 이용해서 서브쿼리를 생성한다는 점이 다르다. 위 JPQL과 동일한 기능을 수행하는 코드를 CriteriaQuery로 작성하면 다음과 같다.

```
CriteriaQuery<Hotel> cq = cb.createQuery(Hotel.class);
// select h from Hotel h
Root<Hotel> h = cq.from(Hotel.class);
cq.select(h);

// exists()에 사용할 Subquery 생성
// (select r from Review r where r.hotel = h)
Subquery<Review> subquery = cq.subquery(Review.class);
Root<Review> r = subquery.from(Review.class);
subquery.select(r).where(cb.equal(r.get("hotel"), h));

// exists(서브쿼리) 조건
Predicate existsPredicate = cb.exists(subquery);

// not(existsPredicate), 즉 not exists (서브쿼리)
cq.where(cb.not(existsPredicate));
```

CriteriaQuery#subquery() 메서드는 서브쿼리로 사용할 Subquery를 리턴한다. subquery() 메서드의 파라미터는 select 결과로 조회할 타입이다. Subquery는 CriteriaQuery와 동일하게 from(), select(), where() 등을 사용해서 쿼리를 구성한

다. 위 코드에서 subquery는 Review 타입의 엔티티를 조회하는데 "hotel" 속성이 h인 Review 엔티티를 구한다. 여기서 h는 CriteriaQuery의 from()으로 선택한 Hotel에 대응한다.

CriteriaBuilder#exists()는 Subquery를 인자로 전달받으며 서브쿼리로 선택한 결과가 존재하는지를 검사하는 Predicate를 생성한다. 위 코드는 마지막에 cb.not(existsPredicate)을 where() 메서드에 전달했으므로 결과적으로 앞서 보여준 JPQL과 동일한 쿼리를 생성한다.

all, any도 유사하다. 다음 JPQL을 보자.

```
select t From Team t
where 500 < all (select p.salary from Player p where p.team = t)
```

이 JPQL을 크리테리아 API로 작성한 코드는 다음과 같다.

```
CriteriaQuery<Team> cq = cb.createQuery(Team.class);
// select t from Team t
Root<Team> t = cq.from(Team.class);
cq.select(t);

// all (select p.salary from Player p where p.team = t)
Subquery<Integer> subquery = cq.subquery(Integer.class);
Root<Player> p = subquery.from(Player.class);
subquery.select(p.get("salary")).where(cb.equal(p.get("team"), t));
Expression<Integer> allExp = cb.all(subquery);

// where 500 < all (...)
cq.where(cb.lt(cb.literal(500), allExp));
```

앞서 exists()를 이용할 때의 코드와 매우 유사하다. 차이점이 있다면 all에 해당하는 식(Expression)을 CriteriaBuilder#lt() 메서드를 이용해서 다른 값과 비교할 때 사용한다는 점이다. 이 코드는 '500 < all(...)'에 해당하는 비교 조건을 생성하기 위해 CriteriaBuilder#lt() 메서드의 두 번째 인자로 all에 해당하는 allExp를 전달했다.

CriteriaBuilder#lt() 메서드의 첫 번째 파라미터 타입은 Expression이기 때문에 int 타입인 500을 첫 번째 인자로 줄 수 없다. 이렇게 값 자체를 Expression 위치에 줘야 할 때 CriteriaBuilder#literal() 메서드를 사용하면 된다.

7.5 and와 or로 조건 조합

지금까지 한 가지 조건만 비교했는데 JPQL의 and와 or처럼 크리테리아도 여러 조건을 조합할 수 있다. 방법은 간단하다. 각 조건을 위한 Predicate를 만들고 CriteriaBuilder#and()나 or() 메서드로 조건을 조합하면 된다.

```
Predicate emailPredicate = cb.equal(ubs.get("email"), "madvirus@madvirus.net");
Predicate titlePredicate = cb.like(ubs.get("title"), "%랜드");
Predicate andPredicate = cb.and(emailPredicate, titlePredicate);
cq.where(andPredicate);
```

이 코드는 and() 메서드를 이용해서 두 조건을 조합한 예이다. 이 코드는 다음의 JPQL과 동일한 조건을 검사한다.

```
where ubs.email = 'madvirus@madvirus.net' and ubs.title like '%랜드'
```

CriteriaBuilder가 제공하는 and() 메서드와 or() 메서드는 다음과 같다.

- Predicate and(Expression⟨Boolean⟩ x, Expression⟨Boolean⟩ y)
- Predicate and(Predicate... restrictions)
- Predicate or(Expression⟨Boolean⟩ x, Expression⟨Boolean⟩ y)
- Predicate or(Predicate... restrictions)

세 개 이상의 조건을 지정해야 할 경우 가변 인자를 사용하는 메서드를 사용한다.

크리테리아의 장점은 상황에 따라 조건을 조합하기 쉽다는 것이다. 검색 조건으로 이메일 주소와 제목을 입력받는데 둘 중 하나만 입력받을 수도 있고 둘 다 입력받을 수도 있다고 하자. 둘 다 입력받았을 때는 AND 조건으로 검사해야 한다. 크리테리아를 사용하면 다음과 같이 코드를 작성할 수 있다.

```
Predicate p = null;
if (email != null) p = cb.equal(ubs.get("email"), email);
if (keyword != null) {
    Predicate titlePre = cb.like(ubs.get("title"), "%" + keyword);
    if (p == null) p = titlePre;
    else p = cb.and(p, titlePre);
}
if (p != null) cq.where(p);
```

같은 쿼리를 JPQL을 이용해서 생성하려면 다음과 같은 코드를 작성해야 한다.

```
String jpql = "select ubs from UserBestSight ubs";
String wherePart = "";
if (email != null) wherePart += "ubs.email = :email";
if (keyword != null) {
    if (email != null) wherePart += " and "; // and 앞뒤 공백 주의
    wherePart += "ubs.title like :keyword";
}
if (!wherePart.isEmpty()) jpql += " where " + wherePart; // where 앞뒤 공백 주의

TypedQuery<UserBestSight> query = em.createQuery(jpql, UserBestSight.class);
if (email != null) query.setParameter("email", email);
if (keyword != null) query.setParameter("keyword", "%" + keyword);
```

JPQL을 사용하면 and나 where 키워드 앞뒤로 공백 문자를 신경 써야 한다. 만약 AND 나 OR를 중첩해서 사용하면 중첩된 괄호 개수도 틀리지 않도록 신경 써야 한다. 반면에 크리테리아를 사용해서 쿼리를 구성하면 문자열로 작성할 때 발생할 수 있는 쿼리 오류 문제가 거의 발생하지 않는다.

CriteriaBuilder#conjunction() 메서드를 사용하면 if 블록을 줄일 수 있다. 다음은 conjunction()을 사용하여 앞서 예로 든 코드를 다시 작성한 예이다.

```
Predicate p = cb.conjunction();
if (email != null) p = cb.equal(ubs.get("email"), email);
if (keyword != null) p = cb.and(p, cb.like(ubs.get("title"), "%" + keyword));
cq.where(p);
```

처음 작성한 코드보다 더 간결해진 것을 알 수 있다. 앞서 코드는 p가 null인지 검사해서 null이 아닌 경우에만 where() 메서드에 p를 설정했다. keyword가 null이 아닌 경우도 email 검사 조건에 해당하는 p가 존재하는지에 따라 and()를 사용했다. 그런데 위 코드는 처음에 CriteriaBuilder#conjunction()으로 Predicate를 생성하기 때문에 p가 null인지 검사하는 코드가 사라졌다.

CriteriaBuilder#conjunction()은 조건이 존재하지 않으면 무조건 true인 조건을 생성한다. 예를 들어, 이 코드에서 email과 kyeword가 모두 null이면 where()는 conjunction()이 생성한 Predicate를 전달받는다. 이때 실행되는 쿼리의 where 절은 다음과 같다.

```
...생략 from user_best_sight userbestsi0_ where 1=1
```

conjunction()이 생성한 Predicate는 "1=1"인 조건을 생성한다. 즉, 항상 true인 조건을 생성한다. 따라서 email과 keyword가 모두 null이면 전체 목록을 조회하는 쿼리를 생성한다. email은 null이고 keyword는 null이 아닌 경우를 가정해보자. 이 경우 and() 메서드의 첫 번째 인자는 conjunction()이 생성한 Predicate이고 두 번째 인자는 like()가 생성한 Predicate가 된다. 따라서 다음 where 절을 사용한 쿼리를 실행한다.

> ...생략 from user_best_sight userbestsi0_ where 1=1 and (userbestsi0_.title like ?)

만약 email이 null이 아니면 p에 email 속성을 비교하는 Predicate를 할당한다. 따라서 conjunction()으로 생성한 조건은 더 이상 사용되지 않는다.

CriteriaBuilder#conjunction()을 사용하면 null 검사를 위한 if-else 블록을 줄일 수 있어 동적으로 조건을 구성할 때 편리하다.

복잡한 if-else 블록을 줄이는 또 다른 방법은 Predicate 리스트를 만들어 AND로 연결할 조건을 추가하는 것이다. 다음 예를 보자.

```
List<Predicate> predicates = new ArrayList<>();
if (email != null) predicates.add(cb.equal(ubs.get("email"), email));
if (keyword != null) predicates.add(cb.like(ubs.get("title"), "%" + keyword));
cq.where(predicates.toArray(new Predicate[predicates.size()]));
```

CriteriaQuery는 Predicate 타입의 가변 인자를 갖는 where() 메서드를 제공하고 있다. 위 코드처럼 Predicate 배열을 where() 메서드에서 전달하면 각 조건을 AND로 조합한다. 이 코드에서 email과 keyword가 null이 아니면 두 개의 Predicate를 생성해서 predicates 리스트에 추가하는데, 이 경우 다음과 같이 두 개의 조건을 and로 연결한 whoro 절을 사용해서 쿼리를 검색한다.

> ...생략 from user_best_sight userbest where userbest.email=? and (userbest.title like ?)

길이가 0인 Predicate 배열을 where() 메서드에 전달하면 조건이 없는 것이므로 전체를 조회하는 쿼리를 실행한다.

08 정렬 순서 지정하기

정렬 순서는 다음과 같이 지정한다.

- CriteriaBuilder의 asc()나 desc()로 javax.persistence.criteria.Order 생성
- CriteriaQuery#orderBy()에 Order를 전달해서 정렬 순서 지정

다음은 정렬 순서를 지정하는 예제 코드이다.

```
CriteriaQuery<Player> cq = cb.createQuery(Player.class);
Root<Player> p = cq.from(Player.class);
cq.select(p);
Order teamIdOrder = cb.asc(p.get("team").get("id"));
Order nameOrder = cb.asc(p.get("name"));
cq.orderBy(teamIdOrder, nameOrder);
```

CriteriaBuilder#asc() 메서드는 전달받은 경로를 기준으로 오름차순에 해당하는 Order를 생성하며 desc()는 내림차순에 해당하는 Order를 생성한다. CriteriaQuery#orderBy()는 가변 인자를 이용해서 Order 객체를 전달받는다. 위 코드는 두 개의 Order 객체를 orderBy() 메서드에 전달했는데 이는 다음 JPQL 쿼리의 order by와 동일한 쿼리를 생성한다.

```
select p from Player p order by p.team.id, p.name
```

09 지정 칼럼 조회

9.1 한 개 속성 조회하기

크리테리아에서 엔티티가 아닌 특정 칼럼을 조회하고 싶다면 CriteriaQuery#select() 메서드에 해당 경로를 전달하면 된다. 다음은 "select p.id from Player p"에 해당하는 쿼리를 크리테리아로 작성한 예이다.

```
CriteriaBuilder cb = em.getCriteriaBuilder();
CriteriaQuery<String> cq = cb.createQuery(String.class); // 선택할 속성의 타입
Root<Player> p = cq.from(Player.class);
cq.select(p.get("id")); // select() 메서드로 단일 속성 선택

TypedQuery<String> query = em.createQuery(cq);
List<String> rows = query.getResultList();
```

이 책에서 사용한 Player 엔티티의 id 속성은 String 타입이다. id 단일 속성을 선택하는 쿼리를 작성할 것이므로 CriteriaBuilder#createQuery() 메서드는 선택할 속성의 타입인 String을 인자로 받는다.

Player로부터 선택하므로 CriteriaQuery#from() 메서드는 Player 클래스를 사용한다.

Player 엔티티에 해당하는 Root 객체인 p의 get("id") 메서드를 사용해서 선택 대상을 구하고 이를 select() 메서드에 전달한다. 이렇게 함으로써 쿼리는 Player의 id 속성을 선택한다.

이제 CriteriaQuery를 이용해서 생성한 TypedQuery의 getResultList() 메서드를 실행하면 Player의 id 속성 목록을 가진 List 타입을 구하게 된다.

9.2 배열로 조회하기

엔티티가 아닌 두 개 이상의 속성을 배열로 조회하는 과정도 거의 유사하다. 차이점이라면 CriteriaQuery#select() 메서드 대신에 multiselect() 메서드를 사용하고 선택 타입으로 Object[]을 사용한다는 것이다. 다음은 "select p.id, p.name, p.salary from Player p"에 해당하는 쿼리를 크리테리아를 이용해서 작성한 코드이다.

```
CriteriaQuery<Object[]> cq = cb.createQuery(Object[].class);
Root<Player> p = cq.from(Player.class);
cq.multiselect(p.get("id"), p.get("name"), p.get("salary"));

TypedQuery<Object[]> query = em.createQuery(cq);
List<Object[]> rows = query.getResultList();
for (Object[] row : rows) {
    String id = (String) row[0];
    String name = (String) row[1];
    int salary = (int) row[2];
    ...
}
```

multiselect() 메서드는 가변 인자를 이용해서 선택할 대상을 전달받는다. 위 코드는 세 개의 속성을 선택 대상으로 지정하고 있다. List 형태로 선택 대상을 전달할 수도 있다.

9.3 특정 객체로 조회하기

"select new jpastart.common.IdName(p.id, p.name) from Player p" 쿼리처럼 특정 객체로 조회하고 싶다면 CriteriaBuilder#construct() 메서드를 사용해서 클래스 생성자와 전달할 대상을 지정한다. 다음은 예이다.

```
CriteriaBuilder cb = em.getCriteriaBuilder();
CriteriaQuery<IdName> cq = cb.createQuery(IdName.class);
Root<Player> p = cq.from(Player.class);
cq.select(cb.construct(IdName.class, p.get("id"), p.get("name")));

TypedQuery<IdName> query = em.createQuery(cq);
List<IdName> rows = query.getResultList();
```

선택 대상이 IdName 클래스이므로 CriteriaBuilder#createQuery()에 IdName 클래스를 전달해서 CriteriaQuery를 생성한다.

CriteriaBuilder#construct() 메서드를 사용해서 클래스 타입과 생성자에 전달할 대상 목록을 지정한다. 이 메서드는 가변 인자를 이용해서 생성자에 전달할 대상을 전달받는다. 위 코드의 경우 Player 엔티티의 id 속성과 name 속성을 IdName 클래스의 생성자에 전달한다. 두 개의 인자를 지정했으므로 IdName 클래스는 다음과 같이 두 개의 파라미터를 갖는 생성자를 정의해야 한다.

```
public class IdName {
    private String id;
    private String name;

    public IdName(String id, String name) {
        this.id = id;
        this.name = name;
    }
```

10 조인

크리테리아도 JPQL과 마찬가지로 다음의 세 가지 방식 중 하나를 이용해서 조인을 처리할 수 있다.

- 자동(implicit) 조인
- 명시적 조인
- where 절에서 조인

자동 조인은 연관된 엔티티의 속성에 접근할 때 발생한다. 다음 코드를 보자.

```
CriteriaQuery<Player> cq = cb.createQuery(Player.class);
Root<Player> p = cq.from(Player.class);
cq.select(p);
Predicate teamNamePredicate = cb.equal(p.get("team").get("name"), "팀");
cq.where(teamNamePredicate);
cq.orderBy(cb.asc(p.get("name")));
```

이 코드는 Player의 team 속성의 name 속성이 "팀"과 같은지 비교한다. Player의 team 속성은 다른 Team 엔티티를 참조하므로 이는 Player와 Team 간의 조인 쿼리를 실행한다. 이 코드와 동일한 JPQL은 다음과 같다.

```
select p from Player p where p.team.name = :teamName order by p.name
```

명시적으로 연관 속성을 조인할 때에는 Root#join() 메서드를 사용한다.

```
CriteriaBuilder cb = em.getCriteriaBuilder();
CriteriaQuery<Player> cq = cb.createQuery(Player.class);
Root<Player> p = cq.from(Player.class);
cq.select(p);
Join<Player, Team> t = p.join("team");
cq.where(cb.equal(t.get("name"), "팀"));
cq.orderBy(cb.asc(p.get("name")));
```

이 코드는 Player 엔티티를 표현하는 p에 대해 p.join("team")을 실행했다. 이 메서드는 Player의 "team" 속성에 대한 조인을 표현하는 Join 객체를 리턴한다. 위 코드에서 t의 타입은 Join<Player, Team>인데 첫 번째 타입 파라미터인 Player는 조인 소스 타입이고 두 번째 타입 파라미터인 Team은 조인 대상 타입이다. 이 코드와 동일한 JPQL은 다음과 같다.

```
select p from Player p join p.team t where t.name = :teamName order by p.name
```

외부 조인을 사용하려면 join() 메서드의 두 번째 인자로 JoinType.LEFT를 전달한다.

```
CriteriaQuery<Object[]> cq = cb.createQuery(Object[].class);
Root<Player> p = cq.from(Player.class);
Join<Player, Team> t = p.join("team", JoinType.LEFT);
cq.orderBy(cb.asc(p.get("name")));
cq.multiselect(p, t);
```

javax.persistence.criteria.JoinType은 열거타입으로 INNER, LEFT, RIGHT 값을 갖는다. LEFT를 join() 메서드의 두 번째 인자로 전달하면 왼쪽 외부 조인을 사용한다. 이 코드와 동일한 JPQL은 다음과 같다.

```
select p, t from Player p left join p.team t order by p.name
```

JPQL에서 join과 on을 사용해서 조인 대상에 조건을 지정했는데 Join#on() 메서드를 사용하면 Join 대상에 조건을 지정할 수 있다. Join#on() 메서드는 CriteriaQuery#where() 메서드와 동일하게 Predicate를 이용해서 조건을 지정한다.

```
Team team = em.find(Team.class, "T1");

CriteriaBuilder cb = em.getCriteriaBuilder();
CriteriaQuery<Player> cq = cb.createQuery(Player.class);
Root<Player> p = cq.from(Player.class);
Join<Player, Team> t = p.join("team");
t.on(cb.equal(t, team));

cq.select(p);
cq.orderBy(cb.asc(p.get("name")));
```

이 코드에서 cb.equal(t, team) 코드는 조인 대상인 t가 앞서 구한 team 엔티티와 같은지 검사하는 Predicate를 생성한다. 이 Predicate를 다시 t.on() 메서드에 전달한다. 즉, 이 코드는 다음의 JPQL과 동일한 on 절을 생성한다.

```
select p from Player p join p.team t on t = :team by p.name
```

조인을 수행하는 세 번째 방법은 where 절에서 두 엔티티의 속성을 비교하는 것이다. 다음은 where 절에서 두 엔티티의 속성을 비교하는 예이다.

```
CriteriaBuilder cb = em.getCriteriaBuilder();
CriteriaQuery<Object[]> cq = cb.createQuery(Object[].class);
Root<User> u = cq.from(User.class);
Root<UserBestSight> s = cq.from(UserBestSight.class);
cq.where(cb.equal(u.get("email"), s.get("email")));
cq.multiselect(u, s);
cq.orderBy(cb.asc(u.get("name")));
```

이 코드는 CriteriaQuery#from() 메서드로 두 개의 엔티티에 대한 Root 객체를 생성한다. 하나는 User 엔티티에 대한 Root이고 다른 하나는 UserBestSight 엔티티에 대한 Root이다. 그리고 CriteriaBuilder#equal() 메서드를 이용해서 User 엔티티의 email 속성과 UserBestSight 엔티티의 email 속성이 같은지 비교하는 Predicate를 생성해서 where() 메서드에 전달한다. 즉, 이 코드는 다음 JPQL과 동일한 쿼리를 사용해서 두 엔티티를 조인한다.

```
select u, s from User u, UserBestSight s where u.email = s.email order by u.name
```

11 집합 함수

CriteriaBuilder는 집합 함수에 대응하는 메서드도 제공한다. 이들 메서드는 [표 14.2]와 같다. 여기서 Expression<N>의 N은 Number 또는 그 하위 타입이다.

표 14.2 CriteriaBuilder가 제공하는 JPA 집합 관련 메서드

메서드	리턴타입	설명
count(Expression<?> x)	Expression<Long>	개수를 구한다.
max(Expression<N> x) min(Expression<N> x)	Expression<N>	최댓값/최솟값을 구한다.
avg(Expression<N> x)	Expression<Double>	평균
asum(Expression<N> x)	Expression<N>	합을 구한다.
sumAsLong(Expression<Integer> x)	Expression<Long>	Integer 타입 식의 합을 구한다.
sumAsDouble(Expression<Float> x)	Expression<Double>	Float 타입 식의 합을 구한다.

다음은 각 메서드의 사용 예이다.

```
CriteriaQuery<Object[]> cq = cb.createQuery(Object[].class);
Root<Player> p = cq.from(Player.class);
cq.multiselect(
    cb.count(p), cb.sum(p.get("salary")),
    cb.avg(p.get("salary")), cb.max(p.get("salary")), cb.min(p.get("salary")));
TypedQuery<Object[]> query = em.createQuery(cq);
Object[] aggValues = query.getSingleResult();
```

12 group by와 having

CriteriaQuery#groupBy()와 CriteriaQuery#having()을 이용하면 group by 절과 having 절을 생성할 수 있다. 다음은 groupBy() 메서드의 사용 예를 보여주고 있다.

```
CriteriaQuery<Object[]> cq = cb.createQuery(Object[].class);
Root<Player> p = cq.from(Player.class);
cq.groupBy(p.get("team").get("id")); // group by p.team.id
cq.multiselect(p.get("team").get("id"), cb.count(p), cb.avg(p.get("salary")),
    cb.max(p.get("salary")), cb.min(p.get("salary")));
TypedQuery<Object[]> query = em.createQuery(cq);
```

이 코드와 동일한 JPQL은 다음과 같다.

```
select p.team.id, count(p), avg(p.salary), max(p.salary), min(p.salary)
from Player p group by p.team.id
```

다음과 같이 조인 대상을 그룹 대상으로 지정할 수도 있다.

```
// select t, count(p), avg(p.salary) from Player p left join p.team t group by t
CriteriaBuilder cb = em.getCriteriaBuilder();
CriteriaQuery<Object[]> cq = cb.createQuery(Object[].class);
Root<Player> p = cq.from(Player.class);
Join<Player, Team> t = p.join("team", JoinType.LEFT);
cq.groupBy(t);
cq.multiselect(t, cb.count(p), cb.avg(p.get("salary")));
```

그룹 대상을 엔티티로 지정하면 해당 엔티티의 식별자를 그룹 대상으로 사용한다.

그룹 대상에 조건을 지정할 때는 CriteriaQuery#having() 메서드를 사용한다. 다음 코드는 having()의 사용 예이다.

```
// select t, count(p), avg(p.salary) from Team t left join t.players p
// group by t having count(p) > 1
CriteriaBuilder cb = em.getCriteriaBuilder();
CriteriaQuery<Object[]> cq = cb.createQuery(Object[].class);
Root<Team> t = cq.from(Team.class);
Join<Team, Player> p = t.join("players");
cq.groupBy(t);
cq.having(cb.gt(cb.count(p), 1)); // count(p) > 1
cq.multiselect(t, cb.count(p), cb.avg(p.get("salary")));
```

CriteriaQuery#having() 메서드는 CriteriaQuery#where() 메서드와 동일하게 한 개 이상의 조건을 갖는다. 위 코드는 CriteriaBuilder#gt() 메서드를 사용해서 t를 기준으로 나눈 그룹의 Player 개수가 1보다 큰 t를 구한다.

groupBy() 메서드는 두 개 존재한다. 하나는 가변 인자를 사용하는 메서드이고 다른 하나는 List를 사용하는 메서드이다. 따라서 두 개 이상의 기준을 사용해서 그룹을 나누고 싶다면 groupBy() 메서드에 인자를 두 개 이상 전달하거나 그룹 대상을 담고 있는 List를 인자로 주면 된다.

13 함수와 연산자

13.1 문자열 함수

문자열 함수와 관련된 CriteriaBuilder의 메서드는 [표 14.3]과 같다. 이 표에서 '식'은 Expression⟨String⟩ 타입이고, 정수식은 Expression⟨Integer⟩이다..

표 14.3 문자열 함수를 위한 CriteriaBuilder의 메서드

메서드	리턴 타입	설명
concat(식 x, 식 y) concat(String x, 식 y) concat(식 x, String y)	Expression⟨String⟩	두 개 문자열을 연결한다.
substring(식 x, int from, int len) substring(식 x, int from) substring(식 x, 정수식 from) substring(식 x, 정수식 from, 정수식 len)	Expression⟨String⟩	문자열에 x의 시작 위치(from)에서 지정한 길이(len)에 해당하는 문자열을 구한다. 시작 위치는 1부터 시작한다. 길이를 생략하면 시작 위치에서 끝까지 구한다.
trim(식 x) trim(char trimch, 식 x) trim(Trimspec spec, 식 x) trim(Trimspec spec, char trimch, 식 x)	Expression⟨String⟩	문자열의 공백 문자를 제거한다. trimch을 지정하면 해당 문자를 공백 문자로 사용한다. Trimspec 열거 타입은 LEADING, TRAILING, BOTH의 세 값을 가지며 Trimspec을 사용하지 않으면 BOTH를 사용한다.
lower(식 x)	Expression⟨String⟩	문자열을 소문자로 변환한다.
upper(식 x)	Expression⟨String⟩	문자열을 대문자로 변환한다.
length(식 x)	Expression⟨Integer⟩	문자열의 길이를 구한다. 결과 타입은 Integer이다.
locate(식 x, String str) locate(식 x, String str, int from) locate(식 x, 식 strExp) locate(식 x, 식 strExp, 정수식 from)	Expression⟨Integer⟩	x 식에 문자열(str이나 strExp)이 포함된 위치를 구한다. 위치는 1부터 시작한다. 문자열을 포함하지 않은 경우 0을 리턴한다. 세 번째 인자로 위치를 지정하면 해당 위치부터 검색한다.

* Trimspec은 CriteriaBuilder 인터페이스에 정의되어 있다.

13.2 수학 함수

CriteriaBuilder가 수치 연산과 관련해서 제공하는 메서드는 [표 14.4]와 같다. 이 표에서 Expression⟨N⟩의 N은 Number 또는 그 하위 타입이다.

표 14.4 수학 함수

함수	리턴 타입	설명
abs(Expression⟨N⟩ x)	Expression⟨N⟩	절대값을 구한다.
sqrt(Expression⟨? extends Number⟩ x)	Expression⟨Double⟩	제곱근을 구한다.

mod(
  Expression⟨Integer⟩ x,
  Expression⟨Integer⟩ y)
mod(Expression⟨Integer⟩ x, Integer y)
mod(Integer x,
  Expression⟨Integer⟩ y)
	Expression⟨Integer⟩	x를 y로 나눈 나머지를 구한다.

neg(Expression⟨N⟩ x)	Expression⟨N⟩	수식의 부호를 바꾼다.

sum(
  Expression⟨? extends N⟩ x,
  Expression⟨? extends N⟩ y)
sum(Expression⟨? extends N⟩ x, N y)
sum(N x, Expression⟨? extends N⟩ y)
	Expression⟨N⟩	x에 y를 더한다.

diff(
  Expression⟨? extends N⟩ x,
  Expression⟨? extends N⟩ y)
diff(Expression⟨? extends N⟩ x, N y)
diff(N x, Expression⟨? extends N⟩ y)
	Expression⟨N⟩	x에서 y를 뺀다.

prod(
  Expression⟨? extends N⟩ x,
  Expression⟨? extends N⟩ y)
prod(
  Expression⟨? extends N⟩ x, N y)
prod(N x,
  Expression⟨? extends N⟩ y)
	Expression⟨N⟩	x와 y를 곱한다.

quot(
  Expression⟨? extends Number⟩ x,
  Expression⟨? extends Number⟩ y)
quot(
  Expression⟨? extends Number⟩ x,
  Number y)
quot(
  Number x,
  Expression⟨? extends Number⟩ y)
	Expression⟨Number⟩	x를 y로 나눈다.

13.3 날짜 함수

날짜 시간 관련 함수를 위한 CriteriaBuilder가 제공하는 메서드는 [표 14.5]와 같다.

표 14.5 CriteriaBuilder가 제공하는 날짜 시간 관련 메서드

메서드	리턴 타입	설명
currentDate()	Expression⟨java.sql.Date⟩	현재 시간을 Date 타입으로 구한다.
currentTimestamp()	Expression⟨java.sql.Timestamp⟩	현재 시간을 Timestamp 타입으로 구한다.
currentTime()	Expression⟨java.sql.Time⟩	현재 시간을 Time 타입으로 구한다.

13.4 컬렉션 관련 함수

컬렉션 함수를 위한 CriteriaBuilder 메서드는 [표 14.6]과 같다. C는 컬렉션 타입이다.

표 14.6 CriteriaBuilder가 제공하는 컬렉션 관련 메서드

메서드	리턴 타입	설명
size(Expression〈C〉 collection) size(C collection)	Expression〈Integer〉	컬렉션의 크기를 구한다.

다음 코드는 size() 메서드의 사용 예이다.

```
CriteriaBuilder cb = em.getCriteriaBuilder();
CriteriaQuery<Team> cq = cb.createQuery(Team.class);
Root<Team> t = cq.from(Team.class);

Predicate sizePred = cb.gt(cb.size(t.get("players")), 1);
cq.where(sizePred);
cq.select(t);
```

14 fetch 조인

13장에서 N+1 쿼리에 대해 설명하면서 JPQL에서 연관된 대상을 하나의 쿼리로 조회하기 위한 fetch 조인에 대해 설명했다.

1:1이나 N:1 연관에 대해 fetch 조인을 사용하고 싶다면 join() 메서드 대신에 fetch() 메서드를 사용하면 된다. 다음은 fetch() 메서드의 사용 예를 보여주고 있다.

```
CriteriaBuilder cb = em.getCriteriaBuilder();
CriteriaQuery<MembershipCard> cq = cb.createQuery(MembershipCard.class);
Root<MembershipCard> mc = cq.from(MembershipCard.class);
Fetch<MembershipCard, User> u = mc.fetch("owner", JoinType.LEFT);
cq.select(mc);
```

이 코드에서 mc.fetch() 메서드는 "owner" 연관에 대해 fetch 조인을 사용한다. fetch()

메서드에 두 번째 인자로 JoinType을 전달해서 조인 타입을 지정할 수 있다. 위 코드는 왼쪽 외부 조인을 사용하도록 지정했다. 이 코드와 동일한 JPQL은 다음과 같다.

```
select mc from MembershipCard mc left join fetch mc.owner u
```

컬렉션에 대한 fetch 조인도 동일하게 fetch() 메서드를 사용한다. 다음 코드는 Team 엔티티의 Set 타입 속성인 players에 대해 fetch 조인을 적용한 예를 보여준다.

```
CriteriaBuilder cb = em.getCriteriaBuilder();
CriteriaQuery<Team> cq = cb.createQuery(Team.class);
Root<Team> t = cq.from(Team.class);
Fetch<Team, Player> fetchJoinP = t.fetch("players");
cq.select(t);
```

이 코드와 동일한 JPQL은 다음과 같다.

```
select t from Team t join fetch t.players p
```

크리테리아의 fetch 조인은 JPQL의 fetch 조인과 동일하게 동작하므로, 동작 방식이 궁금한 독자는 13장을 다시 읽어 보도록 하자.

15 정적 메타모델

Review 엔티티가 다음과 같이 Timestamp 타입인 ratingDate 속성을 갖는다고 하자.

```
@Entity
@Table(name = "hotel_review")
public class Review {
    @Id
    @GeneratedValue(strategy = GenerationType.IDENTITY)
    private Long id;
    ...
    @Temporal(TemporalType.TIMESTAMP)
    @Column(name = "rating_date")
    private Date ratingDate;
```

ratingDate를 기준으로 특정 기간에 작성한 Review를 검색하고 싶다고 하자. 이를 위한 크리테리아 코드는 다음과 같을 것이다.

```
CriteriaQuery<Review> cq = cb.createQuery(Review.class);
Root<Review> r = cq.from(Review.class);
cq.select(r);
Date fromDate = …; // Date 생성
Date toDate = …;   // Date 생성

Predicate betweenPredicate = cb.between(r.get("ratingDate"), fromDate, toDate);
cq.where(betweenPredicate);
```

ratingDate 속성 타입이 Date이므로 CriteriaBuilder#between() 메서드의 두 값으로 Date 값을 주었다.

CriteriaBuilder#betwee()은 지네릭 메서드이고 r.get("ratingDate") 또한 지네릭 메서드이므로, 타입 파라미터를 지정하지 않으면 Date뿐만 아니라 String 타입 값도 전달할 수 있다. 즉, 다음과 같은 코드를 작성할 수 있다.

```
String fromDate = "2016-06-01";
String toDate = "2016-06-05";
Predicate betweenPredicate = cb.between(r.get("ratingDate"), fromDate, toDate);
```

이 코드를 실행하면 String을 Date로 변환할 수 없다는 익셉션이 발생한다. Date 타입만 받을 수 있도록 하려면 다음과 같이 r.get("ratingDate") 코드에 타입 파라미터를 지정하면 된다. 타입 파라미터를 알맞게 지정하면 값에 올 수 있는 타입이 Date로 한정된다. 그래서 아래 코드와 같이 Date가 아닌 String 타입을 전달하면 컴파일 에러가 발생한다.

```
// 타입 파라미터가 Date이므로, between의 두 번째와 세 번째 인자는 Date여야 한다.
// 아래 코드와 같이 String 타입을 인자로 주면 컴파일 에러가 발생한다.
Predicate betweenPredicate = cb.between(r.<Date>get("ratingDate"), "문자열", "문자열");
```

타입 파라미터를 통해서 값 타입을 제한하면 컴파일러를 통해서 타입을 검사할 수 있으므로 잘못된 값 타입으로 인해 발생하는 오류를 줄일 수 있다. 하지만, 타입 파라미터로 인해 코드가 다소 길어지고 보기도 어려워진다.

정적 메타모델을 사용하면 타입에 안전하면서도 덜 복잡한 코드를 작성할 수 있다. 다음은 정적 메타모델을 사용한 코드의 예를 보여주고 있다.

```
Date fromDate =…(생략)
Date toDate = …
Predicate betweenPredicate = cb.between(r.get(Review_.ratingDate), fromDate, toDate);
```

여기서 Review_ 클래스는 Review 엔티티에 대한 정적 메타모델로서 다음과 같다.

```
import javax.persistence.metamodel.SingularAttribute;
import javax.persistence.metamodel.StaticMetamodel;
import java.util.Date;

@StaticMetamodel(Review.class)
public class Review_ {
  public static SingularAttribute<Review, String> id;
  …(생략)
  public static SingularAttribute<Review, Date> ratingDate;
}
```

이 정적 메타모델은 Review 엔티티에 대한 모델 정보를 담고 있다. 이 코드에서 정적 메타모델의 특징은 각 속성에 대한 타입과 이름 정보를 담고 있다는 것이다. ratingDate 필드의 타입은 SingularAttribute<Review, Date>인데 첫 번째 타입 파라미터는 이 메타모델이 Review 엔티티에 대한 것이고, 두 번째 타입 파라미터는 대상 속성(여기서는 ratingDate)의 타입이 Date라고 설정한다. 즉, Review 엔티티의 ratingDate 속성은 타입이 Date라고 설정하고 있다.

Path는 속성 이름을 받는 get() 메서드뿐만 아니라 정적 메타모델을 파라미터로 갖는 get() 메서드도 제공하고 있다. 다음은 Path가 제공하는 get() 메서드 목록이다.

- <Y> Path<Y> get(String attributeName)
- <Y> Path<Y> get(SingularAttribute<? super X, Y> attribute)
- <E, C extends java.util.Collection<E>> Expression<C> get(PluralAttribute<X, C, E> collection)
- <K, V, M extends java.util.Map<K, V>> Expression<M> get(MapAttribute<X, K, V> map)

앞서 Review_ 클래스의 ratingDate 필드의 타입이 SingularAttribute<Review, Date>이므로, get() 메서드에 Review_.ratingDate 필드를 값으로 주면 결과로 Path<Date>를 리턴한다. 이 Path<Date>를 다시 CriteriaBuilder#between()의 첫 번째 인자로 사용하면 컴파일러는 between() 메서드의 타입 파라미터로 Date 타입을 사용한다는 것을 알 수 있다.

```
Path<Date> ratingDate = r.get(Review_.ratingDate)
// between(Expression<? extends Y> v, Y x, Y y) → Path<Date>를 주면 Y는 Date
Predicate betweenPredicate = cb.between(ratingDate, fromDate, toDate);
```

따라서 컴파일러는 between()의 두 번째 인자와 세 번째 인자로 Date 타입이 오도록 강제하게 되며, 이는 타입에 안전한 코드를 작성할 수 있도록 해준다. 정적 메타모델의 다른 장점은 오타를 줄여준다는 점이다. Review_.ratingDate는 문자열이 아닌 필드이다. 따라서 이름이 다르면 컴파일 에러가 발생하므로 속성 이름을 잘못 입력했을 때 발생하는 오류를 사전에 방지한다.

```
r.get("ratinDate") → rating의 g가 없는데, 실행해야 오타를 알 수 있다.
r.get(Review_.ratinDate) → 컴파일 시점에 에러가 발생한다.
```

정적 메타모델을 사용하면 개발도구의 코드 자동 완성 기능을 사용할 수 있다는 장점도 있다. 이클립스나 인텔리J와 같은 개발도구를 사용하면 "Review_.ratingDate"를 몇 번의 키보드 입력으로 완성할 수 있다.

15.1 정적 메타모델 클래스 구성

정적 메타모델 클래스는 다음과 같이 구성한다.(정적 메타모델 관련 애노테이션과 타입은 javax.persistence.metamodel 패키지에 위치한다.)

- @StaticMetamodel 애노테이션을 정적 메타모델 클래스에 적용한다. 클래스 이름은 대상 이름 뒤에 밑줄(_)을 붙인다. 대상이 Review이면 정적 메타모델 클래스의 이름은 Review_이다.
- 정적 메타모델 클래스는 대상과 동일 패키지에 위치한다. jpastart.reserve.model 패키지에 Review가 위치하면 Review_ 정적 메타모델도 jpastart.reserve.model 패키지에 위치한다.
- 대상은 @Entity나 @Embeddable이 붙은 클래스이다. (클래스 상속과 관련된 @MappedSuperclass도 대상에 포함되는데, 이 애노테이션에 대한 내용은 18장에서 설명한다.)
- 컬렉션이 아닌 속성은 SingularAttribute<대상타입, 속성타입> 타입의 필드로 메타정보를 설정한다. 필드의 이름은 속성 이름과 동일한 이름을 사용하고 대상 타입과 속성 타입을 속성에 맞게 지정한다.
- 컬렉션 타입 속성은 PluralAttribute의 하위 타입 중 하나를 사용해서 메타정보를 구성한다.
  - Set 타입 속성은 SetAttribute<대상타입, 요소타입> 타입 필드로 설정한다.
  - List 타입 속성은 ListAttribute<대상타입, 요소타입> 타입 필드로 설정한다.
  - Map 타입 속성은 MapAttribute<대상타입, 키타입, 값타입> 타입 필드로 설정한다.
- 필드는 공개 범위의 정적 필드이다.

[그림 14.3]은 Set 타입 속성을 갖는 대상 타입과 정적 메타모델의 예이다.

```
@Entity
public class Team {
    @Id
    private String id;
    private String name;

    @OneToMany(mappedBy = "team")
    private Set<Player> players = new HashSet<>();
}
```

```
@StaticMetamodel(Team.class)
public class Team_ {
    public static SingularAttribute<Team, String> id;
    public static SingularAttribute<Team, String> name;
    public static SetAttribute<Team, Player> players;
}
```

[그림 14.3] 정적 메타모델 예

정적 메타모델은 일반 자바 클래스이므로 직접 작성하면 되지만, 개발 초기에는 수시로 엔티티, 밸류 타입, 속성을 추가하고 변경하기 때문에 정적 메타모델에 변경 사항을 반영하는 것이 꽤 성가신 일이다. 이런 성가심을 줄이고 싶다면 정적 메타모델 생성기를 사용하면 된다.

정적 메타모델 자동생성기를 사용하는 코드는 사용하는 도구에 따라 다르다. 정적 메타모델을 자동으로 생성하는 방법은 "부록 A"를 참고한다.

PART 03 쿼리

추가 쿼리 기능

CHAPTER 15

[이 장에서 다룰 내용]
- 수정 쿼리와 삭제 쿼리
- 네이티브 쿼리
- 하이버네이트 @Subselect

01 수정 쿼리와 삭제 쿼리

14장에서는 조회 관련 쿼리를 살펴봤는데 JPA는 수정과 삭제를 위한 쿼리도 지원한다. 이들 SQL 쿼리와 비슷한 방법으로 JPA 쿼리를 사용하면 특정 조건에 해당하는 데이터를 수정하거나 삭제할 수 있다.

1.1 수정 쿼리

[리스트 15.1]은 update를 이용해서 데이터를 수정하는 JPQL의 예를 보여주고 있다.

[리스트 15.1] JPQL update 쿼리

```
01: em.getTransaction().begin();
02: Query query = em.createQuery(
03:     "update Hotel h set h.name = :newName where h.name = :oldName");
04: query.setParameter("newName", "베스트웨스턴 구로");
05: query.setParameter("oldName", "베스트웨스턴 구로호텔");
06: query.executeUpdate();
07: em.getTransaction().commit();
```

SQL의 update 쿼리와 유사하다. 차이점이라면 select 쿼리와 마찬가지로 칼럼이 아닌 엔티티의 속성을 이용한다는 것이다. 위 코드를 실행하면 다음 SQL을 실행한다.

```
update Hotel set name=? where name=?
```

JPQL의 update 쿼리를 사용하려면 트랜잭션 범위 안에서 실행해야 한다. 트랜잭션 범위 안에서 실행하지 않을 경우 JPQL을 실행할 때 익셉션이 발생한다.

update 쿼리를 생성할 때는 결과 타입을 받지 않는 EntityManager#createQuery() 메서드를 사용한다. 따라서 TypedQuery가 아닌 Query 타입을 사용한다.

06행의 Query#executeUpdate() 메서드는 update나 delete 문을 실행하고, 결과로 수정되었거나 변경된 엔티티의 개수를 리턴한다.

크리테리아를 사용해도 수정 쿼리를 수행할 수 있다. [리스트 15.2]는 크리테리아를 이용해서 수정 쿼리를 실행하는 코드이다.

[리스트 15.2] CriteriaUpdate를 이용한 수정 쿼리

```
01: em.getTransaction().begin();
02:
03: CriteriaBuilder cb = em.getCriteriaBuilder();
04: CriteriaUpdate<Hotel> cu = cb.createCriteriaUpdate(Hotel.class);
05: Root<Hotel> h = cu.from(Hotel.class);
06: cu.set(h.get("name"), "베스트웨스턴 구로");
07: cu.where(cb.equal(h.get("name"), "베스트웨스턴 구로호텔"));
08:
09: Query query = em.createQuery(cu);
10: query.executeUpdate();
11: em.getTransaction().commit();
```

CriteriaBuilder#createCriteriaUpdate() 메서드는 수정 대상 엔티티 타입을 인자로 받고 CriteriaUpdate 객체를 리턴한다. CriteriaUpdate는 set() 메서드와 where() 메서드를 이용해서 변경할 값을 지정하고 비교 조건을 지정한다. CriteriaUpdate#from() 메서드는 속성을 참고할 때 사용할 Root 객체를 리턴한다. 이 객체를 이용해서 set() 메서드나 비교 조건을 생성할 때 사용할 속성을 구한다.

EntityManager#createQuery() 메서드에서 CriteriaUpdate를 전달하면 쿼리를 실행할 수 있는 Query 객체를 리턴한다. 이 Query#executeUpdate() 메서드를 사용해서 실제 쿼리를 실행한다.

수정할 속성이 한 개 이상이면 다음과 같이 변경 속성별로 set() 메서드를 실행한다.

```
CriteriaBuilder cb = em.getCriteriaBuilder();
CriteriaUpdate<Hotel> cu = cb.createCriteriaUpdate(Hotel.class);
Root<Hotel> h = cu.from(Hotel.class);
cu.set(h.get("name"), "베스트웨스턴 구로");
cu.set(h.get("grade"), Grade.STAR3);
cu.where(cb.equal(h.get("name"), "베스트웨스턴 구로호텔"));
```

1.2 삭제 쿼리

삭제 쿼리를 실행하는 방법은 수정 쿼리를 실행하는 방법과 거의 유사하다. 먼저 삭제를 실행하는 JPQL 쿼리는 [리스트 15.3]과 같이 작성한다.

> **[리스트 15.3]** JPQL delete 쿼리
>
> ```
> 01: em.getTransaction().begin();
> 02: Query query = em.createQuery("delete Hotel h where h.name = :name");
> 03: query.setParameter("name", "베스트웨스턴 구로호텔");
> 04: query.executeUpdate();
> 05: em.getTransaction().commit();
> ```

JPQL delete 쿼리 문법은 SQL의 delete 쿼리와 다르다. SQL의 delete 쿼리는 from 절이 있지만, JPQL의 delete 쿼리는 from 절이 없다. 02행에서 보는 것처럼 delete 절에 삭제 대상 엔티티를 지정하고 where 절을 사용해서 삭제할 대상의 조건을 지정할 수 있다.

이 코드를 실행하면 다음의 SQL을 실행한다.

> delete from Hotel where name=?

크리테리아를 사용한 삭제 쿼리는 [리스트 15.4]와 같이 작성할 수 있다.

> **[리스트 15.4]** CriteriaDelete를 이용한 삭제 쿼리
>
> ```
> 01: em.getTransaction().begin();
> 02:
> 03: CriteriaBuilder cb = em.getCriteriaBuilder();
> 04: CriteriaDelete<Hotel> cd = cb.createCriteriaDelete(Hotel.class);
> 05: Root<Hotel> h = cd.from(Hotel.class);
> 06: cd.where(cb.equal(h.get("name"), "베스트웨스턴 구로호텔"));
> 07:
> 08: Query query = em.createQuery(cd);
> 09: query.executeUpdate();
> 10: em.getTransaction().commit();
> ```

CriteriaBuilder#createCriteriaDelete() 메서드는 삭제 대상 엔티티 타입을 인자로 받고 삭제 쿼리를 위한 CriteriaDelete 객체를 리턴한다. 05행의 CriteriaDelete#from() 메서드로 삭제 대상 엔티티를 쿼리 루트로 추가한다. 조건을 지정할 필요가 있다면 06행과 같이 CriteriaDelete#where() 메서드로 삭제 조건을 지정한다.

1.3 수정/삭제 쿼리와 영속 컨텍스트

수정/삭제 쿼리를 실행할 때 주의할 점은 영속 컨텍스트에 보관된 객체는 이 쿼리에 영향을 받지 않는다는 점이다. 다음 코드를 보자.

```
em.getTransaction().begin();
Hotel hotel = em.find(Hotel.class, "H100-01");
// hotel.getName(),베스트웨스턴 구로호텔

Query query = em.createQuery(
    "update Hotel h set h.name = :newName where h.id = :id");
query.setParameter("newName", "베스트웨스턴 구로");
query.setParameter("id", "H100-01");
query.executeUpdate();

hotel.getName(); // 베스트웨스턴 구로호텔
em.getTransaction().commit();
```

이 코드는 아이디가 "H100-01"인 Hotel 엔티티를 구하고 있다. 이 시점에 영속 컨텍스트에 엔티티 객체가 저장된다. 이 엔티티의 name 속성이 "베스트웨스턴 구로호텔"이라고 해 보자. 그 다음 JPQL을 이용해서 식별자가 "H100-01"인 Hotel의 name 속성을 "베스트웨스턴 구로"로 변경하고 있다.

이 상태에서 hotel.getName()을 구하면 UPDATE 쿼리로 수정한 "베스트웨스턴 구로"가 아니라 "베스트웨스턴 구로호텔"이다. 즉, update 쿼리를 이용해서 수정한 결과는 영속 컨텍스트에는 반영되지 않는 것이다.

영속 컨텍스트에 보관된 엔티티에 수정 쿼리의 결과를 반영하고 싶다면 EntityManager#refresh() 메서드를 사용해서 DB에서 데이터를 읽어와 엔티티에 반영하면 된다.

```
Hotel hotel = em.find(Hotel.class, "H100-01");
// hotel.getName(),베스트웨스턴 구로호텔

Query query = em.createQuery(
    "update Hotel h set h.name = :newName where h.id = :id");
query.setParameter("newName", "베스트웨스턴 구로");
query.setParameter("id", "H100-01");
query.executeUpdate();

em.refresh(hotel); // DB에서 데이터를 읽어와 엔티티에 반영
hotel.getName();   // 베스트웨스턴 구로
```

delete 쿼리로 삭제한 엔티티에 대해 refresh()를 실행하면 익셉션이 발생한다.

02 네이티브 쿼리

모든 DB 작업을 JPA 쿼리로 처리할 수는 없다. 오라클 힌트처럼 DBMS에 특화된 기능이 필요하면 SQL을 사용해야 한다. 이럴 때 필요한 것이 네이티브 쿼리이다. 네이티브 쿼리는 JPA에서 SQL을 그대로 실행하고 그 결과를 조회할 수 있게 도와준다.

네이티브 쿼리를 실행하고 그 결과를 전달받는 방법에는 여러 가지가 존재하는데 이 책에서는 그중 다음의 두 가지에 대해 살펴본다.

- Object 배열로 받는 방법
- 엔티티 매핑으로 받는 방법

2.1 Object 배열로 결과를 조회하는 네이티브 쿼리

[리스트 15.5]는 네이티브 쿼리를 실행하고 Object 배열로 결과를 받는 예를 보여준다.

[리스트 15.5] Object 배열로 네이티브 쿼리 결과 조회

```
01: Query query = em.createNativeQuery(
02:     "select id, name, grade from hotel " +
03:     "where grade = :grade order by id asc limit :first, :max");
04: query.setParameter("grade", "STAR4");
05: query.setParameter("first", 0);
06: query.setParameter("max", 1);
07:
08: List<Object[]> resultList = query.getResultList();
09: for (Object[] row : resultList) {
10:     String id = (String) row[0];
11:     String name = (String) row[1];
12:     String grade = (String) row[2];
13:     System.out.printf("%s %s %s\n", id, name, grade);
14: }
```

EntityManager#createNativeQuery(String) 메서드는 문자열로 받은 SQL을 실행하는 Query를 생성한다. 02-03행의 쿼리는 JPQL이 아닌 SQL이다. 04-06행과 같이 네이티브 쿼리도 이름 기반 파라미터나 위치 기반 파라미터를 사용해서 값을 설정할 수 있다.

Query#getResultList()로 구한 List는 Object[]를 값으로 갖는다. 각 Object 배열은 한

행에 대응한다.

2.2 엔티티 매핑으로 결과 조회

엔티티 클래스를 사용하면 네이티브 쿼리를 실행한 결과를 엔티티 객체로 조회할 수 있다. 예제 코드는 [리스트 15.6]과 같다.

[리스트 15.6] 엔티티 매핑으로 네이티브 쿼리 결과 조회

```
01: em.getTransaction().begin();
02:
03: Query query = em.createNativeQuery(
04:     "select id, name, grade, zipcode, address1, address2 " +
05:         "from hotel where grade = :grade order by id asc",
06:     Hotel.class);
07: query.setParameter("grade", "STAR4");
08: List<Hotel> resultList = query.getResultList();
09: for (Hotel hotel : resultList) {
10:     System.out.printf("%s %s %s\n",
11:         hotel.getId(),
12:         hotel.getName(),
13:         hotel.getGrade());
14: }
15: if (resultList.size() > 0) {
16:     Hotel hotel = resultList.get(0);
17:     hotel.changeAddress(new Address("12345", "서울", "구로"));
18: }
19: em.getTransaction().commit();
```

EntityManager#createNativeQuery(String sql, Class entityClass) 메서드는 두 번째 인자로 쿼리 결과를 매핑할 때 사용할 엔티티 클래스를 지정한다. 06행에서는 결과를 매핑할 엔티티 클래스로 Hotel을 지정했다. Hotel 클래스의 매핑 설정은 다음과 같다.

```
@Entity
public class Hotel {
    @Id
    private String id;
    private String name;
    @Enumerated(EnumType.STRING)
    private Grade grade;

    @Embedded
    private Address address;
```

```
@ElementCollection
@CollectionTable(
    name = "hotel_property",
    joinColumns = @JoinColumn(name = "hotel_id")
)
@MapKeyColumn(name = "prop_name")
@Column(name = "prop_value")
private Map<String, String> properties = new HashMap<>();
```

04-05행의 쿼리를 보면 매핑 설정에 사용할 칼럼이 select 대상에 존재하는 것을 알 수 있다. 물론, 전체 칼럼을 읽어와도 매핑하는 데 문제가 없으므로 조회할 개별 칼럼 목록을 지정하지 않고 별표(*)를 사용해도 된다.

```
select * from hotel where grade = :grade order by id asc
```

매핑 정보에서 사용한 칼럼 이름과 Query#getResultList() 메서드로 구한 List는 08행과 같이 Hotel 객체를 값으로 갖는다.

17행의 코드를 보면 네이티브 쿼리를 이용해서 구한 엔티티 객체를 변경하고 있다. 네이티브 쿼리를 사용해서 구한 엔티티도 영속 컨텍스트를 통해서 관리되기 때문에 상태를 변경하면 트랜잭션 커밋 시점에 변경 내역을 DB에 반영한다.

2.3 네임드 네이티브 쿼리 사용

네이티브 쿼리도 JPQL과 마찬가지로 네임드 쿼리를 사용할 수 있다. 먼저 XML 파일에 네임드 네이티브 쿼리를 작성하는 방법을 살펴보자. XML 파일로 네임드 네이티브 쿼리를 정의한 예는 [리스트 15.7]과 같다.

[리스트 15.7] META-INF/query.sql

```
01: <?xml version="1.0" encoding="UTF-8"?>
02:
03: <entity-mappings xmlns="http://xmlns.jcp.org/xml/ns/persistence/orm"
04:     xmlns:xsi="http://www.w3.org/2001/XMLSchema-instance"
05:     xsi:schemaLocation="http://xmlns.jcp.org/xml/ns/persistence/orm
06:         http://xmlns.jcp.org/xml/ns/persistence/orm_2_1.xsd"
07:     version="2.1">
08:
09:     <named-native-query name="Hotel.byGrade"
10:             result-class="jpastart.reserve.model.Hotel">
11:         <query>
```

```
12:            select id, name, grade, zipcode, address1, address2
13:            from hotel where grade = :grade order by id asc
14:        </query>
15:    </named-native-query>
16:
17: </entity-mappings>
```

〈named-native-query〉 태그는 네임드 네이티브 쿼리를 정의한다. name 속성은 이름을 지정하고 result-class는 매핑에 사용할 엔티티 클래스를 지정한다. 클래스를 지정하지 않으면 Object[]로 결과를 받는다. 〈query〉 태그에는 네이티브 쿼리가 위치한다.

XML 쿼리 파일을 사용하려면 다음 코드처럼 persistence.xml 파일에 〈mapping-file〉로 추가해야 한다고 했던 것을 기억할 것이다.(13장을 참고한다.)

```
<?xml version="1.0" encoding="utf-8" ?>

<persistence xmlns="http://xmlns.jcp.org/xml/ns/persistence"
    xmlns:xsi="http://www.w3.org/2001/XMLSchema-instance"
    xsi:schemaLocation="http://xmlns.jcp.org/xml/ns/persistence
        http://xmlns.jcp.org/xml/ns/persistence/persistence_2_1.xsd"
    version="2.1">

    <persistence-unit name="jpastart" transaction-type="RESOURCE_LOCAL">
        <mapping-file>META-INF/query.xml</mapping-file>
        <class>jpastart.reserve.model.User</class>
        <class>jpastart.reserve.model.MembershipCard</class>
        ...
    </persistence-unit>

</persistence>
```

네임드 네이티브 쿼리를 사용할 수 있는 준비가 끝났다. 사용 방법은 네임드 쿼리와 동일하다. 다음과 같이 EntityManager#createNamedQuery() 메서드의 인자로 쿼리 이름을 전달해서 Query를 생성하고 실행하면 된다.

```
Query query = em.createNamedQuery("Hotel.byGrade");
query.setParameter("grade", "STAR4");
List<Hotel> resultList = query.getResultList();
```

애노테이션을 이용해서 네임드 네이티브 쿼리를 지정할 수도 있다. [리스트 15.8]은 애노테이션으로 네임드 네이티브 쿼리를 지정한 예이다.

[리스트 15.8] @NamedNativeQuery를 이용한 네임드 네이티브 쿼리 설정

```
01: @NamedNativeQuery(
02:     name = "Hotel.all",
03:     resultClass = Hotel.class,
04:     query = "select * from Hotel order by id asc")
05: @Entity
06: public class Hotel {
07:     ...
08: }
```

@NamedNativeQuery의 name 속성은 쿼리 이름을, resultClass는 매핑할 때 사용할 엔티티 클래스를, query는 네이티브 쿼리를 설정한다. 애노테이션으로 설정한 네임드 네이티브 쿼리의 사용 방법은 XML의 사용 방법과 동일하다.

03 하이버네이트 @Subselect

하이버네이트는 JPA 확장 기능으로 @Subselect를 제공한다. @Subselect는 쿼리 결과를 @Entity로 매핑할 수 있는 유용한 기능으로 [리스트 15.9]는 사용 예를 보여주고 있다.

[리스트 15.9] @Subselect 사용 예시

```
01: package jpastart.guide.model;
02:
03: import org.hibernate.annotations.Immutable;
04: import org.hibernate.annotations.Subselect;
05: import org.hibernate.annotations.Synchronize;
06:
07: import javax.persistence.Entity;
08: import javax.persistence.Id;
09:
10: @Entity
11: @Immutable
12: @Subselect("select s.id, s.name, d.hours_op as hoursOperation " +
13:     "from sight s, sight_detail d " +
14:     "where s.id = d.sight_id"
15: )
16: @Synchronize({"Sight", "sight_detail"})
17: public class BestSightSummary {
```

```
18:     @Id
19:     private Long id;
20:     private String name;
21:     private String hoursOperation;
22:
23:     ...get메서드
24: }
```

@Immutable, @Subselect, @Synchronize는 하이버네이트 전용 애노테이션인데 이 태그를 사용하면 테이블이 아닌 쿼리 결과를 @Entity로 매핑할 수 있다.

@Subselect는 조회(select) 쿼리를 값으로 갖는다. 하이버네이트는 이 select 쿼리의 결과를 매핑할 테이블처럼 사용한다. DBMS가 여러 테이블을 조인해서 조회한 결과를 한 테이블처럼 보여주기 위한 용도로 뷰를 사용하는 것처럼 @Subselect를 사용하면 쿼리 실행 결과를 매핑할 테이블처럼 사용한다.

트랜잭션 범위에서 @Subselect로 설정한 엔티티 객체를 조회하고 수정하면 하이버네이트는 변경 내역을 반영하기 위해 update 쿼리를 실행할 것이다. 그런데 매핑 대상 테이블이 존재하지 않기 때문에 에러가 발생한다. 이런 문제를 방지하기 위해 @Immutable을 사용한다. @Immutable을 사용하면 엔티티의 변경 내역을 DB에 반영하지 않고 무시한다.

다음 코드를 보자.

```
// Sight 조회
Sight sight = em.find(Sight.class, 1L);
sight.setName("새이름");

// 변경 내역이 DB에 반영되지 않았는데 sight 테이블에서 조회
TypedQuery<BestSightSummary> query = em.createQuery(
    "select s from BestSightSummary s where s.id = :id", BestSightSummary.class);
query.setParameter("id", 1L);
List<BestSightSummary> summaries = query.getResultList();
```

위 코드는 Sight 엔티티의 상태를 변경한 뒤에 BestSightSummary를 조회하고 있다. 특별한 이유가 없으면 하이버네이트는 변경사항을 트랜잭션 커밋 시점에 DB에 반영하므로, 위 코드는 BestSightSummary 타입을 이용해서 데이터를 조회할 때에는 앞서 변경한 Sight의 변경 내역을 반영하지 못한다.

이런 문제를 처리하기 위해 @Synchronize를 사용한다. @Synchronize는 해당 엔티티와 관련된 테이블 목록을 명시한다. 하이버네이트는 쿼리를 실행하기 전에 지정한 테

이블과 관련된 변경이 있다면 엔티티 변경 내역을 플러시한다. BestSightSummary의 @Synchronize는 Sight 테이블을 지정하고 있으므로 BestSightSummary를 로딩하기 전에 Sight 테이블에 변경이 발생하면 관련 내역을 먼저 플러시하기 때문에 BestSightSummary 관련 쿼리를 실행하는 시점에는 변경 내역이 반영된 데이터를 로딩한다.

@Subselect는 값으로 지정한 쿼리를 from 절의 서브쿼리로 사용한다. 실행하는 쿼리는 다음과 같은 형식을 갖는다.

```
select bs.id, bs.hoursOperation, bs.name
from (
    select s.id, s.name, d.hours_op as hoursOperation
    from Sight s, sight_detail d where s.id = d.sight_id
) bs where bs.id=?
```

@Subselect를 사용할 때는 쿼리가 서브 쿼리 형태를 갖는다는 점을 유념해야 한다. 서브 쿼리를 사용하고 싶지 않다면 네이티브 SQL 쿼리를 사용하거나 MyBatis와 같은 별도 매퍼를 사용해서 조회 기능을 구현해야 한다.

PART 04
스프링 연동 및 기타 기능

Chpater 16 스프링 연동 기초
Chpater 17 스프링 데이터 JPA 소개
Chpater 18 기타 매핑 설정
Chpater 19 JPA 잠금 기법

PART 04 스프링 연동 및 기타 기능

스프링 연동 기초 CHAPTER 16

[이 장에서 다룰 내용]
- 스프링과 JPA 연동

01 스프링과 JPA 연동 설정 기초

이 장에서는 스프링과 JPA를 연동하는 기본적인 방법을 설명한다. 이 장을 읽으려면 적어도 자바 코드로 스프링 빈을 설정하는 방법, 스프링에서 DataSource를 설정하는 방법을 알아야 이 장의 내용을 이해할 수 있다. 스프링 자체에 대해서는 설명하지 않으므로 스프링에 대한 경험이 없다면 이 장과 다음 장을 건너뛰어도 된다.

자바에서 스프링 프레임워크는 애플리케이션을 개발할 때 빼놓을 수 없는 기술이다. 스프링을 사용하면 약간의 설정만으로 JPA와 하이버네이트를 연동할 수 있다. 스프링은 JPA에 대해 다음을 지원한다.

- @PersistenceContext 애노테이션에 스프링이 관리하는 EntityManager를 주입
- 스프링이 설정한 DataSource 사용
- 스프링 트랜잭션과 JPA 트랜잭션 연동
- EntityManager 전파
- @Repository를 이용한 익셉션 변환

참고로 이 장에서 사용한 예제 코드는 5장의 jpastart.reserve 패키지에 속한 예제 코드를 스프링에 맞게 수정한 것이다.

1.1 프로젝트 설정

스프링, JPA, 하이버네이트를 연동하기 위한 메이븐 프로젝트 설정은 [리스트 16.1]과 같다.

[리스트 16.1] jpa-ch16-spring\pom.xml

```
01: <?xml version="1.0" encoding="UTF-8"?>
02: <project xmlns="http://maven.apache.org/POM/4.0.0"
03:     xmlns:xsi="http://www.w3.org/2001/XMLSchema-instance"
04:     xsi:schemaLocation="http://maven.apache.org/POM/4.0.0
05:         http://maven.apache.org/xsd/maven-4.0.0.xsd">
06:     <modelVersion>4.0.0</modelVersion>
07:
08:     <groupId>jpastart</groupId>
09:     <artifactId>jpa-ch16-spring</artifactId>
10:     <version>1.0</version>
```

```xml
11:
12:     <properties>
13:         <hibernate.version>5.2.6.Final</hibernate.version>
14:         <spring.version>4.3.5.RELEASE</spring.version>
15:     </properties>
16:
17:     <dependencies>
18:       <dependency>
19:         <groupId>org.springframework</groupId>
20:         <artifactId>spring-orm</artifactId>
21:         <version>${spring.version}</version>
22:       </dependency>
23:       <dependency>
24:         <groupId>org.springframework</groupId>
25:         <artifactId>spring-context</artifactId>
26:         <version>${spring.version}</version>
27:       </dependency>
28:       <dependency>
29:         <groupId>org.hibernate</groupId>
30:         <artifactId>hibernate-core</artifactId>
31:         <version>${hibernate.version}</version>
32:       </dependency>
33:       <dependency>
34:         <groupId>com.mchange</groupId>
35:         <artifactId>c3p0</artifactId>
36:         <version>0.9.5.2</version>
37:       </dependency>
38:       <dependency>
39:         <groupId>mysql</groupId>
40:         <artifactId>mysql-connector-java</artifactId>
41:         <version>5.1.39</version>
42:       </dependency>
43:       <dependency>
44:         <groupId>log4j</groupId>
45:         <artifactId>log4j</artifactId>
46:         <version>1.2.17</version>
47:       </dependency>
48:     </dependencies>
49:
50:     <build>
51:       <plugins>
52:         <plugin>
53:           <artifactId>maven-compiler-plugin</artifactId>
54:           <version>3.1</version>
55:           <configuration>
56:             <source>1.8</source>
```

```
57:            <target>1.8</target>
58:            <encoding>utf-8</encoding>
59:          </configuration>
60:       </plugin>
61:     </plugins>
62:   </build>
63: </project>
```

[리스트 16.1]은 스프링에서 JPA를 연동하는 데 필요한 최소한의 설정만 담고 있다. 웹을 구현하는 데 필요한 스프링 MVC나 다른 설정은 포함하지 않는다. 스프링 4.3.5 버전은 하이버네이트 5.2.6 버전을 지원하므로 이 두 버전을 사용하도록 설정했다.

18-22행은 스프링에서 JPA를 연동하는 데 필요한 기능을 제공하는 spring-orm 모듈을 설정한다. 28-32행은 JPA와 하이버네이트를 사용하기 위해 hibernate-core 모듈을 설정했다. 이 외에는 스프링 컨테이너를 사용하기 위한 spring-context 모듈, 커넥션 풀 사용을 위한 c3p0 모듈, 로깅을 위한 log4j 모듈을 설정하고 있다. c3p0 대신에 DBCP와 같은 커넥션 풀을 사용하고 싶다면 알맞은 모듈을 설정하면 된다.

메이븐이 아닌 그레이들에 익숙한 독자는 [리스트 16.2]의 그레이들 빌드 파일을 사용하면 된다. 참고로 깃헙(Github)으로 제공한 예제 코드 기준으로 메이븐 프로젝트는 jpa-ch16-spring 폴더에 위치하고 그레이들 프로젝트는 jpa-ch16-spring-g 폴더에 위치한다.

[리스트 16.2] jpa-ch16-spring-g\build.gradle

```
01: apply plugin: 'java'
02:
03: sourceCompatibility = 1.8
04: targetCompatibility = 1.8
05:
06: repositories {
07:     mavenCentral()
08: }
09:
10: dependencies {
11:     compile('org.springframework:spring-orm:4.3.5.RELEASE')
12:     compile('org.springframework:spring-context:4.3.5.RELEASE')
13:     compile('org.hibernate:hibernate-core:5.2.6.Final')
14:     compile('com.mchange:c3p0:0.9.5.2')
15:     compile('mysql:mysql-connector-java:5.1.39')
16:     compile('log4j:log4j:1.2.17')
17: }
```

1.2 스프링 설정과 persistence.xml 설정

JPA 사용을 위한 스프링 설정 파일을 작성할 차례이다. 스프링과 JPA를 연동하는 다양한 방법이 존재하는데 이 책에서는 가장 일반적인 자바 설정 방법을 설명할 것이다. 자바 코드를 이용해서 JPA를 연동한 스프링 설정 코드는 [리스트 16.3]과 같다.

[리스트 16.3] jpa-ch16-spring\src\main\java\jpastart\main\SpringConfig.java

```java
package jpastart.main;

import com.mchange.v2.c3p0.ComboPooledDataSource;
import org.springframework.context.annotation.Bean;
import org.springframework.context.annotation.ComponentScan;
import org.springframework.context.annotation.Configuration;
import org.springframework.orm.jpa.JpaTransactionManager;
import org.springframework.orm.jpa.LocalContainerEntityManagerFactoryBean;
import org.springframework.orm.jpa.vendor.Database;
import org.springframework.orm.jpa.vendor.HibernateJpaVendorAdapter;
import org.springframework.transaction.annotation.EnableTransactionManagement;

import javax.persistence.EntityManagerFactory;
import javax.sql.DataSource;
import java.beans.PropertyVetoException;

@Configuration
@EnableTransactionManagement
@ComponentScan(basePackages = "jpastart.reserve")
public class SpringConfig {

    @Bean(destroyMethod = "close")
    public DataSource dataSource() {
        ComboPooledDataSource dataSource = new ComboPooledDataSource();
        try {
            dataSource.setDriverClass("com.mysql.jdbc.Driver");
        } catch (PropertyVetoException e) {
            throw new RuntimeException(e);
        }
        dataSource.setJdbcUrl(
            "jdbc:mysql://localhost/jpastart?characterEncoding=utf8");
        dataSource.setUser("jpauser");
        dataSource.setPassword("jpapass");
        return dataSource;
    }

    @Bean
    public LocalContainerEntityManagerFactoryBean emfFactory() {
```

```
39:        LocalContainerEntityManagerFactoryBean emfBean =
40:            new LocalContainerEntityManagerFactoryBean();
41:        emfBean.setDataSource(dataSource());
42:        emfBean.setPersistenceUnitName("jpastart");
43:        HibernateJpaVendorAdapter jva = new HibernateJpaVendorAdapter();
44:        jva.setDatabase(Database.MYSQL);
45:        jva.setShowSql(true);
46:        emfBean.setJpaVendorAdapter(jva);
47:        return emfBean;
48:    }
49:
50:    @Bean
51:    public JpaTransactionManager transactionManager(EntityManagerFactory emf) {
52:        JpaTransactionManager txMgr = new JpaTransactionManager();
53:        txMgr.setEntityManagerFactory(emf);
54:        return txMgr;
55:    }
56:
57: }
```

22-35행은 DB 연결을 위한 DataSource를 설정한다. 이렇게 설정한 DataSource는 41행에서 EntityManagerFactory를 초기화하기 위한 LocalContainerEntityManagerFactoryBean을 생성할 때 사용한다. (실제 DataSource를 설정할 때에는 풀의 최대 크기, 최소 크기, 커넥션 유효성 검사 주기 등을 설정해야 하지만 이 장에서 살펴볼 주제는 DataSource는 아니므로 간단한 설정을 사용했다.)

37-48행의 코드는 LocalContainerEntityManagerFactoryBean을 초기화한다. 이 클래스는 EntityManagerFactory를 초기화할 때 META-INF/persistence.xml 파일을 사용한다. JPA의 Persistence.createEntityManagerFactory를 사용해서 EntityManagerFactory를 생성할 때와 차이점은 41행과 같이 스프링에 설정한 DataSource를 사용한다는 것이다. 43-46행은 HibernateJpaVendorAdapter를 이용해서 하이버네이트에서 사용할 데이터베이스 종류와 쿼리를 출력할지 여부 등을 추가로 설정한다. 44행에서 Database.MYSQL을 데이터베이스 값으로 주었는데 Database는 열거타입으로 MYSQL 외에도 다음의 값을 제공하고 있다.

- DB2
- DERBY, H2, HSQL
- INFORMIX
- MYSQL
- ORACLE
- POSTGRESQL
- SQL_SERVER

- SYBASE

하이버네이트의 Dialect 클래스를 사용하고 싶다면 setDatabase() 대신에 다음과 같이 setDatabasePlatform() 메서드에 Dialect 클래스 이름을 설정하면 된다.

```
jva.setDatabasePlatform("org.hibernate.dialect.MySQLInnoDBDialect");
```

50-55행은 JpaTransactionManager를 설정한다. JpaTransactionManager는 스프링 트랜잭션과 JPA 트랜잭션을 연동한다. 이 트랜잭션 관리자를 사용하면 JPA 트랜잭션을 사용할 필요 없이 스프링의 트랜잭션 처리 기능을 사용하면 된다.

필요한 스프링 설정은 모두 끝났다. 간편한 설정을 위해 @ComponentScan을 사용해서 jpastart.reserve 패키지에 위치한 스프링 빈을 자동으로 등록하도록 했다.

LocalContainerEntityManagerFactoryBean이 사용할 META-INF/persistence.xml 파일은 [리스트 16.4]와 같이 작성할 수 있다.

[리스트 16.4] jpa-ch16-spring\src\main\resources\META-INF\persistence.xml

```
01: <?xml version="1.0" encoding="utf-8" ?>
02:
03: <persistence xmlns="http://xmlns.jcp.org/xml/ns/persistence"
04:     xmlns:xsi="http://www.w3.org/2001/XMLSchema-instance"
05:     xsi:schemaLocation="http://xmlns.jcp.org/xml/ns/persistence
06:        http://xmlns.jcp.org/xml/ns/persistence/persistence_2_1.xsd"
07:     version="2.1">
08:
09:     <persistence-unit name="jpastart" transaction-type="RESOURCE_LOCAL">
10:         <class>jpastart.reserve.model.User</class>
11:
12:         <exclude-unlisted-classes>true</exclude-unlisted-classes>
13:     </persistence-unit>
14: </persistence>
```

DataSource와 하이버네이트 관련 설정은 스프링 설정인 SpringConfiguration 클래스로 옮겼기 때문에 persistence.xml 파일에는 엔티티로 사용할 클래스 목록만 설정하고 있다. 네임드 쿼리를 사용한다면 네임드 쿼리 설정을 추가한다.

1.3 @PersistenceContext를 이용한 EntityManager 주입

EntityManager가 필요한 코드는 @PersistenceContext 애노테이션을 이용하면 된다. 스프링 컨테이너는 @PersistenceContext를 설정한 EntityManager 타입 속성(필드나 set 메서드 등)에 EntityManager를 주입한다. [리스트 16.5]는 @PersistenceContext를 사용해서 EntityManager에 접근하는 코드의 예이다.

[리스트 16.5] jpa-ch16-spring\src\main\java\jpastart\reserve\repository\UserRepository.java

```
01: package jpastart.reserve.repository;
02:
03: import jpastart.reserve.model.User;
04: import org.springframework.stereotype.Repository;
05:
06: import javax.persistence.EntityManager;
07: import javax.persistence.PersistenceContext;
08: import javax.persistence.TypedQuery;
09: import java.util.List;
10:
11: @Repository
12: public class UserRepository {
13:
14:     @PersistenceContext
15:     private EntityManager em;
16:
17:     public User find(String email) {
18:         return em.find(User.class, email);
19:     }
20:
21:     public void save(User user) {
22:         em.persist(user);
23:     }
24:
25:     public void remove(User user) {
26:         em.remove(user);
27:     }
28:
29:     public List<User> findAll() {
30:         TypedQuery<User> query = em.createQuery(
31:             "select u from User u order by u.name",
32:             User.class);
33:         return query.getResultList();
34:     }
35: }
```

스프링은 15행의 em 필드에 EntityManager를 주입한다. 이 EntityManager는 스프링이 설정한 DataSource를 사용해서 데이터베이스에 연결한다.

또한 @PersistenceContext로 주입받은 EntityManager는 스프링 트랜잭션과 연동되어 있다. 다음 코드를 보자.

[리스트 16.6] jpa-ch16-spring\src\main\java\jpastart\reserve\application\JoinService.java

```
01: package jpastart.reserve.application;
02:
03: import jpastart.reserve.model.User;
04: import jpastart.reserve.repository.UserRepository;
05: import org.springframework.beans.factory.annotation.Autowired;
06: import org.springframework.stereotype.Service;
07: import org.springframework.transaction.annotation.Transactional;
08:
09: @Service
10: public class JoinService {
11:     private UserRepository userRepository = new UserRepository();
12:
13:     @Transactional
14:     public void join(User user) {
15:         User found = userRepository.find(user.getEmail());
16:         if (found != null) {
17:             throw new DuplicateEmailException();
18:         }
19:         userRepository.save(user);
20:     }
21:
22:     @Autowired
23:     public void setUserRepository(UserRepository userRepository) {
24:         this.userRepository = userRepository;
25:     }
26: }
```

[리스트 16.6]은 13행에서 @Transactional을 이용해서 스프링 트랜잭션 범위를 설정하고 있으므로 join() 메서드는 스프링 트랜잭션 범위 안에서 실행된다. 이때 15행과 19행은 각각 UserRepository의 find()와 save() 메서드를 실행하고 있으므로 두 메서드는 동일 트랜잭션에 묶인다.

트랜잭션이 필요 없는 조회 전용 기능은 [리스트 16.7]과 같이 @Transactional 없이 기능을 구현하면 된다.

[리스트 16.7] jpa-ch16-spring\src\main\java\jpastart\reserve\application\GetUserListService.java

```java
01: package jpastart.reserve.application;
02:
03: import jpastart.reserve.model.User;
04: import jpastart.reserve.repository.UserRepository;
05: import org.springframework.beans.factory.annotation.Autowired;
06: import org.springframework.stereotype.Service;
07:
08: import java.util.List;
09:
10: @Service
11: public class GetUserListService {
12:     private UserRepository userRepository = new UserRepository();
13:
14:     public List<User> getAllUsers() {
15:         List<User> result = userRepository.findAll();
16:         return result;
17:     }
18:
19:     @Autowired
20:     public void setUserRepository(UserRepository userRepository) {
21:         this.userRepository = userRepository;
22:     }
23: }
```

[리스트 16.5]의 UserRepository 클래스, [리스트 16.6]의 JoinService 클래스, [리스트 16.7]의 GetUserListService 클래스는 5장에서 사용한 코드를 스프링에 맞게 작성한 것이다. 코드로 보여주지 않은 User, DuplicateEmailException은 5장의 코드와 동일하다. 이 외에 ChangeNameService, GetUserService, WithdrawService 코드를 스프링에 맞게 작성한 코드는 깃헙(Github) 사이트에 제공한 예제 코드에서 확인할 수 있다. 이들 클래스의 코드도 동일한 방식으로 트랜잭션이 필요하면 @Transactional을 사용했다.

1.4 UserMain 클래스로 스프링 실행하기

5장에서 작성한 UserMain 클래스를 스프링에 맞게 다시 작성해보자. [리스트 16.8]은 일부 코드를 표시한 것이다.

[리스트 16.8] jpa-ch16-spring\src\main\java\jpastart\main\UserMain.java

```java
01: package jpastart.main;
02:
03: import jpastart.reserve.application.*;
04: import jpastart.reserve.model.User;
```

```
05: import org.springframework.context.annotation.AnnotationConfigApplicationContext;
06: import org.springframework.context.support.AbstractApplicationContext;
07:
08: import java.io.BufferedReader;
09: ...생략
10:
11: public class UserMain {
12:     public static AbstractApplicationContext ctx;
13:
14:     public static void main(String[] args) throws IOException {
15:         ctx = new AnnotationConfigApplicationContext(SpringConfig.class);
16:
17:         BufferedReader reader =
18:             new BufferedReader(new InputStreamReader(System.in));
19:
20:         while (true) {
21:             System.out.println("명령어를 입력하세요:");
22:             String line = reader.readLine();
23:             String[] commands = line.split(" ");
24:             if (commands[0].equalsIgnoreCase("exit")) {
25:                 System.out.println("종료합니다");
26:                 break;
27:             } else if (commands[0].equalsIgnoreCase("join")) {
28:                 handleJoinCommand(commands);
29:             } else if (commands[0].equalsIgnoreCase("view")) {
30:                 handleViewCommand(commands);
31:             } else if (commands[0].equalsIgnoreCase("list")) {
32:                 handleListCommand();
33:             } else if (commands[0].equalsIgnoreCase("changename")) {
34:                 handleChangeName(commands);
35:             } else if (commands[0].equalsIgnoreCase("withdraw")) {
36:                 handleWithdrawCommand(commands);
37:             } else {
38:                 System.out.println("올바른 명령어를 입력하세요.");
39:             }
40:             System.out.println("----");
41:         }
42:
43:         ctx.close();
44:     }
45:
46:     private static void handleJoinCommand(String[] cmd) {
47:         if (cmd.length != 3) {
48:             System.out.println("명령어가 올바르지 않습니다.");
49:             System.out.println("사용법: join 이메일 이름");
50:             return;
```

```
51:        }
52:        try {
53:            JoinService joinService = ctx.getBean(JoinService.class);
54:            joinService.join(new User(cmd[1], cmd[2], new Date()));
55:            System.out.println("가입 요청을 처리했습니다.");
56:        } catch (DuplicateEmailException e) {
57:            System.out.println("이미 같은 이메일을 가진 사용자가 존재합니다.");
58:        }
59:    }
```

15행은 SpringConfig 설정 클래스를 이용해서 스프링 컨테이너를 초기화한다. 그리고 빈이 필요하면 53행과 같이 getBean() 메서드를 이용해서 해당 빈을 구한 뒤 필요한 기능을 실행한다. JoinService#join() 메서드는 @Transactional로 설정했으므로 스프링이 관리하는 트랜잭션 범위 안에서 기능을 수행하게 된다.

5장에서와 마찬가지로 이클립스나 인텔리J와 같은 IDE에서 UserMain 클래스를 실행해 보면 스프링과 JPA 연동 예제를 테스트할 수 있다.

스프링 MVC 예제도 크게 다르지 않다. UserMain 대신에 컨트롤러를 사용하고 스프링 MVC에 맞는 설정을 추가해주면 된다. 깃헙(Github)에 제공한 예제 프로젝트인 jpa-ch16-springweb은 웹 프로젝트에 맞게 pom.xml 파일을 작성했고, 스프링 MVC 설정 코드, 컨트롤러 코드, JSP 코드를 포함하고 있다. 깃헙(Github)에 제공한 jpa-ch16-springweb 프로젝트를 사용한다면 다음 명령어를 사용해서 웹 예제를 확인해 볼 수 있다.

mvnw jetty:run

이 명령어를 실행한 뒤에 웹 브라우저에 http://localhost:8080/jpa-ch16-springweb/users URL을 입력하면 사용자 목록을 확인할 수 있다.

그레이들을 선호한다면 jpa-ch16-spring-web-g 프로젝트에서 예를 확인할 수 있다. 책의 예제는 다음 명령어를 사용해서 웹 예제를 확인할 수 있다.

gradlew appRun

스프링 부트는 미리 정의된 프로젝트 설정과 스프링 설정을 제공한다. 이 기능을 사용하면 더욱 간결한 프로젝트 설정과 스프링 설성을 사용해서 JPA를 연동할 수 있다. 스프링 부트 관련 서적이 이미 나와 있으므로 스프링 부트를 이용한 JPA 연동 방법이 궁금한 독자는 스프링 부트 관련 서적을 읽어보도록 하자. 참고로 예제로 제공하는 jpa-ch16-boot는 jpa-ch16-spring과 동일한 기능을 스프링 부트를 이용해서 구현한 것이다. 이 외에 jpa-ch16-bootweb은 스프링 부트를 이용한 MVC 예제 프로젝트이다.

PART 04 스프링 연동 및 기타 기능

스프링 데이터 JPA 소개

CHAPTER **17**

[이 장에서 다룰 내용]
- 스프링 데이터 JPA 소개
- 리포지토리 인터페이스 작성 규칙
- Specification과 검색 조건

01 중복 코드

다음 코드를 보자. 이 코드는 User 엔티티에 대한 JPA 관련 코드를 작성한 것이다.

```java
@Repository
public class UserRepository {

    @PersistenceContext
    private EntityManager em;

    public User find(String email) {
        return em.find(User.class, email);
    }

    public void save(User user) {
        em.persist(user);
    }
    ...
}
```

Hotel 엔티티가 존재한다면 다음과 같은 코드를 작성할 것이다.

```java
@Repository
public class HotelRepository {

    @PersistenceContext
    private EntityManager em;

    public Hotel find(String id) {
        return em.find(Hotel.class, id);
    }

    public void save(Hotel hotel) {
        em.persist(hotel);
    }
    ...
}
```

UserRepository와 HotelRepository는 다루는 엔티티 타입만 다를 뿐 EntityManager를 이용해서 엔티티를 찾고 저장하는 코드는 완전히 동일한 구조를 갖는다. 이렇게 구조적으로 동일한 코드를 중복해서 작성하는 것은 꽤 성가신 작업이다. 이런 귀찮은 중복 코드 작업을 없앨 수 있는 좋은 방법이 있는데 그것은 바로 스프링 데이터 JPA를 사용하는 것이다.

02 스프링 데이터 JPA 소개

스프링 프레임워크를 사용한다면 스프링 데이터 JPA를 이용해서 많은 중복 코드 작성을 줄일 수 있다. 예를 들어, 스프링 데이터 JPA를 사용하면 다음과 같은 인터페이스만으로 UserRepository를 구현할 수 있다.

```java
public interface UserRepository extends Repository<User, String> {
    User findOne(String email);
    User save(User user);
    void delete(User user);
    @Query("select u from User u order by u.name")
    List<User> findAll();
}
```

Repository는 스프링 데이터 JPA가 제공하는 인터페이스이다. 이 인터페이스만 상속받아 정해진 규칙에 맞게 메서드를 작성하면 된다. 예를 들어, 식별자로 엔티티를 검색하고 싶다면 이름이 findOne()이고 파라미터 타입이 식별자와 같은 메서드를 추가하면 된다. 나머지는 스프링 데이터 JPA가 알아서 해준다. EntityManager를 이용한 코드를 중복해서 구현할 필요가 없다.

스프링 데이터 JPA는 Repository를 상속한 인터페이스를 검색하고, 그 인터페이스를 알맞게 구현한 객체를 스프링 빈으로 등록한다. 앞서 코드의 경우 UserRepository 인터페이스를 구현한 객체를 스프링 컨텍스트에 빈으로 등록한다.

UserRepository를 사용할 코드는 다음처럼 의존 주입을 통해 UserRepository 빈을 전달받고 사용하면 된다.

```
@Service
public class GetUserListService {
   private UserRepository userRepository;

   public List<User> getAllUsers() {
      List<User> result = userRepository.findAll();
      return result;
   }

   @Autowired
   public void setUserRepository(UserRepository userRepository) {
      this.userRepository = userRepository;
   }
}
```

Hotel 엔티티를 위한 DB 연동 기능이 필요하면 다음과 같이 Repository를 상속받은 인터페이스만 작성하면 된다.

```
public interface HotelRepository extends Repository<Hotel, String> {

   Hotel findOne(String id);

}
```

나머지 구현은 스프링 데이터 JPA가 알아서 해주기 때문에 개발자는 findOne() 메서드를 위한 구현 코드를 작성할 필요가 없다.

03 스프링 데이터 JPA 설정

스프링 데이터 JPA를 사용하려면 프로젝트에 spring-data-jpa 모듈에 대한 의존을 추가하면 된다. 메이븐 프로젝트일 경우 [리스트 17.1]과 같은 의존을 추가하면 된다. 생략한 코드는 소스 코드를 참고한다.

[리스트 17.1] jpa-ch17-springdata\pom.xml

```xml
01: <?xml version="1.0" encoding="UTF-8"?>
02: <project xmlns="http://maven.apache.org/POM/4.0.0"
03:     xmlns:xsi="http://www.w3.org/2001/XMLSchema-instance"
04:     xsi:schemaLocation="http://maven.apache.org/POM/4.0.0
05:         http://maven.apache.org/xsd/maven-4.0.0.xsd">
06:   <modelVersion>4.0.0</modelVersion>
07:
08:   <groupId>jpastart</groupId>
09:   <artifactId>jpa-ch17-springdata</artifactId>
10:   <version>1.0</version>
11:   <packaging>war</packaging>
12:
13:   <properties>
14:     <hibernate.version>5.2.6.Final</hibernate.version>
15:     <spring.version>4.3.5.RELEASE</spring.version>
16:   </properties>
17:
18:   <dependencies>
19:     <dependency>
20:       <groupId>org.springframework</groupId>
21:       <artifactId>spring-orm</artifactId>
22:       <version>${spring.version}</version>
23:     </dependency>
24:     <dependency>
25:       <groupId>org.springframework</groupId>
26:       <artifactId>spring-context</artifactId>
27:       <version>${spring.version}</version>
28:     </dependency>
29:     <dependency>
30:       <groupId>org.springframework.data</groupId>
31:       <artifactId>spring-data-jpa</artifactId>
32:       <version>1.10.6.RELEASE</version>
33:     </dependency>
34:     <dependency>
35:       <groupId>org.hibernate</groupId>
36:       <artifactId>hibernate-core</artifactId>
37:       <version>${hibernate.version}</version>
38:     </dependency>
39:     ...생략
40:   </dependencies>
41:   ...생략
42: </project>
```

그레이들을 사용한다면 [리스트 17.2]의 설정을 사용한다. 참고로 gretty 플러그인은 Jetty를 서버로 사용하기 위한 설정이다.

[리스트 17.2] jpa-ch17-springdata-g\build.gradle

```
01: apply plugin: 'java'
02: apply plugin: 'war'
03: apply from: 'https://raw.github.com/akhikhl/gretty/master/pluginScripts/gretty.plugin'
04:
05: gretty {
06:     servletContainer = 'jetty9'
07:     contextPath = '/jpa-ch17-springdata'
08: }
09:
10: war {
11:     baseName = 'jpa-ch17-springdata'
12:     version = '1.0'
13: }
14:
15: sourceCompatibility = 1.8
16: targetCompatibility = 1.8
17:
18: repositories {
19:     mavenCentral()
20: }
21:
22: dependencies {
23:     compile('org.springframework:spring-orm:4.3.5.RELEASE')
24:     compile('org.springframework:spring-context:4.3.5.RELEASE')
25:     compile('org.springframework.data:spring-data-jpa:1.10.6.RELEASE')
26:     compile('org.hibernate:hibernate-core:5.2.6.Final')
27:     compile('com.mchange:c3p0:0.9.5.2')
28:     compile('mysql:mysql-connector-java:5.1.39')
29:     compile('log4j:log4j:1.2.17')
30:     compile('org.springframework:spring-webmvc:4.3.5.RELEASE')
31:     providedCompile('javax.servlet:javax.servlet-api:3.1.0')
32:     providedCompile('javax.servlet.jsp:javax.servlet.jsp-api:2.3.1')
33:     compile('javax.servlet:jstl:1.2')
34:     testCompile('org.springframework:spring-test:4.3.5.RELEASE')
35:     testCompile('junit:junit:4.12')
36: }
```

spring-data-jpa 모듈에 대한 의존을 추가했다면 다음으로 할 작업은 스프링 데이터 JPA 설정을 추가하는 것이다. 설정은 복잡하지 않다. 기존 스프링 설정에 @EnableJpaRepositories 애노테이션을 추가하면 된다. [리스트 17.3]은 설정 예이다.

[리스트 17.3] src\main\java\jpastart\main\SpringConfig.java

```java
01: package jpastart.main;
02:
03:     ...생략
04: import org.springframework.data.jpa.repository.config.EnableJpaRepositories;
05: import org.springframework.orm.jpa.JpaTransactionManager;
06: import org.springframework.orm.jpa.LocalContainerEntityManagerFactoryBean;
07: import org.springframework.orm.jpa.vendor.Database;
08: import org.springframework.orm.jpa.vendor.HibernateJpaVendorAdapter;
09: import org.springframework.transaction.annotation.EnableTransactionManagement;
10:
11: import javax.persistence.EntityManagerFactory;
12: import javax.sql.DataSource;
13: import java.beans.PropertyVetoException;
14:
15: @Configuration
16: @EnableTransactionManagement
17: @ComponentScan(basePackages = "jpastart.reserve")
18: @EnableJpaRepositories(basePackages = "jpastart.reserve")
19: public class SpringConfig {
20:
21:     @Bean(destroyMethod = "close")
22:     public DataSource dataSource() {
23:         ...생략
24:     }
25:
26:     @Bean
27:     public LocalContainerEntityManagerFactoryBean entityManagerFactory() {
28:         LocalContainerEntityManagerFactoryBean emfBean =
29:             new LocalContainerEntityManagerFactoryBean();
30:         emfBean.setDataSource(dataSource());
31:         emfBean.setPersistenceUnitName("jpastart");
32:         HibernateJpaVendorAdapter jva = new HibernateJpaVendorAdapter();
33:         jva.setDatabase(Database.MYSQL);
34:         jva.setShowSql(true);
35:         emfBean.setJpaVendorAdapter(jva);
36:         return emfBean;
37:     }
38:
39:     @Bean
40:     public JpaTransactionManager transactionManager(EntityManagerFactory emf) {
41:         JpaTransactionManager txMgr = new JpaTransactionManager();
42:         txMgr.setEntityManagerFactory(emf);
43:         return txMgr;
44:     }
45:
46: }
```

@EnableJpaRepositories 설정을 사용하면 basePackages 속성에 지정한 패키지와 그 하위 패키지에서 Repository 인터페이스를 상속받은 인터페이스를 검색한다. 스프링 데이터 JPA는 발견한 인터페이스를 알맞게 구현한 객체를 생성해서 스프링 빈으로 등록한다. 이때 생성한 빈 객체는 이름이 entityManagerFactory인 빈을 EntityManagerFactory로 사용하고, 이름이 transactionManager인 빈을 트랜잭션 관리자로 사용한다.

설정은 이것으로 끝이다. 이제 JPA 연동이 필요한 곳에서 필요한 리포지토리 타입을 주입받아 사용하면 된다. 예를 들어, 리포지토리 인터페이스 타입이 UserRepository라면, [리스트 17.4]와 같이 의존 주입으로 UserRepository를 주입받아 사용하면 된다.

[리스트 17.4] src\main\java\jpastart\reserve\application\ChangeNameService.java

```
01: @Service
02: public class ChangeNameService {
03:     private UserRepository userRepository;
04:
05:     @Transactional
06:     public void changeName(String email, String newName) {
07:         User user = userRepository.findOne(email);
08:         if (user == null) throw new UserNotFoundException();
09:         user.changeName(newName);
10:     }
11:
12:     @Autowired
13:     public void setUserRepository(UserRepository userRepository) {
14:         this.userRepository = userRepository;
15:     }
16: }
```

@EnableJpaRepositories의 몇 가지 속성

@EnableJpaRepositories 애노테이션의 basePackages 속성을 포함한 주요 속성은 다음과 같다.

- value, basePackages : 리포지토리 인터페이스를 검색할 패키지 목록을 지정한다. 지정한 패키지 및 그 하위 패키지를 검색한다.
- entityManagerFactoryRef : 리포지토리 인터페이스의 구현 객체에서 사용할 EntityManagerFactory 빈의 이름을 지정한다. 기본값은 entityManagerFactory이다.
- transactionManagerRef : 스프링의 트랜잭션 관리자 빈의 이름을 지정한다. 기본값은 transactionManager이다.

[리스트 17.3]에서 EntityManagerFactory와 JpaTransactionManager의 빈 이름으로 각각 entityManagerFactory와 transactionManager를 사용했는데, 이 이름이 각 속성의 기본값과 같은 것을 알 수 있다.

04 리포지토리 인터페이스 메서드 작성 규칙

스프링 데이터 JPA를 위한 리포지토리 인터페이스는 지정한 규칙에 따라 메서드를 작성해야 한다. 이 규칙은 어렵지 않다. 각 규칙을 차례대로 살펴보자.

4.1 리포지토리 인터페이스 작성

가장 먼저 할 일은 스프링 데이터 JPA를 위한 리포지토리 인터페이스를 작성하는 것이다. 리포지토리 인터페이스를 작성하는 것은 간단하다. 스프링 데이터 JPA가 제공하는 리포지토리 타입을 상속받은 인터페이스를 작성하면 된다. 스프링 데이터 JPA는 spring-data-jpa 모듈과 spring-data-common 모듈을 사용하는데 이 두 모듈이 제공하는 리포지토리 타입 중 하나를 상속받은 인터페이스를 작성하면 된다.

기본 리포지토리 타입은 Repository 인터페이스로 다음과 같이 정의되어 있다.

```
package org.springframework.data.repository;

import java.io.Serializable;

public interface Repository<T, ID extends Serializable> {
}
```

타입 파라미터 T는 엔티티 타입을 의미하고 ID는 식별자 타입을 의미한다. Repository 타입을 상속하는 리포지토리 인터페이스는 알맞은 타입 파라미터를 지정하면 된다. 엔티티 타입이 User이고 식별자 타입이 String이라면 다음과 같이 Repository 인터페이스를 상속하면 된다.

```
import org.springframework.data.repository.Repository;

public interface UserRepository extends Repository<User, String> {
    // 규칙에 맞게 메서드 작성
}
```

Repository 인터페이스 외에 다른 인터페이스도 존재하는데, 이들 인터페이스에 대해서는 뒤에서 살펴볼 것이다.

Repository 인터페이스를 상속받는 대신 @RepositoryDefinition 애노테이션을 사용해도 된다. 이 애노테이션을 사용하면 다음과 같이 리포지토리 인터페이스를 작성할 수 있다.

```
import org.springframework.data.repository.RepositoryDefinition;

@RepositoryDefinition(domainClass = Hotel.class, idClass = String.class)
public interface HotelRepository {
    // 규칙에 맞게 메서드 작성
}
```

@RepositoryDefinition의 domainClass 속성은 엔티티 타입을 지정하고 idClass는 식별자 타입을 지정한다.

4.2 기본 메서드

리포지토리 인터페이스를 작성했다면 규칙에 맞게 메서드를 추가하면 된다. 기본이 되는 세 메서드는 다음 형식을 갖는다.

```
public interface UserRepository extends Repository<User, String> {
    User findOne(String id);
    User save(User user);
    void delete(User user);
}
```

findOne() 메서드는 식별자를 인자로 받는다. 이 메서드는 EntityManager#find() 메서드를 이용해서 식별자를 갖는 엔티티를 구한다. 식별자에 해당하는 엔티티가 존재하면 해당 엔티티를 리턴하고 존재하지 않으면 null을 리턴한다.

save() 메서드는 인자로 받은 엔티티를 저장하고 저장한 엔티티를 리턴한다. 저장 시점에 식별자를 생성한다면 save() 메서드가 리턴한 엔티티를 이용해서 식별자를 구할 수 있다.

save() 메서드와 새로운 엔티티 판단

스프링 데이터 JPA의 save() 메서드는 해당 엔티티의 상태에 따라 EntityManager#persist()나 EntityManager#merge()를 사용해서 엔티티를 저장한다. 스프링 데이터 JPA는 인자로 전달받은 엔티티가 새로운 엔티티인지 여부를 확인한 뒤에 새로운 엔티티이면 persist()를 사용하고 새로운 엔티티가 아니면 merge()를 사용한다. 여기서 새로운 엔티티는 아직 저장되지 않은 엔티티, 즉 영속 상태가 된 적이 없는 엔티티를 의미한다.

스프링 데이터 JPA는 새로운 엔티티인지 여부를 판단할 때 다음 규칙을 사용한다.

- 해당 엔티티 클래스가 Persistable 인터페이스를 구현했다면 Persistable#isNew() 메서드로 새로운 엔티티인지 검사한다.
- 엔티티에 @Version 속성이 있다면 버전 속성이 null인 경우 새 엔티티로 간주한다.
- 식별자가 기본 데이터 타입이 아니면 식별자가 null인 경우 새 엔티티로 간주한다. 숫자 타입이면 식별자 값이 0인 경우에 새 엔티티로 간주한다.

새 엔티티가 위 조건을 충족하지 않더라도 merge()를 사용해서 엔티티를 저장하기 때문에 실제 엔티티를 저장하는데는 문제가 없다.

delete() 메서드는 해당 엔티티를 삭제한다. EntityManager#remove() 메서드를 사용한다.

4.3 조회 메서드 기본 규칙

모든 엔티티를 조회하고 싶다면 findAll() 메서드를 사용한다.

```java
public interface UserRepository {
    List<User> findAll();
}
```

목록을 조회하므로 콜렉션 타입인 List를 리턴 타입으로 사용했다. List 대신에 Iterator나 Collection을 사용해도 된다. 자바 8을 사용한다면 Stream을 리턴 타입으로 사용할 수도 있다.

특정 속성을 이용해서 엔티티를 검색하고 싶다면 findBy속성(비교값) 형태의 메서드를 사용한다. 다음 코드를 보자.

```java
public interface HotelRepository {
    List<Hotel> findByGrade(Grade value);
    ...
}
```

스프링 데이터 JPA는 메서드 이름을 대문자를 기준으로 구성 요소를 판단한다. findByGrade의 경우 find, By, Grade로 구성 요소를 분리한다. find는 select 쿼리를 실행하는 메서드를 의미하며, By 키워드는 where 조건이 시작됨을 뜻한다. By 키워드 뒤에 오는 Grade는 grade 속성을 뜻한다. 파라미터는 속성을 비교할 때 사용할 값이다. 이 예의 경우 grade 속성과 value 파라미터 값을 비교한다. 실제 이 메서드가 실행하는

JPQL은 다음과 동일하다.

```
select h from Hotel h where h.grade = ?1
```

And 키워드로 두 개 이상의 속성에 대한 비교 연산을 조합할 수 있다.

```
List<Hotel> findByGradeAndName(Grade g, String name);
```

이는 다음과 같은 쿼리를 실행한다.

```
select h from Hotel h where h.grade = ?1 and h.name = ?2
```

비슷하게 Or를 사용해서 두 개 이상의 비교 조건을 연결할 수 있다.

다음과 같이 중첩 프로퍼티를 지정할 수도 있다.

```
List<Hotel> findByAddressZipcode(String zipcode);
```

Hotel의 address 속성은 @Embeddable인 Address 타입인데, Address 타입은 다시 zipcode 속성을 포함하고 있다. 따라서 위 코드는 Hotel의 address 속성의 zipcode 속성 값을 비교한다.

```
select h from Hotel h where h.address.zipcode = ?1
```

속성명 뒤에 비교 연산자를 위한 키워드를 추가할 수도 있다. 예를 들어, Date 타입인 createDate 속성값이 지정한 날짜 이후인지 비교하고 싶다면 다음과 같이 After 키워드를 사용해서 메서드를 작성할 수 있다.

```
List<User> findByCreateDateAfter(Date date);
```

스프링 데이터 JPA는 After 키워드 외에 Between, LessThan 등 비교 연산자를 위한 다양한 키워드를 지원한다. [표 17.1]은 스프링 데이터 JPA 레퍼런스 문서에 있는 키워드 목록을 정리한 것이다.

표 17.1 비교 연산자를 위한 키워드

키워드	예시	JPQL 변환 예시
Is, Equals (생략가능)	findByNameIs findByNameEquals findByName	where h.name = ?1
Between	findByCreateDateBetween	where u.createDate between ?1 and ?2
LessThan	findByPriceLessThan	where p.price < ?1
LessThanEqual	findByPriceLessThanEqual	where p.price <= ?1
GreaterThan	findByPriceGreaterThan	where p.price > ?1
GreaterThanEqual	findByPriceGreaterThanEqual	where p.price >= ?1
After	findByCreateDateAfter	where u.createDate > ?1
Before	findByCreateDateBefore	where u.createDate < ?1
IsNull	findByOwnerIsNull	where b.owner is null
IsNotNull NotNull	findByOwnerIsNotNull findByOwnerNotNull	where b.owner is not null
Like	findByNameLike	where u.name like ?1
NotLike	findByNameNotLike	where u.name not like ?1
StartingWith	findByNameStartingWith	where u.name like ?1 (파라미터 뒤에 % 추가)
EndingWith	findByNameEndingWith	where u.name like ?1 (파라미터 앞에 % 추가)
Containing	findByNameContaining	where u.name like ?1 (파라미터 앞뒤로 % 추가)
Not	findByGradeNot	where h.grade <> ?1
In	findByGradeIn(콜렉션)	where h.grade in ?1
NotIn	findByGradeNotIn(콜렉션)	where h.grade not in ?1
True	findByClosedTrue	where i.closed = true
False	findByClosedFalse	where i.closed = false
IgnoreCase	findByNameIgnoreCase	where UPPER(u.name) = UPPER(?1)

4.4 한 개 결과 조회

단일 결과를 조회하고 싶다면 콜렉션 대신 조회 타입을 리턴 타입으로 사용하면 된다. 다음 코드는 예시이다.

```
User findByName(String name);
```

이 메서드는 name 속성이 일치하는 엔티티가 존재하면 해당 엔티티를 리턴하고 존재하지 않으면 null을 리턴한다. 단 주의할 점이 있다. 조회 결과가 두 개 이상 존재하면 IncorrectResultSizeDataAccessException이 발생한다.

4.5 정렬 지원 메서드

결과를 정렬해서 구하고 싶다면 다음의 두 방법 중 하나를 사용하면 된다.

- 메서드 이름에 OrderBy 키워드 사용
- Sort 타입을 파라미터로 전달하기

메서드 이름 뒤에 OrderBy 키워드를 사용하면 지정한 속성을 이용해서 정렬 쿼리를 실행할 수 있다. OrderBy 뒤에 정렬 기준으로 사용할 속성을 지정하고 그 다음에 Asc나 Desc를 이용해서 정렬 순서를 지정하면 된다. 예를 들어, name 속성을 기준으로 오름차순으로 정렬하고 싶다면 다음과 같이 OrderBy 키워드 Name과 Asc를 붙이면 된다.

```
List<User> findByNameStartingWithOrderByNameAsc(String name);
```

두 개 이상의 속성에 대해 정렬 순서를 지정하고 싶다면 OrderBy 키워드 뒤에 적용할 순서대로 속성명과 정렬 순서를 지정하면 된다.

```
List<User> findByNameStartingWithOrderByNameAscCreateDateDesc(String name);
```

이 코드는 다음 JPQL의 order by 절과 동일한 쿼리를 수행한다.

```
select u from User u where u.name like ?1 order by name asc, createDate desc
```

정렬 순서를 지정하는 다른 방법은 org.springframework.data.domain.Sort 타입을 메서드 파라미터로 사용하는 것이다.

```
List<User> findAll(Sort sort);
```

Sort는 정렬 순서를 담는다. 예를 들어, name 속성 기준으로 오름차순으로 정렬하고 createDate 속성 기준으로 내림차순으로 정렬하고 싶다면, 다음 코드와 같이 Sort 객체를 생성한 뒤에 인자로 전달하면 된다.

```
Sort sort = new Sort(
    new Sort.Order(Sort.Direction.ASC, "name"),
    new Sort.Order(Sort.Direction.DESC, "createDate"));
List<User> users = userRepository.findAll(sort);
```

Sort는 정렬 기준과 순서를 담은 Sort.Order 객체 목록을 전달받는다. Sort.Order 객체를 생성할 때는 정렬 순서와 속성 이름을 차례대로 지정한다. Sort 생성자의 파라미터는 가변 인자이므로 한 개 이상의 Sort.Order 객체를 전달하면 된다.

오름차순으로만 정렬한다면 다음과 같이 Sort.Order 객체를 전달하는 대신 속성 이름만 사용해서 Sort 객체를 생성해도 된다.

```
Sort sort = new Sort("name", "createDate")
```

4.6 페이징 처리

org.springframework.data.domain.Pageable 인터페이스를 사용하면 범위를 지정해서 일부만 조회할 수 있다. 다음은 Pageable 인터페이스를 파라미터로 갖는 메서드의 작성 예를 보여준다.

```
List<User> findByNameStartingWith(String name, Pageable pageable);
```

Pageable 인터페이스의 구현 클래스인 org.springframework.data.domain.PageRequest를 사용하면 페이지 번호와 크기를 이용해서 지정한 범위에 해당하는 객체를 조회할 수 있다. 다음은 PageRequest 객체의 사용 예를 보여주고 있다.

```
PageRequest pageRequest = new PageRequest(0, 10);
List<User> users = userRepository.findByNameStartingWith("최", pageRequest);
```

PageRequest 생성자의 두 파라미터는 각각 페이지 번호와 크기를 지정한다. 페이지 번호는 0번부터 시작인데, 위 코드는 한 페이지의 크기가 10이고 읽어올 페이지는 0번 즉, 첫 번째 페이지라는 것을 뜻한다. 두 번째 페이지를 읽어오고 싶다면 다음과 같이 페이지 번호 값으로 1을 전달한다.

```
PageRequest pageRequest = new PageRequest(1, 10);
List<User> users = userRepository.findByNameStartingWith("최", pageRequest);
```

PageRequest를 사용해서 정렬 순서도 지정할 수 있다. PageRequest 클래스는 다음과 같이 페이지 번호, 페이지 크기, Sort 객체를 파라미터로 갖는 생성자를 제공한다.

```
Sort sort = new Sort("name");
PageRequest pageRequest = new PageRequest(1, 10, sort);
List<User> users = userRepository.findByNameStartingWith("최", pageRequest);
```

위 코드에서 findByNameStartingWith() 메서드는 리턴 타입으로 List를 사용했는데, List 대신 org.springframework.data.domain.Page를 사용할 수도 있다. 리턴 타입으로 Page를 사용하면 지정한 범위에 속한 데이터뿐만 아니라 조건에 해당하는 전체 데이터 개수를 알 수 있다. 예를 들어, 다음 메서드를 보자.

```
Page<Hotel> findByGrade(Grade grade, Pageable pageable);
```

이 메서드는 리턴 타입으로 Page를 사용하고 있다. 이 메서드를 사용해서 다음과 같이 Grade 값이 STAR7인 Hotel 엔티티의 일부를 구한다고 하자.

```
Pageable pageable = new PageRequest(1, 5, new Sort("name"));
Page<Hotel> hotelPage = hotelRepository.findByGrade(Grade.STAR7, pageable);
List<Hotel> hotels = hotelPage.getContent();
```

이 코드는 페이지 크기가 5일 때의 1번 페이지에 해당하는 Hotel 목록을 구한다. Page#getContent() 메서드로 조회한 결과를 담은 List 객체를 구할 수 있다. 만약 grade 속성이 Grade.STAR7인 Hotel이 7개 존재한다면, hotels는 2개의 Hotel 객체를 갖는다.

Page는 getContent() 메서드 외에 [표 17.2]의 메서드를 제공한다. [표 17.2]에서 예시 값은 조건에 해당하는 전체 개수가 8개인데 요청한 페이지 번호가 1이고 페이지 크기로 5를 사용한 경우의 값을 예로 든 것이다.

표 17.2 Page 인터페이스가 제공하는 메서드

메서드	설명	예시 값
int getTotalPages()	전체 페이지 개수를 구한다.	2
long getTotalElements()	전체 개수를 구한다.	8
int getNumber()	현재 페이지 번호를 구한다.	1
int getSize()	한 페이지의 크기를 구한다.	5
int getNumberOfElements()	현재 페이지의 항목 개수를 구한다.	3
List<T> getContent()	현재 페이지의 조회 결과를 구한다.	
boolean hasContent()	조회 결과가 존재하면 true를 리턴한다.	true

boolean isFirst()	현재 페이지가 첫 번째이면 true를 리턴한다.	false
boolean isLast()	현재 페이지가 마지막이면 true를 리턴한다.	true
boolean hasNext()	다음 페이지가 존재하면 true를 리턴한다.	false
boolean hasPrevious()	이전 페이지가 존재하면 true를 리턴한다.	true
Sort getSort()	현재 결과를 구할 때 사용한 Sort 객체를 구한다.	
Pageable nextPageable()	다음 페이지를 구하기 위한 Pageable 객체를 리턴한다.	
Pageable previousPageable()	이전 페이지를 구하기 위한 Pageable 객체를 리턴한다.	

리턴 타입으로 Page를 사용하면 스프링 데이터 JPA는 다음의 두 쿼리를 실행한다.

- select count(se) from SomeEntity se where 동일조건
- select u from SomeEntity se where 동일조건(페이징 처리 위한 코드 포함, 예 MySQL의 limit)

첫 번째 쿼리는 조건에 해당하는 전체 개수를 구하기 위한 쿼리이고, 두 번째 쿼리는 해당 범위에 속한 데이터를 구하기 위한 쿼리이다.

4.7 결과 개수 제한

단순히 가장 첫 번째 결과나 처음 몇 개 결과만 조회하고 싶다면 Pageable 대신 다음과 같이 First 키워드나 Top 키워드를 사용한 메서드를 사용할 수 있다.

- findFirst / findTop
- findFirstN / findTopN

findFirst나 findTop은 첫 번째 결과를 구한다. 다음 메서드를 보자.

```
Hotel findFirstByGradeOrderByNameAsc(Grade grade);
```

이 메서드는 지정한 Grade에 해당하는 Hotel을 name 기준으로 오름차순으로 정렬한 뒤에 첫 번째 Hotel 객체를 리턴한다. 결과 데이터가 존재하지 않으면 null을 리턴한다.

First/Top 키워드 뒤에 숫자를 붙이면 해당 숫자 개수만큼 결과를 조회한다. 예를 들어, 다음 메서드는 조회 결과에서 처음 3개의 Hotel 객체만 리턴한다.

```
List<Hotel> findFirst3ByGradeOrderByNameAsc(Grade grade);
```

First 키워드나 Top 키워드를 Pageable과 함께 사용하면 Pageable로 지정한 범위에 속한 데이터를 먼저 조회한 다음에 적용한다.

4.8 JPQL 사용하기

메서드 이름이 다소 복잡하거나 길다면 실행할 JPQL을 직접 지정할 수도 있다. 사용법은 간단하다. @Query 애노테이션(org.springframework.data.jpa.repository 패키지)을 메서드에 적용하고 실행할 JPQL을 지정하면 된다. 다음은 사용 예이다.

```
@Query("select h from Hotel h " +
    "where h.grade = ?1 and h.name like ?2 order by h.name desc")
List<Hotel> findHotel1(Grade grade, String name);

@Query("select h from Hotel h where h.grade = :grade")
List<Hotel> findHotel2(@Param("grade") Grade grd, Sort sort);
```

findHotel1() 메서드의 @Query는 두 개의 위치 기반 파라미터를 포함한 JPQL을 정의하고 있다. 이 JPQL의 ?1과 ?2에는 각각 findHotel1() 메서드의 첫 번째 인자와 두 번째 인자가 할당된다.

findHotel1() 메서드는 JPQL이 order by 절을 포함하고 있는데, findHotel2() 메서드처럼 Sort 인자를 사용해서 정렬 순서를 지정할 수도 있다. 또한, :grade처럼 이름 기반 파라미터를 사용할 수도 있다. JPQL에 이름 기반 파라미터를 사용한 경우에는 @Param 애노테이션(org.springframework.data.repository.query 패키지)을 이용해서 이름 기반 파라미터에 연결할 인자를 지정할 수 있다. 위 코드의 경우 grd 파라미터에 적용한 @Param 애노테이션의 값으로 "grade"를 지정했는데 이 경우 grd 파라미터에 전달한 인자를 :grade 이름 기반 파라미터에 할당한다.

> 스프링 4는 자바 8의 파라미터 이름 발견 기능을 지원한다. 컴파일러에 –parameters 옵션을 주면 @Param 애노테이션을 사용하지 않아도 메서드 파라미터의 이름을 사용해서 같은 이름을 가진 이름 기반 파라미터에 값을 할당한다.

리턴 타입으로 Page를 사용하면 countQuery 속성에 개수를 구할 때 사용할 쿼리를 지정해야 한다. 다음은 사용 예이다.

```
@Query(value = "select h from Hotel h where h.grade = :grade",
    countQuery = "select count(h) from Hotel h where h.grade = :grade")
Page<Hotel> findHotel3(@Param("grade") Grade grade, Pageable pageable);
```

05 Specification을 이용한 검색 조건 조합

14장에서 배운 크리테리아를 사용하면 검색 조건인 Predicate를 조합할 수 있다. 검색 조건을 생성하고 조합하려면 CriteriaBuilder가 필요한데 EntityManager를 사용해야 CriteriaBuilder를 생성할 수 있다. 즉, EntityManager 없이는 크리테리아로 검색 조건을 조합할 수 없는 것이다.

스프링 데이터 JPA는 EntityManager 없이 검색 조건을 조합할 수 있는 기능을 제공하는데, 이 기능이 바로 Specification이다.

org.springframework.data.jpa.domain.Specification 인터페이스는 다음과 같이 단일 메서드를 정의한 인터페이스이다.

```java
package org.springframework.data.jpa.domain;

import javax.persistence.criteria.CriteriaBuilder;
import javax.persistence.criteria.CriteriaQuery;
import javax.persistence.criteria.Predicate;
import javax.persistence.criteria.Root;

public interface Specification<T> {
  Predicate toPredicate(Root<T> root, CriteriaQuery<?> query, CriteriaBuilder cb);
}
```

이 인터페이스를 사용해서 검색 조건을 조합하고 이 조건을 이용해서 검색하는 리포지토리를 작성하는 방법은 간단하다. 다음의 세 가지만 하면 된다.

- 리포지토리 인터페이스에 Specification을 입력받는 메서드 정의
- 검색 조건을 생성하는 Specification을 구현하기
- 검색 조건을 조합한 Specification 객체로 검색하기

먼저 Specification을 파라미터로 갖는 메서드를 리포지토리 인터페이스에 추가한다. 다음은 작성 예이다.

```java
Page<Hotel> findAll(Specification<Hotel> spec, Pageable pageable);
```

다음으로 할 작업은 Specification을 구현하는 것이다. Specification 인터페이스를 구현한 클래스를 따로 만드는 것보다는 [리스트 17.5]와 같이 임의 객체나 람다식을 이용해서 Specification 생성하는 것이 편리하다.

[리스트 17.5] Specification 객체를 생성하는 클래스 구현 예시

```
01: package jpastart.reserve.repository;
02:
03: import jpastart.reserve.model.Grade;
04: import jpastart.reserve.model.Hotel;
05: import org.springframework.data.jpa.domain.Specification;
06:
07: import javax.persistence.criteria.CriteriaBuilder;
08: import javax.persistence.criteria.CriteriaQuery;
09: import javax.persistence.criteria.Predicate;
10: import javax.persistence.criteria.Root;
11:
12: public class HotelSpecs {
13:     public static Specification<Hotel> bestGrade() {
14:         return new Specification<Hotel>() {
15:             @Override
16:             public Predicate toPredicate(
17:                 Root<Hotel> root, CriteriaQuery<?> query,
18:                 CriteriaBuilder cb) {
19:                 return cb.equal(root.get("grade"), Grade.STAR7);
20:             }
21:         };
22:     }
23:
24:     public static Specification<Hotel> nameLike(String name) {
25:         return (root, query, cb) -> cb.like(root.get("name"), "%" + name + "%");
26:     }
27: }
```

14-21행의 bestGrade() 메서드는 Specification 인터페이스를 구현한 임의 객체를 생성한다. toPredicate() 메서드는 Root, CriteriaQuery, CriteriaBuilder의 세 파라미터를 갖는다. 이 세 파라미터를 이용해서 원하는 조건 비교를 위한 Predicate를 리턴하도록 toPredicate() 메서드를 구현한다. 16-20행의 toPredicate() 메서드는 grade 속성이 Grade.STAR7과 같은지 비교하는 Predicate를 생성해서 리턴한다. 즉, bestGrade() 메서드가 리턴하는 Specification 객체는 Hotel의 grade 속성이 Grade.STAR7인지 비교하는 검색 조건이 된다.

24-26행의 코드는 자바 8의 람다식을 사용하고 있다. 임의 객체를 생성하는 코드에 비해 간결한 것을 알 수 있다. 25행의 람다식은 name 속성을 nameLike() 메서드의 파라

미터인 name과 비교하는 Predicate를 생성한다. 따라서 nameLike() 메서드가 리턴하는 Specification 객체는 like 연산을 이용해서 Hotel의 name 속성이 nameLike() 메서드에 전달한 name과 같은지 비교하는 검색 조건이 된다.

Specification 객체를 생성하는 기능을 만들었다면 이 Specification 객체를 앞서 작성한 리포지토리 메서드에 전달하면 된다.

```
Sort sort = new Sort(new Sort.Order(Sort.Direction.DESC, "name"));
Pageable pageable = new PageRequest(0, 3, sort);
Specification<Hotel> bestGradeSpec = HotelSpecs.bestGrade();
Page<Hotel> hotels = hotelRepository.findAll(bestGradeSpec, pageable);
```

HotelSpecs.bestGrade()는 grade 속성이 Grade.STAR7인지 비교하는 Specification을 생성하므로 위 코드는 grade 속성이 SART7인 Hotel을 name 기준으로 내림차순으로 정렬한 결과를 구한다.

다른 두 조건을 조합하고 싶다면 org.springframework.data.jpa.domain.Specifications(이름 뒤에 s가 붙었다)를 사용한다. Specifications를 사용해서 두 조건을 조합하는 코드는 다음과 같다.

```
Specifications<Hotel> specs = Specifications.where(HotelSpecs.bestGrade());
specs = specs.and(HotelSpecs.nameLike("구로"));
Page<Hotel> hotels = hotelRepository.findAll(specs, pageable);
```

Specifications.where() 메서드는 Specification 객체를 인자로 받고 Specifications 객체를 리턴한다. 이 Specifications 객체는 where() 메서드에 전달한 조건을 포함한다.

Specifications 객체는 and() 메서드를 제공한다. and() 메서드는 이미 포함하고 있는 조건과 인자로 전달받은 조건을 합해서 AND로 조합한 새로운 Specifications 객체를 생성한다. 위 코드에서 2번째 줄의 specs.and() 메서드는 HotelSpecs.bestGrade()가 생성한 조건과 HotelSpecs.nameLike("구로")로 생성한 조건을 AND로 조합한 새로운 조건을 생성한다.

and() 메서드뿐만 아니라 두 조건을 OR로 조합해주는 or() 메서드도 제공한다. 또한, NOT에 해당하는 not() 메서드도 제공한다.

Specifications 타입(뒤에 s가 붙어 있음)은 Specification 타입을 상속받고 있다. 따라서 and(), or(), not() 메서드에 Specifications 객체도 전달할 수 있다. 이를 사용하면 다음과 같이 더욱 복잡한 조건을 조합할 수 있다.

```
Specifications<Hotel> bestSpec = Specifications.where(HotelSpecs.bestGrade());
Specifications<Hotel> gradesSpec = bestSpec.and(HotelSpecs.grade(Grade.STAR6));

Specifications<Hotel> nameSpec = Specifications.where(HotelSpecs.nameLike("판교"));
nameSpec = nameSpec.and(HotelSpecs.nameLike("구로"));

Specifications<Hotel> spec = nameSpec.or(gradesSpec);
```

and(), or(), not() 메서드는 항상 새로운 Specifications 객체를 생성한다. 기존 Specifications 객체는 바뀌지 않는다. 따라서 다음과 같이 and() 메서드가 생성한 Specifications 객체를 사용하지 않으면 and() 메서드를 사용해서 두 조건을 조합해도 조합한 조건을 사용하지 않는다.

```
Specifications<Hotel> specs = Specifications.where(HotelSpecs.bestGrade());
specs.and(HotelSpecs.nameLike("구로")); // 기존 specs은 바뀌지 않음

// HotelSpecs.bestGrade()가 생성한 조건만 사용
Page<Hotel> hotels = hotelRepository.findAll(specs, pageable);
```

검색 조건이 없다면 빈 Specification을 전달하면 된다.

```
Page<Hotel> hotels = hotelRepository.findAll(null, pageable);
```

또는 Specifications.where()에 null을 전달해서 생성한 Specifications를 조건으로 사용해도 된다.

```
Specifications<Hotel> emptySpec = Specifications.where(null);
Page<Hotel> hotels = hotelRepository.findAll(emptySpec, pageable);
```

06 스프링 데이터가 제공하는 인터페이스 상속받기

findOne, save, findAll과 같은 메서드는 다수의 리포지토리가 제공하는 메서드이다. 예를 들어, 각 리포지토리 인터페이스는 다음과 같이 동일한 형태의 메서드를 갖게 된다.

```
public interface HotelRepository extends Repository<Hotel, String> {
    Hotel findOne(String id);
    Hotel save(Hotel hotel);
}

public interface UserRepository extends Repository<User, String> {
    User findOne(String email);
    User save(User user);
}
```

스프링 데이터 JPA를 사용하면 구현 코드뿐만 이렇게 중복된 메서드마저 작성하지 않아도 된다. 스프링 데이터 JPA가 이미 각 메서드를 정의한 인터페이스를 제공하고 있기 때문이다. 스프링 데이터 JPA는 [그림 17.1]과 같이 Repository 인터페이스를 상속한 인터페이스를 제공하고 있다.

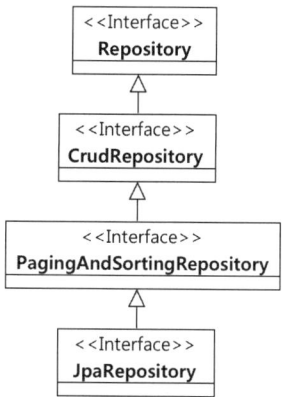

[그림 17.1] 리포지토리를 위한 인터페이스

Repository를 상속하고 있는 각 인터페이스는 각자 필요한 메서드를 미리 정의하고 있다. 예를 들어 CrudRepository는 findOne(), save(), delete() 등의 메서드를 정의하고 있다. 리포지토리 인터페이스를 만들 때 Repository 인터페이스를 상속받는 대신 CrudRepository를 상속받으면 이미 CrudRepository에 정의된 메서드를 추가할 필요가 없어진다.

```
public interface HotelRepository extends CrudRepository<Hotel, String> {
    // CrudRepository가 이미 findOne, save()를 제공하므로
    // 추가로 필요한 메서드만 정의하면 된다.
    List<Hotel> findByGrade(Grade grade);
}
```

제공한 인터페이스를 상속하면 작성할 코드가 줄어들어 개발자가 편리해진다. 먼저 CrudRepository 인터페이스가 제공하는 메서드 목록은 다음과 같다.

```
package org.springframework.data.repository;

import java.io.Serializable;

public interface CrudRepository<T, ID extends Serializable>
    extends Repository<T, ID> {
  <S extends T> S save(S entity);
  <S extends T> Iterable<S> save(Iterable<S> entities);
  T findOne(ID id);
  boolean exists(ID id);
  Iterable<T> findAll();
  Iterable<T> findAll(Iterable<ID> ids);
  long count();
  void delete(ID id);
  void delete(T entity);
  void delete(Iterable<? extends T> entities);
  void deleteAll();
}
```

CrudRepository 인터페이스는 이름처럼 저장(Create, Update), 조회(Read), 삭제(Delete)와 관련된 기본 기능을 제공한다.

PagingAndSortingRepository 인터페이스는 페이징과 정렬 기능을 추가한 메서드를 제공한다.

```
package org.springframework.data.repository;

import java.io.Serializable;
import org.springframework.data.domain.Page;
import org.springframework.data.domain.Pageable;
import org.springframework.data.domain.Sort;

public interface PagingAndSortingRepository<T, ID extends Serializable>
    extends CrudRepository<T, ID> {
  Iterable<T> findAll(Sort sort);
  Page<T> findAll(Pageable pageable);
}
```

JpaRepository 인터페이스는 JPA와 관련된 추가 기능을 제공한다.

```java
package org.springframework.data.jpa.repository;

import java.io.Serializable;
import java.util.List;
import javax.persistence.EntityManager;
import org.springframework.data.domain.Example;
import org.springframework.data.domain.Sort;
import org.springframework.data.repository.NoRepositoryBean;
import org.springframework.data.repository.PagingAndSortingRepository;
import org.springframework.data.repository.query.QueryByExampleExecutor;

public interface JpaRepository<T, ID extends Serializable>
    extends PagingAndSortingRepository<T, ID>, QueryByExampleExecutor<T> {
  List<T> findAll();
  List<T> findAll(Sort sort);
  List<T> findAll(Iterable<ID> ids);
  <S extends T> List<S> save(Iterable<S> entities);
  void flush();
  <S extends T> S saveAndFlush(S entity);
  void deleteInBatch(Iterable<T> entities);
  void deleteAllInBatch();
  T getOne(ID id);
  <S extends T> List<S> findAll(Example<S> example);
  <S extends T> List<S> findAll(Example<S> example, Sort sort);
}
```

JpaRepository 인터페이스 제공하는 메서드 중에서 deleteInBatch() 메서드는 파라미터로 전달받은 엔티티 객체를 한 쿼리로 삭제한다. deleteAllInBatch() 메서드는 다음과 같이 모든 엔티티를 조회한 뒤에 deleteInBatch()로 삭제하는 방식으로 동작한다. 따라서 deleteAllInBatch() 메서드를 잘못 사용하면 데이터 개수에 따라 성능에 심각한 문제가 발생할 수 있으니 주의해서 사용해야 한다.

```
deleteInBatch(findAll()
```

getOne() 메서드는 EntityManager#getReference() 메서드 실행 결과를 리턴한다.

Specification을 사용하는 메서드가 필요하다면 리포지토리 인터페이스에 메서드를 직접 추가하는 대신 JpaSpecificationExecutor 인터페이스를 상속할 수도 있다. 이 인터페이스는 다음의 메서드를 정의하고 있다.

```
package org.springframework.data.jpa.repository;

import java.util.List;
import org.springframework.data.domain.Page;
import org.springframework.data.domain.Pageable;
import org.springframework.data.domain.Sort;
import org.springframework.data.jpa.domain.Specification;

public interface JpaSpecificationExecutor<T> {

    T findOne(Specification<T> spec);
    List<T> findAll(Specification<T> spec);
    Page<T> findAll(Specification<T> spec, Pageable pageable);
    List<T> findAll(Specification<T> spec, Sort sort);
    long count(Specification<T> spec);
}
```

JpaRepository 인터페이스와 JpaSpecificationExecutor 인터페이스는 리포지토리에 필요한 대부분의 메서드를 제공하고 있다. 다음과 같이 이 두 인터페이스를 상속하면 findBy와 같이 추가로 필요한 메서드만 작성하면 된다.

```
package jpastart.reserve.repository;

import jpastart.reserve.model.User;
import org.springframework.data.domain.Pageable;
import org.springframework.data.jpa.repository.JpaRepository;
import org.springframework.data.jpa.repository.JpaSpecificationExecutor;
import org.springframework.data.repository.Repository;
import java.util.List;

public interface UserRepository
        extends JpaRepository<User, String>, JpaSpecificationExecutor<User> {
    List<User> findByNameStartingWith(String name, Pageable pageable);
}
```

PART 04 스프링 연동 및 기타 기능

기타 매핑 설정

CHAPTER 18

[이 장에서 다룰 내용]
- 상속 계층 매핑
- AttributeConverter
- @MappedSuperclass

01 상속 매핑

개발하려는 시스템에 일반 이슈, 방문 예약, 민원의 세 가지 이슈 종류가 있다고 하자. 세 가지 이슈 타입을 [그림 18.1]과 같이 상속을 이용해서 설계할 수 있을 것이다.

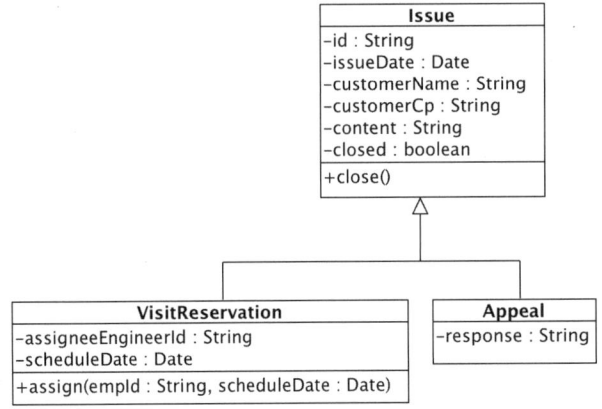

[그림 18.1] 이슈를 상속으로 구현한 예

[그림 18.1]과 같은 클래스 계층을 테이블과 매핑하는 여러 방법이 존재하는데, JPA는 크게 다음의 세 가지 방식을 지원한다.

- 클래스 계층을 한 개 테이블로 매핑
- 계층의 클래스마다 테이블로 매핑
- 객체 생성 가능한 클래스마다 테이블로 매핑

각 방식에 따라 테이블 구성과 설정 방법이 다른데 이에 대한 내용을 차례대로 살펴보자.

1.1 클래스 계층을 한 개 테이블로 매핑

상속 관계의 엔티티를 매핑하는 가장 쉬운 방법은 클래스 계층을 한 테이블에 매핑하는 것이다. [그림 18.1]의 클래스 계층 전체와 매핑할 테이블을 [그림 18.2]와 같이 생성할 수 있다

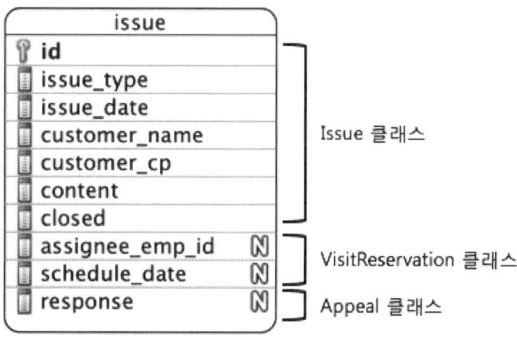

[그림 18.2] 클래스 계층

issue 테이블은 Issue, VisitReservation, Appeal 클래스의 모든 속성과 매핑할 칼럼을 정의하고 있다. issue 테이블은 id, issue_date, closed 등 Issue 클래스에 속한 속성과 매핑할 칼럼을 포함한다. 그뿐만 아니라 schedule_date, response 칼럼과 같이 VisitReservation 클래스와 Appeal 클래스의 속성과 매핑할 칼럼도 포함하고 있다.

한 테이블에 계층의 전체 클래스를 매핑하려면 매핑 대상 클래스를 식별할 수 있어야 하는데, 대상 클래스를 구분하기 위해 타입 식별(discriminator) 칼럼을 추가로 필요로 한다. [그림 18.2]에서는 issue_type을 식별 칼럼으로 사용했다. 클래스별로 알맞은 식별 값을 사용해서 식별 칼럼에 데이터를 저장한다. 예를 들어, Issue 타입은 'IS', VisitReservation 타입은 'VR', Appeal 타입은 'AP'와 같이 타입을 식별할 때 사용할 고유값을 사용한다.

실제 매핑 설정을 해 보자. 먼저 Issue 클래스에 대한 매핑 설정을 하자. 식별 칼럼을 위한 설정을 추가한 것을 제외하면 일반 엔티티와 큰 차이는 없다. 설정은 [리스트 18.1]과 같다.

[리스트 18.1] Issue 클래스의 매핑 설정

```
01: package jpastart.issue;
02:
03: import javax.persistence.*;
04: import java.util.Date;
05:
06: @Entity
07: @Table(name = "issue")
08: @Inheritance(strategy = InheritanceType.SINGLE_TABLE)
09: @DiscriminatorColumn(name = "issue_type")
10: @DiscriminatorValue("IS")
11: public class Issue {
12:
13:     @Id
14:     @GeneratedValue(strategy = GenerationType.IDENTITY)
```

```
15:     private Long id;
16:     @Temporal(TemporalType.TIMESTAMP)
17:     @Column(name = "issue_date")
18:     private Date issueDate;
19:     @Column(name = "customer_name")
20:     private String customerName;
21:     @Column(name = "customer_cp")
22:     private String customerCp;
23:     private String content;
24:     private boolean closed;
25:
26:     ...생략
```

[리스트 18.1]에서 상속과 관련된 매핑 설정은 다음과 같다.

- @Inheritance : 상속 매핑 방식을 InheritanceType.SINGLE_TABLE로 설정한다. 이 값은 한 테이블로 상속 계층을 매핑하는 설정이다.
- @DiscriminatorColumn : 타입 식별 값을 저장할 칼럼을 지정한다.
- @DiscriminatorValue : Issue 타입을 위한 식별 값을 지정한다.

Issue 클래스를 상속받은 VisitReservation 클래스의 매핑 설정은 [리스트 18.2]와 같다. VisitReservation 클래스는 @DiscriminatorValue의 값으로 'VR'을 설정했다.

[리스트 18.2] VisitReservation 클래스의 매핑 설정

```
01: package jpastart.issue;
02:
03: import javax.persistence.*;
04: import java.util.Date;
05:
06: @Entity
07: @DiscriminatorValue("VR")
08: public class VisitReservation extends Issue {
09:     @Column(name = "assignee_emp_id")
10:     private String assigneeEngineerId;
11:     @Temporal(TemporalType.TIMESTAMP)
12:     @Column(name = "schedule_date")
13:     private Date scheduleDate;
```

Appeal 클래스도 [리스트 18.3]과 같이 알맞은 @DiscriminatorValue 값을 설정했다.

Chapter 18 기타 매핑 설정

[리스트 18.3] Appeal 클래스의 매핑 설정

```
01:  package jpastart.issue;
02:
03:  import javax.persistence.DiscriminatorValue;
04:  import javax.persistence.Entity;
05:  import java.util.Date;
06:
07:  @Entity
08:  @DiscriminatorValue("AP")
09:  public class Appeal extends Issue {
10:      private String response;
```

각 타입의 엔티티 객체를 생성하고 저장해보자. 하이버네이트가 타입별로 객체를 저장할 때 사용한 INSERT 쿼리는 다음과 같다.

```
-- em.save(new Issue(...));
insert into issue (closed, content, customer_cp, customer_name,
issue_date, issue_type) values (?, ?, ?, ?, ?, 'IS')

-- em.save(new VisitReservation(...))
insert into issue (closed, content, customer_cp, customer_name, issue_date,
assignee_emp_id, schedule_date, issue_type) values (?, ?, ?, ?, ?, ?, ?, 'VR')

-- em.save(new Appeal(...))
insert into issue (closed, content, customer_cp, customer_name,
issue_date, response, issue_type) values (?, ?, ?, ?, ?, ?, 'AP')
```

실행한 쿼리를 보면 @DiscriminatorValue로 지정한 값을 issue_type 칼럼 값으로 사용한 것을 알 수 있다.

단일 객체를 조회할 때에는 상속 계층에 있는 타입 중 알맞은 타입을 지정해서 조회하면 된다. 계층에서 최상위 타입인 Issue 타입을 이용해서 조회해보자.

```
Issue issue = em.find(Issue.class, id);
------
select
    i.id, i.closed, i.content, i.customer_cp, i.customer_name,
    i.issue_date, i.assignee_emp_id, i.schedule_date, i.response,
    i.issue_type
from issue i where i.id=?
```

Issue 타입을 사용해서 조회할 때 사용하는 쿼리는 위와 같다. JPA는 issue_type 칼럼의 값을 이용해서 알맞은 타입의 객체를 생성한다. 예를 들어, 식별자 2와 3에 해당하는 타입이 각각 VisitReservation, Appeal이라고 하자. 이 경우 Issue 타입으로 조회한 대상은 다음 코드처럼 각각 알맞은 타입으로 변환할 수 있다.

```
Issue issue = em.find(Issue.class, 2); // 식별자가 2인 엔티티가 VisitReservation인 경우
VisitReservation vr = (VisitReservation) issue;

Issue issue = em.find(Issue.class, 3); // 식별자가 3인 엔티티가 Appeal인 경우
Appeal ap = (Appeal) issue;
```

특정 타입을 지정해서 EntityManager#find()를 실행하면 사용하는 쿼리가 바뀐다. 다음과 같이 Appeal 클래스를 이용해서 EntityManager#find()를 실행했다고 하자. 이때 실행하는 쿼리는 다음과 같다.

```
Appeal appeal = em.find(Appeal.class, 3);
------
select a.id, a.closed, a.content, a.customer_cp, a.customer_name, a.issue_date,
a.response
from issue a where a.id=? and a.issue_type='AP'
```

쿼리의 where 절을 보면 issue_type 값이 'AP'인지 검사하는 조건이 추가됐다. 검색 대상이 Appeal 타입이기 때문에 Appeal 타입에 해당하는 대상만 조회하기 위한 제약 조건이 추가된 것이다.

계층도의 중간에 있는 타입을 이용해서 검색할 경우 해당 타입과 그 하위 타입에 해당하는 식별 값을 조건으로 사용한다. 예를 들어, VisitReservation을 상속한 CancelableReservation 타입을 다음과 같이 설정했다고 하자.

```
@Entity
@DiscriminatorValue("VR")
public class VisitReservation extends Issue {
    ...
}

@Entity
@DiscriminatorValue("CR")
public class CancelableReservation extends VisitReservation {
    ...
}
```

VisitReservation을 이용해서 검색하면 JPA는 VisitReservation 타입뿐만 아니라 그 하위 타입인 CancelableReservation 타입을 함께 검색할 수 있도록 두 클래스에 대한 타입 식별 값을 issue_type 칼럼에 대한 검색 조건으로 사용한다.

> select vr.id, vr.closed, vr.content, vr.customer_cp, vr.customer_name,
> vr.issue_date, vr.assignee_emp_id, vr.schedule_date, vr.issue_type
> from issue vr where vr.id=? and **vr.issue_type in ('VR', 'CR')**

1.2 계층의 클래스마다 테이블로 매핑

첨부 파일 정보를 표현하는 모델로 예를 들어 보자. 처음 요구사항은 고정된 폴더에 파일을 저장하는 방식이었다. 그런데 시간이 지나 폴더를 고정하지 않고 파일을 저장할 경로를 지정하는 방식이 추가되었다. 그리고 클라우드에 올린 파일 정보를 추가할 수 있는 방식도 추가되었다. 이 세 가지 첨부 방식을 모델로 표현하면 [그림 18.3]과 같은 계층 구조를 사용할 수 있을 것이다.

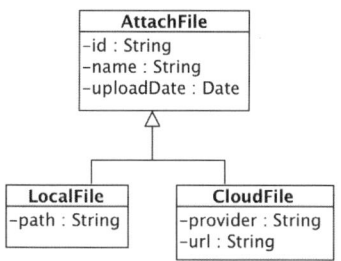

[그림 18.3] 첨부 파일을 표현하기 위한 모델

각 계층의 클래스마다 별도 테이블로 매핑하는 방식은 [그림 18.4]와 같이 클래스마다 매핑되는 테이블이 각각 존재한다. 상위 클래스인 AttachFile에 매핑된 attach_file 테이블은 전체 계층에 공통인 속성을 매핑하기 위한 칼럼이 존재한다. 각 하위 클래스에 매핑된 테이블은 하위 클래스에 속한 속성을 매핑하기 위한 칼럼이 존재한다.

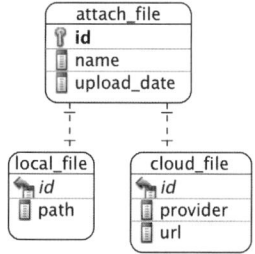

[그림 18.4] 계층의 클래스마다 테이블을 매핑

[그림 18.4]에서 눈여겨볼 점은 하위 클래스에 해당하는 테이블은 상위 클래스에 해당하는 테이블의 주요키를 공유한다는 점이다. 예를 들어, local_file 테이블의 id 칼럼은 주

요키인데 attach_file의 주요키인 id 칼럼에 대한 참조키이다. 즉, 두 테이블이 키를 공유한다.

매핑 설정은 어렵지 않다. 최상위 타입인 AttachFile 클래스의 매핑 설정은 [리스트 18.4]와 같다.

[리스트 18.4] AttachFile 매핑 설정

```
01: package jpastart.attach;
02:
03: import javax.persistence.*;
04: import java.util.Date;
05:
06: @Entity
07: @Table(name = "attach_file")
08: @Inheritance(strategy = InheritanceType.JOINED)
09: public class AttachFile {
10:     @Id
11:     private String id;
12:     private String name;
13:     @Column(name = "upload_date")
14:     @Temporal(TemporalType.TIMESTAMP)
15:     private Date uploadDate;
16: }
```

@Inheritance의 값으로 InheritanceType.JOINED를 사용했다. JOINED라는 이름에서 알 수 있듯이 계층의 클래스마다 테이블을 사용하면 각 테이블을 조인해서 필요한 데이터를 조회한다.

AttachFile 클래스를 상속한 LocalFile 클래스의 매핑 설정은 [리스트 18.5]와 같다. 08행을 보면 @Table을 이용해서 LocalFile에 해당하는 속성을 저장하기 위한 테이블을 지정한 것을 알 수 있다.

[리스트 18.5] LocalFile 매핑 설정

```
01: package jpastart.attach;
02:
03: import javax.persistence.Entity;
04: import javax.persistence.Table;
05: import java.util.Date;
06:
07: @Entity
08: @Table(name = "local_file")
09: public class LocalFile extends AttachFile {
10:     private String path;
11:
```

CloudFile 클래스의 매핑 설정도 LocalFile 설정과 비슷하다.

[리스트 18.6] CloudFile 매핑 설정

```
01: package jpastart.attach;
02:
03: import javax.persistence.Entity;
04: import javax.persistence.Table;
05: import java.util.Date;
06:
07: @Entity
08: @Table(name = "cloud_file")
09: public class CloudFile extends AttachFile {
10:     private String provider;
11:     private String url;
```

계층 클래스마다 테이블을 매핑하기 때문에 엔티티를 저장하면 엔티티 타입에 따라 매핑된 모든 테이블에 데이터를 나눠서 저장한다. 예를 들어, LocalFile은 local_file 테이블에 매핑되어 있고 LocalFile이 상속한 AttachFile은 attach_file에 매핑되어 있다. 따라서 LocalFile 객체를 저장하면 매핑된 두 테이블에 대한 insert 쿼리를 실행한다.

```
LocalFile file2 = new LocalFile("F012", "F012", new Date(), "/PATH");
em.persist(file2);
------
insert into attach_file (name, upload_date, id) values (?, ?, ?)
insert into local_file (path, id) values (?, ?)
```

두 테이블은 한 엔티티에 대한 데이터를 보관하므로 위 코드에서 attach_file과 local_file의 id 칼럼은 같은 값을 갖는다.

AttachFile의 경우 attach_file 테이블에만 매핑되어 있으므로 AttachFile 객체를 생성해서 저장하면 attach_file 테이블에 대한 insert 쿼리만 실행한다.

```
AttachFile file1 = new AttachFile("F011", "F011", new Date());
em.persist(file1);
------
insert into attach_file (name, upload_date, id) values (?, ?, ?)
```

엔티티를 조회할 때에는 엔티티 타입에 따라 사용하는 쿼리가 달라진다. AttachFile 타입을 이용해서 엔티티를 조회해보자.

```
AttachFile attach1 = em.find(AttachFile.class, "F001");
------
select
  af.id, af.name, af.upload_date,
  lf.path,
  cf.provider, cf.url,
  case when lf.id is not null then 1
       when cf.id is not null then 2
       when af.id is not null then 0 end
from attach_file af
    left outer join local_file lf on af.id=lf.id
    left outer join cloud_file cf on af.id=cf.id
where af.id=?
```

실행한 쿼리를 보면 attach_file 테이블뿐만 아니라 local_file 테이블과 cloud_file 테이블을 외부 조인을 이용해서 함께 조회하는 것을 알 수 있다. 하위 타입에 매핑된 모든 테이블을 조인으로 함께 조회하는 이유는 실제 매핑된 타입이 AttachFile인지 그 하위 타입인지 알 수 없기 때문이다. 하이버네이트는 모든 테이블을 조인해서 데이터를 조회한 뒤 데이터의 누락 여부를 사용해서 실제 타입이 무엇인지 판단한다.

이제 하위 타입인 LocalFile 타입을 이용해서 엔티티를 조회해보자.

```
LocalFile attach2 = em.find(LocalFile.class, "F002");
------
select lf.id, af.name, af.upload_date, lf.path
from local_file lf inner join attach_file af on lf.id=af.id where lf.id=?
```

실행한 쿼리를 보면 LocalFile에 매핑된 테이블을 기준으로 데이터를 조회하는 것을 알 수 있다. 조회 대상 타입이 LocalFile이므로 조회 기준으로 local_file 테이블을 사용한 것이다. 상위 타입인 AttachFile 클래스에 속한 속성은 attach_file 테이블에 보관되므로, attach_file 테이블을 조인해서 상위 타입에 속한 데이터를 함께 조회한다.

1.3 객체 생성 가능한 클래스마다 테이블로 매핑

클래스 계층을 매핑하는 세 번째 방법은 객체 생성이 가능한 클래스마다 별도 테이블로 매핑하는 것이다. 즉, 계층에서 추상이 아닌 콘크리트(concrete) 클래스를 별도 테이블로 매핑하는 방식이다. 설명만 보면 이 방식과 앞서 계층의 클래스마다 테이블로 매핑하는 방식이 비슷한 것으로 생각할 수 있는데 이 두 방식에는 큰 차이가 있다. 이 방식의 경우 매핑된 테이블이 상위 타입을 포함한 모든 속성을 포함한다는 것이다.

[그림 18.5]와 같은 클래스 계층 구조를 예로 들어 보자. 이 그림에서 최상위의 Member 클래스는 추상 클래스라고 하자.

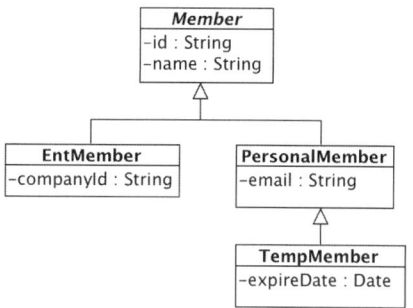

[그림 18.5] 추상 클래스를 포함한 클래스 계층

[그림 18.5]의 계층에서 추상 클래스인 Member를 제외한 나머지 클래스는 객체 생성이 가능하다. 객체 생성이 가능한 클래스마다 별도 테이블로 매핑하는 방식을 사용하는 경우 클래스별로 매핑하는 테이블은 [그림 18.6]의 구조를 갖는다.

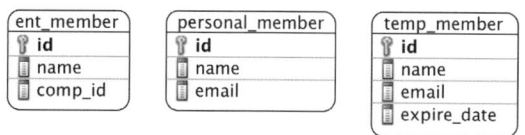

[그림 18.6] 객체 생성 가능한 클래스마다 별도 테이블로 매핑

[그림 18.6]을 보면 각 테이블은 상속 계층에 속한 모든 속성을 정의하고 있음을 알 수 있다. 즉 ent_member 테이블은 EntMember 클래스에 속한 속성뿐만 아니라 상위 타입인 Member에 속한 속성과 매핑할 칼럼을 모두 포함하고 있다. 동일하게 temp_member 테이블 역시 상위 타입인 Member와 PersonalMember에 해당하는 속성에 매핑할 칼럼을 모두 포함하고 있다.

Member 클래스의 매핑 설정부터 살펴보자. 설정 코드는 [리스트 18.7]과 같다.

[리스트 18.7] Member 매핑 설정

```
01: package jpastart.member;
02:
03: import javax.persistence.Entity;
04: import javax.persistence.Id;
05: import javax.persistence.Inheritance;
06: import javax.persistence.InheritanceType;
07:
08: @Entity
09: @Inheritance(strategy = InheritanceType.TABLE_PER_CLASS)
10: public abstract class Member {
11:     @Id
```

```
12:     private String id;
13:     private String name;
14:
```

@Inheritance의 값으로 InheritanceType.TABLE_PER_CLASS를 설정했다. 이 설정을 사용하면 클래스 계층에서 객체 생성 가능 클래스마다 테이블을 별도로 매핑한다. Member 클래스는 추상 클래스이므로 특정 테이블과 매핑되지 않는다.

EntMember 클래스의 매핑 설정은 [리스트 18.8]과 같다. 클래스 이름과 매핑할 테이블의 이름이 다르므로 @Table을 사용해서 매핑할 테이블의 이름을 지정했다.

[리스트 18.8] EntMember 매핑 설정

```
01:  package jpastart.member;
02:
03:  import javax.persistence.Column;
04:  import javax.persistence.Entity;
05:  import javax.persistence.Table;
06:
07:  @Entity
08:  @Table(name = "ent_member")
09:  public class EntMember extends Member {
10:      @Column(name = "comp_id")
11:      private String companyId;
12:
```

PersonalMember 클래스와 TempMember 클래스의 매핑 설정도 유사하다. (코드가 궁금하면 제공한 소스를 참고하자.)

엔티티를 생성하고 저장해보자. EntMember 객체를 저장할 때 실행하는 쿼리는 다음과 같다.

```
EntMember emem = new EntMember("e002", "기업고객2", "ENT001");
em.persist(emem);
------
insert into ent_member (name, comp_id, id) values (?, ?, ?)
```

ent_member 테이블에만 데이터를 저장하는 것을 알 수 있다. 비슷하게 TempMember 객체를 저장하면 매핑된 temp_member 테이블에만 데이터를 저장한다.

```
TempMember tmem = new TempMember("t002", "임시고객", "t002@person.to", new
Date());
em.persist(tmem);
------
insert into temp_member (name, email, expire_date, id) values (?, ?, ?, ?)
```

조회는 어떻게 될까? 먼저 EntMember 타입으로 조회해보자.

```
EntMember member = em.find(EntMember.class, "e001");
------
select em.id, em.name, em.comp_id from ent_member em where em.id=?
```

실행 쿼리를 보면 EntMember 클래스와 매핑된 ent_member 테이블만 사용해서 조회한 것을 알 수 있다.

이제 TempMember를 하위 타입으로 갖는 PersonalMember 클래스를 이용해서 조회해보자.

```
PersonalMember pmember = em.find(PersonalMember.class, "p001");
------
select mem.id, mem.name, mem.email, mem.expire_date, mem.clazz_
from (
    select id, name, email, null, 1 from personal_member
    union
    select id, name, email, expire_date, 2 from temp_member
) mem
where mem.id=?
```

실행 쿼리를 보면 PersonalMember와 TempMember에 매핑된 두 테이블을 조회한 결과를 union 연산으로 합한 뒤에 검색 조건을 설정하는 것을 알 수 있다. TempMember 객체는 PersonalMember 타입에 속하기 때문에 두 타입에 매핑된 테이블을 모두 조회하는 것이다.

최상위 타입인 Member를 이용해서 조회하면 어떻게 될까? Member 클래스의 하위 타입이 세 개이므로 각 하위 타입에 해당하는 테이블을 union으로 모두 합한 뒤에 전체를 대상으로 조회하는 쿼리를 실행한다.

```
Member member = em.find(Member.class, "p001");
------
select m.id, m.name, m.email, m.expire_date, m.comp_id, m.clazz_
from (
    select id, name, email, expire_date, null, 2 from temp_member
    union
    select id, name, email, null, null, 1 from personal_member
    union
    select id, name, null, null, comp_id, 3 from ent_member
) m where m.id=?
```

객체를 저장할 때에는 해당 테이블에만 데이터를 저장한다고 했다. 같은 클래스 계층에 있지만, 테이블 상으로는 서로 연관이 없기 때문에 주요키에 주의해야 한다. 예를 들어, 다음 코드를 보자.

```
EntityManager em = EMF.createEntityManager();
em.getTransaction().begin();
EntMember emem = new EntMember("m001", "기업고객2", "ENT001");
em.persist(emem);
em.getTransaction().commit();
em.close();

EntityManager em2 = EMF.createEntityManager();
em2.getTransaction().begin();
PersonalMember pmem = new PersonalMember("m001", "개인고객2", "p0022@person.to");
em2.persist(pmem);
em2.getTransaction().commit();
em2.close();
```

이 코드는 EntMember 객체와 PersonalMember 객체를 서로 다른 트랜잭션 범위에서 저장하고 있다. 그런데 두 객체의 식별자가 'm001'로 동일하다. 앞서 두 방식(클래스 계층을 한 테이블에 저장하는 방식과 계층의 클래스마다 테이블로 매핑하는 방식)에서는 이렇게 중복된 식별자를 사용할 경우 주요키 중복 에러가 발생한다. 그런데 객체 생성 가능한 클래스마다 테이블에 매핑하는 방식에서는 주요키 중복 에러가 발생하지 않는다. 두 객체를 완벽히 서로 다른 테이블에 저장하기 때문이다.

DB의 주요키 제약에 의존할 수 없기 때문에 엔티티의 식별자가 중복되지 않도록 방어 코드를 작성해야 한다. 예를 들어, 객체를 저장할 때에는 다음과 같이 해당 식별자의 주요키가 존재하는지 확인해야 한다.

```
Member member = em.find(Member.class, id);
if (member != null) {
   throw new DupIdException();
}
em.persist(member);
```

주요키 중복을 방지할 수 있는 다른 방법은 타입마다 서로 다른 접두어를 사용하는 식별자를 사용하는 것이다. 예를 들어, EntMember는 'E'로 시작하는 식별자를 사용하고, PersonalMember는 'P'로 시작하는 식별자를 사용하는 식이다.

1.4 상속 계층과 다형 쿼리

@Inheritance 애노테이션을 이용해서 상속 계층을 매핑하면 다형(polymorphic) 쿼리를 사용할 수 있다. 다형 쿼리란 상위 타입을 사용해서 엔티티를 조회하는 기능이다. 사실 EntityManager#find() 메서드를 실행할 때 이미 다형 쿼리를 사용했다. 앞서 매핑한 모든 예제는 최상위 타입을 사용해서 엔티티를 조회할 수 있었다.

```
Issue issue = em.find(Issue.class, issueId);
Appeal appeal = (Appeal)issue;

AttachFile attach = em.find(AttachFile.class, fileId);
LocalFile localFile = (LocalFile)attach;

Member member = em.find(Member.class, memberId);
EntMember entMember = (EntMember)member;
```

상위 타입으로 조회하면 클래스 계층 매핑 방식에 따라 데이터 조회에 필요한 모든 테이블을 조회한다는 것은 앞서 언급한 바 있다. 또한 해당 타입에 필요한 모든 데이터를 조회하므로 상위 타입으로 조회한 객체를 위 코드처럼 실제 타입으로 변환할 수 있다.

다형 쿼리는 JPQL과 크리테리아에도 동일하게 적용된다. 예를 들어, 다음 JPQL 코드를 보자.

```
TypedQuery<AttachFile> query = em.createQuery(
   "select af from AttachFile af order by af.uploadDate desc",
   AttachFile.class);
query.setFirstResult(0);
query.setMaxResults(3);
List<AttachFile> results = query.getResultList();
```

AttachFile은 계층의 클래스마다 테이블로 매핑하는 방식을 사용해서 설정했는데, 위 코드는 다음과 같이 외부 조인을 사용해서 AttachFile과 그 하위 타입을 모두 조회할 수 있는 쿼리를 실행한다.(참고로 이 예제는 MySQL을 사용했을 때의 결과이다. 다른 DBMS를 사용한다면 limit 대신 다른 쿼리를 사용할 것이다.)

```
select
    af.id, af.name, af.upload_date, af1_.path, af2_.provider, af2_.url,
    case when af1_.id is not null then 1
        when af2_.id is not null then 2
        when af.id is not null then 0
    end
from attach_file af
    left outer join local_file af1_ on af.id=af1_.id
    left outer join cloud_file af2_ on af.id=af2_.id
order by af.upload_date desc limit ?
```

1.5 세 방식의 장단점

클래스 계층을 매핑하기 위한 세 가지 방식의 장점과 단점은 [표 18.1]과 같다.

표 18.1 클래스 계층 매핑 방식의 장점과 단점

방식	장점	단점
한 테이블로 매핑	클래스 계층이 한 테이블을 사용하므로 매핑이 간단함 한 테이블만 조회하므로 성능이 좋음	하위 클래스에 매핑된 칼럼은 not null일 수 없음 하위 클래스를 추가하면 테이블을 변경해야 함
클래스마다 테이블로 매핑	테이블마다 필요한 데이터만 보관하므로 데이터가 정규화됨	외부 조인을 사용하므로 계층도가 복잡해질수록 조회 성능이 떨어짐
객체 생성 가능 클래스마다 별도 테이블 매핑	최하위 타입으로 조회하면 조인이 발생하지 않음	식별자 중복 여부를 테이블 단위로 막을 수 없음 상위 타입의 속성이 바뀌면 모든 테이블을 변경해야 함

02 AttributeConverter를 이용한 속성 변환

AttributeConverter는 다음과 같은 경우에 유용하게 사용할 수 있다.

- JPA가 지원하지 않는 타입을 매핑할 때
- 두 개 이상 속성을 갖는 밸류 타입을 한 개 칼럼에 매핑할 때

다음 상황은 첫 번째 예에 해당한다.

- IP 주소를 표현하기 위해 InetAddress 타입을 속성으로 사용
- IP 주소를 담기 위해 테이블 칼럼은 VARCHAR 타입을 사용

JPA 표준에 따르면 InetAddress 타입과 VARCHAR 사이의 매핑은 지원하지 않는다. 이때 사용할 수 있는 것이 AttributeConverter이다. AttributeConverter는 자바 타입과 DB 타입 간의 변환을 처리해 주는데, 이를 사용하면 지원하지 않는 자바 타입을 매핑할 수 있다.

AttributeConverter 인터페이스는 다음과 같이 정의되어 있다.

```
package javax.persistence;

public interface AttributeConverter<X,Y> {
    public Y convertToDatabaseColumn (X attribute);
    public X convertToEntityAttribute (Y dbData);
}
```

두 메서드는 각각 다음 용도로 사용한다.

- convertToDatabaseColumn : 엔티티의 X 타입 속성을 Y 타입의 DB 데이터로 변환한다.
- convertToEntityAttribute : Y 타입으로 읽은 DB 데이터를 엔티티의 X 타입 속성으로 변환한다.

InetAddress와 VARCHAR 사이의 변환을 처리하기 위한 AttributeConverter를 실제 구현해보자. 구현 코드는 [리스트 18.9]와 같다.

[리스트 18.9] InetAddress와 VARCHAR(String) 사이의 변환을 위한 AttributeConverter 구현 클래스

```
01: package jpastart.common;
02:
03: import javax.persistence.AttributeConverter;
04: import javax.persistence.Converter;
05: import java.net.InetAddress;
06: import java.net.UnknownHostException;
07:
08: @Converter
09: public class InetAddressConverter
10:     implements AttributeConverter<InetAddress, String> {
11:   @Override
12:   public String convertToDatabaseColumn(InetAddress attribute) {
13:     if (attribute == null)
14:       return null;
15:     else
16:       return attribute.getHostAddress();
17:   }
18:
19:   @Override
20:   public InetAddress convertToEntityAttribute(String dbData) {
21:     if (dbData == null || dbData.isEmpty()) return null;
22:     try {
23:       return InetAddress.getByName(dbData);
24:     } catch (UnknownHostException e) {
25:       throw new RuntimeException(
26:         String.format(
27:           "InetAddressConverter fail to convert %s to InetAddress: %s",
28:           dbData, e.getMessage()),
29:         e);
30:     }
31:   }
32: }
```

08행의 @Converter는 해당 클래스가 AttributeConverter를 구현한 클래스임을 지정한다. 이를 반드시 설정해야 하는 것은 아니지만, 뒤에서 살펴볼 자동 적용을 사용하려면 @Converter 애노테이션을 적용해야 한다.

10행에서 AttributeConverter의 타입 파라미터로 InetAddress와 String을 주었다. 첫 번째 타입 파라미터는 엔티티의 속성에 대응하는 타입이고 두 번째 타입 파라미터는 DB에 대응하는 타입이다. JDBC에서 DB의 VARCHAR 타입은 자바의 String 타입에 해당하므로 두 번째 타입 파라미터로 String을 주었다.

11-17행의 convertToDatabaseColumn() 메서드는 InetAddress 타입의 속성을 String 타입으로 변환한다. 이 메서드는 엔티티 저장이나 수정과 같이 엔티티 속성을 DB에 반영할 때 사용된다.

반대로 19-31행의 convertToEntityAttribute() 메서드는 String 타입의 데이터를 InetAddress로 변환한다. 이 메서드는 엔티티를 조회할 때 DB에서 읽어온 데이터를 엔티티의 속성에 반영할 때 사용된다.

InetAddressConverter를 사용해서 변환을 처리하려면 해당 속성에 @Convert 애노테이션을 설정하면 된다. [리스트 18.10]은 @Convert를 사용해서 변환에 사용할 AttributeConverter를 설정한 예를 보여주고 있다.

[리스트 18.10] @Convert를 사용해서 변환에 사용할 AttributeConverter를 설정한 예

```
01: package jpastart.authlog;
02:
03: import jpastart.common.InetAddressConverter;
04:
05: import javax.persistence.*;
06: import java.net.InetAddress;
07: import java.util.Date;
08:
09: @Entity
10: @Table(name = "auth_log")
11: public class AuthLog {
12:     @Id
13:     @GeneratedValue(strategy = GenerationType.IDENTITY)
14:     private Long id;
15:
16:     private String userId;
17:     @Convert(converter = InetAddressConverter.class)
18:     private InetAddress ipAddress;
19:     private Date timestamp;
20:     private boolean success;
```

@Convert 애노테이션의 converter 속성은 변환에 사용할 AttributeConverter 구현 클래스를 지정한다. 17행의 경우 ipAddress 속성을 변환할 때 InetAddressConverter를 사용하도록 설정했다.

밸류 타입의 속성이 두 개인데 한 개 칼럼에 매핑해야 하는 경우에도 AttributeConverter를 사용할 수 있다. 예를 들어, [리스트 18.11]의 밸류 타입을 보자.

[리스트 18.11] Money 밸류 타입

```
01: package jpastart.common;
02:
03: import java.math.BigDecimal;
04:
05: public class Money {
06:     private BigDecimal value;
07:     private String currency;
08:
09:     public Money(BigDecimal value, String currency) {
10:         this.value = value;
11:         this.currency = currency;
12:     }
13:
14:     public Money(Double value, String currency) {
15:         this.value = BigDecimal.valueOf(value);
16:         this.currency = currency;
17:     }
18:
19:     public BigDecimal getValue() {
20:         return value;
21:     }
22:
23:     public String getCurrency() {
24:         return currency;
25:     }
26:
27:     public String toString() {
28:         return value.toString() + currency;
29:     }
30: }
```

Money 타입은 value와 currency의 두 개 속성을 갖는다. Money 타입을 DB에 보관할 때 '1000KRW'이나 '100USD'와 같은 문자열로 저장해야 한다고 해보자. Money는 속성이 두 개인데 DB는 한 개 칼럼으로 매핑하므로 @Embeddable을 사용할 수 없다.

Money를 한 개 칼럼에 매핑하기 위한 AttributeConverter를 [리스트 18.12]와 같이 구현할 수 있다.

[리스트 18.12] Money 클래스를 위한 AttributeConverter 구현 클래스

```
01: package jpastart.common;
02:
03: import javax.persistence.AttributeConverter;
04: import javax.persistence.Converter;
05: import java.math.BigDecimal;
06:
07: @Converter(autoApply = true)
08: public class MoneyConverter implements AttributeConverter<Money, String> {
09:     @Override
10:     public String convertToDatabaseColumn(Money attribute) {
11:         if (attribute == null)
12:             return null;
13:         else
14:             return attribute.toString();
15:     }
16:
17:     @Override
18:     public Money convertToEntityAttribute(String dbData) {
19:         if (dbData == null)
20:             return null;
21:         else {
22:             String valueStr = dbData.substring(0, dbData.length() - 3);
23:             String currency = dbData.substring(dbData.length() - 3);
24:             BigDecimal value = BigDecimal.valueOf(Double.parseDouble(valueStr));
25:             return new Money(value, currency);
26:         }
27:     }
28: }
```

07행의 @Converter 애노테이션은 autoApply 속성값으로 true를 주었다. autoApply 속성을 true로 지정하면 Money 타입의 속성에 대해 MoneyConverter를 자동으로 적용한다. 단 MoneyConverter를 자동으로 적용하려면 persistence.xml 파일에 MoneyConverter를 등록해야 한다.

[리스트 18.13] persistence.xml 파일에 AttributeConverter를 등록한 예

```
01: <?xml version="1.0" encoding="utf-8" ?>
02:
03: <persistence xmlns="http://xmlns.jcp.org/xml/ns/persistence"
04:     xmlns:xsi="http://www.w3.org/2001/XMLSchema-instance"
05:     xsi:schemaLocation="http://xmlns.jcp.org/xml/ns/persistence
06:         http://xmlns.jcp.org/xml/ns/persistence/persistence_2_1.xsd"
07:     version="2.1">
08:
```

```xml
09:    <persistence-unit name="jpastart" transaction-type="RESOURCE_LOCAL">
10:        <class>jpastart.issue.Issue</class>
11:        <class>jpastart.issue.VisitReservation</class>
12:        <class>jpastart.issue.CancelableReservation</class>
13:        <class>jpastart.issue.Appeal</class>
14:        ...생략
15:        <class>jpastart.item.Item</class>
16:        <class>jpastart.common.MoneyConverter</class>
17:
18:        <exclude-unlisted-classes>true</exclude-unlisted-classes>
19:
20:        <properties>
21:          <property name="javax.persistence.jdbc.driver"
22:             value="com.mysql.jdbc.Driver" />
23:          ...생략
24:        </properties>
25:
26:    </persistence-unit>
27:
28: </persistence>
```

만약 〈exclude-unlisted-classes〉 태그를 false로 지정하면 하이버네이트가 @Entity 클래스나 @Converter 클래스를 자동으로 검색해서 등록하므로, persistence.xml 파일에 개별적으로 설정하지 않아도 된다.

앞서 autoApply 설정을 true로 설정했으므로 JPA 프로바이더는 MoneyConverter를 자동으로 적용한다. [리스트 18.14]의 Item 클래스의 price 속성은 Money 타입이므로 JPA 프로바이더는 MoneyConverter를 사용해서 price 속성과 DB 칼럼 사이의 변환을 처리한다.

[리스트 18.14] Money 타입에 MoneyConverter를 적용

```java
01: package jpastart.item;
02:
03: import jpastart.common.Money;
04:
05: import javax.persistence.Entity;
06: import javax.persistence.Id;
07:
08: @Entity
09: public class Item {
10:     @Id
11:     private String id;
12:     private String name;
13:     private Money price;
14:
```

03 @MappedSuperclass와 매핑 설정 공유

업무 시스템을 만들다 보면 데이터를 생성한 시점, 생성자, 접근 IP 정보를 저장하기 위한 용도로 각 도메인에 다음과 같은 속성을 공통으로 추가해야 할 때가 있다.

- creationDate
- creationEmpId
- creationIp

이들 공통 속성은 흔히 같은 이름을 갖는 칼럼에 매핑한다. 예를 들어, 모든 모델의 creationDate는 crt_dtm 칼럼에 매핑하고, creationIp는 crt_ip 칼럼에 매핑하는 식이다. 이렇게 각 엔티티 클래스가 동일한 속성과 매핑 설정을 갖는 경우 @MappedSuperclass를 이용해서 공통 설정을 위한 상위 클래스를 생성할 수 있다.

[리스트 18.15]는 @MappedSuperclass를 이용해서 공통 설정을 갖는 상위 클래스를 작성한 예제 코드이다.

[리스트 18.15] @MappedSuperclass를 이용한 상위 클래스 설정

```
01: package jpastart.common;
02:
03: import javax.persistence.Column;
04: import javax.persistence.Id;
05: import javax.persistence.MappedSuperclass;
06: import java.util.Date;
07:
08: @MappedSuperclass
09: public class DomainModel {
10:     @Id
11:     private String id;
12:
13:     @Column(name = "crt_dtm")
14:     private Date creationDate;
15:     @Column(name = "crt_empid")
16:     private String creationEmpId;
17:     @Column(name = "crt_ip")
18:     private String creationIp;
19:
20:     ...다른 메서드 생략
```

@MappedSuperclass로 설정한 클래스는 테이블과 매핑할 대상은 아니다. 매핑 대상은 하위 클래스이다. 하위 클래스를 DB 테이블에 매핑할 때 @MappedSuperclass로 설정한 클래스의 매핑 정보를 함께 사용한다. 예를 들어, DomainModel 클래스를 상속받아 구현한 엔티티는 DomainModel 클래스에 설정한 매핑 정보를 그대로 물려받아 사용한다. 또한, @MappedSuperclass로 설정한 클래스 자체는 엔티티가 아니므로 persistence.xml 파일에 등록할 필요가 없다.

DomainModel 클래스를 상속한 Category 클래스를 [리스트 18.16]과 같이 작성했다고 하자.

[리스트 18.16] @MappedSuperclass로 매핑한 DomainModel 클래스를 상속한 엔티티 클래스 예

```
01: package jpastart.item;
02:
03: import jpastart.common.DomainModel;
04:
05: import javax.persistence.Entity;
06:
07: @Entity
08: public class Category extends DomainModel {
09:     private String name;
10:
11:     public String getName() {
12:         return name;
13:     }
14:
15:     public void setName(String name) {
16:         this.name = name;
17:     }
18: }
```

DomainModel 클래스는 @MappedSuperclass로 id, creationDate, creationEmpId, creationIp를 설정하고 있으므로 Category 클래스는 name 속성과 DomainModel 클래스에서 물려받은 이 네 개의 속성을 함께 매핑 대상으로 사용한다. 실제로 Category 객체를 생성해서 저장하면 다음과 같이 Category 클래스에 설정한 매핑 대상뿐만 아니라 DomainModel 클래스에 설정한 매핑 대상을 함께 사용하는 것을 확인할 수 있다.

```
Category entity = new Category();
entity.setId("ID");
entity.setName("카테고리");
entity.setCreationDate(new Date());
entity.setCreationEmpId("operator");
entity.setCreationIp("10.20.30.40");
```

```
em.persist(entity);
----
insert into Category (crt_dtm, crt_empid, crt_ip, name, id) values (?, ?, ?, ?, ?)
```

[리스트 18.15]의 DomainModel 클래스는 @Id 애노테이션을 이용해서 식별자를 설정했는데 @MappedSuperclass로 설정한 클래스가 반드시 @Id 애노테이션을 설정해야 하는 것은 아니다. 도메인 모델들이 공통으로 갖는 속성은 존재하는데, 모델별로 식별자 타입이 다르거나 사용할 이름이 다르다면 공통으로 갖는 비식별자 속성만 @MappedSuperclass 설정 클래스에 정의하고, 실제 식별자 매핑은 하위 클래스에서 설정하면 된다.

@MappedSuperclass로 설정한 클래스의 설정 값을 재정의하고 하고 싶을 수도 있을 것이다. 예를 들어, DomainModel 클래스는 creationIp 필드를 crt_ip 칼럼에 매핑하는데, DomainClass를 상속한 하위 클래스에서는 칼럼 이름으로 "creation_ip"를 사용해야 할 수도 있다. 이런 경우에 @AttributeOverride를 클래스에 설정한다. 다음은 설정 예이다.

```
import javax.persistence.AttributeOverride;
import javax.persistence.Column;

@Entity
@AttributeOverride(name = "creationIp", column = @Column(name="creation_ip"))
public class Category extends DomainModel {
    ...
}
```

name 속성으로 재정의할 속성을 지정하고 column 속성으로 매핑할 칼럼을 지정한다. 이를 통해 상위 클래스에서 설정한 매핑 설정을 재정의할 수 있다. 여러 속성을 재정의하려면 @AttributeOverrides 애노테이션을 사용하면 된다.

```
@Entity
@AttributeOverrides({
  @AttributeOverride(name = "creationIp", column = @Column(name = "creation_ip")),
  @AttributeOverride(name = "creationDate", column = @Column(name = "crt_dtm"))
})
public class Category extends DomainModel {
```

PART 04 스프링 연동 및 기타 기능

JPA 잠금 기법 CHAPTER 19

[이 장에서 다룰 내용]
- 동시 접근과 잠금
- 선점 잠금
- 비선점 잠금

01 동시 접근과 잠금

동일한 데이터에 동시에서 접근해서 수정하면 어떤 일이 벌어질까? 이와 관련된 흔한 예가 계좌 잔고이다. 잔고가 1,000원인데 500원을 인출하는 트랜잭션과 300원을 입금하는 트랜잭션이 동시에 발생했다고 하자. 인출과 입금을 실행하는 시점에 따라 [그림 19.1]과 같이 잔고가 잘못 계산될 수 있다.

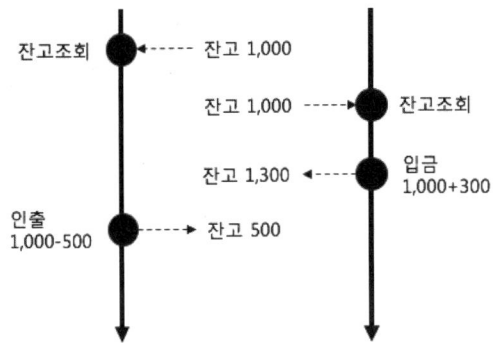

[그림 19.1] 동시성 접근을 올바르게 처리하지 않을 때 발생하는 데이터 불일치 문제

[그림 19.1]에서 인출과 입금 이후에 실제 잔고는 800원이어야 하는데 남은 잔고는 500원이 된다. 비슷하게 잔고 조회를 거의 동시에 하고 그 뒤에 인출을 먼저 하고 그다음에 입금하면 800원이어야 할 잔고가 1,300원이 될 수도 있다.

이렇게 동시 접근 문제를 막기 위한 가장 쉬운 방법은 DB 트랜잭션 격리 수준을 높이는 것이다. 예를 들어, 한 번에 한 트랜잭션만 처리하도록 트랜잭션 격리 수준을 높이면 [그림 19.1]과 같은 문제는 발생하지 않는다. 단, 이 경우 한 번에 한 트랜잭션만 실행할 수 있기 때문에 동시 사용자가 많은 온라인 서비스에서는 전체 성능을 떨어뜨리기 때문에 동시 접근을 처리하기 위한 올바른 방법이 아니다.

트랜잭션 격리 수준을 높이는 대신 동시 접근을 처리할 수 있는 다른 방법이 있는데 그것은 바로 잠금 기법을 사용하는 것이다. 잠금 기법에는 크게 먼저 데이터에 접근한 트랜잭션이 우선순위를 갖는 선점 잠금 방식과 먼저 데이터를 수정한 트랜잭션이 우선순위를 갖는 비선점 잠금 방식이 존재한다.

JPA도 이 두 가지 잠금 방식을 지원하는데 각 방식에 대해 차례대로 살펴보자.

02 선점 잠금(pessimistic lock)

선점 잠금은 먼저 데이터에 접근한 트랜잭션이 우선순위를 갖는 잠금 방식이다. 선점 잠금의 동작 방식은 [그림 19.2]와 같다.

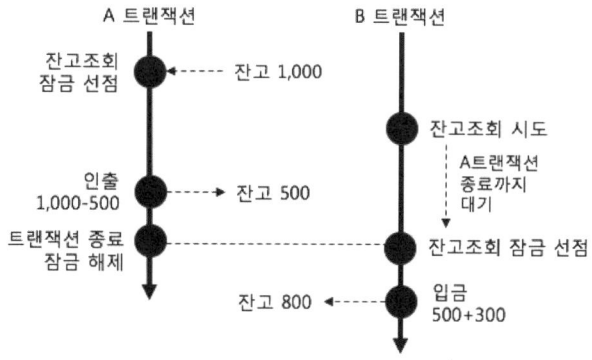

[그림 19.2] 선점 잠금 동작 방식

[그림 19.2]에서 A 트랜잭션이 선점 잠금을 이용해서 먼저 잔고 데이터에 접근했다고 하자. A 트랜잭션이 끝나기 전에 B 트랜잭션이 선점 잠금을 이용해서 잔고 데이터에 접근하면 B 트랜잭션은 데이터에 접근하지 못한다. A 트랜잭션이 선점한 잠금을 해제한 뒤에야 B 트랜잭션이 잔고 데이터에 접근할 수 있다. 선점 잠금을 사용하면 서로 다른 두 트랜잭션이 동시에 동일 데이터에 접근하여 수정하는 것을 방지할 수 있고, 이는 동시 접근으로 데이터 일관성이 깨지는 것을 막아준다.

JPA에서 선점 잠금을 사용하려면 EntityManager#find() 메서드의 세 번째 인자로 LockModeType.PESSIMISTIC_WRITE를 값으로 전달하면 된다. [리스트 19.1]은 사용 예이다.

[리스트 19.1] LockModeType.PESSIMISTIC_WRITE를 이용한 선점 잠금

```
01: package jpastart.account.app;
02:
03: import jpastart.account.model.Account;
04: import jpastart.jpa.EMF;
05:
06: import javax.persistence.EntityManager;
07: import javax.persistence.LockModeType;
08:
09: public class DepositService {
10:
```

```
11:    public int deposit(String accountNum, int value) {
12:       EntityManager em = EMF.currentEntityManager();
13:       try {
14:          em.getTransaction().begin();
15:          Account account = em.find(Account.class, accountNum,
16:              LockModeType.PESSIMISTIC_WRITE);
17:          if (account == null) {
18:             throw new AccountNotFoundException();
19:          }
20:          account.deposit(value);
21:          em.getTransaction().commit();
22:
23:          return account.getBalance();
24:       } catch(Exception ex) {
25:          em.getTransaction().rollback();
26:          throw ex;
27:       } finally {
28:          em.close();
29:       }
30:    }
31: }
```

LockModeType.PESSIMISTIC_WRITE를 사용하면 하이버네이트는 DBMS의 잠금 쿼리를 사용해서 행 단위 잠금을 사용한다.(예를 들어, 오라클의 경우 for update 쿼리로 행 단위 잠금을 사용해서 동시 접근을 막는다.) 한 트랜잭션이 식별자가 "02-001"인 Account 엔티티를 LockModeType.PESSIMISTIC_WRITE를 이용해서 구했다면, 이 트랜잭션이 잠금을 해제할 때까지(즉, 트랜잭션을 끝낼 때까지) "02-001" Account 엔티티에 대한 선점 잠금을 구하지 못하고 블록킹된다.

선점 잠금을 사용할 때 주의할 점은 교착 상태(deadlock)에 빠질 수 있다는 것이다. 교착 상태는 두 트랜잭션이 서로 다른 행에 대해 선점 잠금을 교차로 시도할 때 발생한다. 예를 들어, 다음과 같은 순서로 잠금을 구하는 시도를 했다고 하자.

1. A 트랜잭션 : "02-008" 계좌 행 잠금 구함
2. B 트랜잭션 : "user" 사용자 행 잠금 구함
3. A 트랜잭션 : "user" 사용자 행 잠금 시도
4. B 트랜잭션 : "02-008" 계좌 행 잠금 시도

이 순서에 따르면 A 트랜잭션은 3번 과정에서 블록킹된다. 왜냐면 B 트랜잭션이 먼저 "user" 사용자 행에 대한 잠금을 선점했기 때문이다. 비슷하게 B 트랜잭션은 4번 과정에서 블록킹된다. 문제는 A와 B는 서로 다른 트랜잭션이 잠금을 해제하기 전까지 블록킹된다는 것이다. 즉, 두 트랜잭션이 더 이상 진행되지 않고 멈춘 상태가 된다.

이렇게 선점 잠금으로 인해 트랜잭션이 교착상태에 빠지는 상황을 방지하려면 잠금 대기 시간을 힌트로 설정하면 된다. 이 힌트를 사용하면 잠금 시도 대기 시간에 대한 힌트를 줄 수 있다. javax.persistence.lock.timeout 힌트의 값으로는 밀리초를 사용한다.

```
Map<String, Object> hints = new HashMap<>();
hints.put("javax.persistence.lock.timeout", 1000);
Account account = em.find(Account.class, accountNum,
    LockModeType.PESSIMISTIC_WRITE, hints);
```

javax.persistence.lock.timeout 힌트를 사용한다고 해서 잠금 대기 시간이 적용되는 것은 아니다. DBMS에 따라 지원하지 않기도 한다. 예를 들어, MySQL을 사용한다면 커넥션 수준에서 잠금 대기 시간을 설정하거나 DBMS 자체에 잠금 대기 시간을 설정해야 한다.

DBMS가 쿼리로 잠금 대기 시간을 설정하는 것을 지원할 경우, 지정한 대기 시간 동안 잠금을 얻지 못하면 익셉션이 발생한다.

> LockModeType.NONE을 제외한 다른 잠금 모드는 트랜잭션 범위에서만 사용 가능하다. 트랜잭션 범위가 아닌 곳에서 LockModeType.PESSIMISTIC_WRITE를 사용하면 익셉션이 발생한다.

03 비선점 잠금(optimistic lock)

선점 잠금과 달리 비선점 잠금은 먼저 데이터를 수정한 트랜잭션이 우선순위를 갖는다. 비선점 잠금은 버전을 사용해서 구현한다. 비선점 잠금은 [그림 19.3]과 같이 동작한다.

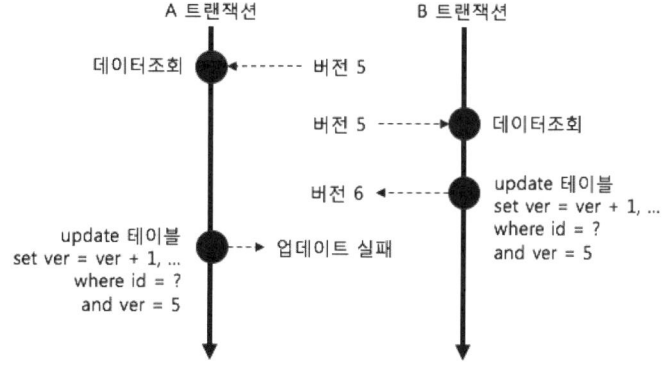

[그림 19.3] 비선점 잠금 동작 방식

비선점 잠금 방식을 사용하려면 버전 값을 저장할 칼럼이 필요하다. JPA는 엔티티를 조회할 때 버전 값을 함께 조회한다. 그리고 엔티티의 데이터가 바뀌면 [그림 19.3]에 표시한 것처럼 update 쿼리의 비교 조건으로 식별자뿐만 아니라 데이터를 조회한 시점의 버전 값도 함께 사용한다. 또한, update 쿼리에서 버전을 1 증가시킨다. B 트랜잭션을 보면 데이터 조회 시점에 버전 값이 5인데, 이 경우 데이터 수정에 성공하면 버전은 6이 된다.

만약 다른 트랜잭션에서 먼저 데이터를 수정하게 되면 버전 값이 일치하지 않아 데이터 수정에 실패한다. [그림 19.3]의 A 트랜잭션이 이에 해당한다. A 트랜잭션이 데이터를 조회하는 시점에 버전은 5이다. 그런데 A 트랜잭션에서 update를 실행하는 시점에 버전은 6이 되어 있으므로 update 쿼리를 실행해도 조건에 해당하는 데이터가 존재하지 않아 데이터 수정에 실패하게 된다.

JPA에서 비선점 잠금을 사용하려면 다음의 두 가지만 추가하면 된다.

- 버전 값을 저장할 칼럼을 추가한다.
- 버전 칼럼과 매핑할 속성에 @Version 애노테이션을 설정한다.

먼저 버전 값을 저장할 칼럼이 필요하다. 이 칼럼 타입은 숫자나 시간 타입(Timestamp)이면 된다. 이 장 예제 코드에서는 다음과 같이 숫자 타입을 버전 칼럼으로 사용했다.

```
create table jpastart.customer (
  id varchar(20) not null primary key,
  ver integer,
  secret_code varchar(10)
) engine innodb character set utf8;
```

버전 칼럼과 매핑할 대상에는 [리스트 19.2]와 같이 @Version 애노테이션을 설정한다.

[리스트 19.2] @Version을 이용한 버전 매핑 대상 설정

```
01: package jpastart.account.model;
02:
03: import javax.persistence.Column;
04: import javax.persistence.Entity;
05: import javax.persistence.Id;
06: import javax.persistence.Version;
07:
08: @Entity
09: public class Customer {
10:     @Id
11:     private String id;
12:     @Version
13:     private Integer ver;
```

```
14:     @Column(name = "secret_code")
15:     private String secretCode;
16:
```

JPA 규약에 따르면 @Version으로 설정할 수 있는 타입은 int, Integer, short, Short, long, Long, java.sql.Timestamp이다. DB에서 버전 칼럼으로 숫자 타입을 사용하면 그에 대응하는 정수 타입을 @Version 대상의 타입으로 사용하고 버전 칼럼이 Timestamp 타입이면 java.sql.Timestamp 타입을 @Version 대상 타입으로 사용한다.

@Version 칼럼을 적용한 속성을 비선점 잠금을 위한 버전 값으로 사용하므로, 엔티티의 값이 바뀌면 트랜잭션 커밋 시점에 다음과 같이 관련 update 쿼리에 버전을 비교하는 조건을 추가한다.

```
em.getTransaction().begin();

// select c.id, c.secret_code, c.ver from Customer c where c.id=? 쿼리 실행
Customer customer = em.find(Customer.class, id);

customer.changeSecretCode(newSecCode);

// update Customer set secret_code=?, ver=? where id=? and ver=? 쿼리 실행
em.getTransaction().commit();
```

만약 update 쿼리 실행 결과로 변경된 행 개수가 0이면, 즉 다른 트랜잭션이 데이터를 먼저 수정해서 버전 값이 현재 엔티티와 일치하지 않으면 트랜잭션을 롤백하고 익셉션을 발생한다.

새로운 엔티티를 저장할 때 버전을 지정하지 않으면 0을 사용한다. [리스트 19.2]이 Customer 객체를 생성할 때 버전을 지정하지 않으면 ver은 null을 값으로 갖는다. 이 경우 하이버네이트는 버전 값으로 0을 사용한다. ver 필드가 null인 엔티티를 저장할 때 하이버네이트가 실행하는 쿼리를 보면 다음과 같이 버전 값으로 0을 할당하는 것을 확인할 수 있다.

```
insert into Customer (secret_code, ver, id) values (?, ?, ?)
binding parameter [1] as [VARCHAR] - [9878]
binding parameter [2] as [INTEGER] - [0]
binding parameter [3] as [VARCHAR] - [heedong]
```

JPA 프로그래밍 입문

정적 메타모델 생성 　부록 A

[이 장에서 다룰 내용]
- 정적 메타모델 생성
- 메이븐 프로젝트 설정
- 그레이들 프로젝트 설정
- 이클립스에서 생성하기

01 정적 메타모델 생성기

14장 크리테리아 API 부분에서 정적 메타모델을 설명했는데, 하이버네이트는 엔티티 클래스로부터 정적 메타모델 자동 생성하는 메타모델 생성기를 제공한다. 이 도구를 사용하면 손으로 일일이 정적 메타모델을 생성할 필요없이 간편하게 정적 메타모델을 사용할 수 있다.

02 메이븐 프로젝트에서 정적 메타모델 생성하기

메이븐 프로젝트를 사용한다면 hibernate-jpamodelgen 모듈을 의존에 추가하면 된다.

```xml
<dependencies>
    <dependency>
        <groupId>org.hibernate</groupId>
        <artifactId>hibernate-core</artifactId>
        <version>${hibernate.version}</version>
    </dependency>
    ...생략
    <dependency>
        <groupId>org.hibernate</groupId>
        <artifactId>hibernate-jpamodelgen</artifactId>
        <version>${hibernate.version}</version>
    </dependency>
</dependencies>

<build>
    <plugins>
        <plugin>
            <artifactId>maven-compiler-plugin</artifactId>
            <version>3.1</version>
            <configuration>
                <source>1.8</source>
                <target>1.8</target>
                <encoding>utf-8</encoding>
```

```
        </configuration>
      </plugin>
    </plugins>
</build>
```

hibernate-jpamodelgen 모듈은 정적모델 생성을 위한 애노테이션 처리기를 포함하고 있다. 자바 컴파일러는 컴파일을 할 때 이 애노테이션 처리기를 실행하는데, 이 과정에서 정적 메타모델 소스 코드가 만들어진다.

예를 들어, src/main/java/jpastart/reserve/model/User.java 파일의 JPA 매핑 설정이 다음과 같다고 하자.

```
@Entity
@Table(name = "user")
public class User {

    @Id
    private String email;
    private String name;

    @Temporal(TemporalType.TIMESTAMP)
    @Column(name = "create_date")
    private Date createDate;
```

hibernate-jpamodelgen 모듈을 이용해서 정적 메타모델을 만들고 싶다면 다음과 같이 mvn compile 명령어만 실행하면 된다.

```
mvn compile
```

메이븐 명령어 실행에 성공하면 target/generated-sources/annotations 폴더에 패키지에 구조에 맞게 jpastart/reserve/model/User_.java 파일이 생성된 것을 확인할 수 있다. User_.java 코드는 다음의 정적 메타모델을 담고 있다.

```
package jpastart.reserve.model;

import java.util.Date;
import javax.annotation.Generated;
import javax.persistence.metamodel.SingularAttribute;
import javax.persistence.metamodel.StaticMetamodel;

@Generated(value = "org.hibernate.jpamodelgen.JPAMetaModelEntityProcessor")
```

```java
@StaticMetamodel(User.class)
public abstract class User_ {

    public static volatile SingularAttribute<User, String> name;
    public static volatile SingularAttribute<User, String> email;
    public static volatile SingularAttribute<User, Date> createDate;

}
```

메이븐은 target/generated-sources/annotations 폴더에 생긴 소스 파일을 컴파일 대상에 포함시키므로 src/main/java에 위치한 코드가 User_ 클래스를 사용해도 올바르게 컴파일 할 수 있다.

이 방식의 단점은 컴파일을 해야 정적 메타모델 소스 파일을 생성한다는 점이다. 컴파일 없이 정적 메타모델 코드만 생성하고 싶다면 다음 설정을 사용한다.

```xml
<build>
  <plugins>
    <plugin>
      <artifactId>maven-compiler-plugin</artifactId>
      <version>3.1</version>
      <configuration>
        <source>1.8</source>
        <target>1.8</target>
        <encoding>utf-8</encoding>
        <compilerArgument>-proc:none</compilerArgument>
      </configuration>
    </plugin>
    <plugin>
      <groupId>org.bsc.maven</groupId>
      <artifactId>maven-processor-plugin</artifactId>
      <executions>
        <execution>
          <id>process</id>
          <goals>
            <goal>process</goal>
          </goals>
          <phase>generate-sources</phase>
          <configuration>
            <processors>
              <processor>
                org.hibernate.jpamodelgen.JPAMetaModelEntityProcessor
              </processor>
            </processors>
```

```xml
                </configuration>
            </execution>
        </executions>
        <dependencies>
            <dependency>
                <groupId>org.hibernate</groupId>
                <artifactId>hibernate-jpamodelgen</artifactId>
                <version>${hibernate.version}</version>
            </dependency>
        </dependencies>
    </plugin>
  </plugins>
</build>
```

앞의 설정과의 차이점은 maven-compiler-plugin 설정에서 컴파일 인자로 -proc:none을 추가한 것이다. 이 설정은 컴파일 과정에서 애노테이션 처리기를 실행하지 않도록 한다. 두 번째 차이점은 maven-processor-plugin 설정을 추가한 것이다. 이 플러그인의 설정을 보면 〈phase〉 값으로 generate-sources를 주었다. 이는 메이븐의 라이프사이클 중에서 generate-sources 단계에 플러그인을 실행한다고 설정한 것이다. generate-sources 단계는 컴파일 전에 실행되므로, 컴파일 이전 단계에서 정적 메타모델 코드를 생성할 수 있다. 컴파일 과정 없이 정적 메타모델만 생성하고 싶다면 다음 명령어를 실행하면 된다.

```
mvn generate-sources
```

이 명령어를 실행하면 target/generated-sources/apt 폴더에 정적 메타모델 소스 코드가 생성된 것을 확인할 수 있다. 메이븐은 target/generated-sources/annotations 폴더를 컴파일 대상에 포함시킨다.

메이븐 라이프사이클에 따르면 mvn compile 명령어는 generate-sources를 먼저 실행하므로 compile 과정을 실행하면 먼저 정적 메타모델 소스 코드를 생성하고 컴파일을 수행한다.

03 그레이들 프로젝트에서 정적 메타모델 생성하기

그레이들을 사용한다면 Gradle JPA Modelgen 플러그인을 이용해서 정적 메타모델을 생성할 수 있다. 이 플러그인을 설정한 build.gradle 파일 작성 예는 다음과 같다.

```
plugins {
    id "at.comm_unity.gradle.plugins.jpamodelgen" version "1.1.2"
}

apply plugin: 'java'
apply plugin: 'at.comm_unity.gradle.plugins.jpamodelgen'

sourceCompatibility = 1.8
targetCompatibility = 1.8

jpaModelgen {
    library = "org.hibernate:hibernate-jpamodelgen:5.2.6.Final"
    jpaModelgenSourcesDir = "src/generated/java"
}

compileJava.options.compilerArgs += ["-proc:none"]

repositories {
    jcenter()
}

dependencies {
    compile('org.hibernate:hibernate-core:5.2.6.Final')
    compile('org.hibernate:hibernate-c3p0:5.2.6.Final')
    compile('mysql:mysql-connector-java:5.1.39')
}
```

jpaModelgen 블록에서 library는 정적 메타모델을 생성할 때 하이버네이트 도구를 사용한다고 설정했고 jpaModelgenSourcesDir은 생성한 정적 메타모델 소스 파일이 위치할 폴더를 지정하고 있다. compileJava.options.compilerArgs 옵션에 -proc:none을 추가했는데 jpamodelgen 플러그인을 사용하려면 항상 이 설정을 해야 한다.

compileJpaModelgen 태스크를 실행하면 정적 메타모델을 생성할 수 있다.

```
gradle compileJpaModelgen
```

이 태스크를 실행하면 jpaModelgenSourceDir에 설정한 폴더에 정적 메타모델 코드가 생성된다. compileJava 태스크를 실행하면 compileJpaModelgen 태스크가 함께 실행되므로 자바 컴파일을 실행해도 정적 메타모델을 생성한 뒤에 컴파일을 진행한다.

jpamodelgen 플러그인에 대한 내용은 https://goo.gl/AJNZzi 사이트에서 확인할 수 있다.

04 이클립스에서 정적 메타모델 생성하기

이클립스는 정적 메타모델 생성 기능을 제공하고 있다. [Project]→[Properties] 메뉴 대화창에서 JPA를 선택하면 [그림 A.1]의 설정 화면이 나온다.

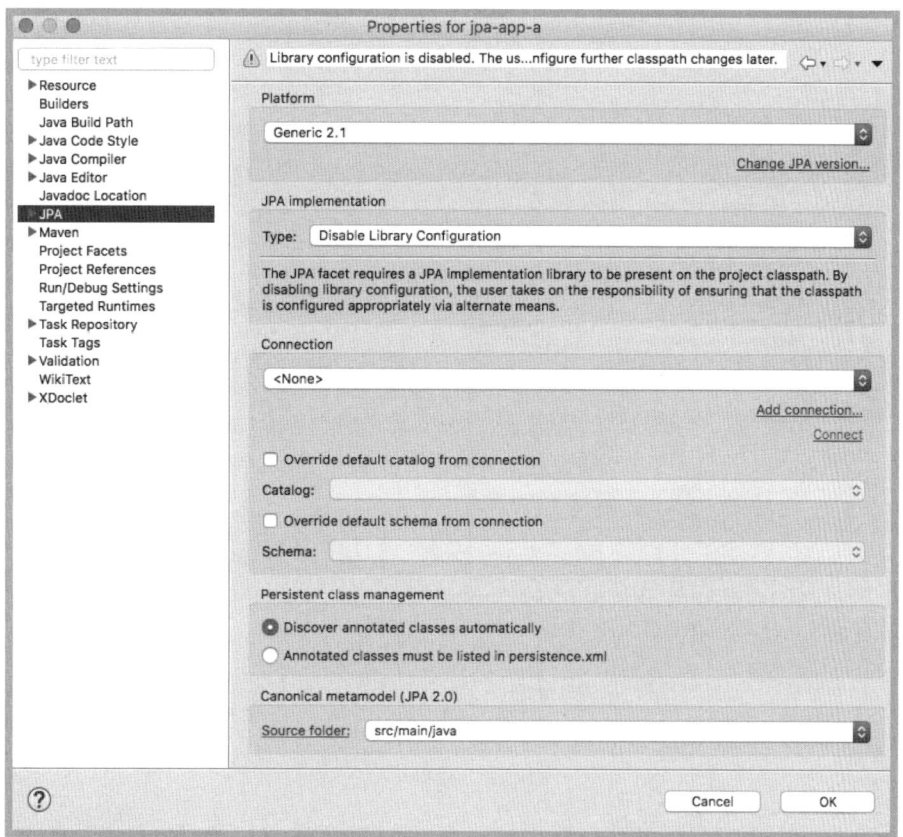

[그림 A.1] 이클립스의 정적 메타모델 생성

여기서 Canonical metamodel의 Source folder를 설정하면 된다. 메이븐 프로젝트를 임포트했다면 Canonical metamodel의 Source folder를 src/main/java로 지정해서 메이븐이 사용하는 소스 폴더와 맞춘다.

엔티티나 관련 코드를 변경할 때마다 이클립스가 정적 메타모델 소스 파일을 함께 변경해주므로 편리하게 사용할 수 있다. 이 설정을 사용하면 이클립스가 정적 메타모델을 생성하기 때문에 메이븐에 정적 메타모델 생성을 위한 설정을 추가하지 않아도 된다.

pom.xml에 maven-processor-plugin 설정한 메이븐 프로젝트를 임포트했다면 이클립스에 maven-processor-plugin을 위한 m2e connector인 m2e-apt를 설치해도 된다. 이 커넥터를 설치하려면 Window 〉 Preferences 〉 Maven 〉 Discovery 메뉴를 선택한다. 여기서 [Open Catalog] 버튼을 클릭한 뒤 m2e-apt를 선택해 설치를 진행한다. 설치가 끝나고 이클립스를 재시작하면 Window 〉 Preferences 〉 Maven에 Annotation Processing 메뉴가 추가된 것을 알 수 있다. 이 메뉴에서 'Automatically configure JDT APT' 옵션을 선택하면 이클립스가 메이븐의 기능을 실행해서 정적 메타모델을 생성한다.

이 옵션을 선택한 뒤 메이븐 프로젝트를 임포트하면 [그림 A.2]와 같이 정적 메타모델이 생성된 것을 확인할 수 있다.

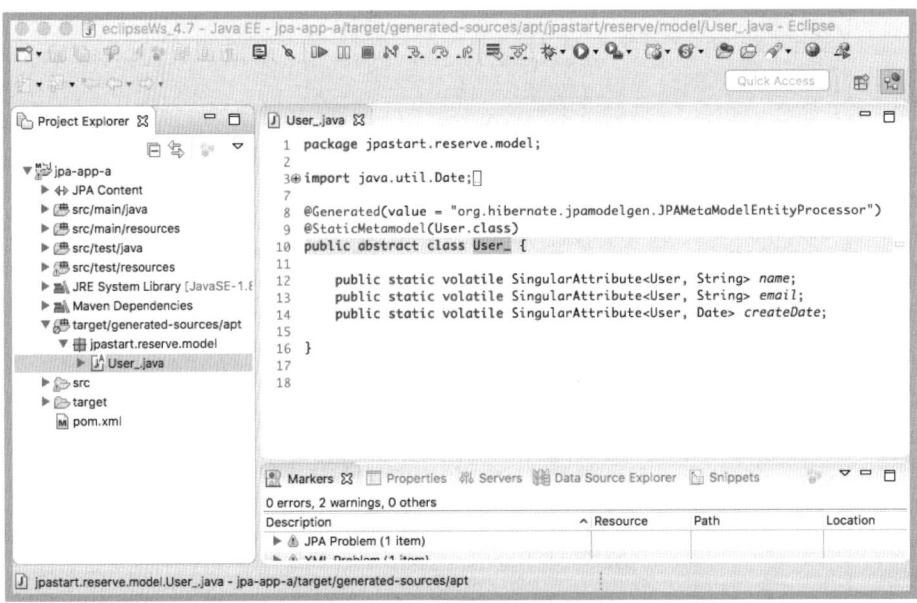

[그림 A.2] m2e-apt 플러그인을 사용한 정적 메타모델 생성

임포트한 프로젝트를 보면 target/generated-sources/apt를 소스 폴더로 추가한 것을 확인할 수 있다.

JPA 프로그래밍 입문

커넥션 설정　부록 B

보통 JPA를 단독으로 사용하기보다는 스프링과 같은 프레임워크와 함께 사용하기 때문에, persistence.xml 파일에 커넥션 풀을 설정하는 경우는 많지 않다. 하지만, 하이버네이트만 단독으로 사용하거나 스프링과 같은 프레임워크와 연동할 수 없는 경우 persistence.xml 파일에 알맞게 커넥션 풀 설정을 해 주어야 한다. 이 책에서 사용한 persistence.xml 파일을 보면 다음 코드처럼 hibernate.c3p0로 시작하는 프로퍼티를 이용해서 커넥션 풀을 설정하고 있다.

```xml
<?xml version="1.0" encoding="utf-8" ?>

<persistence xmlns="http://xmlns.jcp.org/xml/ns/persistence"
    xmlns:xsi="http://www.w3.org/2001/XMLSchema-instance"
    xsi:schemaLocation="http://xmlns.jcp.org/xml/ns/persistence
        http://xmlns.jcp.org/xml/ns/persistence/persistence_2_1.xsd"
    version="2.1">

    <persistence-unit name="jpastart" transaction-type="RESOURCE_LOCAL">
        <mapping-file>META-INF/query.xml</mapping-file>
        <class>jpastart.reserve.model.User</class>
        ...
        <exclude-unlisted-classes>true</exclude-unlisted-classes>

        <properties>
            <property name="javax.persistence.jdbc.driver"
                value="com.mysql.jdbc.Driver" />
            <property name="javax.persistence.jdbc.url"
                value="jdbc:mysql://localhost/jpastart?characterEncoding=utf8" />
            <property name="javax.persistence.jdbc.user" value="jpauser" />
            <property name="javax.persistence.jdbc.password"
                value="jpapass" />

            <property name="hibernate.dialect"
                value="org.hibernate.dialect.MySQL5InnoDBDialect" />

            <property name="hibernate.c3p0.min_size" value="5" />
            <property name="hibernate.c3p0.max_size" value="20" />
            <property name="hibernate.c3p0.timeout" value="500" />
            <property name="hibernate.c3p0.idle_test_period"
                value="2000" />
        </properties>

    </persistence-unit>

</persistence>
```

하이버네이트가 제공하는 c3p0 관련 프로퍼티는 [표 B.1]과 같다.

표 B.1 커넥션 풀 관련 프로퍼티

프로퍼티	설명	기본 값
hibernate.c3p0.min_size	커넥션 풀 최소 크기	3
hibernate.c3p0.max_size	커넥션 풀 최대 크기	15
hibernate.c3p0.timeout	커넥션 풀 최대 유휴 시간(단위, 초)	0 (유휴시간 없음)
hibernate.c3p0.max_statements	Statement 캐시 최대 크기	0
Ahibernate.c3p0.acquire_increment	풀에 가용한 커넥션이 없을 때 한 번에 증가할 커넥션 개수	3
hibernate.c3p0.idle_test_period	유휴 커넥션 검사 주기(단위, 초)	0 (검사 안함)
hibernate.c3p0.속성	추가적인 속성을 c3p0 커넥션 설정으로 전달	

이외에 하이버네이트가 제공하는 프로퍼티 목록은 https://goo.gl/koMn48 사이트에서 확인할 수 있다.

Index

태그

⟨class⟩	81
⟨mapping-file⟩	296
⟨named-native-query⟩	347
⟨named-query⟩	296
⟨query⟩	296, 347

애노테이션

@Access	77, 109
@AttributeOverride	111
@AttributeOverrides	111
@Basic	69
@CollectionTable	205
@CollectionTable()	215
@Column	36, 73
@Convert	409
@Converter	408
@DiscriminatorColumn	394
@DiscriminatorValue	394
@ElementCollection	203, 215
@Embeddable	104, 210
@Embedded	104
@EnableJpaRepositories	370
@Entity	35, 40, 66
@Enumerated	72
@GeneratedValue	87, 91
@GenerateValue	92
@Id	36, 67
@Immutable	349
@Inheritance	394, 398
@JoinColumn	161, 189, 241
@JoinTable	250
@ManyToMany	253
@ManyToOne	189
@MapKeyColumn	224, 252
@MappedSuperclass	413
@NamedNativeQuery	348
@NamedQueries	297
@NamedQuery	297
@OneToMany	240
@OneToOne	161, 171, 175
@OrderBy	231, 232
@OrderColumn	205, 250
@Param	382
@PersistenceContext	128, 139, 360
@PrimaryKeyJoinColumn	116, 175
@Query	382
@RepositoryDefinition	374
@SecondaryTable	115
@SequenceGenerator	92
@SortComparator	231
@SortNatural	231
@StaticMetamodel	308, 336
@Subselect	348
@Synchronize	349
@Table	36, 67
@TableGenerator	95
@Timestam	36
@Timestamp	70
@Transactional	361
@Transient	80
@Version	422

영문

A

all	285
any	285
AttributeConverter	407
auto_increment	91

C

CascadeType	257
cascade 속성	256
conjunction()	320
CriteriaBuilder	305
CriteriaBuilder#asc()	322
CriteriaBuilder#construct()	324
CriteriaBuilder#createCriteriaUpdate()	341
CriteriaBuilder.In	314
CriteriaDelete	342
CriteriaQuery	305
CriteriaQuery#groupBy()	328
CriteriaQuery#having()	328
CriteriaQuery#multiselect()	323
CriteriaQuery#orderBy()	322
CriteriaQuery#select()	322
CriteriaUpdate	341
CrudRepository	387

D

deadlock	420
delete 쿼리	342
dirty checking	56

E

eager loading	166
EntityManager	41, 43, 82, 124
EntityManagerFactory	43, 127, 358
EntityTransaction	43, 129
EnumType	72

equals() 메서드	221
exists	285
Expression	311

F

FetchType.EAGER	169
FetchType.LAZY	167
fetch 조인	299
From	311

G

GenerationType	87, 91
group by 절	291

H

hashCode() 메서드	221
hibernate.dialect 속성	40
hibernate-jpamodelgen	427
HibernateJpaVendorAdapter	358

I

InheritanceType.JOINED	398
InheritanceType.SINGLE_TABLE	394
InheritanceType.TABLE_PER_CLASS	402
is empty	284
is not empty	284

J

Java Persistence API	20
Join	311
Join#on()	326
JoinType	326, 333
JPA	20
JpaRepository	389
JpaSpecificationExecutor	390
JpaTransactionManager	359
JPA 프로바이더	22
JPQL	58, 278

JTA 트랜잭션 타입   130

L

lazy loading	167
ListAttribute	336
LocalContainerEntityManagerFactoryBean	358
LockModeType	419

M

MapAttribute	336
mappedBy	171
mappedBy 속성	247, 254
member of	283

N

not member of	283

O

Orde	322
order by	280
ORM	20

P

Page	380
Pageable	379
PageRequest	370
PagingAndSortingRepository	388
Path	306, 307, 311
persistence cascade	256
persistence context	40
persistence.xml	37, 81
persistent object	40
PluralAttribute	336
Predicate	306, 311

Q

Query	280, 340

R

Repository	367, 373
RESOURCE_LOCAL	129
Root	305, 311
Root#join()	325

S

Selection	311
SetAttribute	336
SingularAttribute	336
Sort	378
SortedMap	232
SortedSet	230
Sort.Order	379
Specification	383
Specifications	385
Subquery	317

T

TemporalType	70
ThreadLocal	135
transaction-type	129, 130
TreeMap	232
TypedQuery	279

U

update 쿼리	340

W

where 절	281

한글

ㄱ
교착 상태 420

ㄴ
내부 조인 289
네이티브 쿼리 344
네임드 네이티브 쿼리 346
네임드 쿼리 295

ㄷ
더티 체킹 56

ㅁ
메이븐 28
명시적 조인 325

ㅂ
밸류 100
비교 연산자 283
비선점 잠금 421

ㅅ
삭제 쿼리 341
서브 쿼리 350
선점 잠금 419
스프링 데이터 JPA 368
시퀀스 92
식별자 67
식별자 생성 방식 90

ㅇ
애플리케이션 관리 EntityManager 127
엔티티 36, 40, 66, 90
영속 객체 40, 124, 144
영속 단위 38, 43
영속성 전이 256
영속 컨텍스트 40, 55, 88, 124, 144, 342
외부 조인 289, 326
이름 기반 파라미터 282
인덱스 기반 파라미터 282
읽기 전용 74

ㅈ
자동 조인 289, 325
자동 증가 칼럼 91
자원 로컬 트랜잭션 129
정적 메타모델 308, 336, 426
조인 테이블 249
즉시 로딩 166
지연 로딩 167
집함 함수 327

ㅋ
컨테이너 관리 EntityManager 128
크리테리아 304

ㅌ
트랜잭션 43

ㅍ
페이징 285
프록시 182

ㅎ
하이버네이트 22

JPA 프로그래밍 입문
Java Persistence API

인쇄 일자 : 2017년 5월 26일 초판 인쇄
발행 일자 : 2017년 5월 31일 초판 발행

펴낸곳 : 가메출판사(http://www.kame.co.kr)
발행인 : 성만경
지은이 : 최범균

주소 : 서울시 마포구 서교동 394-25 동양한강트레벨 504호
전화 : 031)923-8317
팩스 : 031)923-8327

ISBN : 978-89-8078-290-1
등록번호 : 제313-2009-264호

정가 : 25,000원

잘못된 책은 구입하신 서점에서 교환해 드립니다.
이 책의 무단 전재 및 복제를 금합니다.